U0330451

田东江 著

長瀟流月去無聲

自然中的文化属性

中山大学出版社
SUN YAT-SEN UNIVERSITY PRESS

·广州·

图书在版编目（CIP）数据

长沟流月去无声：自然中的文化属性／田东江著. —广州：中山大学
出版社，2023.6

ISBN 978 - 7 - 306 - 07828 - 5

Ⅰ. ①长…　Ⅱ. ①田…　Ⅲ. ①中华文化—文集
Ⅳ. ①K203 - 53

中国国家版本馆 CIP 数据核字（2023）第 112878 号

出 版 人：王天琪
责任编辑：裴大泉
封面设计：林绵华
责任校对：周明恩　梁恺桐
责任技编：靳晓虹
出版发行：中山大学出版社
电　　话：编辑部 020 - 84110283，84113349，84111997，84110779，
　　　　　　84110776
　　　　　发行部 020 - 84111998，84111981，84111160
地　　址：广州市新港西路 135 号
邮　　编：510275　　　　传　真：020 - 84036565
网　　址：http://www. zsup. com. cn　E-mail:zdcbs@ mail. sysu. edu. cn
印 刷 者：佛山市浩文彩色印刷有限公司
规　　格：880mm×1240mm　1/32　12.625 印张　319 千字
版次印次：2023 年 6 月第 1 版　　2023 年 6 月第 1 次印刷
定　　价：66.00 元

目　录

I

I

十二生肖

《癸卯年》特种邮票今日（2023）发行，原作出自黄永玉先生。首枚票名曰"癸卯寄福"，画面是一只右手执笔、左手持信的直立兔子，本意是向人们传递着新春的美好祝福，然兔之蓝色形象甫一问世便引发吐槽不已，说是透着"妖"气。

兔，十二生肖之一。十二生肖即分别代表十二地支的动物：鼠、牛、虎、兔、龙、蛇、马、羊、猴、鸡、狗、猪。生肖常用以记人的出生年，这种相配概念至晚在汉代已经形成。王充《论衡·物势篇》在反驳董仲舒"天用五行之气生万物""故令相贼害"的理论时，用生肖来作喻。王充先列出对方观点：寅属木，对应的动物为虎；戌属土，对应的动物为犬，"丑、未亦土也，丑禽牛，未禽羊也"，因为木胜土，"故犬与牛羊为虎所服也"。同理，"亥，水也，其禽，豕也。巳，火也，其禽，蛇也。子，亦水也，其禽，鼠也。午，亦火也，其禽，马也。水胜火，故豕食蛇。火为水所害，故马食鼠屎而腹胀"。王充指出，就算你说的这些都对，但另外一些该怎么解释呢："午，马也。子，鼠也。酉，鸡也。卯，兔也。水胜火，鼠何不逐马？金胜木，鸡何不啄兔？"还有，"土胜水，牛羊何不杀豕？""火胜金，蛇何不食猕猴？"十二生肖中，王充在这里只是没有提到龙，然《言毒篇》中便有"辰为龙，巳为蛇，辰巳之位在东南"的说法。识者指出，十二生肖的完整配属，在现有文献中最早即见于《论衡》。而明确为"十二属"，则始于南朝陈沈炯《十二属》诗："鼠迹生尘案，牛羊暮下来。虎啸坐空谷，兔月向窗开。龙隰远青翠，蛇柳近徘徊。马兰方远摘，羊负始春栽。猴栗羞芳果，鸡蹠引清杯。狗其怀物外，猪蠢官悠哉。"子丑寅卯一路下来，顺序一模一样。

王应麟《困学纪闻》云："朱文公尝问蔡季通，十二相属起于何时？首见何书？"杨慎接过话题："子鼠、丑牛，十二属之说，朱子谓不知所始，余以为此天地自然之理，非人能为也。"赵翼没有这么泄气，其《陔馀丛考》认为"十二相属起于何时，诸书皆无明文"，但他在王应麟的基础上进行了爬梳，指出"起于后汉无疑也"。但他同时认为陆深的起于北俗说"较为得之"，概因"《唐书》：'黠戛斯国以十二物纪年，如岁在寅，则曰虎年。'《宋史·吐蕃传》：'仁宗遣刘涣使其国，厮啰延使者劳问，具道旧事，亦数十二辰属，曰兔年如此，马年如此。'《辍耕录》记丘处机奏元太祖疏云，'龙儿年三月日奏'云云……盖北狄俗初无所谓子丑寅卯之十二辰，但以鼠牛虎兔之类分纪岁时，浸寻流传于中国，遂相沿不废耳"。这样来看，十二生肖倒是"中外"合璧的产物了。

十二生肖不可能一朝一夕而形成。《诗·小雅·吉日》之"吉日庚午，既差我马"，未尝不是端倪之一。而耐人寻味的，还是由生肖文章的借题发挥。

《抱朴子·登涉》讲到入山远游时的注意事项："山中寅日，有自称虞吏者，虎也。称当路君者，狼也。称令长者，老狸也。卯日称丈人者，兔也……辰日称雨师者，龙也……巳日称寡人者，社中蛇也……午日称三公者，马也……未日称主人者，羊也……申日称人君者，猴也……酉日称将军者，老鸡也……戌日称人姓字者，犬也……亥日称神君者,猪也……子日称社君者,鼠也……丑日称书生者,牛也。"葛洪觉得,"但知其物名,则不能为害也"。而所谓为害,当以虎、狼、狸为烈,而它们自称虞吏、当路君、令长,能不让读者怀疑说者有心?

又,柳宗元《永某氏之鼠》云,永州有个人怕犯自己的忌日,特别讲究禁忌,他属鼠,"因爱鼠,不畜猫犬,禁僮勿击鼠"。仓库、厨房,全部对老鼠开放,"由是鼠相告,皆来某氏,饱食而无祸"。结果,其家"室无完器,椸无完衣"。过几年,房屋易主,"鼠为态如故"。但这家人"假五六猫,阖门,撤瓦,灌穴,购僮罗捕之",至于"杀鼠如丘"。在这里,可以读出小人得志虽能嚣张一时,却终究不免覆灭的暗喻味道吧?

又,《国史补》云,文坛耆宿陆长源被委为宣武军行军司马,尚很年轻的韩愈为巡官,"或讥其年辈相辽",岁数相差太大,韩愈闻而答曰:"大虫老鼠,俱为十二相属,何怪之有?"《侯鲭录》云,那是周愿说的。谁说的,很重要。如果是韩愈,属于自谦;如果是周愿,未尝不是讥讽韩愈。陆长源虽然没有韩愈那么知名,但也是一时人物。《新唐书》说他不仅赡于学,而且居官"清白自将"。他出任汝州刺史,有人"送车二乘",很干脆地谢绝:"吾祖罢魏州,有车一乘,而图书半之,吾愧不及先人。"

如果确认《癸卯年》特种邮票"翻车",也并不奇怪。黄永玉先生以设计《庚申年》特种邮票而闻名,实则接下来设计的《白鹤》特种邮票就说不上成功,尤其 70 分那枚,四条直挺挺的鹤脖子,毫无美感。个人趣味与大众审美不免存在矛盾的一面,但在为辞旧迎新而量身定制的公共产品面前,前者必须让位于后者。

鼠

1月25日(2020),正月初一,农历庚子年到来了。

鼠无大小皆称老,对老鼠这种几乎随处可见的哺乳动物,没人会感到陌生。研究指出,老鼠在人类定居场所滋生的历史,可以追溯到1.5万年前,相当于旧石器时代时期。就是说,当游猎部落开始定居后,老鼠就进入了人类的生活。

老鼠非常聪明。同样有研究指出,虽然它的大脑比人类的大脑体积小,也没有那么复杂,但二者的结构和功能相似度很高,都是由大量联系紧密、能互相交流的神经元组成。不过,人对鼠并无半点儿好感,因为它的为害罄竹难书。眼下武汉新冠病毒正在肆虐,本该热热闹闹的春节假期变得安安静静。而想到历史上的疫病,鼠疫正为其中一种。

在文化层面,鼠亦乏善可陈。"硕鼠硕鼠,无食我黍",《诗·魏风·硕鼠》中的这一句,国人莫不耳熟能详。诗人以借喻的手法,将贪婪的剥削者比作田间大老鼠,道出了鼠之践踏人类劳动果实的本性。而《诗》对老鼠的认知升华为借喻,颇有一些。如《鄘风·相鼠》之"相鼠有皮,人而无仪!人而无仪,不死何为?"讽刺在位者人不如鼠,诅咒他们为什么还不快死。千百年来形成的与鼠相关的成语、俗语,呈现的也都是"负能量"的一面,鼠窃狗盗、鼠窜狼奔、鼠迹狐踪、首鼠两端等。

鼠的偷食本性，令人类每要捉之、灭之。《汉书·张汤传》载，张汤小时候看家，"鼠盗肉"，父亲生气，打了儿子。张汤于是既挖地又烟熏，"得鼠及余肉"，还搞了一套程序，"传爰书，讯鞫论报，并取鼠与肉，具狱磔堂下"。父亲见了，"视文辞如老狱吏"，知道儿子将来在法律方面会有作为，张汤后来亦果然如是。南朝东昏侯萧宝卷捉鼠则是癖好，其"在东宫好弄，不喜书学，尝夜捕鼠达旦以为乐"。《七修类稿》云"世有能呼鼠召鹤者"，郎瑛说他还求到了方子，"以蟹黄和生漆，假以书符焚之，则群鼠自至"。20世纪80年代有个灭鼠大王邱满囤，"能将50米以内的鼠类引出"，并且"要杀公的杀公的，要杀母的杀母的，还能将老鼠引上树"，也是神乎其神。然邱氏与5名科学家之间就其鼠药打的官司，以终审败诉而告终，国务院办公厅随即下文查禁了邱氏鼠药。人之灭鼠，没有那么容易。

鼠之偷食本性，令旧时加收征粮也有了新的名目：鼠耗。《元典章》之"切恐侵破正粮，拟合每石带收鼠耗分例五升"，《清会典事例》之"广西额征米石，每石加一收耗，以为鼠耗、运脚、修仓等费"，皆为当时法律。就是说，不是征多少粮百姓要交多少粮，还得把因为鼠雀盗食损耗的那部分一起交了，"每石五升"之类，即加收的定额。《梁书·张率传》载，张率"事事宽恕，于家务尤忘怀"。其为新安太守时，"遣家僮载米三千石"送回老家，送到后少了一多半。张率问怎么回事，对曰："雀鼠耗也。"张率笑了："壮哉雀鼠。"公家的那些事，人鼠同流合污就更加不难想象了。

《史记·李斯列传》载，李斯"年少时，为郡小吏，见吏舍厕中鼠食不絜，近人犬，数惊恐之"，到粮仓一看不然，那里的老鼠"食积粟，居大庑之下，不见人犬之忧"。李斯因之生发感慨："人之贤不肖譬如鼠矣,在所自处耳!"一个人有没有作为,在于处在什么样的平台。前文提到的柳宗元《永某氏之鼠》,为其《三戒》之一,就是三件应该警惕防备的事,语出《论证·季氏》"君子有三戒"。像另两戒《临江之麋》《黔之驴》一样,此篇是借鼠来阐明"窃时以肆暴,然卒怠于祸"的道理。柳宗元说,老鼠"以其饱食无祸为可恒也哉",真是打错了算盘。

老鼠这般负面,比较难以理解的是,老鼠嫁女或娶亲的年画和剪纸在民间又被视为"吉祥物",过年时每要贴在墙上和窗户上。而嫁女、娶亲的画面又每伴以一猫,如有幅绵竹年画,前面鸣锣开道的一对鼠兄鼠弟,其中一已经被猫爪按住,另一只咬在嘴上;有幅漳州年画,猫在队尾伺机出击,后面几只老鼠"吹鼓手"回头张望,胆战心惊。诸种民俗的形成,探究起来当是桩趣事。

春节前,中山大学附属第一医院就正式亮相了一群身价不菲的小白鼠,引发媒体争相报道。这群由该院无菌动物研究平台培育出的"绝对无菌"老鼠,既体现了我国动物实验领域的一流技术,也肩负着医学科研工作者攻克老年痴呆、糖尿病等顽疾的厚望。从文化视角打量,白鼠还是一种祥瑞。葛洪《抱朴子》云:"鼠寿三百岁,满百岁则色白,善凭人而卜,名曰仲,能知一年中吉凶及千里外事。"《宋书·符瑞志下》载:"晋惠帝永嘉元年五月,白鼠见东宫,皇太子获以献。宋明帝泰始三年二月壬寅,白鼠见乐安,青州刺史沈文秀以献。"这该是鼠辈极其有限的一抹亮色了。

庚子年

子鼠丑牛、寅虎卯兔，庚子年是属鼠人的本命年。

干支纪年，60年一个轮回。从我国历史有明确纪年的公元前841年开始，已经过了差不多50个庚子年，承载了若干重要的历史事件。先秦的庚子往事，便可拈出这样两件。其一，前681年冬，齐桓公与鲁庄公盟于柯，鲁大夫曹刿（《史记》作曹沫）劫持齐桓公。其二，前621年秦穆公卒，杀177人殉葬，其中有子车氏三子奄息、仲行、铖虎，皆秦之贤大夫，号称三良。秦人哀之，作《黄鸟》诗。

曹刿想必无人陌生，中学课本里收录有《曹刿论战》，"一鼓作气，再而衰，三而竭"云云。其劫持齐桓公，也不是一件小事，虽《左传·庄公十三年》只说了一句"冬，盟于柯，始及齐平也"。那是鲁国与齐国讲和，曹刿此前指挥的长勺之战，"齐师败绩"；齐、宋联手的郎之战，鲁军又把齐军弄了个灰头土脸。所以，这年冬天鲁国提出修好关系。但《公羊传》载，当其时也，"庄公升坛，曹子手剑而从之"。管仲问他想干什么，他说把齐抢去的"汶阳之田"还给鲁。管仲让桓公答应他，桓公说可以；曹刿说空口无凭，桓公乃"下与之盟"。本来，这种在威逼要挟之下所订的盟约当不得数，然"要盟可犯，而桓公不欺；曹子可雠，而桓公不怨"。如此一来,齐桓公实际上成了赢家,"桓公之信著乎天下,自柯之盟始焉"。春秋五霸之首即齐桓公,曹刿等于为之加了分。

《黄鸟》诗,今天仍可从《诗·秦风》中读到,凡三章,分别吟咏三良。如第一章咏奄息:"交交黄鸟,止于棘。谁从穆公?子车奄息。维此奄息,百夫之特。临其穴,惴惴其栗。彼苍者天,歼我良人!"三章末句都是"如可赎兮,人百其身",郑玄笺释,这是说三人之死,如果"可以他人赎之者,人皆百其身,谓一身百死犹为之",意谓秦人"惜善人之甚"。殉人,使活人非正常死亡后陪葬于墓中,极其残忍野蛮,《黄鸟》的控诉溢于言表。而1976年发掘的秦穆公四世孙即陕西凤翔秦公一号大墓,殉人骸骨更达186具!

先秦之后呢,粗略看看,影响较大的农民起事发生在庚子年的便有这样三件:东汉徵侧徵贰姐妹称王、唐朝黄巢称帝、明朝唐赛儿称佛母。

《后汉书·南蛮西南夷列传》载,光武帝建武十六年(40),"交阯女子徵侧及其妹徵贰反,攻郡……九真、日南、合浦蛮里皆应之,凡略六十五城,自立为王。交阯刺史及诸太守仅得自守"。伏波将军马援平定这次起事后,立下著名的铜柱作为东汉南边疆界标志。《新唐书·黄巢传》载,唐僖宗广明元年(880)十二月,黄巢克长安,"僭即位,号大齐……建元为金统"。登基比较匆忙,致"求衮冕不得,绘弋绨为之;无金石乐,击大鼓数百,列长剑大刀为卫"。王夫之《读通鉴论》评价:"亡汉者黄巾,而黄巾不能有汉;亡隋者群盗,而群盗不能有隋;亡唐者黄巢,而黄巢不能有唐。"《明史·卫青传》载:"永乐十八年(1420)二月,浦台妖妇林三妻唐赛儿作乱。自言得石函中宝书神剑,役鬼神,剪纸作人马相战斗。徒众数千,据益都卸石栅寨。指挥高凤败殁,势遂炽。"《明史纪事本末·平山东盗》另载,唐赛儿"少好佛诵经,自称'佛母'"。

朝廷镇压后，因为没抓到唐赛儿，"虑（其）削发为尼或混处女道士中"，至于"尽逮山东、北京尼。既又尽逮天下出家妇女，先后几万人"。

先秦后、近代前，诸如桓宽作《盐铁论》（前81）、曹操去世（220）、东吴末帝孙皓投降而西晋一统（280）、宋祁欧阳修《新唐书》修成（1060）、北京紫禁城建成（1420）、康熙册封六世达赖喇嘛（1720）等较有知名度的事件，也都发生在庚子年。而近代史上仅有的两个庚子年则令中华民族倍感耻辱：一个是清道光二十年（1840）爆发的鸦片战争，再一个是清光绪二十六年（1900）八国联军侵华战争。

鸦片战争是西方国家对中国发起的第一次大规模战争。林则徐《庚子日记》写道，十二月十五日，"英夷攻（虎门）沙角、大角炮台，三江协副将陈连陞及其子某力战死。三江营兵死者百余人，惠州兵死者亦将百人"。战争的结果众所周知，英军以较少的兵力、较小的代价便战胜了清军。更严重的在于，随着中英《南京条约》《虎门条约》、中美《望厦条约》以及中法《黄埔条约》等第一批不平等条约的订立，中国社会性质就此发生了根本性变化：由封建社会沦为半殖民地半封建社会。八国联军侵华，则使中国完全沦为这样一种特殊的社会形态。经过这次洗劫，中国"自元、明以来之积蓄，上自典章文物，下至国宝奇珍，扫地遂尽"。八国联军统帅瓦德西将17世纪钦天监设置的天文仪器掠至柏林，翰林院所藏《永乐大典》亦散失殆尽，次年签订的《辛丑条约》，仅"庚子赔款"数额即达白银4.5亿两。

纵观历史上的庚子年，没有比近代的这两个更叫我们刻骨铭心的了。"落后就要挨打"，庚子无辜且不幸。而洗刷耻辱，唯有发愤图强。

牛

庚子之后为辛丑。十二生肖中，丑年出生的人属牛。像任何年份一样，属牛的历史名人也数不胜数，如汉唐有霍去病、刘备、贾谊、李白、柳宗元，宋朝有苏轼、范仲淹、秦观等。

牛，学名是反刍偶蹄类哺乳动物，头部长角，体大力强。“夕阳牛背无人卧，带得寒鸦两两归”，这种诗意的生活图景，从前在全国许多地方都不陌生。牛背上坐着牧童，每为标配。1963 年上海美术电影制片厂摄制的我国第二部也是世界第二部水墨动画片《牧笛》，非常生动地再现了这种情形：牧童放牛时倚在树杈上睡着了，做梦牛跑出去自己玩了，找到后却不肯回来，他便就地取材做了一根竹笛，悠扬的笛声令老牛不请自来。的确，没有谁比牧童更了解牛。《分甘馀话》云，杜处士收藏了一幅戴嵩画的牛，“甚宝惜之”。有牧童一见笑了：“牛斗力在角，尾当搐入两股间，今掉尾而斗，谬矣。”他一眼就看出了破绽。至于李密小时候趴在牛背上“一手捉牛靷，一手翻卷”读《汉书》的情形，想起来都煞是可爱。

《北梦琐言》云，五代进士崔禹昌因为对朱温说了句“不识得有牛”而“几至不测”，虽朱温彼时尚未称帝。朱温发什么火呢？本来是两个人是聊闲天，朱温发达了，崔禹昌来找他，“请陈桑梓礼"。朱温倒没架子，"常预宾次，或陪亵戏"。听到崔禹昌说有个庄园，朱温便问有没有牛？结果崔禹昌回了句当时俗语"不识得有牛"，意思是没有。但朱温把"不识得有"理解成"不认得"，大怒曰："岂有人不识牛，谓我是村夫即识牛，渠则不识。如此轻薄，何由可奈！"朱温认为是崔禹昌小瞧了他，旁人解释半天，才"方渐释怒"。崔禹昌这句话，该算是有话不好好说的样板，大抵相当于今天的网虫对并不关注网络用语的人也要这样运用吧。

有意思的是，牛人在今天是很厉害的人，是令他人惊讶、佩服的人，从前却截然相反。《周礼·地官》载："牛人掌养国之公牛以待国之政令。"公，犹官，也就是"在官之牛，别于私家畜牧也"。牛人即掌畜养牛牲的人。当时对牛的需求量颇大，"凡祭祀，共其享牛、求牛，以授职人而刍之。凡宾客之事，共其牢礼积膳之牛。飨食、宾射，共其膳羞之牛。军事，共其槁牛。丧事，共其奠牛"等。《茶香室续钞》云："清李光墅《守汴日志》云：'齐承差家牛人王才，醉后向火，延烧草屋叁间，斩以徇。'"又云："巡抚发硃帖，令黄推官速拨牛兵三百赴援。"俞樾注云："汴人谓佃户为牛人，牛兵即牛人。"在这里，古今"牛人"的意思更加南辕北辙了。

立春的一项民俗是鞭春牛，象征春耕开始，以示丰兆。《汉书·食货志》载搜粟都尉赵过力农之举，有"用耦犁，二牛三人，一岁之收常过缦田亩一斛以上，善者倍之"。郑樵《通志》据此认为"牛耕起于赵过"，而"古者惟以牛服车，不用于耕"。然后世许多学者不同意，如王应麟云孔子弟子冉伯牛，"若三代不用牛耕则冉子何以名耕字伯牛也？"赵翼也举了许多旁证，如《韩非子·外储篇》有"少室周与力士牛子耕角力而不胜"；《史记》有"司马牛亦名耕，字子牛"；《家语》"并云司马黎耕字子牛，黎、犁字古通"等。在赵翼看来，"盖古时原有人耕、牛耕二法……南北风俗不同，有用牛耕者，有不知用牛耕者，（赵）过第就其不知牛耕者教之用牛"；东汉王景、任延也是这样，"百姓不知牛耕，景教以牛犁，由是垦辟倍多"，任延为九真守，"亦以牛耕教民"，他们两位"皆是开此一方农事之所未有"。牛耕技术的使用是人类社会进入一定文明时代的标志，厘清这个问题还是很有意义的。

鞭春牛，自然不是鞭打真的牛，而是用泥做的假牛。苏东坡曾经"梦中作祭春牛文"，那是元丰六年（1083）十二月二十七日，"天欲明，梦数吏人持纸一幅"，请他落笔。东坡毫不含糊，刷刷刷："三阳既至，庶草将兴，爰出土牛，以戒农事。衣被丹青之好，本出泥涂；成毁须臾之间，谁为喜愠？"一吏微笑曰："此两句复当有怒者。"另一吏云："不妨，此是唤醒他。"两人都看出门道了，东坡那是一语双关。

耕田之外，牛在军事史上也是被记录立过战功的。《史记·田单列传》载，齐国田单在即墨抗击燕军，"收城中得千馀牛，为绛缯衣，画以五彩龙文，束兵刃于其角，而灌脂束苇于尾，烧其端。凿城数十穴，夜纵牛，壮士五千人随其后。牛尾热，怒而奔燕军……五千人因衔枚击之……燕军大骇，败走。"这是牛直接参与作战，《史记·项羽本纪》则是借喻。秦军围赵王钜鹿，项羽主张楚赵两面夹击，消灭秦军。宋义则认为"搏牛之虻不可以破虮虱"，意谓楚军目标在灭秦而不在救赵，他自信："夫被坚执锐，义不如公；坐而运策，公不如义。"结果众所周知，项羽杀了宋义，率领楚军将士破釜沉舟，最终赢得了这场决定秦朝灭亡的战役的胜利。

牛郎织女、牛首阿旁、牛头不对马嘴……各种牛元素渗透到了传统文化的方方面面，前提显然在于牛与人的日常生活息息相关。

辛丑年

　　提到辛丑年,最令国人痛彻心扉的,莫过于丧权辱国的《辛丑条约》。1901 年 8 月,英、法、俄、美、德、日、意、奥等八国联军攻陷北京,慈禧太后、光绪皇帝经太原逃往西安。出逃前,派出李鸿章为代表乞和。9 月 7 日,条约签订,西、比、荷三国也来分一杯羹。《辛丑条约》规定的赔款之大、条件之苛刻、主权丧失之严重,都是空前的,标志着中国完全沦为半殖民地半封建社会。《辛丑条约》的签订日,因而成为"九七国耻"日。

　　历史上过了那么多个辛丑年,大事小情自然也有许多。建立国家的就有刘备和杨坚。刘备 221 年称帝于成都,改元章武,史称蜀汉,简称蜀。那年就是辛丑年。此前一年,曹丕称帝,国号魏,标志东汉的正式灭亡。刘备此举,自道是和曹丕对着干,因为"操子丕,载其凶逆,窃居神器,群臣将士以为社稷堕废,备宜脩之",且刘备"惧汉阼将湮于地",所以"谨择元日,与百寮登坛,受皇帝玺绶"。这就表明,首先刘备不承认曹魏政权,其次刘备自认为只有自己才有资格承继汉统。而这一年,坐拥江东诸郡的孙权选择了称臣于魏,魏旋封之为吴王。到孙权称帝,魏蜀吴不仅在事实上而且在名号上形成三国鼎立的局面,要等到八年之后,那是 229 年的事。

581 年,杨坚称帝建立了隋,按《隋书·高祖本纪》的说法,属于禅让。杨坚本是北周隋国公,北周静帝宇文阐非要把位子让给他,说他"睿圣自天,英华独秀,刑法与礼仪同运,文德共武功俱远。爱万物其如己,任兆庶以为忧",自己乐意"祗顺天命,出逊别宫"。实际上如令狐德棻修《周书》所云:"静帝越自幼冲,绍兹衰绪。内相挟孙、刘之诈,戚藩无齐、代之强。隋氏因之,遂迁龟鼎。"换句话说,势不容其不交出江山。杨坚客气了一下,"三让,不与",便改元开皇,成了隋文帝。

在重大历史事件方面,公元前 260 年这个辛丑年,秦将白起败赵将赵括于长平,坑杀赵军降卒 45 万人。公元前 200 年,汉高祖刘邦追击匈奴而遭遇"平城之围",自此以"和亲"政策作为笼络匈奴、维护边境安宁的主要手段。641 年,唐文成公主下嫁松赞干布,开创了唐蕃交好的新时代。761 年,"安史之乱"中史朝义杀了他爹史思明,自己当上土皇帝。1121 年,北宋农民起义领袖方腊兵败被杀。1421 年,明成祖定都北京,命郑和复使西洋,这是郑和七下西洋中的第六次。1661 年,清康熙皇帝继位,而南明永历皇帝在缅甸被擒,标志着明朝彻底灭亡。1661 年,《四库全书总目提要》晋呈,这是中国古典图书目录的集大成之作,同时也是对我国 18 世纪以前学术进行的一次系统总结。1841 年,国家耻辱的一页被掀开,虎门炮台、厦门、定海相继失陷。也是在这一年,"主和派"琦善被革职拿办,查抄家产,处以斩监候;而"主战派"林则徐、邓廷桢也被摘掉顶戴花翎,发往伊犁。

辛丑年也有一些名人去世。如 581 年有庾信,1061 年有宋祁,1641 年有徐霞客,1841 年有龚自珍。

庾信是南北朝时的著名文学家。《北史》其本传载,徐摛、徐陵、庾肩吾、庾信这两对父子"出入禁闼,恩礼莫与比隆",而他们自身的文学成就亦非常了得，"既文并绮艳，故世号为徐庾体焉。当时后进，竞相模范，每有一文，都下莫不传诵"。庾信《哀江南赋》以骈文形式陈述梁朝的成败兴亡、侯景之乱及江陵之祸的前因后果，集六朝诗、赋、文创作之大成，对唐代文学影响甚巨，杜甫有"庾信文章老更成，凌云健笔意纵横"句。徐庾体开创了文学史上的一种艺术风格，当今之所谓"梨花体""浅浅体"则纯粹出于民间的调侃。

宋祁是北宋著名文学家、史学家，当然也是官员。他在史学上的最大成就是编撰二十四史之一的《新唐书》。该书志和表分别出自范镇、吕夏卿，本纪及总其成者为欧阳修，其余大部分出自宋祁。《宋史》其本传载："祁兄弟皆以文学显，而祁尤能文，善议论，然清约庄重不及（兄）庠，论者以祁不至公辅，亦以此云。修《唐书》十余年，自守亳州，出入内外尝以稿自随，为列传百五十卷。"《东轩笔录》更收录了一则趣事，说宋祁"晚年知成都府，带《唐书》于本任刊修。每宴罢，盥漱毕，开寝门，垂帘，燃二椽烛，媵婢夹侍，和墨伸纸，远近观者，皆知尚书修《唐书》矣，望之如神仙焉"。

徐霞客是明代地理学家、旅行家、文学家，一生足迹遍及今天21个省、市、自治区，"达人之所未达，探人所之未知"。钱谦益说他"能忍饥数日，能遇食即饱，能徒步走数百里，凌绝壁，冒丛箐，扳援下上，悬度缒汲居平未尝为古文辞，行游约数百里，就破壁枯树，燃松拾穗，走笔为记"。《徐霞客游记》详细记录了他的旅行观察所得，以及地理、水文等现象，这也是世界上最早记述岩溶地貌并详细考证其成因的著作。

清代思想家龚自珍，我们都熟知他的"我劝天公重抖擞，不拘一格降人才"。自珍是其原名，《清史稿》里用的是"龚巩祚"，说他"才气横越,其举动不依恒格,时近傲诡",又说他"文字鸷桀,出入诸子百家,自成学派。所至必惊众,名声藉藉,顾仕宦不达",就是仕途上不那么理想。《己亥杂诗》是龚自珍一生思想的精华,共有七绝335首。己亥,即道光十九年(1839),龚自珍是年自京师辞官南归杭州,以诗来记录行程,兼述旧事,并有自注,其生平经历、思想、著述、交游,皆可借以考见。前面的名句即出于此诗集。

历史上辛丑年的大事记,这里只能撮其要者。即将到来的辛丑年里,同样会发生载入史册之事,毫无疑问。

虎

庚寅年将至,谈虎的话题循例多了起来。

在古人眼中,虎是很凶恶的动物。这不奇怪,去今三四十年前,我们对虎也还存在这样的偏见。宋人叶寘在释读韩愈《猛虎行》(猛虎虽云恶)时说,全篇"终言虎之恶极矣",不过,作者的用意在以虎喻人,所谓"失其俦类,取死宜也。当其纵暴,何有于物?一旦索然,求免无所,彼恶之不及虎也,可以孤立自肆哉!"因为虎之凶恶,《水浒传》里的"景阳冈武松打虎"和"黑旋风沂岭杀四虎",都是了不得的壮举。《辽史》里也有一则杀虎,说"开泰五年(1016)秋,大猎,帝射虎,以马驰太速,矢不及发。虎怒,奋势将犯跸",当"左右辟易"之时,陈昭衮"舍马,捉虎两耳骑之。虎骇,且逸。上命卫士追射,昭衮大呼止之。虎虽轶山,昭衮终不堕地",且"伺便,拔佩刀杀之"。读来真是惊心动魄。

相形之下,还有种仪式性的杀虎,如清朝"晾鹰台杀虎之典"。《养吉斋丛录》云,届时,"台上张幄次,台下虎枪处人员列侍,台前置虎笼,大索绕笼数匝,而引其端于十数步外"。皇帝来了,"虎枪处人取索之端,骑马绕笼疾行,以解之。索尽,而笼之门以启"。老虎呢,因为关得久了,"往往伏不动",这时"台上随驾之侍卫,承命以火枪俯击之,或又嗾猁犬吠笼侧",撩拨它。等到老虎冲出来，"三数人争刺之"，虎死之后，"头枪、二枪，管虎处及领侍卫大臣察明"，报给皇帝，然后"颁赏白金、荷囊有差"。

生活在精神世界里的人，遇虎时往往心平气和，和虎甚至可以"沟通"。《曲洧旧闻》里有个芙蓉禅师道楷，"始住洛中招提寺，倦于应接，乃入五度山，卓庵于虎穴之南，昼夜苦足冷"，想到虎窝里正有两只吃奶的小虎，就抱过来暖脚。"虎归不见其子，咆哮跳掷，声振林谷"，跑到庵里一看，"见其子在焉，瞪视楷良久"。道楷曰："吾不害尔子，以暖足耳。"虎乃衔其子，曳尾而去。《朝野佥载》里的空如禅师更神，"少慕修道，父母抑婚，以刀割其势，乃止"。长大成人，因为不愿意被"征庸课"，又把自己的胳膊弄残了，然后"入陆浑山坐兰若，虎不为暴"。有一天他见到野猪与虎正准备厮杀，乃挥了挥藜杖说："檀越不须相争。"那两家伙听到后，就乖乖地各走各路了。《清稗类钞》里还有个叫吴虚壑的，"尝夜读有感，抚案痛哭"，这时听到"窗外有物腾突去丛薄，作摧裂声，簌簌动人"。第二天在篱笆上发现了虎踪，"大小不一"，且"谷口农家之犬豕皆为虎攫去"。大家猜测，可能是虎听到吴的哭声"而惊走也"。

清朝有年羹尧被冤杀案，杀就杀吧，君要臣死嘛，但也扯上了虎。萧奭《永宪录》云，雍正三年（1725）冬，一只野虎"由西便门进正阳门西江米巷，入年羹尧旧宅，咬伤数人。九门提督率侍卫枪毙之"。雍正于是找到了下手的依据："朕将年羹尧解京，本欲仍加宽宥，今伊家忽然出虎，真乃天意当诛。"萧奭说，相传年羹尧出生时有白虎之兆。白虎在前人看来是"岁中凶神"，不像今天在广州香江野生动物园里成为宠物，其"所居之地，犯之，主有丧服之灾"。但京城人烟稠密，戒备森严，虎有什么理由大摇大摆地进来专门跑到年宅伤人呢？这只莫名其妙冒出来的野虎，应该是彼时的"周老虎"吧,区别只在于对年羹尧来说,"欲加之罪,何患无辞"。

同样是因为虎的习性,元代王恽在论及写文章时指出:"作文亦有三体,入作当如虎首,中如豕腹,终如虿尾。虎首取其猛重,豕腹取其楦穰,虿尾取其螫而毒也。此虽常谈,亦作文之法也。"但同朝的乔吉不这么看,他在谈如何创作乐府时说:"凤头猪肚豹尾,大概起要美丽,中要浩荡,结要响亮。"文章的做法本无定论,况且二人的观点不同,还在于针对的文体也不同,但杨果的观点,无疑适用于政论性或论战类的文字。

李贽《焚书·读史》有"封使君"条,说汉朝宣城郡守封邵忽然变成了虎,"食郡民",百姓如果喊"封使君",它就不再来了。民间因有谣曰:"莫学封使君,生不治民死食民!"张禹山诗云:"昔日封使君,化虎方食民;今日使君者,冠裳而吃人。"又,"昔日虎使君,呼之即惭止;今日虎使君,呼之动牙齿。"又,"昔时虎伏草,今日虎坐衙。大则吞人畜,小不遗鱼虾。"杨慎戏禹山曰:"东坡嬉笑怒骂皆成诗,公诗无嬉笑,但有怒骂耶?"李贽点评:杨升庵(慎)此言,甚于怒骂。孔子曾经让学生记住:"苛政猛于虎。"却未料到后人——后官之作为,径可化身真虎。

壬寅年

"叟！不远千里而来，亦将有以利吾国乎？"《孟子》开篇《梁惠王章句上》，第一句为梁惠王对孟子的发问。孟子周游列国传播自己的政治主张，来到魏国是公元前 319 年，这一年正是壬寅年。梁惠王，魏国第三代国君。孟子反感梁惠王出口言利，回答道："王！何必曰利？亦有仁义而已矣。"

历史上的壬寅年，同样发生了诸多事情。

壬寅年去世的名人：102 年有班超，282 年有皇甫谧，762 年有李白，1062 年有包拯，1662 年有郑成功。李白、包拯、郑成功鼎鼎大名，实则班超、皇甫谧的作为亦不遑多让。班超在西域凡 31 年，既平定了城郭诸国的内乱，又击退了北匈奴、月氏等外族的入侵，使西域 50 余国遣质子臣属于汉。自西汉设立西域都护以来，前后担任此职者无人能与班超的功绩相比。皇甫谧在医学上颇有建树，其著作《针灸甲乙经》乃中国第一部针灸学专著，其本人亦被誉为"针灸鼻祖"。

壬寅年还有几次起义或造反被镇压。42 年，伏波将军马援破交阯，斩徵侧、徵贰姐妹。徵侧自立为王，一度"寇略岭外六十余城"。马援随后做了一件很有意义的事情，"立铜柱，为汉之（南方）极界也"。东晋孙恩、卢循起义虽然在 410 年才被刘裕击败，而在 402 年那个壬寅年，孙恩已兵败而"赴海自沈"，是"余众复推恩妹夫卢循为主"，起义才又坚持了九年。1542 年，以杨金英为首的十余名宫女，因不满嘉靖皇帝暴行而发动"壬寅宫变"，险些将睡梦中的嘉靖缢死，这该是中国历史上仅见的宫女造反了。

1722 年康熙皇帝去世，皇四子胤禛登基成为雍正皇帝。这是正宗的。非正宗的土皇帝，壬寅年也出了几个。卢循攻克广州后，"自摄州事，号平南将军，遣使献贡"，无土皇帝之名有土皇帝之实。942 年，广东博罗县吏张遇贤"称中天八国王，改元永乐，置百官，攻掠海隅"，只因"有神降于博罗县民家"，且大言曰："张遇贤当为汝主。"1362 年，元末与朱元璋等逐鹿中原的明玉珍，定都重庆，国号大夏。

比较来看，还是那些辉煌耀眼的文化事件最可称道。

462 年，南朝祖冲之创制《大明历》呈宋孝武帝。大明，宋孝武帝年号。《南齐书·文学列传》载，祖冲之奏上之后，"孝武令朝士善历者难之，不能屈"，可惜的是，"会帝崩，不施行"。祖冲之不仅首次将圆周率精算到小数点后七位，而且首次引入了"岁差"概念，从而使历法更加精确，以后诸历多从《大明历》所出。

642 年，《括地志》问世，该书创立了地理著作的新体裁，为后来的《元和郡县志》《太平寰宇记》等开了体例先河，张守节《史记正义》注释古代地名，亦完全依据之。主编李泰为唐太宗李世民第四子，以"好士爱文学"而知名。贞观十二年(638)，李泰采纳司马苏勖"以自古名王多引宾客，以著述为美"的建议，奏请编撰《括地志》。真正的作者，《旧唐书》中也留下了姓名：著作郎萧德言、秘书郎顾胤、记室参军蒋亚卿、功曹参军谢偃等。

702 年，科举制度中的武科即武举诞生。《新唐书·选举志》载："武举，盖其起于武后之时。"《唐会要》的时间点更明确："长安二年(702)正月十七日敕:'天下诸州,宣教武艺,每年准明经、进士贡举例送。'"胡三省注《资治通鉴》引《唐六典》道明了武举的评判标准,即"以七等阅人":一曰射长垛;二曰骑射;三曰马枪;四曰步射(以上考武艺);五曰才貌,"以身长六尺以上者为次上,已下为次"(考形象);六曰言语,"有神采堪统领者为次上,无者为次"(考表达);七曰举重,也就是翘关,《新唐书》云:"翘关,长丈七尺,径三寸半,凡十举后,手持关距,出处无过一尺。"只是重量多少没说。自武周以后,武举为大多数封建王朝所承袭,成为网罗武备人才的重要制度。

1422 年,郑和第六次下西洋归来。出发时,郑和受命送还忽鲁谟斯等 16 国使者,到达了今天阿拉伯半岛东南岸的阿曼一带。回国时,暹罗、苏门答剌、哈丹等国派使者随船队入贡。《剑桥中国明代史》评价郑和下西洋:进行了 15 世纪末欧洲地理大发现的航行以前,世界历史上规模最大的一系列海上探险。

1782 年,第一部《四库全书》缮写告成,入藏紫禁城文渊阁。《四库全书》是中国历史上卷帙最大的一部丛书,除收录中国历代各种典籍外,还有朝鲜、越南、日本,以及印度和明清之际来华的欧洲传教士的一些著作。全书共抄录七部。必须看到,修书过程中清廷禁毁的书籍总数也相当惊人。

1902 年这个壬寅年,清政府重建京师大学堂。京师大学堂始创于清光绪二十四年(1898),是中国近代最早的国立大学,为戊戌变法的"新政"措施之一。1900 年,八国联军入侵北京,京师大学堂遭到破坏,校务停顿。1912 年,京师大学堂易名北京大学。

"叠鼓夜寒,垂灯春浅,匆匆时事如许。"姜夔的句子。时事固然匆匆,但是可以肯定,无论哪一年,都为后世留下了可堪咀嚼回味的宝贵文化遗产。

华南虎

10 月 12 日（2007），陕西省林业厅召开新闻发布会宣布：失踪20 多年的野生华南虎重新被发现。根据是该省镇坪县村民周正龙在山中拍摄到了华南虎的照片。然而，舆论并未兴奋多久，关于照片真假的质疑之声就不断响起。有意思的是，质疑的中科院研究院傅德志"敢以脑袋担保照片有假"，而拍摄者周正龙也"以脑袋担保照片真实"。倪匡先生认为，发誓这种人类行为之所以存在，是为了人与人之间的沟通，是一种间接沟通，为了取得对方的信任。因为一个人永远无法知道另一个人心中真正在想些什么，在信誓旦旦之下，对方会比较容易相信。发誓的最高级，即争辩双方发的这种"毒誓"。

去今仅仅三四十年前，我们国土上有没有野生华南虎还是个无须争辩的问题。那个时候，老虎——无论是华南还是东北虎，都被视为害虫，必欲除之而后快，更不要说再往前了。康熙皇帝晚年对身边人说过，他从小到大，"凡用鸟枪弓矢获虎一百三十五，熊二十，豹二十五，猞猁狲十，狼九十六，野猪一百三十二，哨获之鹿凡数百，其余射获诸兽，不胜记矣。又于一日内射兔三百一十八"。他讲这些是要证明自己的本领，虽然这些虎豹熊罴之属都是事先在围场里赶到一起，专门供他表现，能不能说明问题还要存疑，但斯时老虎之多，也是不争的事实。读清代编纂的一些广东县志，大抵都有老虎出没的记载，印象比较深的如 1989 年我在封开县罗董镇浏览的《封川县志》，说有一年七八头老虎大白天进了县城的城门，排成一队，大摇大摆地晃了一圈才走。

镇坪县那里究竟有没有华南虎还是个未知数，尽管当地已经迫不及待地做起了发财梦，在宣传招牌上也添了到此“闻华南虎啸”的字眼，但他们那一带曾经有老虎是可以肯定的。宋朝陈鹄《西塘集耆旧续闻》云，章惇为商州推官、苏东坡为凤翔幕佥时，专门去看过老虎。今之镇坪与昔之商州正相去不远。那是章、苏两人“因差试官开院，同途饮小山寺”，有人说发现了老虎，两人便借酒劲“勒马同往观之”。离虎还有几十步远呢，“马惊不敢前”，东坡也害怕了，说：“马犹如此，著甚来由？”看什么呀，赶紧回去吧。章惇则“鞭马向前去”，快到老虎跟前，“取铜沙锣于石上攧响，虎即惊窜”。回来后章惇得意地对东坡说：“子定不如我。”而陈鹄由此得出“异时奸计，已见于此”的结论，他是要借虎论人，认为章惇“奸”的一面早就已经露出端倪。

蔡絛《铁围山丛谈》云，他在北宋靖康年间被流放到广西博白，那时候当地也有不少老虎，肯定是华南虎了。奇的是那里的老虎“未始伤人”，只是于“村落间独窃人家羊豕”。不仅如此，老虎还害怕人，“虽妇人小儿见则呼而逐之，必委置而走”。因为习以为常，“村人视虎，犹犬然耳”，跟看见狗差不多。后来，“北方流寓者日益众，风声日益变，加百物涌贵”，华南虎才变得跟内地的没什么两样，开始吃人了，而且吃得干净，“略不遗毛发”。蔡絛自问：“风俗浇厚，乃亦及禽兽耶？”当然不是，这个答案他自己也非常清楚，他显然也是在借虎说事。他不是就死在博白了吗？当时预感到了危险也说不定。

华南虎与毒誓本来风马牛不相及,现在发生了关联,不妨再扯扯毒誓。据说宋太祖曾经立过一块"誓碑"藏在太庙中,只有后世皇帝才能拜读碑文。北宋亡国时宫室洞开,人们发现碑文共有三条誓词。第一条是给予柴氏子孙种种特权,第二条是"不得杀士大夫及上书言事之人",第三条就是毒誓:"子孙有渝此誓者,天必殛之。"乌台诗案中的苏东坡捡了一条命,只是被贬为黄州团练,可能正是第二条的作用吧。不过如我们常见,许多毒誓仅仅是做做样子而已。典型的是郑庄公对母亲所发之母誓:"不及黄泉,无相见也。"接着他又反悔了——至少表面上,怎么办呢? 手下人出主意,掘条壕沟,名曰"阴司沟"充数了事。

关于华南虎的"脑袋"毒誓该如何收场,真的不好预测。孙悟空与车迟国的虎力大仙比赛砍脑袋,砍掉之后喝一声"长",然后"飕的腔子内长出一个头来",但是别的人没有这种本领,虎力大仙就是因此赌丢了性命,现出了本相——一只无头的黄毛虎。而谁都知道,周正龙拍的华南虎照片,或真或假,必居其一,绝无既真且假的可能。

兔

农历辛卯年要到了,兔子在年前就成了香饽饽。"兔"飞猛进、"兔"气扬眉、大展宏"兔"的用法不断扑面而来,突、吐、图全部以谐音替代,与兔有染。甚至 Happy new year to you 的 to 也置换成了"兔",倒有浑然天成的味道。国人近年来特别喜欢做生肖文章,余亦属兔,记得上一轮兔年来临时,虽不至静悄悄,但绝没有现在这么热闹。

兔,是代表十二地支的十二种动物之一。生肖为什么如此相配?前人多有阐释。如《广阳杂记》引李长卿《松霞馆赘言》云:"子何以属鼠也?曰:天开于子,不耗则其气不开。鼠,耗虫也。于是夜尚未央,正鼠得令之候,故子属鼠。"牛呢,"地辟于丑,而牛则开地之物也,故丑属牛"。虎呢,"人生于寅,有生则有杀。杀人者,虎也,又寅者,畏也。可畏莫若虎,故寅属虎"。至于兔子,"卯者,日出之候。日本离体,而中含太阴玉兔之精,故卯属兔"。无论什么样的阐释,都与古人的认识论相关。生肖的产生,更是这种认识论所决定的世界观直接作用的结果。

《周书》卷十一载,宇文护发迹之后,开始寻找失散 30 多年的母亲阎姬,后来收到别人代母亲写的一封信,其中说道:"汝与吾别之时,年尚幼小,以前家事,或不委曲。昔在武川镇生汝兄弟,大者属鼠,次者属兔,汝身属蛇。"这里用道出宇文护三兄弟的属相,来佐证自己如假包换。当然,唯此分量是不够的,所以还有离散之际,"汝时着绯绫袍,银装带"等大量细节,且"今又寄汝小时所著锦袍表一领,至宜检看"等。宇文护的回信饱含深情,"区宇分崩,遭遇灾祸,违离膝下,三十五年",以及"蒙寄萨保(护别名)别时所留锦袍表,年岁虽久,宛然犹识,抱此悲泣"云云,被后人认为是"北朝第一篇文字,足与李密《陈情表》并垂千古"。

兔子是草食性脊椎动物。虽然温顺可爱,但词语构成上颇有些毁誉参半,感觉上甚至还以贬义的居多,如兔崽子、狡兔三窟、兔死狗烹、兔子不吃窝边草、兔子尾巴长不了等,而像兔起鹘落、动如脱兔之类可归入褒义的,很少,甚者从前竟然以兔子来指代同性恋者。有人说,这种指代源自《木兰诗》中的结句:"雄兔脚扑朔,雌兔眼迷离。两兔傍地走,安能辨我是雄雌?"无论起源如何,"同性恋"这个词在国人眼里也一直是带有贬义色彩的,这几年情形才随着"国际大势"稍稍好转一些。温顺的兔子得到这种待遇,跟忠诚的狗差不多,与赢得的人类好感不成正比,不知该怎样解释这一现象。

古人很喜欢拿兔子来借喻什么。比如,反映好德而贤人众多。《诗·周南》之《兔罝》云:"肃肃兔罝,椓之丁丁。赳赳武夫,公侯干城。"兔罝,捕兔的网。周振甫先生译前两句为"严肃认真结兔网,柱子敲打响丁当",我倒觉得不如像郑玄所笺那样,把兔罝直接理解为做卑贱之事的人,亦即普通的猎人或一般的村民。王安石也是这么理解的,其诗曰"兔罝尚好德,况乃公与卿"。又比如,比喻死守狭隘经验,不知变通。《韩非子·五蠹篇》云:"宋人有耕者。田中有株,兔走触株,折颈而死。因释其耒而守株,冀复得兔。"再比如,比喻统治者杀掉功臣有"兔死狗烹",话是由刘邦大将韩信普及开来的,而"版权"要属于春秋时期的范蠡。《史记·越王勾践世家》载,范蠡自齐遗大夫种书曰:"蜚鸟尽,良弓藏;狡兔死,走狗烹。越王为人长颈鸟喙,可与共患难,不可与共乐。子何不去?"寻常得不能再寻常的兔子,还曾上达天界,与嫦娥、吴刚等齐手并肩,成为月宫里的重要角色!先秦寓言中愚人形象以宋人居多,传统文化中的兔子情结深厚,有没有人探究因由呢?

生肖的历史那么悠久,任何属相都会拥有一批名人。就属兔的来说,粗略盘点,即有东汉光武帝刘秀、魏文帝曹丕、后蜀末代皇帝孟昶,以及东汉三国时的嵇康、周瑜、杨修等;清朝三个强势皇帝中,康熙和雍正属马,乾隆属兔。属什么,全是"自然而然"之事,但皇帝属什么,弄不好会干预公众生活。朱弁《曲洧旧闻》云,宋徽宗属狗,天下禁止杀狗。概因当时有个叫范致虚的大臣拍马屁:"十二宫神,狗居戌位,为陛下本命",而今京师居然"有以屠狗为业者",大不敬。元仁宗属鸡,天下不准倒提鸡,"犯者有罪"。杨瑀《山居新话》云:"盖因仁皇乙酉景命也。"

兔走乌飞,光阴流逝。在传统纪年的一年之始,吉祥祝福诚不可少,但生命的价值如何,还需要自己把握生活的节奏。

癸卯年

进入癸卯年后,循自家之例,盘点一下过往癸卯年中发生的值得回味的人和事。公元前,癸卯年对应的公历年尾数逢8;进入公元,则逢3。

先看看历史上癸卯年发生的一些文化事件。

1123年,即宋徽宗宣和五年,诏"以元祐学术政事聚徒传授者,委监司举察,必罚无赦"。这已是"再禁"。此前,徽宗崇宁元年(1102)立《元祐党人碑》,司马光、苏轼等120人名列其中;崇宁三年(1104)重定元祐党籍,"增补"189人。元祐学术,即指元祐党人所撰之诗、赋、史论。其所以被一禁再禁,实乃权势者对政敌斩尽杀绝的文字狱。1303年,即元成宗大德七年,《大元一统志》编成。这部官修地理总志,是我国古代最大的一部舆地书。1603年,即明神宗万历三十一年,发生了"妖书"案,实质上是以"国本之争"面貌出现的晚明党争。癸卯年还有两事关于科举,一是改乡会试八股文为策论表判,二是命工部造贡院应用桌椅等器,不许借用于民间,分别发生在1663年、1723年,亦即清康熙二年、雍正元年。

癸卯年去世的文化名人则有这样一些:

583年有南朝梁陈间的徐陵。徐陵在文化上的贡献,一是与庾信一道开创了"徐庾体"诗风，清朝学者蒋士铨评价二人"独有千古"。二是编纂《玉台新咏》，收入东周至南梁诗歌共 769 篇，其中不乏感情真挚且具有现实意义之作，如《陌上桑》《孔雀东南飞》。

1183 年有南宋史学家李焘，时《续资治通鉴长编》纂成未几。该书是我国古代私家著述中卷帙最大的断代编年史，详记北宋九朝凡 168 年史事，仿司马光《资治通鉴》体例，以"宁失于繁，无失于略"为原则，除宋代的实录、国史外，还大量采用经、史、子、集，笔记小说，家乘志状。

1243 年有南宋另一位史学家李心传。其史学著作主要有《建炎以来系年要录》《建炎以来朝野杂记》《旧闻证误》等，其中《旧闻证误》为考订两宋尤其是北宋史事的笔记，乃有宋一代考据学的代表作。

1843 年有清朝文献学家严可均。其成就在于编纂《全上古三代秦汉三国六朝文》，这是我国古代文献涵盖时间最长的一部文学总集，对唐以前的中国历史、文学、宗教、语言等研究，具有极其重要的学术价值。

癸卯年关于皇帝和自封"皇帝"的事情也有好几宗。

223 年，刘备死，刘禅嗣位。943 年，闽王王延政称帝，国号殷。同年，南汉刘弘熙杀其主刘玢，称帝改元，且改名刘晟。这都是正史承认的。僭越的，则有 403 年桓玄逼晋安帝退位，自称皇帝，国号楚。同一年，南燕有个叫王始的，利用宗教形式聚众数万起事，称太平皇帝。523 年，北魏破六韩拔陵聚众反魏，建元真王。

在正史承认的里面，南汉那一次皇位更迭属于宫廷政变，刘弘熙和刘玢是兄弟关系。《十国春秋·南汉二》记载了政变全过程。刘玢荒淫无道，老皇帝还没出殡，他就开始"召伶人作乐饮酒"了。继位后，"山海间盗贼竞起，帝莫能省。左右忤意，辄死，无敢谏者"。他因为"酷好手搏"，刘弘熙就召集了五名力士，"习为角抵以献"。有天看得高兴，刘玢大醉，起身，力士们假装来扶，趁机"拉杀之"。

在朝政层面，从史上癸卯年中可拈两件。一件发生在公元前198年即汉高祖刘邦九年，为和亲制度之始。再一件是1843年即清道光二十三年，以耆英为钦差大臣赴广东办理通商事，与英国璞鼎查订立《五口通商章程》。

和亲，即我国古代中原汉族王朝的皇室为免于战争与边疆异族统治者而结成姻亲。《汉书·匈奴传》载，时匈奴"引兵南逾句注，攻太原，至晋阳下。高帝自将兵往击之"，然而被"冒顿纵精兵三十余万骑"围困于白登山，"七日，汉兵中外不得相救饷"。刘邦于是采纳陈平之计，"使使厚遗阏氏"，在匈奴阏氏劝说下，冒顿"开围一角"，汉军乃得突围，双方罢兵。接着，刘邦"使刘敬奉宗室女翁主为单于阏氏，岁奉匈奴絮缯酒食物各有数，约为兄弟以和亲"，缓和了匈奴的袭扰。

和亲的做法就此为后代所沿袭。汉代最有名的，自然是元帝时的"昭君出塞"。唐代最有名的，当推太宗时文成公主嫁给吐蕃赞普松赞干布。唐代不仅对吐蕃，对突厥、回鹘、吐谷浑、高丽等均有和亲之举。如《旧唐书·突厥列传上》载："圣历元年，默啜表请与（武）则天为子，并言有女，请和亲。"睿宗继位，"默啜又遣使请和亲，制以宋王成器女为金山公主许嫁之"。

《五口通商章程》是中英《虎门条约》的附件。根据茅海建先生的研究，这是"天朝"稀里糊涂地往自己脖子上套的一道绞索，即便如引水权的丧失、海关验货权的分割等姑且不论，清朝也至少失去了四项重大权益：关税自主权、对英人的司法审判权、片面最惠国待遇和英舰进泊通商口岸权。换言之,《虎门条约》及其附件作为不平等条约,带给中国的危害不亚于中英《南京条约》。而大异其趣之处在于,这是战后两国"平等"相商缔结的产物,但谈判、签订条约的耆英等人,审核、复议条约的军机大臣们,乃至最后批准条约的道光帝,"对亲手出让的权益都没有丝毫的察觉"!

在 2023 这个癸卯年,余将结束工作生涯,正式退休。弹指间一个甲子。白驹过隙。

龙

《壬辰年》特种邮票今天（2012）发行。

从1980年的《庚申年》开始，我国每年都发行生肖邮票，例牌在1月5日。首次发行很可能出于灵机一动的缘故，因为发行日期首先并非"交替"之际，且从"猴"而非从"鼠"开始，也不合生肖排序。如今的"龙"发行到第三轮了，第一轮开路的那只"猴"，身价已成改革开放后中国邮票的一骑绝尘者：当年的8分面值现在竟逾万元；整版（64枚）更传出拍到上百万元的惊人消息！究其原因，一方面发行量过低，且大量使用于通信，行使了邮票的功能；另一方面，黄永玉先生笔下的那只小猴从绘画到设计也着实可爱。而今年的这条"龙"，公布邮票图案时即引起舆论大哗，好多人不喜欢。那是一条正面对人的金龙，圆睁双眼，真正而非形象意义上的张牙舞爪。

龙，是传说中一种善于变化并能兴云雨、利万物的神异动物。十二生肖中，只有它并不是真实存在，但却是我们民族中最重要的文化符号。去今五六千年的红山文化就出土了大型玉龙，酷似英文字母C：勾曲形，口闭吻长，鼻端前突，端面截平，并排两个鼻孔，颈有长毛，尾部尖收而上卷。专家考证，这是我国最早的龙形象。在前人眼里，龙，"见则在田，跃则在渊，飞则在天"，不仅水陆两栖，而且还能飞翔，盖"无在而不宜者也"。

龙在后世几乎是皇帝的代名词。而在与皇家扯上关系或曰为其独霸之前，它应该很可爱，还能骑呢。据顾颉刚先生爬梳，《五帝德》托孔子语曰："颛顼……乘龙而至四海……惟其乘龙，故能遨游于四极也。"在讲到帝喾时也说："春、夏乘龙，秋、冬乘马。"意味着龙与马有同等之效用，可以当作交通工具。《左传》干脆还说，以他们那个时间点来衡量的古时，国有豢龙氏、御龙氏，也就是养龙的和驾龙的。韩非《说难》亦有"夫龙之为虫也，可柔狎而骑也"说。《史记·封禅书》更保留了公孙卿讲的一个有趣故事：黄帝采首山之铜，铸鼎于荆山下，"鼎既成，有龙垂胡髯下迎黄帝"，结果不仅黄帝骑了上去，"群臣后宫从上者七十余人"，像搭火车一样都骑上了，"龙乃上去"。龙的身长究竟是有限的，那些没搭上的小臣，"乃悉持龙髯"；又因拽的人太多，导致"龙髯拔堕"，龙胡子被揪断，人也掉下来了。后世美称人家的女婿为"乘龙快婿"，大抵正脱胎于骑龙。晋张方《楚国先贤传》云："孙儁字文英，与李元礼（膺）俱娶太尉桓焉女，时人谓桓叔元两女俱乘龙，言得婿如龙也。"

成语"叶公好龙"里的那条龙也非常可爱。它听说叶子高很喜欢它，"钩以写龙，凿以写龙，屋室雕文以写龙"，到处都画自己，像知道黄帝铸鼎的那条一样，特地跑来会粉丝。"窥头于牖，施尾于堂"，那副探头探脑的好奇样子委实不难想象。这条"真龙"大约与子高先生先前凭借想象所画的样子大相径庭，所以甫一见便"失其魂魄，五色无主"，怕极了。

《西游记》里跟袁守诚打赌的龙王，可能深知这一点，从水里钻出来后，"摇身一变，变作一个白衣秀士"，靓仔不说，还很儒雅，"丰姿英伟，耸壑昂霄。步履端祥，循规蹈矩。语言遵孔孟，礼貌体周文。身穿玉色罗襕服,头戴逍遥一字巾"。这条龙虽贵为王,举止也颇类顽童,听说袁守诚算卦准,就去找人家的茬儿——"请卜天上阴晴事如何"。因为那是它的拿手戏,职司于此,以为可以打赢对方。袁守诚不含糊:"明日辰时布云,巳时发雷,午时下雨,未时雨足,共得水三尺三寸零四十八点"。它听完就笑了:"此言不可作戏。如是明日有雨,依你断的时辰数目,我送课金五十两奉谢。若无雨,或不按时辰数目,我与你实说,定要打坏你的门面,扯碎你的招牌,即时赶出长安,不许在此惑众!"钻回水里,众水族也笑了:"大王是八河都总管,司雨大龙神,有雨无雨,惟大王知之,他怎敢这等胡言? 那卖卦的定是输了,定是输了!"然而,玉帝来旨,旨意也皆如袁守诚所云;再然而,"上有政策,下有对策",第二天它执行了命令不假,却是"挨到那巳时方布云,午时发雷,未时落雨,申时雨止,却只得三尺零四十点",也就是"改了他一个时辰,克了他三寸八点",然后去砸袁守诚的卦铺。不过,袁守诚又算出它"违了玉帝敕旨,改了时辰,克了点数,犯了天条。你在那剐龙台上,恐难免一刀",吓得它连忙"整衣伏礼"。

龙的形象是多面的,其"九子"长相各异,脾气和爱好也各异,有喜欢音乐的,有喜欢负重的,有睚眦必报的……代表了龙的多重性情取向。在辞旧迎新之际诞生的生肖邮票,真不妨让龙的样子展现其可爱的一面,过年嘛,关于龙的应时产品或商品说到底是助兴的产物。而《壬辰年》特种邮票上的龙,是蟠龙,蟠,屈也。蟠龙固然要凶一些,语云"蟠龙虎踞",说的就是地势雄伟险要,像盘着的龙,像蹲着的虎。这诚然是龙的形象的一面,但这个时候亮相,一个是与过年的氛围显得不大协调,再一个是"印证"了西方对龙的"充满霸气和攻击性的庞然大物"的认知,无端予人以口实。所以,这枚邮票的设计即便说不上失败,肯定也说不上成功。

叶公好龙

4月2日(2004),我国发行了成语故事特种邮票一套四枚,分别为《邯郸学步》《叶公好龙》《滥竽充数》和《鹬蚌相争》。表现历史文化,一直是我国邮票的重要题材之一,但专门为成语故事发行邮票,印象中还是第一次。

没有料到的是,其中的《叶公好龙》引来一名学者的不满。在他看来,"因为历史原因,许多人心目中的叶公形象与历史上的叶公真人不符,我们有责任还其庐山真面目"。就是说,成语中的叶公被固化为言行不一的代名词,在他看来冤哉枉也。我大概是小学时学的这个成语,一直当作寓言,经这么一点拨,始知原来确有"叶公子高"其人,而且"还是春秋楚国的一位著名的政治家、军事家",有过不少骄人的政绩。当然,稍微留意一下邮票发行信息也可窥端倪。这枚邮票的首发式,是"在叶公故里河南省叶县举行",该县澧水之滨建有叶公墓,现已辟为叶公陵园。

西汉刘向将"叶公好龙"故事收进著作时,不会想到两千年后有人跟他较真。令我等吃惊的,还在于该学者认为"叶公好龙真假自不必多说",因为"世间所谓的'龙'压根儿就不存在",以及"龙是神化了的动物,不可能下降叶宅"。这样的话,就要轮到我等跟他较真了:按这样的逻辑,世间不仅不该存在寓言这样一个品种,而且大量脍炙人口的民间传说,也要全面否定。白娘子、祝英台的故事不是扯淡吗,哪有蛇能变成美女且跟男人成家、人死了能双双变成蝴蝶比翼齐飞的道理? 天仙配、牛郎织女、搅得玉帝王母不得安宁的孙悟空,应当被冠以大肆宣扬封建迷信。前些天清明节时,各地各级官员大张旗鼓地拜祭的黄帝、炎帝,以及燧人氏、伏羲氏、神农氏那三皇,也都只是传说中的神仙级人物,目前并没有任何实物证据表明他们是确切的存在。

孟子曰:"尽信书不如无书。"宋人姚宽认为:"书安可无也,学者慎所取而已,不知慎所取,则不如勿学而已矣。"这里的"学者"概念,当然还不是今日的教授、研究员级别的人物,而只是普通的知"学"、能"学"的人。

"叶公好龙"是一则寓言。什么叫寓言? 弄不清概念的话,查查辞书不是什么难事。《现代汉语词典》(1996 年版)释义为:用假托的故事或自然物的拟人手法来说明某个道理或教训的文学作品。因此,不要说"叶公好龙"是刘向收进书中的,即便纯粹是他编出来的,也符合寓言的特质,并无可以指摘之处。抬杠地说,那学者以为诸如古希腊著名的伊索寓言等就是信史吗? 当然,也要承认刘向在姓名权这一点上,的确没有寓言大家韩非聪明。韩非写"守株待兔",开篇还说"宋人有耕者"怎么样,写"自相矛盾",干脆就是"人有鬻矛与盾者",连哪里的人都不讲了。开玩笑说,他是不是已经先见了当时或后世的人可能会对号入座呢?

但刘向为什么要揪住"叶公子高"来寓意表里不一? 想来自有他的道理。前人已经发现,我国古代寓言往往喜欢把"宋人"作为讽刺挖苦的对象,除了"守株待兔"里那个想着天上掉馅儿饼的,还有"狗恶酒酸"里那个卖酒的、"揠苗助长"里那个把庄稼拔高的,都是宋人,"宋人有酤酒者""宋人有闵其苗之不长而揠之者"云云。为什么会这样？一二三四，人们分析了许多，此不赘言，总之非无缘由。前人曾责难《三国志》作者陈寿，说他向丁仪的儿子乞米不得，因此不给丁氏兄弟立传；因有憾于诸葛亮，所以评价他"应变将略，非其所长"。这种责难有没有依据，见仁见智。但汉代的刘向和春秋时期的"叶公子高"想必没有什么直接的过节，因此，与其如那学者所言当"正确评价"叶公，倒不如认真研究为什么先有民间流传"叶公好龙"的故事，后有刘向郑重其事地收录。群众的眼睛是雪亮的，叶公的政绩会不会是"政绩工程"的那种"政绩"呢？

对待传统文化，有两种趋向令人忧虑：一方面，影视作品愈发肆无忌惮地戏说历史，只要典籍中主要人物的名字，其余一概创作；另一方面，诸多一本正经的学者钻进了牛角尖，凡事皆欲"正本清源"。今年早些时候，有人曾建议以地方立法的形式保护唐伯虎的形象不再受侵犯和歪曲，理由是唐伯虎并非花花公子，点秋香纯属捏造，影视作品和小说贬低了唐伯虎的高尚品格和人格。然唐伯虎自诩为"风流才子第一人"，起其于地下而问之，不知道是否会感谢后人的这番好意。对待历史，我们诚然当予以必要的尊重，而对于说不清楚的"叙事符号"，是否仍然要摆出孜孜矻矻的架势？尤其对寓言故事，更应当探究的是其中蕴含的深刻人生哲理吧。

清人康放仁说："真实学问之人，必不奔走风尘以求名誉。"我所理解的"风尘"，一是趋炎附势，成为官样学者；一是趋世媚俗，行哗众取宠能事。这句话用在今天，并不一定过时。学者对"叶公好龙"的较真，就难逃后者的嫌疑。

蛇

关于蛇年,陆游有首《人日雪》诗,"非贤那畏蛇年至,多难却愁人日阴"云云。当然,无论"畏"之与否,12年一个轮回,"蛇"总要来走一遭。

对许多人来说,蛇是比较可怕的动物。前两期江苏卫视"非诚勿扰"相亲节目(2013),一个男嘉宾没有牵手成功,乃将事先带来的盒装礼物送给了"心动女生"刘五朵,打开一看居然是条活着的小蟒蛇,结果全场耸动。可怕的不仅是蛇的形象,还在于它的毒性(对毒蛇而言)。柳宗元名篇《捕蛇者说》道得分明,永州野产之异蛇,因为有奇特的医疗效用,"太医以王命聚之,岁赋其二,募有能捕之者"。这种蛇,"黑质而白章;触草木,尽死;以啮人,无御之者"。主人公蒋氏"貌若甚戚"地告诉柳宗元:"吾祖死于是,吾父死于是。今吾嗣为之十二年,几死者数矣。"而永州百姓仍然"争奔走焉",概因捕蛇可以"当其租入",且"吾斯役之不幸,未若复吾赋不幸之甚也"。孔子令弟子记住"苛政猛于虎",柳宗元则告诉世人苛政亦猛于蛇。以是推之,但凡苛政,都有"猛于"的一面,既不拘虎或蛇等动物,亦不会拘"稻粱黍、麦菽稷"等植物。

有意思的是,形象欠佳的蛇在古籍中也象征国君、君子。《左传·文公十六年》载:"有蛇自泉宫出,入于国,如先君之数,毁泉台。"杨伯峻先生释曰,泉宫在郎,郎在曲阜南郊,为近郊之邑;入于国,即入于鲁都曲阜。而杜预在作注之前数了一下,鲁自伯禽开国到文公之前的僖公,一共有17名"先君",这就等于是说,共有17条蛇从郎钻进曲阜。那么,蛇之此举一定预示着什么。果然,"秋八月辛未,声姜薨,毁泉台"。按杜预的解释,鲁人把文公的母亲声姜之死,正归为蛇妖所出,所以把泉台给拆了。蛇可象征国君,未知其又名小龙是否有此关联。唐李冗《独异志》云:"晋文公时,有蛇当道而行,文公以为不祥,反政修德,令吏守蛇。"夜半,守吏梦见有人杀蛇,说:"何以当圣人道!"但我们都知道,斩当道之蛇最著名的是汉高祖刘邦。刘邦当亭长时,"为县送徒郦山,徒多道亡",知道交不了差,干脆把剩下的都放掉,有十几个人愿意跟着他。一行人"夜径泽中",路遇大蛇,刘邦借着酒醉,"拔剑击斩蛇,蛇遂分为两,径开"。一个神仙化作的老妪哭着说,被斩的是白帝啊;不过,斩的人是赤帝。《左传·成公二年》又有齐晋鞌之战的记载,"丑父寝于辁中,蛇出于其下,以肱击之,伤而匿之,故不能推车而及"。这里大约没有灾异征兆在内,而是逢丑父真的给蛇咬了。

在民间,关于蛇则有脍炙人口的白娘子传说:白蛇、许仙、法海,西湖、断桥、雷峰塔……这个凄美故事的原型,或出自《太平广记》卷第四百五十八之"李黄"条。时间,唐宪宗元和二年(807);地点,都城长安;人物,"陇西李黄,盐铁使逊之犹子也"。故事的结构在后世看来很老套。李黄"因调选次,乘暇于长安东市,瞥见一犊车,侍婢数人于车中货易。李潜目车中,因见白衣之姝,绰约有绝代之色",于是搭讪,于是求欢,于是遂愿。然"一住三日"出来,"仆人觉李子有腥臊气异常",回到家,未几归西。"家大惊慑",找到庄严寺附近的那个寻欢之所,却只见一棵皂荚树。邻居说:"往往有巨白蛇在树下,更无别物。"在"李黄"条的后半段,记载了另一说。也是元和年间,主人公换成了凤翔节度使李听的侄子李琯,"自永宁里出游,及安化门外,乃遇一车子,通以银妆,颇极鲜丽,驾以白牛。从二女奴,皆乘白马,衣服皆素,而容姿宛媚"。李琯黏上人家了,一直跟到家里,"见一女子素衣,年十六七,姿艳若神仙。琯自喜之心,所不能谕,因留止宿"。也是第二天回家后坏了,"脑裂而卒"。家人找到他昨晚过夜的地方,"但见枯槐树中,有大蛇蟠屈之迹。乃伐其树,发掘,已失大蛇,但有小蛇数条,尽白"。两个雷同故事的主人公都是姓李,如何后来改为姓许,又如何添了青蛇与和尚,其中的发展、演变一定是篇大文章。

"李黄"末尾云此条出自《博异志》,而上海古籍出版社2012年8月的标点本唐谷神子之《博异志》(《次柳氏旧闻》附)中并无此篇,另有同名之书乎?新近龚琳娜女士再推"神曲"《法海你不懂爱》,就蛇年的来到重新演绎了这个故事。但不比其彼"神曲"《忐忑》轰动一时,此"神曲"甫一问世,喝倒彩之声此起彼伏,且文化界开始讨论"娱乐底线",佛教界则严正抗议,因法海禅师乃金山寺史上有道高僧。歌词中的"法海你不懂爱,雷峰塔会掉下来"也根本不通,即便没有鲁迅先生家喻户晓的那篇文章,我们也知道直立着的塔一旦坍塌是"倒"下来,"掉"下来,你当那是塔尖上的饰物啊?

清魏子安小说《花月痕》开篇有番议论:"读书人做秀才时,三分中却有一分真面目。自登甲科,入仕版,蛇神牛鬼麇至沓来。"仕版,记载官吏名籍的簿册,亦借指仕途或官场;蛇神牛鬼,比喻各色邪恶和各种歪人。后世之牛鬼蛇神,当从此借用而来,只是所借所喻全然颠之倒之,给举国上下带来了一场文化灾难。

马

农历甲午马年(2014)即将来到了。

马在相当长的历史时期都是交通、生产、战争的重要工具。国人对马的喜爱也由来已久,《三国志》裴注"人中吕布,马中赤兔"的说法,家喻户晓,在夸人的同时没有忽略夸马。某种程度上,人在事业上的成功也离不开马的助力。唐太宗墓前原有著名的"昭陵六骏"浮雕,就是李世民征战时期骑过的六匹战马,分别名为"拳毛䯄"(平刘黑闼所乘)、"什伐赤"(平王世充、窦建德所乘)、"白蹄乌"(平薛仁杲所乘)、"特勒骠"(平宋金刚所乘)、"青骓"(平窦建德所乘)以及"飒露紫"(平王世充所乘)。石化在自己的墓前,可见李世民对这六匹战马的情愫。浮雕本身,则出自阎立德阎立本两兄弟,早就成了稀世之珍。其中的"飒露紫"和"拳毛䯄",上世纪之初被古董商人盗卖至国外,现在美国费城宾夕法尼亚大学博物馆,其余的藏于陕西西安碑林博物馆。六骏天各一方,团圆无期,是为憾事。

马作为单纯艺术品的题材,同样由来已久。唐玄宗时韩干所画之马,大抵至今仍无人能出其右。钱易《南部新书》云,韩干闲居,"忽有一人朱衣玄冠而至"。韩干问他从哪来,他说自己是鬼使,"闻君善画良马,愿赐一匹"。传说到了神乎其神的地步。清朝宫廷画家郎世宁也有代表作《百骏图》《骏马图》等，宝岛那边均发行过相关邮票。《骏马图》一套八枚，马名雪点雕、大宛骝、霹雳骧、如意骢什么的，应该是清廷画作的珍藏了。

汉武帝很喜欢马。《史记·乐书》载，汉武帝尝得神马渥洼水中，旋做歌一首："太一贡兮天马下，沾赤汗兮沫流赭。骋容与兮跇万里，今安匹兮龙为友。"裴骃《史记集解》引李斐云："南阳新野有暴利长，当武帝时遭刑，屯田燉煌界。人数于此水旁见群野马中有奇异者，与凡马异，来饮此水旁。利长先为土人持勒靽于水旁，后马玩习久之，代土人持勒靽，收得其马，献之。"后来武帝伐大宛得千里马，再作歌一首："天马来兮从西极，经万里兮归有德。承灵威兮降外国，涉流沙兮四夷服。"脑袋里尽是马，汲黯听不下去了，进谏曰："凡王者作乐，上以承祖宗，下以化兆民。今陛下得马，诗以为歌，协于宗庙，先帝百姓岂能知其音邪？"武帝被戳到痛处，默然。丞相公孙弘这时挺身而出："黯诽谤圣制，当族。"

武帝为马而伐大宛事，《汉书·李广利传》说得比较详细。"太初元年（前104），以广利为贰师将军，发属国六千骑及郡国恶少年（颜师古注'恶少年谓无行义者'）数万人以往，期至贰师城取善马"，李广利因之被称为"贰师将军"。但是，大军推进并不顺利，"当道小国各坚城守，不肯给食，攻之不能下。下者得食，不下者数日则去"。到了郁成城，更成强弩之末，被"杀伤甚众"。李广利与左右核计："至郁成尚不能举，况至其王都乎？"撤退吧。撤至敦煌，"士不过什一二"，十人之中仅一二人得还。李广利派人上报朝廷："道远，多乏食，且士卒不患战而患饥。人少，不足以拔宛。愿且罢兵，益发而复往。"不料武帝大怒，且封闭玉门关，声称"军有敢入，斩之"。李广利吓得只好留屯敦煌。终于，凭借增兵、断水源、大宛内讧，武帝算是尝其所愿，"取其善马数十匹，中马以下牝牡三千余匹"。大宛这种马，因其流"赤汗"，别称"汗血宝马"。1969 年 9 月，甘肃武威雷台出土了一匹铜奔马，被定名"马踏飞燕"（后亦名"马超龙雀"）。研究认为，该马的原型就是汗血宝马。艺术家让奔马的右后蹄踏住一只凌空飞翔的燕子（或龙雀），从而把奔马的动势凝固在静止的空间，将骁勇矫健表现得淋漓尽致。

《水浒传》里有一次不知真假的献马，发生在第六十回。段景住对宋江说他盗得一匹好马，"雪练也似价白，浑身并无一根杂毛，头至尾长一丈，蹄至脊高八尺"，唤做"照夜玉狮子马"，本来是大金王子骑坐的，"放在枪竿岭下，被小人盗得来"。他说久仰及时雨大名，没什么见面礼，想献上这匹马，不料路过曾头市，"被那曾家五虎夺了去"。为什么说不知真假呢？马幼垣先生《水浒人物之最》把段景住定性为"最懂得拍马屁之人"，认为他在原先绝对没有献马的念头，咽不下曾头市夺马那口气罢了。当时梁山泊主晁盖还在旁边听着呢，段景住浑然不睬，"直向宋江示好，一击而中"。因为这匹"照夜玉狮子马"，梁山也是不惜发动了一场战争，结果"晁天王曾头市中箭"，山寨之主彻底易手。

韩幹画的马，今天仍能见到，有一幅宋徽宗还题有"韩幹真迹"字样，宝岛同样发行过邮票。苏东坡那时候见得自然更多了，他还写了篇《韩幹画马赞》，描述了画面上四匹马的神态之后，东坡写道："以为厩马也，则前无羁络，后无筵策；以为野马也，则隅目耸耳，丰臆细尾，皆中度程，萧然如贤大夫、贵公子，相与解带脱帽，临水而濯缨。遂欲高举远引，友麋鹿而终天年，则不可得矣；盖优哉游哉，聊以卒岁而无营。"这就是以马拟人了，立意显然是推崇热爱自然、超尘脱俗的生活态度。

白马

前两天(2018)到内蒙古自治区锡林浩特市开会。头一回踏足内蒙古的土地,颇为新鲜,且了解了不少新知识:始知该市有"中国马都"之谓,始知这个"马背上的民族"尊崇白马。所观看的大型室内实景剧《蒙古马》,即以"神马降临"为序曲,在灯光所营造出的时空隧道中,迎面而来的正是一匹白马。位于西乌珠穆沁旗的成吉思汗瞭望山的得名,也是基于一个美丽传说:征战之余的成吉思汗在此地休息,醒来时发现自己心爱的两匹白马不见了,登上山峰惊讶地看到,那两个骁勇调皮的家伙正在远处悠闲地吃草,遂为此山赐名,寻常的一座山峰因之成为圣地。

相对而言,汉民族对马的颜色的推崇似乎倾向于红色。"人中有吕布,马中有赤兔"嘛。《三国志·吕布传》载:"布有良马曰赤兔。"裴松之作注时引了《曹瞒传》记录的这句俗语。经过《三国演义》的演绎,这匹马"浑身上下,火炭般赤,无半根杂毛",并且能够"日行千里,渡水登山,如履平地"。罗贯中还说,赤兔马始而属于董卓,为收买吕布而忍痛割爱;吕布也果然投桃报李,杀死了义父丁原。吕布被曹操缢杀之后,曹操又试图以赤兔马收买被俘的关羽,然关羽在拜谢之余,马照收,走照旧,声称"若知兄长下落,可一日而见面矣",未为所动。

"白马饰金羁，连翩西北驰。借问谁家子，幽并游侠儿。"曹植《白马篇》中的句子。汉民族对白马也有非常欣赏甚至赋予其圣洁品质的一面。洛阳白马寺供奉的，就是东汉时从印度驮回佛经的白马。现实中，也有不少骑白马的才俊猛将，如东汉的张湛和公孙瓒。《后汉书·张湛传》载："光武临朝，或有惰容，湛辄陈谏其失。"张湛"常乘白马"，因此光武每见到他，辄言"白马生且复谏矣"，干脆名之曰"白马生"。又《公孙瓒传》载，瓒"常与善射之士数十人，皆乘白马，以为左右翼，自号'白马义从'。乌桓更相告语，避'白马长史'"，见到他得赶紧躲开，否则性命不保。又如五代王审知，《新五代史》载："审知为人状儿雄伟，隆准方口，常乘白马，军中号'白马三郎'。"当然，那是他受后梁封为闽王之前；成为割据一方的霸主之后，不用自己上阵搏杀，想必出行也该是另一番姿态了。

导致南朝由盛而衰的"侯景之乱"主角侯景，"所乘白马，每战将胜，辄踯躅嘶鸣，意气骏逸"。《南史》其本传载："先是，大同中童谣曰：'青丝白马寿阳来。'"侯景涡阳败后，"求锦，朝廷所给青布，及是皆用为袍，采色尚青。景乘白马，青丝为辔，欲以应谣"，后世因称侯景为"白马小儿"，李白就讥讽过他："白马小儿谁家子，泰清之岁来关囚。"而"青丝白马"，就此成了作乱的代名词。

在抽象意义上，汉民族中的白马亦喻贤人、隐士。《诗·小雅·白驹》有"皎皎白驹，食我场苗。絷之维之，以永今朝。所谓伊人，于焉逍遥"。曹植认为："彼朋友之离别，犹求思乎白驹。"朱熹云："驹，马之未壮者，谓贤者所乘也。"又该诗有"皎皎白驹，在彼空谷。生刍一束，其人如玉。毋金玉尔音，而有遐心"，意谓骑白马的伊人已去，隐于空谷。通观全诗，程俊英、蒋见元先生认为，这位品德如玉的客人，纯洁高贵，不幸生于衰乱之世，君无道，既不可匡辅，又不肯依违，所以产生了遁世之心。

但汉民族对白色动物的心态颇有些矛盾：将一些白色动物的出现视为不祥之兆，而又将另一些白色动物视为祥瑞。白虎，从前便被视为凶神。《警世通言·三现身包龙图断冤》中，"精通《周易》，善辨六壬"的算卦先生李杰给押司孙文算命，"卦象不好"，具体就是"白虎临身日，临身必有灾"。而对白狼、白兔、白雉、白雀、白象、白鹿、白龟等，态度全然相反。《宋书·福瑞志中》载，文帝时老是有白鹿、白象、白龟什么的，地方大员要么"以闻"，要么"以献"。以白鹿而言，是因为"王者明惠及下则至"。《新唐书·张知謇传》载，知謇兄弟五人，"皆明经高第，晓吏治，清介有守，公卿争为引重"，所以他家能"白雀巢其廷"。翻开历代志书中的"祥瑞"部分，比比皆是。

对于此等祥瑞，前人当然并非完全认同。唐高宗李治就说过："凡厥休祥，虽云美事，若其不实，取笑后人。"贞元八年（792）正月，鄂州观察使何士幹献白鹿，唐德宗也说："朕初即位，即止祥瑞，士幹致白鹿，其谓我何？还之，彼当惭惧；留之，远近复献。"竟不视，遂放于苑中焉。《万历野获编》云，嘉靖朝"凡呈祥瑞者，必命侍直撰元诸臣及礼卿为贺表，如白龟、白鹿之类，往往以此称旨，蒙异眷，取卿相"。沈德符认为这是"大臣谄媚"。

蒙古族崇尚白马，自有其背后的文化意涵。锡林浩特市西乌珠穆沁草原以盛产白骏马而闻名，在此种现实的基础上衍生出各种白马传说，是很有可能的。

马尾巴

这两天(2018)读罗新教授的《从大都到上都:在古道上重新发现中国》,极有收益。作者前几年按照元朝皇帝每年候鸟般穿梭于大都(今北京)到上都(今内蒙古锡林郭勒盟正蓝旗)的辇路,自己用双脚丈量了一回,足足450公里!每到一地,"触景生情",面对现实而遥思历史,兼且文笔优美,使读者领略了边走边思、边思边走的愉悦。

行至河北省张家口市赤城县三道川乡,罗教授思绪飞到了明蒙对峙之时这一带的互市问题,以为看看互市中哪些蒙古货物受明人欢迎是件趣事。其中的"马尾巴",令我等意想不到。不错,就是马的尾巴,实指而非借指。明人之《万历武功录》云:"我所资于虏,非马牛羊,则皮张马尾;而虏所资于我,亦惟布帛绵索而已。"马尾巴,属于明朝这边所需的大宗货品之一。

马尾巴有各种用途。我年少时常用一条马尾巴做成活扣,固定在竹竿的一头,然后去套伏在树干上的蝉,一套一个准。《后汉书·公孙述传》载,公孙述"潜遣奇兵出吴汉军后,袭击破汉。汉堕水,缘马尾得出",马尾巴救了吴汉的命。《齐民要术》里有一种"马尾罗",用马尾巴编成筛子,作酱时,"麴及黄蒸,各别捣末细筛——马尾罗弥好"。李贺有"金鱼公子夹衫长,密装腰鞢割玉方。行处春风随马尾，柳花偏打内家香"句，在这里，是借助随春风摆动的马尾巴，刻画贵胄子弟志得意满的神态。但在明朝，马尾巴的用途都不是这些，而是用来制作马尾裙或发裙——盛行于成化年间的服饰。《明史》《明会要》等似乎未载，而在明人诸多笔记中却都可以看到。

《菽园杂记》云："马尾裙始于朝鲜国，流入京师，京师人买服之，未有能织者。"马尾裙该属于"韩流"的一种了，什么样子呢，"大抵服者下体虚奓，取观美耳"。奓，下摆大。《寓圃杂记》云，马尾裙"系于衬衣之内，体肥者一裙，瘦削者或二三，使外衣之张，俨若一伞"。《谷山笔麈》中，于慎行说他在隆庆初年见过朝鲜入贡使者，"自带以下，拥肿如瓮，匍匐而行"。这种情形，跟他听到的家乡"里中长老"所说当地也曾流行的服饰差不多："以氂为裙，着长衣下，令其蓬蓬张起，以为美观。既无氂裙，至系竹圈衬之。"氂，高诱注《淮南子》曰："马尾也。"沈德符《万历野获编》也说："向在都见高丽陪臣出馆，袍带之下摺四张。"信息一汇总，可以看出大概了：马尾裙类似于裙撑，影视中古典西方富裕人家女子常穿的那种，如《乱世佳人》中战争前的"费雯·丽"服饰。

马尾裙在明朝流行到了什么程度？再看《菽园杂记》："初服者，惟富商、贵公子、歌妓而已。以后武臣多服之，京师始有织卖者。于是无贵无贱，服者日盛。至成化末年，朝官多服之者矣。"著名的"万岁阁老"万安，到了"冬夏不脱"的地步，其他如"宗伯周洪谟重服二腰。年幼侯伯驸马，至有以弓弦贯其齐者。大臣不服者，惟黎吏侍淳一人而已"。虽然马尾裙如此流行，但时人也颇有一些不屑之声。《寓圃杂记》云穿马尾裙的，"惟粗俗官员、暴富子弟而已，士夫甚鄙之，近服妖也"。《万历野获编》在"嗤鄙"类中言及于此，认为像万安那样的人固不必说他，周洪谟"素以理学自命,哆口谈天下大事,服之不衷,下僚且不可,况司风化重寄,何以示四方?"视之为历史上的"雉头裘、集翠裘",纯属奇装异服,"蓬然可笑"。

男子着裙在明朝是一种时尚,如万安、周洪谟等。伊永文先生认为,正是明朝人才注意到了裙、裤可以勾引起性欲这一细微之处,每以其"淫"意心理付诸文学创作之中。从《明宪宗元宵行乐图》中可以看到,男女老少包括成化皇帝自身,几乎皆为裙装。马尾裙的流行如此广泛,马尾巴的需求量不可能不大,买不到的,就去偷拔战马的尾巴。《治世馀闻》云:"近一给事中建言处置军国事一款:京城士人多好着马尾衬裙,营操官马因此被人偷拔鬃尾,落膘,不无有误军国大计,乞要禁革。"这一则,冯梦龙《古今谭概》点明发生在弘治初。然因穿马尾裙而拔战马尾巴,又因拔战马尾巴而令战马掉膘,岂可以小事视之?罗新教授指出,隆庆和议之前,内地市场对马尾巴的需求量大而供应渠道狭窄,使得价格高企,刺激边民冒险做这项买卖,有个风吹草动,干脆就跑到那边去。《万历武功录》即云,隆庆"三年二月,西安人杨一林,以阑与虏私易马尾,事觉,亡入虏"。

罗新教授通过对马尾巴的追踪,让我们看到了明朝内地流行服饰如何与北部边界马市关联在一起,小视角拓宽了大视野。我们有部电影叫《决裂》,年纪稍长的人想必都有记忆:在大学讲堂上,"葛存壮"开讲"马尾巴的功能"。因为教学严重脱离实际,那一课被忍无可忍的学生打住了。不过,真的让老教授讲下去,应该也只是马尾巴的生理功能吧。

卖马粪

4月9日（2005），英国王储查尔斯与相恋35年的卡米拉终于步入了婚姻殿堂。旋即又有新闻传出：在日前一次慈善拍卖会上，卡米拉的一张"绝版"签名照片仅拍出了15英镑的"震撼低价"，而由查尔斯提供的一堆"有15年历史"的王室马粪，拍得70英镑高价。当然，马粪不是一坨而是一堆，高近2米，重达12吨，是查尔斯的纯种良马在1990年"生产"的，一直被保存在王储的高树林庄园农场内，可用作上等肥料，特别适合养玫瑰花。

皇家卖马粪，在咱们唐朝也有过一次，不过并没有卖成。没卖成，与慈善事业无关，而是虑及"声名"问题。《朝野佥载》云："少府监裴匪舒，奏卖苑中官马粪，岁得钱二十万贯。刘仁轨曰：'恐后代称唐家卖马粪。'遂寝。"虽然简略，我们从中也知道：这些能卖二十万贯的马粪，是皇室全部马匹一年的"产物"。唐朝的二十万贯相当于今天的多少？折合成英镑又是多少？经济史学家们计算一下，进而得出唐朝的马粪值钱还是查尔斯的马粪值钱，也是件有趣的事情。《资治通鉴》卷二百二有同样的记载，因其编年体史书的性质，使我们更确切地知道此事发生在唐高宗开耀元年（681），裴匪舒因为"善营利"，才出了这么个主意。高宗为此咨询刘仁轨可行与否，仁轨曰："利则厚矣，恐后代称唐家卖马粪，非嘉名也。"高宗乃止。刘仁轨认为,卖马粪的收入固然可观,但是后人会怎么看呢?靠卖马粪赚钱,不好听啊。

刘仁轨是青史留名的人物,不是因为阻止皇室卖马粪。贞观十四年(640),庄稼还没收完,太宗就想出去打猎,仁轨认为不合适。他说,现在的庄稼"十分才收一二,尽力刈获,月半犹未讫功,贫家无力,禾下始拟种麦"。这种情况下,"寻常科唤,田家已有所妨",此举更要劳动他们"供承猎事,兼之修理桥道,纵大简略,动费一二万工"。所以他建议太宗"退近旬日",等到"收刈总了,则人尽暇豫,家得康宁"。太宗高兴地说:"卿职任虽卑,竭诚奉国,所陈之事,朕甚嘉之。"皇帝要打猎,想什么时间去当然都可以,但刘仁轨晓以利害,他的那句"屋漏在上,知之者在下"说得明白,顾及的正是太宗的"声名"问题。刘仁轨还以儒将著称,在唐朝将帅中出类拔萃。有人甚至考证出,他领兵出击百济、新罗(今朝鲜半岛)时,引发了有史以来的第一次中日战争,他打赢了。

李焘《续资治通鉴长编》有两处收录了《司马光日记》中涉及马粪的记载,云王安石变法,"人言财利者辄赏之",其中"有班行上言:天下马铺,每匹令日收粪钱一文,亦行之。其营利如此"。当然,这里不是卖马粪,而是收马粪税。李焘虽然在政治见解和史学观点上和司马光非常接近,且《宋史》本传言其"耻读王氏(安石)书",但他节录温公此段日记只是作为注文而聊作参考,不是以私论而害公议,十分难得。在此,温公难免有刻薄安石之嫌,不过以笔者视野所及,未见他人道及此语,尚属其一家之言。

《资治通鉴》除了记载裴匪舒建议卖马粪,还有他为高宗设计建造"镜殿"的事。落成之时,高宗约刘仁轨一同去参观,不料仁轨"惊趋下殿"。高宗问怎么回事,他说:"天无二日,土无二王,适视四壁有数天子,不祥孰甚焉!"高宗乃"遽令剔去"。"天无二日，土无二王"，孔圣人的话。前几年，一家名牌出版社出版了由某名牌大学教授校对的一本译著，说这是"门修斯"的格言，好像是外国的什么学者，其实说的是我们的亚圣——孟子，不仅名字译得不伦不类，"著作权"人也弄错了，因有"学术界的耻辱"之谓。天无二日，即天上没有两个太阳，借喻一国、一地、一族等，不可同时有两个统治者。《杨文公谈苑》云，宋太祖准备攻打南唐首都金陵，李后主遣徐铉入朝，"恳述江南事大之礼甚恭，徒以被病未任朝谒，非敢拒诏"，委婉地要求撤兵。宋太祖的回答不容置疑："不须多言，江南有何罪？但天下一家，卧榻之侧，岂可许他人鼾睡？"没多久，"城陷"，后主归降。宋太祖的话就是"天无二日"的实践版本。不过，放眼看去，这却只是相对霸气，当时中华大地上还有辽、西夏、吐蕃、大理等好几个"日"和"主"，太祖就不敢跟人家讲这个话；真宗时一纸"澶渊之盟"，还得老老实实地向人家交纳"岁币"。

查尔斯卖出去的马粪可能是要用于种玫瑰花，在我们这里，马粪大抵也都是用来肥田，但也有额外的用途，比如《红楼梦》里贾府用来塞焦大的嘴。焦大趁着酒兴"撒野"，大叫贾府的人"每日家偷狗戏鸡，爬灰的爬灰，养小叔子的养小叔子，我什么不知道？"于是众小厮在"唬的魂飞魄散"之余，"也不顾别的了，便把他捆起来，用土和马粪满满的填了他一嘴"。但查尔斯的马粪无论有多少，也无论拍出了什么价钱，都与卡米拉的照片没有丝毫的可比性。硬要这样制造新闻点，是对嫁入王室的卡米拉仍然不屑，酸溜溜的总觉得人家捡了便宜。其实，卡米拉不过年纪大些，且没有戴安娜生得漂亮而已。

羊

1月5日(2015)，广州市花城广场、白云机场同步举办了《乙未年》邮票首发仪式，再过一个多月，就是农历乙未年即羊年了，此之谓"羊年羊票羊城首发"。这是第三轮生肖邮票的收官之作。报道说，票面以绵羊为原型，形象端庄而立，体如圆形，羊角的缠枝花草纹样，象征福气延绵不绝。其中比较特别的地方，是小版票边饰上有一只嘴里含着麦穗的"回头羊"，以广州"五羊衔谷"传说为蓝本，因之使生肖邮票问世36年来首次有了地方城市的痕迹。

五羊衔谷，源自一个美丽的传说。广州之别称羊城、五羊城，唐诗中已经提及。黄滔《寄南海黄尚书》有"五羊城下驻行车，此事如今八载余"句。宋太宗时编纂的《太平广记》，在"崔炜"条中屡次提到骑白羊来去的"羊城使者"，还令崔炜发了笔横财。崔炜"后有事于(广州)城隍庙，忽见神像有类使者……是知羊城即广州城，庙有五羊焉"。崔炜是唐德宗时人。钱易《南部新书》把五羊的得名时间又向前推了一步，说晋朝吴修为广州刺史，"未至州，有五仙人骑五色羊，负五谷而来。今州厅梁上画五仙人骑五色羊为瑞，故广南谓之五羊城"。到了屈大均《广东新语》里，更上溯到了西周："周夷王时，南海有五仙人，衣各一色，所骑羊亦各一色,来集楚庭。各以谷穗一茎六出,留与州人,且祝曰:'愿此阛阓(街市)永无荒饥。'言毕腾空而去,羊化为石。"楚庭或楚亭,即广州最早的名字。屈大均接着说:"今坡山有五仙观,祀五仙人,少者居中持粳稻,老者居左右持黍稷,皆古衣冠。像下有石羊五,有蹲者、立者,有角形微弯势若抵触者,大小相交,毛质斑驳。观者一一摩挲,手迹莹然,诸番往往膜拜之。"五仙观今日仍在,2013年3月被公布为全国重点文物保护单位,"石羊五"早已没了踪影。1959年起矗立在越秀山且已成为广州城徽标志的五羊石雕像,自然是新版本,然而从造型来看,显见沿用了屈大均的描述。

"五羊衔谷"传说的演变,可以印证顾颉刚先生的"层累说":时代愈后,传说中的古史期愈长,传说中的中心人物愈放愈大。五羊传说之所以出现,或如岑仲勉先生在1948年所提出,是一则史前拓殖神话:"西周末期,王室衰微,诸侯崛起。楚人蚕食诸姬,汉阳姬族不胜楚人压迫,逐渐沿湘水流域,向南迁徙,同时携带家畜、农作物,传播于南方,是为吾粤人开明文化之第一步。"五仙的坐骑为什么是羊而不是其他,有人研究,可能出于原始的图腾崇拜,羊是吉祥的象征。许慎《说文解字》释"羊"字曰:"羊,祥也。"释"美"字曰:"美,甘也。从羊从大。"徐铉注释更直截了当:"羊大则美。"马王堆汉墓帛书中,有"骄洫好争,阴谋不羊",大意是说,骄横凌人、逞强斗勇、好弄阴谋的国家必有祸灾。

羊,也是祭祀用的三牲之一。牛、羊、豕三牲全备,称太牢,那是天子祭祀社稷的标配。《孟子·梁惠王上》有个著名故事:新铸之钟,要杀牛以血涂之行祭,梁惠王因"不忍其觳觫,若无罪而就死地",让把牛给放了。那么仪式是否也不搞了呢?梁惠王说当然要搞,"以羊易之",把牛换成羊。孟子抓住这一点,先奉上一顶高帽子:"是心足以王矣。百姓皆以王为爱也,臣固知王之不忍也。"梁惠王正在得意,孟子马上又泼去两盆冷水,第一盆是:"王无异于百姓之以王为爱也。以小易大,彼恶知之?王若隐其无罪而就死地,则牛羊何择焉?"要是说无罪而杀,则杀牛还是杀羊并没有本质区别。第二盆是:"今恩足以及禽兽,而功不至于百姓者,独何与?"对动物都流露出恻隐之心,对百姓怎么不这样呢?你不是不能,是不为啊。在不能与不为问题上,环诸今日之"政绩工程"与"民生工程",此喻倒也熨帖,再将梁惠王置换成各级官员就是。

人们都知道羊是性情比较温顺的动物,但有个比较费解的成语叫做"羊狠狼贪"。《辞海》(1979 年版) 的解释是:本指为人凶狠、争夺权势;后多用来比喻贪官污吏剥削压迫人民。《史记·项羽本纪》中,"狠"作"很",上将军宋义下令军中曰:"猛如虎,很如羊,贪如狼,强不可使者,皆斩之!"关于"很"或"狠"该如何释义,论文见了不少,大抵或释"狠"为山羊好斗,或释"很"为羊之倔强、执拗,《说文解字》即云"很,不听从也"。哪一种都说出一堆道理,可惜莫衷一是。如果一定要怪的话,先要怪古人说话过于言简意赅,再要怪汉语的词义过于博大精深吧。

岁首称颂,人们喜欢说"三羊开泰"来互相祝福,此"羊"实应为彼"阳",属于以"羊"谐"阳"。"三阳开泰"或"三阳交泰",辞源在《易经》,指的是冬去春来阴消阳长,吉祥亨通好运即将降临。羊年就要到了,"三羊开泰"的腰板自然挺得更直了。

猴

农历进入了丙申猴年。

猴，是我们都非常熟悉和喜爱的动物。在传统文化中，它是机智、活泼且顽皮的代表，"家僮若失钓鱼竿，定是猿猴把将去"。齐天大圣出现后，又被赋予了勇敢、忠诚、嫉恶如仇的内涵。猴跟人一样归属灵长目，因而无论生理结构还是思维行为，二者都有相似的一面，生活中也常常等而论之。民间说一个人机灵，就说鬼得跟猴儿似的；形容一个人急着想干什么的样子，就说猴儿急猴儿急的。在我的故乡，小孩子如果撒泼，大人会调侃：看耍猴儿的嘿。成语有"朝三暮四""沐猴而冠""杀鸡儆猴"等，那是告诫成人的。

真正耍猴儿的，时至今日也每为不少地方街头的一景，前两年我在广州中山大学附近还看见过。2 月 4 日（2016）有则消息，年关将至，河南新野县的耍猴人在抓紧时间驯猴，准备在春节期间外出表演。新野耍猴已成河南非物质文化遗产保护项目，也是当地农民增收的一种特色产业。摄影师马宏杰去年出了本"史诗级别的人文摄影纪实作品"《最后的耍猴人》，主要就是跟拍新野耍猴人在全中国及中国边境地区如何行走江湖，图文方式记录了"耍猴"这一民间艺术在当下中国的发展情况，耍猴人的真实生存处境，虽然"最后的"这一定语有武断之嫌。

关于耍猴，正野史中均不乏见。北宋编纂的《太平广记》，记录了五代时杨于度如何耍猴。老杨大小养了十余只，它们"会人语，或令骑犬，作参军行李，则呵殿前后，其执鞭驱策，戴帽穿靴，亦可取笑一时"，模仿人，到了炉火纯青的地步。比如装作喝醉了，倒在地上怎么也不肯起来，老杨假装喊"街使（城管）来了"，猴子不理睬；又喊"御史中丞（管官儿）的人来了"，猴子也不理睬；小声说一句"侯侍中来了"，猴子赶紧爬起来走开，同时还"眼目张惶，佯作惧怕"。侯侍中，即侯弘实，后唐官员，虽然他"敬奉三宝，信心无怠"，很虔诚地信佛，但是"临戎理务，持法御下，伤于严酷"，所以没人不怕他。耍猴成熟到这个份上，可见其历史一定可以上溯很远。南宋孟元老《东京梦华录》描述彼时元宵佳节也说道："更有猴呈百戏，鱼跳龙门，使唤蜂蝶，追呼蟋蚁。"

后来的记载中，耍猴的就更多了。《虞初新志》云："吴越间，有鬈髯丐子，编茅为舍，居于南坡。尝畜一猴，教以盘铃傀儡，演于市以济朝夕。每得食，与猴共，虽严寒暑雨，亦与猴俱。相依为命，若父子然。"《在园杂志》云："有弄猴为戏者，教习极熟，登场跳舞皆合拍。或更挈一犬，猴乘犬背，若人驰马，近惟丐者为之。"《燕京岁时记》云京城年节时分百戏之胜，有"耍猴儿者，木箱之内藏有羽帽乌纱，猴手自启箱，戴而坐之，俨如官之排衙。猴人口唱俚歌，抑扬可听"。《扬州画舫录》云扬州虹桥一带有凤阳人耍猴，"令其自为冠带演剧，谓之猴戏"。《清嘉录》云苏州玄妙观一带也有凤阳猴戏，"为猴之乘，能为《磨房》《三战》诸出，俗呼'猢狲撮把戏'"。《清稗类钞》也说到"凤阳韩七能弄猴"，十多只，"大小毕具，且不施羁勒。每演剧，生旦净丑，鸣钲者，击鼓者，奔走往来者，皆猴也，无一不备，而无一逃者"。这些神乎其神的耍猴，自然要姑妄听之,但凤阳耍猴于今湮没无闻,不知何故中断了传统,倒是令人惋惜之事。

近朱者赤,近墨者黑。环境对人的影响如此,人对猴的影响也是如此。《南村辍耕录》有一则"猴盗",说优人杜彦明在旅店遇到一个穿着怪异的人,"具酒肴延款,问以姓名履历,客具答甚悉,初不知其为盗也"。次日,客回请,"邀至其室,见柱上锁一小猴,形神精狡,既而纵使周旋席间,忽番语遣之,俄捧一碟至,复番语詈之,即易一碗至"。后来才知道,"此人乃江湖巨盗,凡至人家,窥见房室路径,并藏蓄所在,至夜,使猴入内偷彼则在外应接"。故事同样很神,又出自优人之口,但同样合乎逻辑。且前人亦有"不知其人,观其狗"的说法,概狗的情绪、行为完全受主人的影响。狗且如此,更不要说四肢灵活、头脑简单、可以教唆的猴了。不过,猴能扮生旦净末丑,该是以其"高仿真"来借题发挥吧。

这几年每一生肖主角登场,人们都大做文章。"猴"与"好",在广州白话里同音,于是"猴赛雷"(好厉害)一类原本局限于方言区里的语词有向全国普及的趋势。新野耍猴人忙碌归忙碌,但不知他们如今出去巡演的境遇如何。2014年7月9日,鲍凤山等4名新野耍猴人在黑龙江牡丹江市街头表演,被该市森林公安局民警以没带野生动物运输证为由带走,6猴被扣。接着,一审判决4人犯有"非法运输珍贵野生动物罪",只是免予刑事处罚。二审虽以其"情节显著轻微,危害不大",改判无罪,但此事在全国造成的恶劣影响尚待时日消除。问题仅仅是非物质文化遗产在现实面前遇到了严峻挑战吗?

弼马温

《西游记》中，孙悟空被玉皇大帝封为"弼马温"的故事尽人皆知。

悟空学成本领之后，干了两件恃强凌弱的事：一件是"欺虐小龙，强坐水宅，索兵器，施法施威；要披挂，骋凶骋势。惊伤水族，唬走龟鼍"，拔走人家的"定海神针"，自己用为兵器；另一件是"执着如意棒，径登森罗殿上"，在生死簿子中"把猴属之类，但有名者，一概勾之"，从此不归阴曹地府管辖。于是，东海龙王和幽冥教主地藏王分别来向玉皇大帝告状。天兵出动之际，太白金星提出招安，玉帝采纳了他的意见，被招安的孙悟空便被安排在御马监中充任"弼马温"。

《西游记》作者吴承恩是明朝人，书中官职便每每参照明朝设置。根据《明史·职官志》，斯时确有"御马监"。洪武二十八年（1395），"重定内官监、司、库、局与诸门官"，御马监乃11个内官监中的一个，"设太监一人（正四品），左、右少监各一人（从四品），左、右监丞各一人（正五品），典簿一人（正六品），又设长随、奉御（正六品）"。但是，并没有"弼马温"。明人谢肇淛《五杂组》云："《西游记》谓天帝封孙行者为弼马温，盖戏词也。"玉皇大帝此举，的确是拿大圣开涮。但前人同样指出，"弼马温"也不是信口胡诌，盖猴子能避马瘟。再用谢肇淛的话说："置狙于马厩，令马不疫。"

钱锺书先生《谈艺录》认为："猴能使马、羊无疾患,其说始载于《齐民要术》。"具体在《养牛、马、驴、骡第五十六》,"'此二事皆令马落驹'句下有注:《术》曰:'常系猕猴于马坊,令马不畏,辟恶除百病也'。"又《养羊第五十七》"羊脓鼻口颊生疮"节下有注:"竖长竿于圈中,等头,施横板,令猕猴上居;数日,自然差。此兽辟恶,常安于圈中,亦好。"钱先生指出:"后世似专以猴为'弼马温',而不复使主羊事。"从前人留下的文字中,钱先生也爬梳了大量实例。如《夷坚三志辛》卷四云,孟广威"好养马,常蓄猕猴于外厩,俗云与马性相宜";《夷坚支丁》卷十云,余仲子"前岁自夷陵得一猴,携归置马厩";《夷坚志补》卷四云,知策长老"蓄一猴,甚驯,名之曰孙大,尝以遗总管夏侯恪,置诸马厩"等。钱先生还以美国旧金山亚洲美术馆所藏明代玉雕"一马,一猴踞其背,一猴引其索"为例,明确这就是"马厩猢狲",而"无知杜撰者标曰'马上封侯'"。就是说,把民间素朴的文化心理,硬是给扭曲成赤裸裸的权力欲望。

《方舆胜览》载淮安军古迹有"紫极观画壁",这幅壁画出自宋朝大画家李公麟之手,"时称奇笔",画面是"猴戏马惊,而圉人鞭之"。苏东坡见了,题字其后:"吾观沐猴,以马为戏。致使此马,窃衔诡鞚。人言沐猴宜马,而今为累,真虚言耳。"显然是触景生情,借题发挥。"苏门六君子"之一陈师道的题诗,更加直白:"沐猴自戏马自惊,圉人未解猴马情。猴其天资马何罪?意欲防患又伤生。异类相宜亦相失,同类相伤非所及。"同类,无疑要解作人类了。《五杂组》也有一则猴戏马:"京师人有置狙于马厩者,狙乘间辄跳上马背,揪鬣搦项,嬲之不已,马无如之何。一日复然,马乃奋迅断辔,载狙而行,狙意犹洋洋自得也,行过屋桁下,马忽奋身跃起，狙触于桁，首碎而仆。"这是天性好玩儿的猴子玩儿出了火，把马给惹恼了。

由此可见，猴马相宜在宋明之时已成民间共识。再往前溯的话，《晋书·郭璞传》所载虽嫌荒诞，但已有踪影。"精于卜筮"的郭璞算到家乡将有兵灾，"于是潜结姻昵及交游数十家，欲避地东南"。到了将军赵固那里，"会固所乘良马死，固惜之，不接宾客"。郭璞拍胸脯说马能救活，方法是："得健夫二三十人，皆持长竿，东行三十里，有丘林社庙者，便以竿打拍，当得一物，宜急持归。得此，马活矣。"赵固照办了，"果得一物似猴，持归。此物见死马，便嘘吸其鼻。顷之马起，奋迅嘶鸣，食如常"。

大圣之所以对受封弼马温十分生气，明面上的原因是，他在和众监官喝酒的时候了解到弼马温官职"没有品级"，不是"大之极也"而是"未入流"，所以一气之下"把公案推倒"，打出御马监、南天门回到花果山，当众猴问他"官居何职"时，他摇手道："不好说！不好说！活活的羞杀人！"暗地里，羞杀人还有并未道出的另外因素。《本草纲目》引《马经》云："马厩畜母猴，辟马瘟疫。逐月有天癸流草上，马食之，永无疾病矣。"天癸，《南村辍耕录》云乃女子"月事"。而《西游记》第八十一回，金鼻白毛老鼠精色诱悟空，曾经"将手就去掐他的臊根"，可知大圣乃雄性也。母猴才"辟马瘟疫"，大圣焉能不羞？取经路上，猪八戒动辄用弼马温来揶揄悟空，其用意大家心照不宣吧。

新近（2021）读到邢义田先生《立体的历史：从图像看古代中国与域外文化》，以石柱、雕塑、壁画、瓦当等图像材料来讲述猴马相宜，更加形象生动。无论如何，以孙悟空的本领，用"弼马温"来打发，无疑是对其能力的嘲弄。如悟空自道："那玉帝不会用人。"或许，不是不会用，而是故意为之。

　　前两天(2009)到茂名放鸡岛走了一趟,用赵本山的话说就是
"旅旅游",但这地方并不是像铁岭那样的"大城市",而是一个风
景优美的海岛。去之前,也知放鸡岛这个名字必有一些来历,到
了之后听导游说,从前航海者经过,感念仙人令此地风平浪静的
恩泽,必祀以鸡,放生于山上。放鸡岛旅游开发,打的正"鸡"牌,
建筑屋脊以及路标,到处都有鸡的形象。不知为何却都是鸡
公——身子似公鸡而冠似母鸡的那种——想亦有其缘由吧。

　　鸡为"岛主",看上去很风光,但还不是最风光。南朝袁淑有
《鸡九锡文》,九锡,那是皇帝给予臣子的一种最高礼遇。王莽篡
汉,先邀九锡故事,魏晋六朝掌政大臣纷纷仿效之,九锡遂成为篡
位的代名词。九锡文,就是赐予这种礼遇时的诏书。鸡之外,袁
淑还写过《驴山公九锡文》《大兰王九命文》等,把驴和猪也都提
携了一番。《管锥编》指出,袁淑这些文字和范晔、沈约的某些篇
章一样,"皆诙谐而别成体裁",初看起来,"范、沈意含讥讽,袁似
纯供解颐抚掌之资,未寓褒贬",然结合《左传》卫懿公好鹤则"鹤
有乘轩者"、《北齐书》记"马及鹰犬乃有'仪同''郎君'之号"、
《新五代史》记刘旻"黄骝治厩,饰以金银,食以三品料,号'自在
将军'"等真实情况来看,"袁文之封鸡、驴为上公,贽豕、蛇以锡

命,虽戏语乎,亦何妨视嬉笑为怒骂也!"

史上来过放鸡岛上的最有名人物,据说是唐朝李德裕——"牛李党争"中的那个"李"。李德裕在被贬朱崖的途中登上此岛,放没放鸡不大清楚,但到达谪所的李德裕,和鸡确有一点儿关联。《北梦琐言》云李德裕初贬潮州,于"苍黄颠沛之中,犹留心著述",逆境中不废纸笔,"其杂序数十篇,号曰《穷愁志》";到朱崖后仍然"著四十九论,叙平生所志",但对现实处境也难免发出抱怨。他在给段成式的信中说:"自到崖州,幸且顽健。居人多养鸡,往往飞入官舍,今且作祝鸡翁尔。谨状。"祝鸡翁,传说中的古代善养鸡者。刘向《列仙传》云:"祝鸡翁者,洛人也。居尸乡北山下,养鸡百余年。鸡有千余头,皆立名字。暮栖树上,昼放散之,欲引,呼名即依呼而至。"养鸡跟养人差不多。飞来之鸡自然非德裕所养,这是无奈之下的聊以自嘲。

不过,邻家的鸡飞入官舍,充其量只是一时的骚扰,李德裕在朱崖的惨状,令他刻骨铭心。新旧《唐书》对此均无记载,再现之,要借助笔记小说。《唐语林》云,李德裕把朱崖的北亭叫做望阙亭,赋诗曰:"独上江亭望帝京,鸟飞犹是半年程。碧山也恐人归去,百匝千遭绕郡城。"悲凉之声,至于"公每登临,未尝不北睇悲咽"。更令他寒心的是,朝廷里的官员"出门下者多矣",然而自己一旦被贬,大家纷纷避之唯恐不及,"十五余年车马客,无人相送到崖州"。这话可能说得绝对了点儿,他的净友僧允躬即"迫于物议,不得已送至谪所",但李德裕看出了其"被迫"的一面乃有此言吧。允躬回来后,也是忙不迭地撇清关系,说什么此行"天厌神怒,百祸皆作,金币为鳄鱼所溺,室宇为天火所焚"。不过,别人恰恰认为这现象是"允躬背恩所致"。

净友的名号是在下给允躬奉上的,因为所谓"性简俭"的李德裕实则"不饮京城水,茶汤悉用常州惠山泉,时谓之'水递'",允躬有过一劝,很有道理:"公迹并伊、皋,但有末节尚损盛德。万里汲水,无乃劳乎?"可惜李德裕没听进去:"大凡末世浅俗,安有不嗜不欲者?舍此即物外世网,岂可萦系?然弟子于世,无常人嗜欲:不求货殖,不尔声色,无长夜之欢,未尝大醉。和尚又不许饮水,无乃虐乎?若敬从上人之命,即止水后,诛求聚敛,广蓄姬侍,坐于钟鼓之间,使家败而身疾,又如之何?"非此即彼,"虽位居台辅而读书不辍"的李德裕,把诡辩运用得淋漓尽致。正是看透了世态炎凉,《容斋随笔》云,李德裕"表弟某侍郎遣人饷以衣物",令他感慨万千:"天地穷人,物情所弃。虽有骨肉,亦无音书。平生旧知,无复吊问。阁老至仁念旧,再降专人,兼赐衣服器物茶药至多,开缄发纸,涕咽难胜。大海之中,无人拯恤,资储荡尽,家事一空,百口嗷然,往往绝食,块独穷悴,终日苦饥,唯恨垂没之年,须作馁而之鬼。十月末,伏枕七旬,药物陈裛,又无医人,委命信天,幸而自活。"满纸怨恨、牢骚。

杜甫有一首《缚鸡行》:"小奴缚鸡向市卖,鸡被缚急相喧争。家中厌鸡食虫蚁,不知鸡卖还遭烹。虫鸡于人何厚薄,吾叱奴儿解其缚。鸡虫得失无了时,注目寒江倚山阁。"洪迈认为:"此诗自是一段好议论,至结句之妙,非它人所能跂及也。"妙在哪里,他又不肯多说半句。鸡虫得失,现在成了比喻无关紧要的细微得失。李德裕的经历似可诠释人亦犹鸡,但无人"叱解其缚"而已。

狗

　　4月27日（2009）出版的第15期《三联生活周刊》"坏消息"栏目有一则"恶人与恶狗"，说根据美国西弗吉尼亚大学一个研究小组对563名养有宠物的学生进行在线问卷调查，那些家有恶犬的人，行事野蛮、滥用药物以及打架斗殴的概率远远高出饲养性情较为温驯犬种的人和不养狗的人。研究者因此得出结论：一条狗是否具有攻击性，不仅看它的血统，还要看其主人的品行。

　　这个研究很有意思，用来检验韩非子的"狗恶酒酸"，至少可以产生另外的心得：酒之所以卖不出，未必皆因狗怎样凶恶，店主乃孙二娘之祖也说不定。明朝人说"不知其人，观其友"，据此套用这项研究，可谓"不知其狗，观其主"了。

　　狗，通常被称为人类最忠实的朋友，因而也是人类饲养率最高的宠物。"柴门闻犬吠，风雪夜归人"，呈现出一种温馨的生活意境。尤其乡村的夜晚，一两声犬吠，往往会引发"大合唱"。唐朝卢携据此说朝廷里的谏官就是这样，"一狗吠，辄一时有声"。当然，那是对本该仗义执言却瞻前顾后、唯唯诺诺的人表达的强烈不满。狗和人亲近的故事颇多，包括笑话。《笑林广记》云，一个耳聋的人探望朋友，"犬见之吠声不绝，其人茫然不觉"。见了主人，不解地问："府上尊犬，想是昨夜不曾睡来？"主人问何以见得,答曰它"见了小弟,只是打呵欠"。另一个也是有听障的先生在雨中见狗吠不止,叹曰:"此犬犯了火症,枯渴得紧,只管开口接水吃哩。"

晋傅玄有名篇《走狗赋》,其中说道:"盖轻迅者莫如鹰,猛捷者莫如虎。惟良犬之禀性,兼二俊之劲武。"对狗赞美有加。按钱锺书先生的说法,后世以走狗为詈词,彼时尚是美称。这种情形就像今天忌讳"龟"字,但古人却取作人名。走狗,在傅玄的时代就是猎狗,现在则比喻受人豢养而帮助作恶的人。我在读中学时,课本里有鲁迅先生批判梁实秋先生的《丧家的资本家的乏走狗》,虽然当时对鲁文不明所以,但也知走狗是骂人很厉害的话。1915年袁世凯打算当皇帝,天津《广智报》便发表了一幅讽刺漫画——《走狗图》:袁世凯头戴冕旒,身披龙衮,垂拱而坐;四方画着四条狗,分别代表主张恢复帝制的筹安会四大将——杨度、胡瑛、孙毓筠和严复。这倒不是作者"恶毒",而是四大将的"自认"。刘禺生《洪宪纪事诗》云,筹安会诸人于中山公园聚会,胡瑛提出一个问题由大家讨论:别人都说我们是走狗,究竟是不是呢?杨度发言:怕人骂者是乡愿,岂能任天下事哉。我等倡助帝制,实行救国,自问之不愆,何恤乎人言。即以"走狗"二字论,我狗也不狗,走也不走的。孙毓筠发言:我不然,意志既定,生死以之,我狗也要狗,走也要走的。严复发言:我折衷其说,狗也不狗,走也要走的。胡瑛则认同孙说。因此,"走狗言志"的说法便传了开来。唐人娄师德唾面自干,以为美事,两相类比,当真是后人不让前人了。

明朝魏忠贤权势熏天时先后有80多名大臣投靠他,其中,崔呈秀等文臣"主谋议",号"五虎";田尔耕等武臣"主杀戮",号"五彪";吏部尚书周应秋等,则号"十狗";此外,还有"十孩儿""四十孙"等。虎、彪、狗，构成阉党中的骨干，用时人朱长祚的话说，叫做"同心济恶"。看看国家乌烟瘴气到了什么程度？民间"无敢偶语者"，甚至"凡衣冠士庶相见之间，皆缄嘿不敢吐半言，即寒温套语，问讯起居，并忘之矣，唯长揖拱手而已"。"十狗"之流在自身血统上自然没有凶恶的基因，其所以恶，正源于所依附的"主人"。这该是美国那项研究的社会学意义了。这样一个很好的研究成果，不知《三联生活周刊》为何要归入"坏消息"。在魏忠贤之前的万历年间，"山人"乐新炉在京城编了段"飞语"，叫作"若要世道昌，去了八狗与三羊"。明了"十狗"，则此处的"八狗"就容易理解得多了。"八狗"和"三羊"也都是实指，乐新炉是把邹元标等十人称为十君子，相应地，把赵卿等八人称为"八狗"、杨四知等三人称为"三羊"。乐新炉的段子"人多畏恶之"，然其"颇有才智，以故士大夫亦有与之昵者"，说明他的说法颇能破的，并非只是图一时口快。

《清稗类钞》云，嘉庆皇帝时在东华门内长街设有"鹰狗处"，供春猎与秋猎时用。有趣的是，管理该处的负责人不叫处长而叫总统。养狗的人"皆以世家子弟充之"，且"许其蟒袍纬帽，为执事中品之最高者"。开玩笑说，用意之一也该是防止狗和人学坏了。朱元璋跟身旁的人说过："人亦岂能无好？但在好所当好耳。如人主好贤，则在位无不肖之人；好直，则左右无谄佞之士，如此则国无不治。"打个也许并不恰当的比喻，这段话和美国的那项研究成果很有相通之处。

戊戌年

今天(2018)是戊戌年正月初一。

甲乙丙丁,子丑寅卯,由十个天干和十二个地支构成的纪年方式,是我国古代的一项重要发明。天干与地支循环组合,总共可以生成六十干支。就是说,每个干支年都是60年一个轮回。殷墟出土的甲骨文显示,至迟从公元前13世纪的商代后期开始,干支就已经普遍用于纪日,有一块牛胛骨上便完整地记录了六十干支。由于这种纪年、纪日方式从未中断,因而从前的干支年、干支日期具体为现行公历的哪一年、哪一天,都可以一一对应。

每个年份都不免为后世留下深刻印痕,戊戌年并不例外。盘点之,我们熟悉的不少事情可以"串联"起来。

公元前203年是戊戌年,那一年,楚汉尚在相争。倘说韩信袭齐、陷临淄,齐王田广烹郦食其而东走之类,大家还相对陌生,而项羽和刘邦"约,中分天下",以鸿沟为界,"鸿沟以西者为汉,鸿沟而东者为楚",就是众所周知的了。中国象棋棋盘上,如今也标明"楚河、汉界";鸿沟,更是后世"界限分明"的代名词。

398年是戊戌年,那一年,鲜卑族代王拓跋珪诏有司议定国号为魏,旋即迁都平城(今山西大同),进而称帝,是为北魏道武帝。之后,他灭掉大夏、北燕和北凉,意味着南北朝对峙形势基本形成。拓跋珪把都城从盛乐迁到平城,与494年孝文帝把都城从平城再迁到洛阳,都是北魏历史上的大事。李凭先生指出,拓跋珪的新政权仿效中原传统制度,初步建立起国家机器及相应的典章制度,特别是以皇权和初创的官僚系统取代了部落联盟首领的推举制,对鲜卑社会的发展意义非凡。

638年戊戌年到了唐朝,那一年,高士廉等撰《氏族志》,但太宗很不满意以崔氏为第一,诏更订以皇族为首,外戚次之,崔氏为第三。《氏族志》所列"凡二百九十三姓,千六百五十一家",其编纂不是简单的排序问题,而是打破了以郡姓作为门第等差的传统,为彻底否定魏晋以来的门阀制度奠定了基础。那一年还有虞世南去世,太宗闻讯后在别第举哀,手诏曰:"虞世南对朕忠心一体,拾遗补阙,无日暂忘,实为当代名臣,人伦准的。朕有小失必犯颜直谏,而今亡故,朝廷上下,无复人矣!"

758年那个戊戌年正值"安史之乱"。史思明杀了安禄山的儿子安庆绪,自称皇帝,国号燕,改范阳为燕京。

1178年那个戊戌年,按翦伯赞先生主编的《中外历史年表》:"宋定会子,以一千万缗为一界。"《宋史·食货志》则载:乾道四年(1168),"以取到旧会毁抹付会子局重造,三年立为一界,界以一千万贯为额,随界造新换旧"。交子是世界上最早的纸币,彭信威先生指出:"南宋的纸币,流通范围比较广,种类也多。最初行的是关子,曾一度改为交子,但最通行的是会子。"

1358年那个戊戌年,元朝大画家黄公望去世,其晚年巨制《富春山居图》被誉为"画中之兰亭"。作品因"焚画殉葬"而身首两段,分藏于浙江省博物馆和台北故宫博物院,前几年,时任总理温家宝借画作合璧展出而赋予了海峡两岸统一的美好期冀。

1598年那个戊戌年到了明朝,万历皇帝"命太监采珠于广东"。珍珠是皇家贡品,自汉迄明,到广东采取天然珍珠,不绝于史籍志书,明朝则有登峰造极之势。正统四年(1439),在廉州、雷州两府海域珠池遣宦官巡察,又在两府各置珠池太监,凌驾于地方官之上。从1598年开始,7年6采,劳民伤财,且竭泽而渔。

1838年那个戊戌年是清朝道光十八年,黄爵滋奏请严禁鸦片,朝廷命各省督抚、将军妥议。八月,湖广总督林则徐等奏湖南、湖北查禁鸦片,收缴烟土、烟枪情形。九月,太常寺少卿许乃济以曾请弛禁鸦片,降官休致。琦善则在大沽一带查获广东邓然等私运"烟土八十二口袋,计重十三万一千五百余两,并取获烟具军械"。因为邓然"供称买自夷船,由香山县人李四经手",朝廷命广东巡抚严拏勾结洋船偷运之人,尤其要"将省城外水西街万益号内香山县人李四立即拏获到案,严行追究夥党及代人买运次数,逐一穷诘"。十一月,命林则徐以钦差大臣身份赴广东禁烟,节制全省水师。

1898年那个戊戌年,是列强瓜分中国最起劲的年份。德国强租胶州湾,俄国强租旅顺口、大连湾,法国强租广州湾并迫总理衙门宣布云南及两广等省不割让与他国,日本迫总理衙门宣布福建不割让与他国,英国强租九龙半岛及威海卫。当然了,这一年最著名的事件,是康有为主持的"戊戌变法"。虽然仅仅是"百日维新",但作为中国近代史上一次重要的政治改革,戊戌变法无疑是一次伟大的思想启蒙运动。

在人类历史长河中,包括戊戌年在内的任何年份都只是寻常的、稍纵即逝的一滴,如庄子所云:"人生天地之间,若白驹之过隙,忽然而已。"回首望去,不独人之本身,任何生命、任何事物都概莫能外。

狗屠

6月21日（2016），外交部发言人华春莹在回应外国记者"中国政府是否支持玉林狗肉节"的提问时表示：据地方政府介绍，在中国农历夏至节气食用荔枝和狗肉，是玉林市民间的一种饮食行为，属个人饮食偏好，不存在以食用狗肉为名的节庆活动。玉林市当地政府也从来没有支持、组织、举办过所谓的"玉林狗肉节"。华春莹之所以郑重其事地回应，在于每年夏至前后，广西玉林总能因"狗肉节"掀起波澜，这种颇为负面的影响现在显然已经超越了国界。

玉林有"夏至吃狗肉"的传统习俗，每到"时令"则狗肉踊贵。而去今不远，他们还有"狗肉不上桌"的说法，既是实指，也是借指。玉林人说，上世纪六七十年代猪肉价高，且供给有限，本地吃狗肉开始流行，"猪肉9毛一斤，还要肉票，狗肉2毛一斤，不用肉票"。这是实指。借指，就是不争气了。李準《李双双小传》中，大家推选喜旺当食堂炊事员，喜旺不愿意干，说自己菜案不外行，面案来不得。李双双便当场拆穿丈夫："前天你还做哩！怎么你就是不会擀面条，不会蒸馍？放着排场不排场，放着光荣不光荣！我就见不得'牵着不走，打着倒退''狗肉不上桌'这号人！"在传统文化中，不仅"狗肉不上桌"，而且杀狗的人，乃至屠工、屠夫、屠户这些名称不同但以宰杀牲畜为职业的人,地位也都相当低下,被借用为对出身微贱者的蔑称。如《后汉书》中,祢衡怀揣名片到处找东家落脚,"既而无所之适,至于刺字漫灭"。有人就问他,怎么不去找找陈群、司马朗呢?他回答:"吾焉能从屠沽儿耶!"其实那两位都是一时名士,根本没沾过这行的边。到了清朝,轻蔑依然。王应奎《柳南随笔》云:"今世不论年谊有无,通谒概称年家,即屠酤儿亦然。"

但屠狗或狗屠,亦即以杀狗为职业谋生的人,历史上也很有几个著名的。论"之最",非樊哙莫属。鸿门宴上如果没有樊哙,绵延四百零五年的汉朝可能就不存在。《史记》中,樊哙即"以屠狗为事"。张守节解释:"时人食狗亦与羊豕同,故哙专屠以卖之。"另一位著名的狗屠是刺客聂政。《战国策·韩策》载,共事的严遂与韩傀貌合神离,严受宠而韩为相,针尖对麦芒。大家撕破面皮后,"严遂政议直指,举韩傀之过。韩傀以之叱之于朝。严遂拔剑趋之,以救解。于是严遂惧诛,亡去游,求人可以报韩傀者"。严遂跑到齐国,有人告诉他聂政了不得,"勇敢士也,避仇隐于屠者之间"。严遂便"奉黄金百镒,前为聂政母寿。聂政惊,愈怪其厚,固谢严仲子。仲子固进"。这时聂政说了:"臣有老母,家贫,客游以为狗屠,可旦夕得甘脆以养亲。亲供养备,义不敢当仲子之赐。"因此,母亲死后,聂政才投桃报李。"韩国适有东孟之会,韩王及相皆在焉,持兵戟而卫者甚众",聂政直入,"上阶刺韩傀。韩傀走而抱哀侯,聂政刺之,兼中哀侯,左右大乱"。聂政于是"大呼,所杀者数十人",浑如后世劫法场的李逵,杀得兴起。

"荆轲刺秦王"的故事众所周知,刚到燕国时,"荆轲嗜酒,日与狗屠及高渐离饮于燕市,酒酣以往,高渐离击筑,荆轲和而歌于市中,相乐也,已而相泣,旁若无人者"。就是说,荆轲的好朋友除了高渐离,还有个没留下姓名的狗屠。这里的"市"即狗市,狗屠杂居之地。据说那个狗屠武功极高,荆轲打算刺秦王,在燕太子丹处所等的人就是他。但因为等得时间长了,太子"疑其改悔",荆轲才不得不带上并不满意的副手秦舞阳上路。结局也早已众所周知。荆轲本人的剑法是不值一提的,他"尝游过榆次,与盖聂论剑,盖聂怒而目之";另外,鲁勾践也说他"惜哉其不讲于刺剑之术也"。至于13岁的秦舞阳,尽管有过"杀人,人不敢忤视"的风光,但充其量也就是个街边混混,到了大场面便吓得"色变振恐",恐怕也正常不过。一个剑术不精,一个吓破了胆,如何成事?

《曲洧旧闻》云,范致虚抓住宋徽宗属狗这一点,大拍马屁:"十二宫神狗居戌位,为陛下本命,今京师有以屠狗为业者,宜行禁止。"于是"降指挥,禁天下杀狗,赏钱至二万"。狗屠一时间全都莫名其妙地丢了饭碗。有太学生指出,如今什么都像神宗看齐吗?不是连"崇宁"年号都取"常法熙宁(神宗年号)之意吗?然神宗属鼠,"当年未闻禁畜猫也",这个怎么不学呢?从《宋史》中看,范致虚这个人总体还是不错的,那一刻脑子里不知为何进了水。

"夏至吃狗肉"非为玉林所独有。屈大均《广东新语·事语》云:"夏至磔犬御蛊毒。"在《鳞语》中更载谚曰:"冬至鱼生,夏至犬肉。"不管这种习俗的分布范围吧,任何民俗的产生无疑都受"三观"的局限,今人待之需采取扬弃的态度,对其中的陋俗更要坚决摒弃。玉林的"夏至吃狗肉"正该在摒弃之列,不该堂而皇之地传承。

豕

农历己亥年邮票今天发行（2019）。记得至少 20 年前，就有声音质疑为什么生肖邮票固定在每年 1 月 5 日发行。这个日子的确"前不着村后不着店"，但是印象中从来没有权威部门作答，如今大家都习惯了。

亥年就是通常所说的猪年。猪与豕同义，前人一般豕、猪并用。《说文解字》释"豕"曰："彘也，竭其尾，故谓之豕。"汤可敬先生译曰："豕，猪。（猪发怒时）直竖着它的尾巴，所以叫作豕。"《说文解字》里也有"猪"字，释为"豕而三毛丛居者"，就是"三根毛丛生在同一毛孔的动物"。许慎这么说，有他的依据吧。

研究指出，我国是世界上最早将野猪驯化为家猪的国家，猪属于六畜之列。家庭的"家"字，下面就是豕。戴家祥先生指出："甲骨文就有家字，宀下的豕写成逼真的猪形，可见，猪是上古家庭最先拥有的最主要的私有财产。"此外，"我国个别地区的农家，至今人厕与猪圈相联，甚至合用。西南某地，筑屋于猪圈之上，颇合家的古意"。这种状况，至少在 20 世纪 70 年代仍然存在。

古代帝王、诸侯祭祀社稷时，牛、羊、豕三牲齐备为太牢，以示尊崇。到清朝还是这样。《竹叶亭杂记》云，满洲祭祀专门用豕。届时，"必择其毛纯黑无一杂色者。及期未明，以豕置于神前。主祭者捧酒尊而祝之，毕，以酒浇入豕耳，豕动则吉。若豕不动，则复叩祝，曰：齐盛不洁与，斋戒不虔与，或将有不吉，或牲毛未纯与。下至细事一一默祝，以牲动为限，盖所因为何，祝至何语而牲动矣"。之后，"其牲即于神前割之，烹之。煮豕既熟，按豕之首、尾、肩、胁、肺、心排列于俎，各取少许，切为钉，置大铜碗中，名'阿吗尊肉'，供之，行三跪、三献礼"。遗憾的是，关于豕的若干词语却是负能量满满，如豕心，比喻贪得无厌。《左传·昭公二十八年》载："昔有仍氏生女，黰黑，而甚美，光可以鉴，名曰玄妻，乐正后夔取之，生伯封，实有豕心，贪惏无餍。"孔颖达疏："豕心，言其心似猪，贪而无耻也。"又如豕突，像野猪那样奔突乱窜。在今天网络语言上，认为对方很蠢会称之猪头。

以豕为牲是祭神，明知神不会去吃，表达虔诚的意思罢了。在前人的"三观"中，人若不吃，则可能会得好报。《春渚纪闻》"悬豕首作人语"条云："秀州东城居民韦十二者，于其庄居豢豕数百，散市杭秀间，数岁矣。"南宋高宗时韦十二到杭州，"过肉案见悬一豕首，顾之而人言"，说了些什么？"韦十二，我等偿汝债亦足矣。"这句话，跟着他的人也听到了。韦十二回到家，二话不说，"尽毁圈牢，取所存豕市之。得钱数千缗，散作佛事及印造经文"。谢肇淛《五杂组》也有一则，云明中期内阁首辅徐有贞，"奉斗斋甚虔，阖门不食豕肉"。后来他被石亨、曹吉祥构陷入狱，《明史》说他被捕时，"忽雷电交作，大风折木"；《五杂组》更说："及论决之日，大风霾雷电，有物若豕，蹲锦衣堂上者七焉，遂得赦。"那七只豕，正是北斗七星变的，"北斗相传如豕状"嘛。按谢肇淛的笔录，唐太宗时"北斗化为七僧，西市饮酒"；玄宗时僧一行见"北斗化为豕，入浑天寺中"。不过，谢肇淛自己便不信："岂有在天之宿，变为人物下游人间者哉？野史之诞甚矣。"而在他稍前，郎瑛运用阴阳八卦言及风雨雷电四像,以为民间关于"风伯之首像犬,雷公之首像豕"的说法,是有些道理的。

"没吃过猪肉,还没见过猪跑?"俗谚是说猪很常见,而见过的人都知道,它的性情相当温和,只有在预知被杀的时候才声嘶力竭地嚎叫。《大唐新语》云,"太宗射猛兽于苑内,有群豕突出林中",太宗张弓搭箭,"四发殪四豕"。然"有一雄豕,直来冲马,吏部尚书唐俭下马搏之"。太宗拔剑断豕,洋洋得意:"天策长史,不见上将击贼耶何惧之甚?"唐俭随机应变进了一谏:"汉祖以马上得之,不以马上理之。陛下以神武定四方,岂复逞雄心于一兽!"太宗猛然醒悟,"因命罢猎"。这里的群豕可能是未经驯化的野猪,野猪的攻击性才极强。

《朝野佥载》云,契丹大军寇幽,河内王武懿宗为元帅应敌,"引兵至赵州,闻贼骆务整从北数千骑来,王乃弃兵甲,南走邢州,军资器械遗于道路"。听说人家撤兵了,"方更向前",回来后"置酒高会",给郎中张元一狠狠地嘲弄了一下:"长弓短度箭,蜀马临阶骗。去贼七百里,隈墙独自战。甲仗纵抛却,骑猪正南蹿。"武则天问:"懿宗有马,何因骑猪?"对曰:"骑猪,夹豕走也。"此借豕、屎同音,形容武懿宗的狼狈不堪。

张元一借豕来嬉笑怒骂,元朝学者王恽则借之论及文章的写法,认为好的文章"入作当如虎首,中如豕腹,终如虿尾"。为什么?"虎首取其猛,豕腹取其楦穰,虿尾取其螯而毒也"。陶宗仪《南村辍耕录》提到同是元朝的乔吉梦符论作乐府法,与之类似:"凤头猪肚豹尾,大概起要美丽,中要浩荡,结要响亮。"两人的观点虽头尾借喻不同,中间却是惊人的一致,就是文章的论证部分要像猪肚子一样丰满充实。豕而有知,更要大快朵颐了。

己亥年

　　猪年12载轮一回,己亥年则要60年。尽管如此,自从这一干支纪年的方式开始,历史上也已经度过了相当之多的己亥年。

　　公元前202年是己亥年。这年二月,刘邦即皇帝位于汜水之阳,这就是汉高祖。这一年年初还是戊戌年,楚汉相争到了最后的决战阶段,项羽被围垓下。《史记·高祖本纪》虽然简略,但相对而言已经算是详细地记载了这一战役:"淮阴侯将三十万自当之,孔将军居左,费将军居右,皇帝在后,绛侯、柴将军在皇帝后。项羽之卒可十万。淮阴先合,不利,却。孔将军、费将军纵,楚兵不利,淮阴侯复乘之,大败垓下。"《项羽本纪》中还有个细节,项羽"夜闻汉军四面皆楚歌",乃大惊曰:"汉皆已得楚乎?是何楚人之多也!"然后霸王别姬、乌江自刎,自刎前还有"吾为公取彼一将"等壮烈场面。

　　219年是己亥年。这一年汉献帝还在位,但曹、刘、孙三家争斗正酣。十一月,孙权袭取荆州,十二月,关羽败死。这就是通常所说的关羽"走麦城",后世因以之喻陷入绝境。《三国志·蜀书·关羽传》载,孙权先"遣使为子索羽女",想跟关羽结亲家,结果"羽骂辱其使,不许婚"。孙权大怒之余,联手曹操方面的曹仁、麋芳,攻克江陵,"尽虏羽士众妻子,羽军遂败"。接着,"权遣将逆击羽,斩羽及子平于临沮"。裴松之引《蜀记》的一种说法是,孙权开始并没想杀关羽,"欲活羽以敌刘、曹",左右劝告:"狼子不可养,后必为害。曹公不即除之,自取大患,乃议徙都。今岂可生!"乃斩之。不过,裴松之虽引用此说但并不相信。《三国志·吴书·吴主传》另载,孙权"笺与曹公,乞以讨羽自效",等于上书向曹操俯首称臣。杀关羽后,"曹公表权为骠骑将军,假节领荆州牧,封南昌侯"。

　　759年是己亥年。这年四月,"安史之乱"之"史"——史思明,自称应天皇帝,国号燕,建元顺天,号范阳为燕京,铸"顺天得一"钱。满打满算,他干了两年皇帝,就被儿子史朝义给掀翻了。《旧唐书·史思明传》载,儿子的部队杀来时,史思明正在上厕所,"觉变,逾墙出,至马槽,鞴马骑之",结果被追兵射了一箭,"中其臂,落马"。《新唐书·逆臣传》载,史思明落马后,"问难所起",人家告诉他,你儿子下的令,于是他"大呼怀王(史思明称帝封之)三",哀求道:"囚我可也,无取杀父名!"儿子并不管那么多,反正不忠了,索性再不孝,缢杀父亲,自己当了皇帝,建元显圣。

　　1419年是己亥年。这年七月,郑和第五次下西洋结束回国。"俗传三保太监下西洋,为明初盛事",然《明史》对之并未多着笔墨,但载宝船多大、去了哪里而已。干什么去呢?"成祖疑惠帝亡海外,欲踪迹之,且欲耀兵异域,示中国富强",因此,郑和所到之处,"宣天子诏,因给赐其君长,不服则以武慑之"。后世才认识到其航行意义,如《中国大百科全书》所云:"开辟了横渡印度洋直达非洲,以及通往阿拉伯诸国的新航路。"

　　1659年是己亥年。这时清朝已经建立,前朝进入了南明阶段。永历帝东奔西走,逃至缅甸;郑成功、张煌言等在长江一带、厦门奋勇抗清。钱海岳先生《南明史·昭宗本纪》载,永历帝不断罪己，"明知祖制之不可灭裂，而力不能见之行事，遂徒托诸空言；明知邪正之不可混淆，而心几欲辨其贤奸，又渐寝于独断。以致天下忠臣义士结舌而寒心，当路鬻爵卖官，寡廉而鲜耻"。第二天，斋沐修省上帝忏文，又说道："惟苍天不早生圣人为中华主，使黎庶得谬推小子作亿兆君。忠孝阻壅于铨门，而臣不及觉；苞苴公行于政府，而臣不及知。"痛心疾首或真，然已无济于事。

1839 年是己亥年。这一年，钦差大臣林则徐抵达广东，厉行禁烟。《林则徐日记》云，正月二十五日他从广州天字码头登岸，邓廷桢等一众官员"俱至接官亭，请圣安毕，即分赴各处拜之"，然后入住越华书院。二月十二日，"作示谕四条，催令夷众呈缴烟土"。截至四月初六，收缴鸦片"共一万九千一百八十七箱，又二千一百一十九袋"。四月二十二日于虎门开始销烟，当日"共化一百七十箱"。此后，每天销了多少箱都有相应记录，直至五月十五日，"晨起移行李上舟，巳刻开行回省"。

1899 年是己亥年，这年十二月，山东义和团起，此无需多言。

关于己亥年，还有个著名的词语：豕亥。该词语乃书籍传写或刊印中文字错误的代名词，出自《吕氏春秋·察传》所举之例。子夏到晋国去，过卫国时有个读史的人说："晋师三豕涉河。"子夏说不对，不是"三豕"，是"己亥"。他进一步解释说："夫'己'与'三'相近，'豕'与'亥'相似。"到了晋国一问，果然是"晋师己亥涉河"也。子夏所说的字形相近，指的是"古文"，比如《说文解字》里的"三"和"己"，"豕"和"亥"。不过，翻看《说文解字》，"三"和"己"的"古文"区别也还是比较明显的。晋国军队的三头猪过了河，与晋国军队于己亥日渡河，何其南辕北辙！而吕不韦之"得言不可不察"，岂止适用于读书？

养猪

　　各地猪肉价格上涨在不断创出历史新高。国家统计局数据显示,7 月份(2019) 全国居民消费价格同比上涨 2.8%,其中,猪肉价格同比上涨 27%,8 月份则到了 46.7%。非洲猪瘟疫情是上涨的直接因素,前几年各地因为环保而盲目限养禁养,甚至大规模"消灭"养猪场带来产能下滑,恐怕是间接因素吧。如今,开出种种优惠措施鼓励养猪,不是又重新提上日程了吗?

　　我国养猪的历史悠久,新石器时代的河姆渡遗址已经出土了陶猪。陈炜湛先生释"家"字云:"所谓'家'者,实乃源于养猪。"至少对商朝的人而言,有猪的地方才称得上是"家"。《诗·大雅·公刘》叙述周人祖先公刘带领周民由邰迁豳的史绩,第四章有"笃公刘,于京斯依。跄跄济济,俾筵俾几。既登乃依,乃造其曹,执豕于牢,酌之用匏,食之饮之,君之宗之",讲的是公刘定居之后,筑宫室、祭猪神的情形。牢,猪圈。如今湘西北石门县传统村落北溪河村,每年腊月都要举办"年猪节",其中有点天烛祭猪神、唱诵祭猪词的环节,或正此种文化残存吧。此外,《山海经》中有并封,《淮南子》中有封豨,以及唐以后的传奇笔记中都不乏猪精故事,识者指出,《西游记》中的猪八戒正依据这些故事塑造而成。"马牛羊,鸡犬豕,此六畜,人所饲",蒙学教材《三字经》把包括猪在内的六畜,植根到了儿童的思维意识中。

另一方面,猪之本身也是祭祀用品。"凡庶民不畜者,祭无牲。"《周礼》中已有告诫。盟誓的时候也要用到,"诸侯用牛,大夫用猪"。牛羊豕三牲齐备,谓之太牢,如《庄子·至乐》所云:"鲁侯御而觞之于庙,奏《九韶》以为乐,具太牢以为膳。"到了清朝还是这样,《清史稿》载,光绪三十二年(1906),"崇圣正位改太牢……火神、东岳、先医正位,都城隍,皆太牢。太牢:羊一、牛一、豕一"。所以历朝历代,养猪都是重点。孟子给梁惠王描绘"王道乐土"的理想图景时,提到了养猪的另一功能:"五亩之宅,树之以桑,五十者可以衣帛矣。鸡豚狗彘之畜,无失其时,七十者可以食肉矣。"彘,即猪。《史记·货殖列传》有"泽中千足彘",是说人不一定当官才有财富,你要是种多少这个,养多少那个,"皆与千户侯等"。其中的"千足彘",裴骃集解引韦昭的话说,就是250头猪,数蹄子嘛。

史上最惊心动魄的吃猪肉,或许是《史记·项羽本纪》中的描写。鸿门宴上,刘邦有难,樊哙闯入解围,项羽在"赐之卮酒"之后,又"赐之彘肩",也就是猪肘子。项羽手下"则与一生彘肩",樊哙也不含糊,"覆其盾于地,加彘肩上,拔剑切而啗之"。寻常状况下,当然不是这种吃法,至少要吃熟的。而史上最讲究的吃猪肉,或许是苏东坡了。他在黄冈时还作了《食猪肉》诗,"黄州好猪肉,价贱等粪土。富者不肯吃,贫者不解煮。慢著火,少著水,火候足时他自美"云云。黄冈的人为什么贫富都不爱吃猪肉,可以立项研究。东坡以及京城的人都是爱吃的,《东京梦华录》介绍"朱雀门外街巷"时,不仅说到那一带有"杀猪巷",而且说到那里有个"南熏门",这个门因为"正与大内相对",所以"寻常士庶殡葬车舆,皆不得经由此门而出",但是"唯民间所宰猪,须从此入京"。那规模相当壮观，"每日至晚，每群万数，止十数人驱逐，无有乱行者"，可见京城的猪肉需求量之大。

具体到如何养猪，前人也留下了经验。北朝贾思勰《齐民要术》有《养猪》章，云"牝者，子母不同圈。牡者同圈则无嫌。圈不厌小。处不厌秽。亦须小厂，以避雨雪"。圈不厌小，免得老是走动消耗吧。"春夏草生，随时放牧。糟糠之属，当日别与。八、九、十月，放而不饲。所在糟糠，则蓄待穷冬春初。"对初生的小猪，也有一套办法："宜煮谷饲之。其子三日便掐尾，六十日后犍。"前人认为："三日掐尾，则不畏风。凡犍猪死者，皆尾风所致耳。犍不截尾，则前大后小。犍者，骨细肉多；不犍者，骨粗肉少。如犍牛法者，无风死之患。"元朝司农司编纂的《农桑辑要》，引《四时类要》对此进行了补充："阉猪了，待创口干平复后，取巴豆两粒，去壳、烂捣；和麻籸糟糠之类饲之。半日后，当大泻。其后，日见肥大。"还有一则"肥豕法"，颇有速成的意味："麻子二升，捣千余杵；盐一升，同煮后，和糠三斗饲之。立肥。"

去今不远，我们还在强调养猪的重要性。"猪多、肥多、粮多"，我对儿时的这句时代宣传语以及村子里房屋后背的大字标语仍然记忆尤深。有一幅宣传画的标题同样开宗明义：为革命多养猪多剥皮多制革加速社会主义建设。《越绝书》云春秋时吴越有"鸡山、豕山"，那是勾践"将伐吴，以食士也"，彼时已知养猪可以满足士兵的肉食需要。今天的人为了环保而限养禁养，无异顾此失彼。环保固然重要，但是与养猪到了水火不容的地步吗？

神兽

央视兔年春晚有个"创意节目"叫《当"神兽"遇见神兽》,以音乐剧的形式,将《山海经》《抱朴子》等典籍描述的六只神兽——凤凰、麒麟、白泽、貔貅、鲲、角端——提炼出各自特点。如麒麟,"心地善良仁义";貔貅,"骁勇奋进";角端,"日行万里,自强又自信";白泽,"聪明无比,博古通今"……借助上古传说的这些神兽,与新时代活泼灵动的孩子们进行穿越时空的互动交流,势必能使他们更形象地了解中国传统文化。

《当"神兽"遇见神兽》中的前一个"神兽",众所周知是指如今的孩子,既是昵称,也有实指意味,那就是父母对孩子有时流露出的无可奈何。现场女主持人马凡舒提供了另外一说:"神兽这个词儿其实特别贴切,形容他们精力旺盛、调皮捣蛋、战斗力爆棚。"而神兽的本意是神异之兽,所谓灵兽。音乐剧中的六种,虽然白泽、角端相对生僻,但还是属于著名的一类,非著名的数不胜数。《山海经》里,动辄言某山某地"有兽焉",而那些古里古怪的兽名说的大抵都是神兽。

兽,一般指四条腿、全身生毛的哺乳动物。《周礼·天官·庖人》分得很清楚:"庖人掌共六畜、六兽、六禽,辨其名物。"郑玄注引郑司农曰:"六兽,麋、鹿、熊、麕、野豕、兔也。"俗语"鸟兽散",

也颇能说明问题。所以，狭义地说，春晚节目中的凤凰与鲲该算神鸟而非神兽。广义的当然就不同了，可以包括所有动物在内。前人也的确是这么运用的。《楚辞·九章·涉江》有"驾青虬兮骖白螭，吾与重华游兮瑶之圃"，汉王逸注："虬、螭，神兽，宜于驾乘。"虬、螭实则该算神龙。《晋书·吕光载记》载，吕光奉苻坚之命讨西域，某天"营外夜有一黑物，大如断堤，摇动有头角，目光若电，及明而云雾四周，遂不复见。且视其处，南北五里，东西三十余步，鳞甲隐地之所，昭然犹在"。吕光笑了，这是黑龙啊。部将杜进出主意了："龙者神兽，人君利见之象。《易》曰：'见龙在田，德施普也。'斯诚明将军道合灵和，德符幽显。愿将军勉之，以成大庆。"这是说，神兽的出现乃为暗示，暗示吕光可以另起炉灶，所以"光有喜色"。晋孝武帝太元十一年（386），吕光"僭即天王位，大赦境内，改年龙飞"，难说不与之相关。

需要看到的是，春晚节目中的六种神兽都是瑞兽，散发及传递的是正能量。而神兽的队伍也分两大派，另一派属于凶兽，负能量因素满满。如《山海经》里的穷奇。《西山经》云，邽山"其上有兽焉，其状如牛，猬毛，名曰穷奇，音如獟狗，是食人"。郭璞注："或云似虎……厥形甚丑，驰逐妖邪，莫不奔走。"《史记正义》引《神异经》云："西北有兽，其状似虎，有翼能飞，便剿食人，知人言语，闻人斗，辄食直者，闻人忠信，辄食其鼻，闻人恶逆不善，辄杀兽往馈之，名曰穷奇。"总之，就是个是非颠倒的家伙。上古凶神兽共有四大，穷奇之外，还有浑敦、梼杌和饕餮。《左传·文公十八年》在讲到"昔高阳氏有才子八人"的同时，也讲到了四个"不才子"，正是这四凶：分属于帝鸿氏的浑敦、少暤氏的穷奇、颛顼氏的梼杌和缙云氏的饕餮。特征呢，如浑敦，"掩义隐贼，好行凶德，丑类恶物，顽嚚不友"，无异于皂白不分；如梼杌，"不可教训，不知

神兽　85

话言,告之则顽,舍之则嚚,傲很明德,以乱天常,天下之民谓之梼杌",无异于冥顽不化;如饕餮,"贪于饮食,冒于货贿,侵欲崇侈,不可盈厌,聚敛积实,不知纪极,不分孤寡,不恤穷匮",无异于贪得无厌。

即便对于瑞兽,如何看待也要有清醒头脑。《晋书·段灼传》载,段灼"前后陈事,辄见省览。然身微宦孤,不见进序,乃取长假还乡里"。临走之前,他又上一表,其中说道:"语有之曰:'华言虚也,至言实也,苦言药也,甘言疾也。'臣欲言天下太平,而灵龟神狐未见,仙芝蓂莆未生,麒麟未游乎灵禽之囿,凤皇未仪于太极之庭,此臣之所以不敢华言而为佞者也。"倒是这一表奏效了,"帝览而异焉,擢为明威将军、魏兴太守"。灵龟、神狐,均为瑞兽,段灼说自己之所以从未阿谀奉承,是因为这些瑞兽都没出现,开不了口。这显然是反话正说。而度其"敢昧死言艾所以不反之状"不难判断,即便瑞兽出现,段灼也不会成为"佞者",也不会尽皆"华言""甘言",而只会有"至言""苦言"。

回到春晚,对《当"神兽"遇见神兽》中选取白泽、角端,我还是有些看法的,相对生僻,不如代之以獬豸、鹓雏。白泽,《抱朴子》中乃"辟山川庙堂百鬼之法"之一种,就是道士进山的傍身之物,带上《白泽图》,"则众鬼自却"。角端,就更加鲜为人知了。而獬豸,能以其独角辨别邪佞;鹓雏,"非梧桐不止,非练实不食,非醴泉不饮"。仿照现场男主持人撒贝宁"希望孩子未来能像麒麟一样驰骋天地,像凤凰一样遨游九州"的说法,置换此两种神兽,可以希望孩子们像獬豸一样是非分明,像鹓雏一样志向高洁。

凤凰

广州的凤凰花正在艳丽地开放,所在皆是,橙色或猩红色。凤凰花,依存于凤凰木。辞书上说,凤凰木是一种豆科乔木,原产非洲马达加斯加,株高6到12米,速生,叶羽状分裂,花艳丽,已广泛引种到世界各地的无霜地区。前人有"叶如飞凰之羽,花若丹凤之冠"的说法,或是凤凰木及花得名之源吧。

凤凰,在我们的神话谱系中乃百鸟之王。《山海经》云,丹穴之山有种鸟,"其状如鸡,五采而文,名曰凤皇"。它"饮食自然,自歌自舞,见则天下安宁",如韩愈所云:"凤凰、芝草,贤愚皆以为美瑞;青天、白日,奴隶亦知其清明。"司马相如有"凤兮凤兮归故乡,遨游四海求其凰"句,盖雄鸟为凤,雌鸟为凰,凤也用来比喻婚姻关系中的男方。古埃及和古希腊罗马神话中也有这种神鸟,关联太阳崇拜。在他们的传说中,凤凰寿命在500年以上,自知快死时,乃用芳香的树枝和香料造巢,然后点燃,火堆里会奇妙地跳出一只新凤凰,所谓浴火重生,凤凰涅槃。

虽然是并不存在的神鸟,但丝毫不妨碍人们描述凤凰的样子,如《说文解字》之"鸿前麟后,蛇颈鱼尾,鹳颡鸳思,龙文龟背,燕颌鸡喙,五色备举";也丝毫不妨碍历史上许多人像"看见"龙、麒麟一样,"看见"凤凰。《廿二史札记》云:"两汉多凤凰,而最多者,西汉则宣帝之世,东汉则章帝之世。"如《汉书》《后汉书》本纪所载,本始元年(前73)五月,"凤凰集胶东千乘";四年(前70)五月,"集北海安邱、淳于";地节二年(前68)夏,"凤凰集鲁郡,群鸟从之"等,赵翼有详细的爬梳。宣帝还因之改元"五凤",这个年号用了四年。对于宣、章在位时何以凤凰之多,赵翼推测:"得无二帝本喜符瑞,而臣下遂附会其事耶?"章帝有"凤凰所见亭部,无出今年租,先见者赐帛十匹,近者三匹"之诏,无疑也会有更多"发现"凤凰的地方和更多"看见"凤凰的人。

不独汉宣、章两世,在那些自认为"天下承平日久,可谓治世"的时代,凤凰大抵都会及时现身。如《燕翼诒谋录》云:"真宗景德元年(1004)五月七日午时,白州有凤凰三,自南入城,众禽周绕,至万岁寺前,栖高木,上身如龙。"《癸辛杂识》云,金泰和四年(1024)六月,磁州武安县,"凤从东南来,众鸟周围之,大者近内,小者在外,以万万计",待了三天,"乃从西北摩空而上,县中三日无鸟雀"。《铁围山丛谈》云:"博白有远村号绿含,皆高山大水,人足迹所勿及,斗米一二钱,盖山险不可出。"村民宣称"我山多凤凰",他们的凤凰"其大如鹅,五色有冠,率居大木之颠,穴木而巢焉。遇天气清明则出,出必双双而飞。所过则群鸟举为之敛翼,俯首而伏,不敢鸣者久之"。到清朝也还不乏此类说法。《蕉轩随录》云,雍正八年(1730)正月二十日,"房山县石梯构(沟)山中凤凰集于峰顶,文彩烂然。工匠樵牧民人等千有余人,无不共见"。那么多人有此眼福,究其缘由,或跟今天动辄看到UFO差不多吧,以为是而已。

凤凰木及花之外,与"凤凰"搭车的物事还有不少。如凤凰车,指古代帝王所乘的车子;凤凰城,指京城;凤凰池,指魏晋时设于禁苑的中书省,掌管机要,接近皇帝。有意思的还是凤凰台。

李白有《登金陵凤凰台》诗："凤凰台上凤凰游,凤去空台江自流。吴宫花草埋幽径,晋代衣冠成古丘。三山半落青天外,二水中分白鹭洲。总为浮云能蔽日,长安不见使人愁。"凤凰台在李白之前并不起眼,有没有这个景观也很难说,很可能正是因为李白,凤凰台才成了名胜。《宋书·符瑞志》载,文帝元嘉十四年(437)三月,"大鸟二集秣陵民王顗园中李树上",扬州刺史彭城王义康闻之大喜,乃"改鸟所集永昌里曰凤皇里"。这就是凤凰台的原型了。李白为什么要就此凭空一说呢?胡仔《苕溪渔隐丛话》指出,是针对崔颢的黄鹤楼诗,"欲拟之较胜负"。李白不是说"眼前有景道不得,崔颢题诗在上头"吗?黄鹤楼既然贴上了崔颢的标签,他就另辟战场,用"凤凰台"来和"黄鹤楼"比拼,连韵脚和句式结构都照搬照用。用商伟先生的话说,崔颢无心,李白有意,李白"仿佛是为了证明,即便是同一个写法,他也能有所改进,甚至可以把原作比下去"。

《大唐新语》云,玄宗"尝遣中官往淮南采捕鵁鶄及诸水禽",倪若水上疏切谏,说眼下农时正忙,"田夫拥末,蚕妇持桑",陛下"采捕奇禽异鸟,供园池之玩",该让百姓怎么想呢?他奉劝玄宗"当以凤凰为凡鸟,麒麟为凡兽,则鵁鶄之类,曷足贵也!"但我们知道,作为借喻人才,凤凰则非"凡人",是地位高贵或德才高尚的人。《诗·大雅·卷阿》有"凤皇鸣矣,于彼高冈,梧桐生矣",即寓意野无遗贤。《启颜录》云,孙权接待蜀使费祎,叮嘱群臣,他来时,你们吃你们的。因为只有"权为辍食",费祎嘲笑说:"凤凰来翔,麒麟吐哺,驴骡无知,伏食如故。"既以凤凰自诩,又用"周公吐哺,天下归心"的典故恭维了孙权,又戏弄了他的手下。

筑巢引凤,今天也是营造良好条件以吸引人才的常用语。凤凰这个象征瑞应的文化意象,从来没有淡出过国人的思维。

獬豸

　　服饰红黄相间、胸前五星图案,火炬发型、黑框眼镜,身边一个象征司法公正的神兽獬豸……这是政法微信公号"长安剑"的主人"长安君"。长安剑于9月底(2015)上线,保持每天发布一篇原创文章的频率,评论政法类热点事件,一个月便吸"粉"数万。

　　选择獬豸作为政法领域的吉祥物,倒是颇合这种俗称独角兽的动物的特性。说它是动物,实则子虚乌有,像麒麟、凤凰一样。然而,尽管谁也没见过,并且连这东西像牛、像羊还是像鹿也说法不一,达成不了共识,但是丝毫不妨碍其活灵活现地存在于各种典籍中。《金史·五行志》载,金熙宗皇统三年(1143)七月,"太原进獬豸及瑞麦",甚至还捉到了一只。当然我们都知道,彼时太原当局的用意并无秘密可言,胆子特别大、脸皮特别厚,仅此而已。从先秦到明清,獬豸形象一直被视为监察、审计和司法官员执法公正的象征,不啻该领域最重要的标志性符号。如《淮南子·主术训》云"楚文王好服獬冠,楚国效之",表明春秋时,这种象征意义已然存在。再当然,我们的事凡追溯起来,都可以至三皇五帝。传说中有"中国司法鼻祖"之誉的皋陶就养了獬豸,专门用于断狱。所以李白曾经感慨"何不令皋繇(陶)拥彗横八极,直上青天挥浮云"。宋朝方勺《泊宅篇》亦云:"今州县狱皆立皋陶庙,以时祀之,盖自汉已然。"

獬豸如何和断狱关联在了一起呢？汉朝杨孚《异物志》这么说的,獬豸"性别曲直。见人斗,触不直者；闻人争,咋不正者"。就是说,见别人在争斗,它会用角去顶那个不正直的人；听别人在争论,会去咬那个不讲理的人。杨孚持的是獬豸为羊说。杨孚故里今天属于广州市海珠区,就在中山大学旁边,尚存"杨孚井",相传即杨宅后花园水井,市级文物。因为獬豸能"别曲直",所以人们将之关联司法,是对公平裁决寄予的期望。《后汉书·舆服志》载,"法冠"即獬豸冠,"高五寸,以缃为展筩,铁柱卷",明确"执法者服之,侍御史,廷尉正监平也"。王充《论衡》有一番精彩议论,说獬豸乃"天生一角圣兽,助狱为验",因此"皋陶治狱,其罪疑者,令羊触之,有罪则触,无罪则不触"。但他接着认为,羊的特性就是用犄角顶,"徒能触人,未必能知罪人"。可是为什么皋陶还要依赖獬豸呢？"皋陶欲神事助政,恶受罪者之不厌服",你看,连獬豸都知道你有罪,顶你了,你还有什么不承认的？"欲人畏之不犯,受罪之家,没齿无怨言也"。毫无疑问,皋陶这是充分利用了时人的"三观"。

明朝谢肇淛也不信獬豸断狱的说法,其《五杂组》云:"皋陶治狱不能决者,使神羊触之,有罪即触,无罪即不触。则皋陶之为理,神羊之力也。后世如张释之、于定国,无羊佐之,民自不冤,岂不胜皋陶远甚哉?"张、于皆西汉执法公正的典范,所谓"张释之为廷尉,天下无冤民；于定国为廷尉,民自以不冤"。不妨看两个张释之的经典案例。其一,某次文帝出行,有人突然从桥下走出,"乘舆马惊"。抓起来审问,那人说知道戒严,所以藏在桥下,"久之,以为行已过",实在是没想到。张释之处之以罚金,但是文帝生气了:"此人亲惊吾马,吾马赖柔和,令他马,固不败伤我乎？而廷尉乃当之罚金！"张释之说，法律就是这么规定的，"法者天子所与天下公共也，今法如此而更重之，是法不信于民也"。如果立法时规定这种情况"立诛之"，那就没什么好说，"今既下廷尉，廷尉，天下之平也，一倾而天下用法皆为轻重，民安所措其手足？唯陛下察之"。其二，有人偷刘邦庙的"坐前玉环"给抓住了，"文帝怒，下廷尉治"。张释之说，法律规定盗窃宗庙服饰器具之罪要奏报皇帝，判处死刑。文帝大怒曰："人之无道，乃盗先帝庙器，吾属廷尉者，欲致之族，而君以法奏之，非吾所以共承宗庙意也。"他要的结果是灭族。张释之免冠顿首谢曰："法如是足也。且罪等，然以逆顺为差。今盗宗庙器而族之，有如万分之一，假令愚民取长陵一抔土，陛下何以加其法乎？"

"乡中贺者唯争路，不识传呼獬豸威。"（唐卢纶句）千百年来，獬豸已与相应的官职须臾不可或分。宋朝群臣车辂之制有一项是："其绯繖衣、络带、旗戟、绸杠绣文：司徒以瑞马，京牧以隼，御史大夫以獬豸，兵部尚书以虎，太常卿以凤，驾士衣亦同。"清朝御史和按察使等监察司法官员，一律戴獬豸冠，穿绣有"獬豸"图案的补服。谢肇淛说，獬豸这种神羊虽见于记载，但"其言诞妄，不足信"。这是肯定的，然"自楚文王服獬豸冠而汉因之，相沿至今，动以喻执法之臣，亦无谓矣"，倒也不必这么愤青。隐喻、象征都失去的话，这世界未免太单调了些。

最有趣的，当推东坡寓言故事集《艾子杂说》讲到的獬豸。齐宣王问艾子獬豸是什么，艾子说完"处廷中，辨群臣之邪僻者"，加了句"触而食之"，然后又加了句："使今有此兽，料不乞食矣。"邪僻者太多，獬豸早就吃饱了。

朱雀

12月20日（2015），正在考古发掘中的江西南昌海昏侯墓现场，主棺内棺盖板揭开后发现了漆画，有一只站立的朱雀。不少媒体报道说，发现了"神鸟"。结合之前出土了多少马蹄金、多少金饼那些，给人的感觉是打开了一座金银的宝库，而不是文化的。

朱雀，字面看是红色的鸟。沈括《梦溪笔谈》云："四方取象苍龙、白虎、朱雀、龟蛇。唯朱雀莫知何物，但谓鸟而朱者。羽族赤而翔上，集必附木，此火之象也……或云，鸟即凤也，故谓之凤鸟。"到北宋了，连朱雀究竟是一种什么鸟也还不知道，可知在那之前更只是"闻名"而不曾"谋面"，跟凤凰、麒麟差不多。当代美国学者薛爱华说，"象征祥瑞的古典的朱雀成了一种纯粹而神秘的符号"，不会固定地属于任何一种鸟类。

朱雀的确是一种"神鸟"，我国古代神话传说中的南方之神，与青龙、白虎、玄武合称为四方神，表示东西南北四个方向。二十八宿体系形成之后，朱雀成为南方七宿的总称，也就是井、鬼、柳、星、张、翼、轸。把它们连起来的图形，为前人臆想为朱雀。《西游记》里，二十八宿都有名字，南方七宿分别叫井木犴、鬼金羊、柳土獐、星日马、张月鹿、翼火蛇、轸水蚓，后面那个字都是动物。《水浒传》里梁山好汉有个郝思文，他妈怀他之前梦到井木犴投胎，所以他的绰号就是井木犴。犴，同"豻"。《说文解字》云："豻，胡地野狗。"真不知井木犴在郝思文妈妈的梦里是个什么形象。梁山人物的绰号都有一定"依据"，或与外貌或与技能相关，如豹子头林冲、青面兽杨志，以及双鞭呼延灼、白日鼠白胜等。郝思文虽是梁山五虎上将之首关胜的结义兄弟，本领肯定一般，十八般武艺样样精通是吹的，他出场时的那阕《西江月》赞词，"千丈凌云豪气，一团筋骨精神。横枪跃马荡征尘，四海英雄难近"云云，空空荡荡，等于什么都没说。在战场上，他与女将扈三娘一交手，就给人家"撒起红绵套索"，一家伙拖下马来俘虏了。那么，郝思文得到这个绰号可能与长相相关，亦即野狗的模样。

朱雀等四神或曰四象是一种星宿信仰，汉民族神话中自然崇拜的表现。《三辅黄图·未央宫》载："苍龙、白虎、朱雀、玄武，天之四灵，以正四方，王者制宫阙殿阁取法焉。"汉朝的宫殿用四象的图案制作瓦当，作为标志宫阙殿阁方位的建筑材料。《礼记·曲礼》云："行，前朱鸟而后玄武，左青龙而右白虎。"古代军事家将之运用于排兵布阵，军旗上画这四种图形为标志。会看风水的人则叨咕在嘴边。也就是说，屋宅的东面要有蜿蜒流水，西面要有绵延大道，南面要有清澈池塘，北面要有丘陵俯伏，四种条件齐备，即所谓"风水四兽"镇护，此宅就是风水宝地。道教勃兴，青龙、白虎、朱雀、玄武又成为道教的尊神。《抱朴子内篇·杂应》描绘太上老君老子的出场时说："左有十二青龙，右有二十六白虎，前有二十四朱雀，后有七十二玄武。"四象成了天神护卫，随着逐渐被人格化，还有了各自的封号，分别为孟章神君、监兵神君、陵光神君和执明神君。再后来，玄武（即真武）信仰占了上风，乃从四象中脱颖而出，跃居"大帝"的显位，青龙、白虎成了"打工者"，以门神的姿态镇守道观的山门，谁叫它两一东一西，正好一左一右呢。朱雀不好安排还是怎样,总之淡出了道教。

汉朝的宫殿布局正受四象左右,唐朝的也是这样。唐朝西京长安中有著名的朱雀门街,"东西广百步",起自皇城的朱雀门,直到都城的明德门,"九里一百七十五步",成为长安城的中轴线,也是长安、万年两县的分界线。唐代一步等于五尺,一尺相当于现在31厘米,则朱雀门街如何壮观也就不难推断了。1985年修复西安城墙时,发掘出了包裹在明城墙内的朱雀门遗址。明了前述背景,可知朱雀门一定是皇城的南门。薛爱华《朱雀:唐代的南方意象》第十二章"朱雀",专门谈"南方的气味、南方的滋味、南方的声音、南方的色彩",直接把朱雀作为南方的代指,以这种神秘的艺术形象阐释岭南自然风貌和历史文化。类推的话,玄武门一定在北边。唐朝有过好几次"玄武门之变",宫廷内部为夺取皇位而大动干戈,最著名的自然是秦王世民这次。据陈寅恪先生发覆,政变成功与否,玄武门由谁把守非常重要,政变者首先要考虑安排心腹在那里值班。

在海昏侯墓中发现的那个"朱雀"图案,除了代表南方之外恐怕并无深意。江西南昌,无论古代还是现在都属于南方。或者说,那个图案要不是"朱雀",或者是另外三个中的一个,倒要值得奇怪一下了。海昏侯墓的此类宣传,让人不坐实"考古即挖宝"也难。海昏侯者何,借此普及一下相关知识不是很好的时机? 当然,这方面的内容也有,宣传力度却远不及张扬那些宝贝。

鹓雏

听到单位上的不少人在议论班子里空缺的"位置",谁谁能上,谁谁没戏,有鼻子有眼。在任何一个单位,这似乎都是常见的"景观"。之所以如此,该在于选人用人虽然早有不知几套标准,关键仍是长官意志在起作用吧。在"官本位"的社会,当官自然极有诱惑,甚至被认为是"成功"与否的一个标志,不这么看的只是少数。脑袋里忽地跳出"鹓雏",因为李商隐的诗:"不知腐鼠成滋味,猜意鹓雏竟未休。"

鹓雏,传说中与鸾凤同类的鸟,属于鸟中上品。阮籍《答伏义书》云:"人力势不能齐,好尚舛异。鸾凤凌云汉以舞翼,鸠鹓悦蓬林以翱翔;螭浮八滨以濯鳞,鳖娱行潦而群逝。"大家"各从其好,以取乐焉",不必"据此非彼",又怎么可能划一呢?李商隐《定安城楼》中的这句,用的是《庄子》典故。《庄子·秋水篇》云,惠施在梁为相,老友庄子去见他,挑拨离间的人对惠施曰:"庄子来,欲代子相。"因为"庄子才高德大,王必礼之",那么"国相之位,恐有争夺"。惠施害怕了,"搜于国中,三日三夜",试图把庄子截住,不让他见梁惠王的面。从"庄子往见之"来推断,应该是庄子闻讯后主动找上门来的,在给惠施讲道理时他打了这个比喻:"南方有鸟,其名为鹓雏,子知之乎?夫鹓雏,发于南海而飞于北海,非梧桐不止,非练实不食,非醴泉不饮。于是鸱得腐鼠,鹓雏过之,仰而视之曰:'吓!'今子欲以梁国而吓我耶?"在庄子眼里,梁国的相位对他就相当于一只死老鼠,你把它当好东西,他根本不屑。庄子视惠施为鸱,也就是猫头鹰,而自己是鹓雏,所谓"鸱以腐鼠为美,仰吓鹓雏;惠以国相为荣,猜疑庄子"。当前猫头鹰所属的鸮形目在我国的所有种,均为国家二级保护动物,但在彼时不要说还很寻常,单凭与神鸟进行对比,也明显输在了起跑线上。

春秋时期催生了寒食节的介子推,也可归入鹓雏一类。《吕氏春秋·介立》载:"晋文公反国,介子推不肯受赏。"晋文公还是公子重耳的时候,避难奔翟,随行的介子推忠心耿耿,乃至有"割股奉君"的壮举。复国成功了,他却躲进深山,认为自己忠君的行为发乎自然,无须加官进爵。晋文公令士庶人曰:"有能得介子推者,爵上卿,田百万。"实在没招了还放火烧山,而介子推宁可抱树而死也不出来。所以吕不韦感慨至极:"人心之不同,岂不甚哉!"瞧,"今世之逐利者,早朝晏退,焦唇干嗌,日夜思之,犹未之能得。今得之而务疾逃之,介子推之离俗远矣"。介子推所以能够如此,正在于他具有鹓雏的品格。

《旧唐书·薛收传》载,薛收的侄子薛元敬"与收及族兄德音齐名,世称'河东三凤'",其中"收为长雏,德音为鸑鷟,元敬年最少为鹓雏"。不过,"河东三凤"之说可能出现于三人刚刚踏上仕途之时,从日后的表现看,薛元敬未必当得起。高祖武德时薛元敬为秘书郎,世民召之到麾下,房玄龄、杜如晦等"处心腹之寄,深相友托",但"元敬畏于权势,竟不之狎",气得杜如晦说他"不可得而亲,不可得而疏"。世民成太子后,"时军国之务,总于东宫,元敬专掌文翰,号为称职"。杜如晦的话出自《道德经》,意思是既不亲近、亲密,也不疏远、冷落,见之于道的境界,自然属于极高的那种,而用于评价人的行为,恐怕就有不认同的含义了。很难说,"玄武门之变"之前,薛元敬不是在观望,其所畏之权势,非建成、元吉而无他。

迷恋官位与不屑官位的人,历史上都可以举出不少。凭感觉而没有大数据的支撑,前者的比重该远远大于后者,甚至根本不在一个量级,所以前人才会说"相逢尽道休官好,林下何曾见一人"嘛。《明皇杂录》云:"张九龄在相位,有謇谔匪躬之诚。玄宗既在位年深,稍怠庶政,每见帝,无不极言得失。"该说什么就说什么。而"时方同列"的李林甫则正相反,"闻帝意,阴欲中之"。因为张九龄不同意"实封"朔方节度使牛仙客,"甚不叶帝旨",李林甫抓住机会了,"屡陈九龄颇怀诽谤",偏偏玄宗又有相信的意思,九龄乃作《归燕诗》以贻林甫:"海燕何微眇,乘春亦塞来。岂知泥滓贱,只见玉堂开。绣户时双入,华轩日几回。无心与物竞,鹰隼莫相猜。"林甫览之,"知其必退,恚怒稍解"。这句"无心与物竞,鹰隼莫相猜",何尝不是"不知腐鼠成滋味,猜意鹓雏竟未休"的前奏?近人刘声木评价王安石:"学问文章,足以高视千古,转以相业颓丧生平。他人以致位卿相为美谈,荆公独反是。"就是说,如果王安石不当那个宰相,在学问上不知还会有多大的作为,而且王安石也未必愿意当那个官。

"永忆江湖归白发,欲回天地入扁舟。"李商隐当年遭到谗伤而并不气馁,反而对谗佞小人发出鄙视和嘲笑。毫无疑问,世间永远是惠施多而庄子少,但无论何时总是会有一些"异人",不可以寻常人等的价值标准去衡量之。"民间组织部"在涎水横流的同时,应该认识到这一点。

前几天（2008），广州爱猫者发起了一场"救猫运动"。概因有记者暗访时发现，从南京西火车站运送了1500只猫到东莞东火车站；与此同时，湘鄂苏沪等省市用汽车也运来了不少猫。干什么用呢？不是广东闹了鼠患，需要猫来立功，而是珠三角餐桌的需要，给食客吃掉。到了秋冬时节，讲究进补的老广向来有吃"龙、虎、凤"即"蛇、猫、鸡"的习惯。于是，在得知又有1000只猫从武昌运到广州时，爱猫人士不干了，聚集在广州火车站试图买下这些猫，并拉起"拒绝吃猫""猫是朋友不是食物"的横幅。

落籍岭南之前，也知道广东人吃猫，觉得很不可思议。我们那里不吃，倒不是基于保护动物的考虑，而是骨子里没有猫也可吃的意识。那东西完全该作为人的伙伴。它不仅是鼠的天敌，而且身上还有那么多有趣现象。比如猫的瞳孔。有一首托名苏东坡的《猫儿眼知时歌》概括得最全面："子午线，卯酉圆，寅申巳亥银杏样，辰戌丑未侧如线。"在钟表尚未诞生的年代，猫眼简直就是有生命的报时器了。《梦溪笔谈》亦云，欧阳修"尝得一古画牡丹丛，其下有一猫，未知其精粗"。其亲家吴育说，这是"正午牡丹"，除了"其花披哆而色燥，此日中时花也"，再一个证据就是根据画中猫的眼睛，"猫眼早暮则睛圆，日高渐狭长，正午则如一线耳"。再比如猫洗脸,这是它的日常动作,爱干净大抵也是人喜欢猫的原因之一。在我的故乡,孩童早晨洗脸如果比较认真,长辈就会以猫来喻,调侃说手都过耳朵了,今天要来客人。后来乃知此说历史悠久,唐段成式之《酉阳杂俎》已有"猫洗面过耳则客至"的说法,清严元照的《咏猫》诗也有"我欲试君洗面,今朝有客来无"。钱锺书先生说,在德国谚语里,猫自舐须乃客人过访之兆。这要算是中西传统文化的一个细小区别。

在民间传说中,猫是老虎的师傅,鲁迅先生在《狗·猫·鼠》一文透过祖母之口叙述了这个故事。此外,民间还传说猫是老虎的舅舅。《管锥编》引陆游《嘲畜猫》自注云:"俗言猫为虎舅,教虎百为,唯不教上树。"又引唐禅师所作:"五白猫儿爪距狞,养来堂上绝虫行;分明上树安身法,切忌遗言许外甥。"这里的虫是老鼠,外甥就是老虎。两者都谈到猫在传授老虎技艺时因为留了一手,得以保住性命。《太平广记》中的一则故事可谓人世版。说隋末有个叫督君谟的"善闭目而射",虽然闭着眼睛,但是能指哪儿射哪儿,"志其目则中目,志其口则中口"。王灵智跟他学习,到"以为曲尽其妙"时,"欲射杀君谟",以为杀掉师父便可"独擅其美",老子天下第一。但是督君谟没教他"啮镞法",就是说平常他以短刀敌射,"箭来辄截之",但在赤手空拳看似不设防时,却可以"张口承之",所以督君谟一口咬住了王灵智的夺命箭。这也许是猫虎故事的启迪,然人间亦有此教训。《孟子》说:"逢蒙学射于羿,尽羿之道,思天下惟羿为愈己,于是杀羿。"羿之送命,就是没有"留一手"。

《万历野获编》有一则"内廷豢畜",云"大内自畜虎豹诸奇兽外,又有百鸟房,则海外珍禽,靡所不备,真足洞心骇目"。而万历皇帝最喜欢的还是猫,"其为上所怜爱及后妃各宫所畜者,加至管事职衔,且其称谓更奇:牝者曰某丫头,牡者曰某小厮;若已骗者,则呼曰某老爹。至进而有名封,直谓之某管事,但随内官数内同领赏赐"。《竹叶亭杂记》云天启皇帝也是这样,他不仅喜欢干木匠活,还喜欢养猫,"猫儿房所饲,十、五成群",小厮、丫头之外,加职衔的猫还要叫做某老爷。这些猫俨然不是作为动物的猫了。

猫虽乖巧,但也有备受诟病的一面。冯梦龙《古今笑》里,彬师和尚会客时因"猫踞其旁"乃有借题发挥:都说鸡有五德——文、武、勇、仁、信,其实猫也有,"见鼠不捕,仁也;鼠夺其食而让之,义也;客至设馔则出,礼也;藏物甚密而能窃食,知也;每冬月则入灶(到做饭的地方),信也"。不难看出,彬师和尚所说的猫之五德完全是反话,更像人称唐朝笑里藏刀的李义府为"李猫"所发出的弦外之音。在明朝朱裳看来,"朝廷设御史,如齐民畜猫捕鼠",可恨的是,猫鼠相持,主人助鼠!清朝的钱沣则对御史这种缄默不言的猫深恶痛绝:"国家设立谏官,原欲拾遗补缺。今诸臣皆素餐尸位,致使豺狼遍野而上不知,安用谏官为哉?"

早几年,珠三角人每天吃掉一万只猫的新闻曾经引起波澜。老广固然一向以敢吃、会吃为荣。但在如今,在人与动物同样讲究和谐的时代,会吃是可以津津乐道的饮食文化,所谓敢吃,则多为陋俗,没什么可炫耀的了。所幸不少老广已经认识到了这一点。

猫和老鼠

央视一套这一段（2007）正在播出迪斯尼的动画片《猫和老鼠》。以前在地方台播的时候，我作为成年人也特别喜爱看，虽然那里面对造化的"安排"全然颠之倒之：猫不但捉不到鼠——印象中没有一次得胜，相反，却总是被老鼠捉弄，狼狈不堪。猫和老鼠的游戏在迪斯尼人眼里可以构成一副和谐图景，因而场面上总是其乐融融，令人忍俊不禁。

猫和老鼠属于天敌，善于捉老鼠是猫的本性，所谓"佳猫能镇三五家"，有只好猫的话，周围一带都可以放心。相传以前闽、浙山中种香菰，因为"恒有鼠啮之患，土人多用猫守之"，办法非常残忍，"去猫之双眼，纵之，叫遍山，以警鼠。猫既瞽而食，即无所他之，惟有昼夜瞎叫而已"。猫叫，则足以骇鼠。不过，藏书、养蚕也怕老鼠为害，人们对猫则要温情得多，陆游当年有"裹盐迎得小狸奴，尽护山房万卷书"句，狸奴是猫的别称。清人朱彝尊咏猫词，开篇也是"吴盐几两，聘取狸奴，浴蚕时候"。嘉庆时周芸皋亦有迎猫诗，更详细："元宵闹灯火，蚕娘作糜粥。将蚕先逐鼠，背人载拜祝。（原注：《岁时记》正月十五作粥，登屋上食之，咒曰："登高糜，挟儿脑，欲来不来待我三蚕老。"盖为蚕逐鼠也。）裹盐聘狸奴，加以笔一束。（原注：杭俗聘猫加笔，借逼鼠意。）尔鼠虽有牙，不敢穿我屋。"

鉴于此,在我们国度,无论动画片如何构思,决不会宣传猫鼠和谐的。动画片主要面向儿童,我们从来都告诉儿童猫捉老鼠。清朝时江苏虎丘许多杂货店都卖一种玩具:一个纸匣,"塑泥猫于盖,塑泥鼠于中,匣开则猫退鼠出,匣合则猫前鼠匿,若捕若避,各有机心,儿童争购之,名猫捉老鼠"。想来在当时,这是一件热门玩具。生活中谁都知道,人对老鼠属于既痛恨又无奈,那东西太聪明。人鼠之战已经打了几千年,可以说人类至今也没占上风。《清稗类钞》云,江标曾为人画纨扇,画了两只老鼠,又画了一个胡桃和几颗花生,旁边题到:"老鼠哥哥,你底事终宵闹我。蜡烛已残,油灯又破,忍使俺无端闷坐。刚到新年,福橘乌菱,早饱哥哥肚。只剩得几荚花生,还有胡桃一个。些些桐子,不值今宵小吃,恐教受饿。劝哥哥明日还来,预备干粮,细嚼五更鼓。"反观迪斯尼为什么如此不合逻辑地鼓吹动物界大同,要留待日后见教方家了。

《南部新书》云,张搏好养猫,"众色备有,皆自制佳名"。每天他从衙门回来,"至中门,数十头拽尾延胫盘接",老张则"入以绛纱为帏,聚其内以为戏",专门跟猫玩儿,有人说张搏是猫精。张搏应该是爱猫癖,很多人都有这种癖好。清朝邹泰和学士每一宴客,"必呼猫至,与食必均",还告诉猫:"毋相夺也。"后来他督学河南,"出署,失一猫,严檄县官捕之"。县官不胜其烦,乃一本正经地用印文详报云:"卑职遣干役四人挨家搜捕,至今逾限,宪猫不得。"这两位,似可用玩物丧志来概括。不管怎样,猫本身还是无辜的。《清稗类钞》里还有一则以猫论事的记载,读来很有趣味。说猫也是胎生的哺乳动物,一年三胎,一胎四五只,"然世间惟见有人,不见有猫";并且,猫每生猫,"人辄辗转乞取,争宝贵之",根本不嫌多,反过来却总是觉得人满为患呢?作者作答:"国无教育,仅能食粟者十之八九,地不加增,农业不发达,徒消耗而已。政府社会,皆不知殖民,此所以有人满为患之忧也。"而猫呢,"有捕鼠之能力,为人除害,方珍惜之不暇,奚患其多!"就这么两相比较,怕人多而怕猫少,猫更有利于社会。这个结论逻辑上是说得通的。

东晋简文帝司马昱在当抚军将军的时候,"所坐床上尘不听拂",从不让人打扫,直到"见鼠行迹,视以为佳"。一来二去,老鼠变得胆子很大。一次有位参军来见他,大白天看见老鼠在床上大摇大摆,乃"以手版批杀之",司马昱马上"意色不说"。清朝道光年间,湖南益阳县署多老鼠,而不养猫,大家都说鼠王就待在衙门里,"不轻出,出则不利于官",于是不仅不除掉它,还"日给官粮以饲之"。这就可见,司马昱见鼠迹而"视以为佳",未必是其本人心理变态,在他的世界观里,可能早就跟凶兆吉兆之类挂上钩了。

"猛猫伏鼠,鼠常待其食",吓得不敢动弹,按古人的解释,这叫做"动物互以精神注射"。人们常把贪官比作硕鼠,而贪官前"腐"后继,就在于所谓法律法规根本不能对他们起到震慑作用吧。严格地说,衙门里多一些真的老鼠并不可怕,可怕的是"硕鼠"太多,而职司捕鼠的猫又与之沆瀣一气,构成一幅官场猫鼠和谐的画面。迪斯尼对此,不知该做何感想。

1月5日（2013）在杭州动物园，一群游客扔雪球打狮子取乐被拍下并报道。从照片上看，母狮吓得紧紧躲在公狮后面。报道说，游客"尽兴"离去的那一瞬间，公狮死死盯着他们的背影，大吼一声。报道显见拟人化了，但设身处地，狮子的愤怒着实不难想见。

狮子，外来物种，来得比较早。《后汉书》有不少相关记载。《肃宗孝章帝纪》有"月氏国遣使献扶拔、师子"，《顺帝纪》有"疏勒国献师子、封牛"，《班超传》有"月氏常助汉击车师有功，是岁贡献珍宝、符拔、师子，因求汉公主"，《西域传》有"章帝章和元年（87），遣使献师子、符拔"；又，"和帝十三年（101），安息王满屈复献师子及条之大鸟，时谓之安息雀"。这些记载之所以是"师子"，乃因"狮"为后起字，彼时尚无，至于何时出现，要就教于方家。总之，这些记载是狮子进入我们本土的最早信息。《明史·张录传》载，正德年间"西域鲁迷贡狮子"，表明彼时仍在继续。张录进言："明王不贵异物。今二狮日各饲一羊，是岁用七百余羊也。牛食刍菽，今乃食果饵，则食人之食矣。愿返其献，归其人，薄其赏，以阻希望心。"张录是从杜绝奢侈靡费的角度出发，可惜"帝不能用"。

狮子,今天的人敢用雪球打它,正所谓"龙游浅水遭虾戏"。如果在它生活的领地,不要说人,在我们的传统观念中,老虎都要惧它几分。张华《博物志·异兽》里有一段近似小说家言的描述:"汉武帝时,大苑之北胡人有献一物,大如狗,然声能惊人,鸡犬闻之皆走,名曰猛兽。"这个"猛兽",研究者认为就是狮子。武帝"怪其细小,及出苑中,欲使虎狼食之",谁知"虎见此兽即低头着地",武帝还以为老虎在积蓄力量准备搏杀呢,又谁知"此兽见虎甚喜,舐唇摇尾,径往虎头上立,因搦虎面,虎乃闭目低头,匍匐不敢动,搦鼻下去,下去之后,虎尾下头起,此兽顾之,虎辄闭目",把老虎玩儿得像猫一样。《博物志》还有一段曹操直接遭遇狮子袭击的记载:"魏武帝伐冒顿,经白狼山,逢师子。使人格之,杀伤甚众,王乃自率常从军数百人击之,师子哮吼奋起,左右咸惊。"这头狮子,不知是从皇家苑囿里溜出来的,还是彼时已有野生的了。

狮子和老虎都称百兽之王,一个是西方的说法,一个是我们的。二者究竟谁更厉害一些,因为生存的范围并不重合,除非人为,基本上没有直接较量的可能,只在当初"界定"各自"领地"之际或许曾经有过,而从老虎今天的活动范围之大来看,或为老虎取胜。据说古罗马时代,狮子和老虎在竞技场中曾有格斗表演,也是老虎战胜狮子。杨衒之《洛阳伽蓝记》载,我们这里至少也有过类似的"关公战秦琼"。他说:"狮子者,波斯国胡王所献也,为逆贼万俟丑奴所获,留于寇中。永安(北魏孝庄帝年号)末,丑奴破,始达京师。"庄帝谓侍中李彧曰:"朕闻虎见狮子必伏,可觅试之。"范祥雍先生认为,庄帝所言,或即据《博物志》"猛兽"那段。皇帝要寻开心,"于是诏近山郡县捕虎以送。巩县、山阳并送二虎一豹,帝在华林园观之",但见"虎豹见狮子,悉皆瞑目,不敢仰视"。再把园中养的一头盲熊来试,结果刚闻到狮子气味,盲熊便

"惊怖跳踉,曳锁而走",逗得皇帝小儿高兴极了。后来广陵王即位,诏曰:"禽兽囚之则违其性,宜放还山林。"这个观点倒是极端超前了,让野生动物回归自然,不是这些年才有的呼声吗?于是,"狮子亦令送归本国"。不过,上有政策,下有对策,"送狮子者以波斯道远,不可送达,遂在路杀狮子而返"。

清人《养吉斋丛录》云:"冬日得雪,每于养心殿庭中堆成狮象,志喜兆丰,常邀宸咏。"且曰乾隆年间曾有两次(壬申、乙酉)"以雪狮、雪象联句"。光绪间颜缉祜撰《汴京宫词》,仍有"瑞雪缤纷感上天,堆狮挂象戏阶前"。以狮象组合来寓意吉祥,在《洛阳珈蓝记》中已见端倪。其"龙华寺"条:"永桥南道东有白象狮子二坊。"周祖谟先生释曰:"坊者,里巷之名。"佛教故事中,文殊菩萨与普贤菩萨正为一对组合分侍释迦如来左右。文殊的坐骑是青狮,分司智慧;普贤的坐骑是白象,一般视为祈求延命的本尊。"白象狮子二坊"在南北朝即相比邻,或可表明这种文化心理在那时已经物化成型。

面对游客掷来的雪球,狮子用吼叫以示愤怒。而狮子吼,早成专有名词,比喻佛菩萨说法时震慑一切外道邪说的神威,概《维摩经》曰:"演法无畏,犹狮子吼。其所讲说,乃如雷震。"到了宋朝,被东坡拿来与朋友开玩笑,又异化成了悍妻妒骂之声的代名词。在《闻潮阳吴子野出家》中,东坡尚能一本正经,"丈夫生岂易,趣舍志匪石。当为狮子吼,佛法无南北";而在《寄吴德仁兼简陈季常》中,"龙丘居士亦可怜,谈空说有夜不眠。忽闻河东狮子吼,拄杖落手心茫然",就纯粹是寻陈慥的开心了。但未知东坡这一玩笑,有无对佛祖不恭的成分。

豹

5月6日（2021），有群众报警称在杭州转塘山林发现一只疑似豹子的猫科动物。有关方面随后证实，杭州野生动物世界出逃了三只未成年金钱豹，截至5月8日，其中两只被捕获；5月9日凌晨，第3只也被无人机发现，但在合围时飞快逃走，暂成漏网之豹。

豹，是与狮、虎等近缘的大型猫科动物。《清稗类钞》"豹"条云："豹产亚、非两洲，似虎而小，毛黄褐色，背有黑色圆斑，俗称金钱豹。行走迅速，捕食牛羊鸡豕等物。其皮甚贵。"不过我们至少从电视上见过，豹子身上是布满黑点和斑纹的，不独背部。"其皮甚贵"说得不错，所谓"豹死留皮，人死留名"，豹皮和人的美名等同看待。《诗·唐风·羔裘》云："羔裘豹祛，自我人居居。岂无他人？维子之故！ 羔裘豹褎，自我人究究。岂无他人？维子之好。"这里的祛、褎，都是袖口，豹祛、豹褎，即镶着豹皮的袖口，这是古代卿大夫的服饰。

豹尾，从前也是标志性的挂件。它可以是将帅旌旗上的饰物，径悬一条。《晋书·沈充传》载，沈充应王敦之约"率兵临发"，告诉老婆孩子："男儿不竖豹尾，终不还也。"显示了一种决心。可惜的是，王敦属阴谋篡位，沈充算上了贼船。豹尾也可以悬于天子属车，最后一辆，名"豹尾车"。《宋书·武帝纪上》载，刘裕在临朐大败南燕慕容超，"获超马、伪辇、玉玺、豹尾等，送于京师"，表明缴获了慕容超的坐驾。从前还有一种"豹尾枪"，为天子侍卫所执，也是用实物豹尾来装饰，到清朝还是这样。《皇朝礼器图式》有具体描述："豹尾枪，锻铁为之，通长一丈一尺七分，刃长一尺五分，冒以木，黄油绘行龙，鋬涂金，镂垂云文，下缀朱氂，垂镮悬豹尾，长三尺三寸。"从前的豹子不像现在这么稀有，康熙晚年跟手下吹牛，说自己"自幼至老，凡用鸟枪弓矢获虎一百三十五，熊二十"，豹子呢，干了25只。

有趣的是，《邵氏闻见后录》云，当时相州有西门豹祠，"神像衣裳之间，微露豹尾。韩魏公见之，笑令断去"。这是出于无知，把战国邺令西门豹这个鼎鼎大名的人，当成动物豹子了。豹尾所以地位甚高，用崔豹《古今注》的说法，就是"象君子豹变，尾言谦也"。豹变，用以比喻人的行为有很大变化。以豹尾来悬于帝王属车，大抵是希冀这变化要趋向听得进谏言的那边吧。

豹房，既有实指，也有别指的一面。先看实指。《万历野获编》"内府诸司"条云，明朝内宫有"二十四衙门，俱在禁地"，其中，"鹰房、豹房、百鸟房、御花房、虫蚁房之属，其名目最夥，其役日多，其费日繁，莫可稽核"。沈德符认为："国计之匮，此第一漏卮也。"又"内府蓄豹"条，可以印证。云"嘉靖十年，兵部覆勇士张昇奏：'西苑豹房畜土豹一只，至役勇士二百四十名，岁廪二千八百石，占地十顷，岁租七百金，其实皆典守内臣侵牟。请量留勇士四十人，余还营差操，仍令该监核其奸利以报。'上从之"。沈德符就此再论道："内廷鸟兽之畜，所费不赀，举一豹而他物可知矣。"而所费之赀，"皆民膏血也"。

别指，乃正德皇帝在宫禁中建造的淫乐场所。《明史·钱宁传》载，钱宁先"曲事刘瑾，得幸于帝"，后又"赐国姓，为义子"。钱宁在正德身上动的一个脑筋就是："引乐工臧贤、回回人于永及诸番僧，以秘戏进。请于禁内建豹房、新寺，恣声伎为乐，复诱帝微行。"正德皇帝31岁便崩于豹房，怕正是淫乐过度的结果。

"独有英雄驱虎豹，更无豪杰怕熊罴。"豹的习性相当凶猛，前人以豹为名的各种借喻，当有这样的前提思路在内。唯其凶猛，从前也视之为害兽。去今四十几年前，个人能打死豹子的，也还被称为英雄。《朝野佥载》云，唐玄宗开元初年，京师中监察御史李嵩、李全交和殿中侍御史王旭，被百姓称为"三豹"。其中，叫李嵩赤黧豹，李全交白额豹，王旭黑豹，应该是根据他们的肤色吧。绰号之所以来，是因为三人"皆狼戾不轨，鸩毒无仪，体性狂疏，精神惨刻"。看他们审讯犯人的一套酷刑，"铺棘卧体，削竹签指，方梁压踝，碎瓦搘膝，遣仙人献果、玉女登梯、犊子悬驹、驴儿拔橛、凤凰晒翅、猕猴钻火、上麦索、下阑单"，至于"人不聊生，囚皆乞死"，以此来"肆情锻炼，证是为非，任意指麾，傅空为实"。所以，时人赌咒发誓，有"若违心负教，横遭三豹"一语。据说，陕西名菜"三皮丝"原称"剥豹皮"，就是当年长安厨师针对他们三个泄愤而研制出来的。北宋崔公孺的一个比喻亦发人深省："豺狼、虎豹、蛇虺，天乃屏置于山林深僻之地者，盖恐为人之害也。今监司、郡守，一失选抡，置在要路，其为民害，得不甚于豺狼、虎豹、蛇虺乎？"

世易时移，今天我们对豹早已剔除了为害的偏见，相反，它们闲时优哉游哉、战时矫捷出击的姿态，还赢得了许多人的喜爱。杭州事件的恶劣之处在于，三只豹子4月19日上午就已经逃逸，杭州野生动物世界因为担心影响"五一"客流而选择了瞒报，真是吃了豹子胆也！如今，包括公司总经理在内的5人，以涉嫌危害公共安全犯罪被公安机关采取刑事强制措施，咎由自取。

熊

不久前(2019),国外网友拍到的一段小熊爬雪山视频,感动了无数中国网友。视频中,熊妈妈带着一只小熊从半山腰的洞中走出开始向上攀爬,熊妈妈很容易就登顶了,小熊爬着爬着却滑落下来。但是它并没有片刻歇息,重新开始。眼看到顶了,却又再一次滑落,且滑落得比上次更远。令人赞叹的是,滑落刚止,小熊再奋力向上,这一回终于登顶,快乐地跑在妈妈的身后。

熊是食肉兽中杂食属性的大型动物,与我们的历史、文化渊源甚久。《史记》开篇说道:"黄帝者,少典之子。"徐广注其"号有熊"。司马贞进一步阐释:"号有熊"者,以其本是有熊国君之子故也,亦号轩辕氏。这个"熊",当是图腾崇拜。"炎帝欲侵陵诸侯",黄帝与之"战于阪泉之野"时,曾"教熊罴貔貅䝙虎",大抵也是这种用意,所谓"言教士卒习战,以猛兽之名名之,用威敌也",前提自然是耳闻目睹了熊的威猛。

神话传说中,治水的大禹也曾身化为熊。《汉书·武帝纪》载,武帝元封元年(前110)巡幸,到中岳嵩山,"见夏后启母石"。颜师古注:"启,夏禹子也。其母涂山氏女也。禹治鸿水,通轘辕山,化为熊,谓涂山氏曰:'欲饷,闻鼓声乃来。'禹跳石,误中鼓。涂山氏往,见禹方作熊,惭而去,至嵩高山下化为石,方生启。"辛弃疾"梦有人以石研屏见饷者"后三日，填了《兰陵王》词，用到该典，"君看启母愤所激，又俄倾为石"云云。启，建立了夏，我国史书记载的第一个王朝。

见禹化熊，未知涂山氏"惭"之何在。至少在前人的"三观"中，梦里见熊是吉梦。《诗·小雅·斯干》云："吉梦维何？维熊维罴，维虺维蛇。"具体说来，"维熊维罴，男子之祥；维虺维蛇，女子之祥"。梦见熊和罴，生男孩的吉兆；梦见小蛇和大蛇，生女孩的吉兆。这是"大人占之"的结果。原理呢，朱熹有个解释："熊罴，阳物在山，强力壮毅，男子之祥也。虺蛇，阴物穴处，柔弱隐伏，女子之祥也。"于是，生了男孩，"载寝之床，载衣之裳，载弄之璋"，亦即"睡在大床，穿上衣裳，玩弄玉璋"（据周振甫先生译文，下同）；生了女孩，"载寝之地，载衣之裼，载弄之瓦"，亦即"睡在大地，穿上抱衣，玩弄纺线锤"。生男生女，因被后世分别称作"弄璋之喜"和"弄瓦之喜"。需要明确的是，这里的"瓦"不是侯宝林先生相声里开玩笑所说的"瓦片"，而是古代纺线用的纺锤，全无歧视生女之意。

熊的身上有件令不少人垂涎三尺之物：熊掌，即黑熊或棕熊的脚掌。据说其味甚美，亚洲人视为"养生"食材。前人很早就认识到了，后世愈演愈烈。《孟子·告子上》有名句云："鱼，我所欲也；熊掌，亦我所欲也；二者不可得兼，舍鱼而取熊掌者也。"两样都喜欢的东西选其一，就选熊掌。熊掌与鱼等而论之，如今高下立判，彼时尚有一比吧。

孟子用熊掌打比方说事，历史上真吃的亦不乏。《左传·文公元年》载："冬十月，以宫甲围成王。王请食熊蹯而死。弗听。丁未，王缢。"成王，楚成王。熊蹯，熊掌。这一段历史，为冯梦龙《东周列国志》演绎得活灵活现。第四十六回"楚商臣宫中弑父秦穆公骰谷封尸"云,成王长子商臣逼宫,"潘崇仗剑,同力士数人入宫,径造成王之前。左右皆惊散"。成王问什么事,潘崇说你都在位47年了,得让给太子。成王吓坏了,马上说让,"但不知能相活否?"潘崇说:"一君死,一君立,国岂有二君耶?"你老糊涂了,连这个道理都不懂吗?成王就再退一步:"孤方命庖人治熊掌,俟其熟而食之,虽死不恨!"潘崇不客气了,厉声曰:"熊掌难熟,王欲延时刻,以待外救乎?请王自便,勿俟臣动手!"说完,"解束带投于王前",成王"遂以带自挽其颈,潘崇命左右拽之,须臾气绝"。不要说楚庄王"痴心犹想食熊蹯",如今有此痴心者、蠢蠢欲动者仍存。

熊掌难熟,潘崇倒不是乱说。《吕氏春秋·过理》云晋灵公无道,佐证之一是他"从上弹人而观其避丸也",佐证之二就是他的厨子烹饪熊掌,"不熟,杀之"。《左传·宣公二年》亦有此记载,"宰夫腼熊蹯不熟,杀之,寘诸畚,使妇人载以过朝"云云,尸体的手都露在了外面,给赵盾他们看见了。畚,用草绳或竹篾编织的盛物的器具。《公羊传·宣公六年》说得更详细,赵盾上朝后出来,和众大夫站正在外朝,见"有人荷畚自闺而出"。闺,指内朝的小门,以其上圆下方状似圭而名。赵盾马上问是怎么回事,畚这种东西怎么会从内朝里扛出来,然而却是"呼之不至"。那人说,你是大夫,要想看就过来看吧。"赵盾就而视之,则赫然死人也",惊问是谁,那人说:"膳宰也,熊蹯不熟,公怒以斗击而杀之,支解将使我弃之。"赵盾当即返身回内朝进谏,结果灵公连赵盾都想杀掉。

资料上说,怀孕的雌熊在冬眠洞内产仔,翌年出蛰时带新生幼仔一起出洞。视频中的那只小熊,不知是否正属于这种情况。无论如何,它那种毫不气馁、愈挫愈勇的态势,足以成为人类励志的一个样板。大家喜欢这段视频,原因亦在于此吧。

象

云南野生亚洲象群自西双版纳出发一路向北迁徙的新闻备受关注。在被发现的40多天来,这群大象已横跨多县,6月2日(2021)21时进入昆明市晋宁区双河乡。野象所到之处,第一件事就是觅食,因此祸害了大片庄稼。最令人迷惑不解的是:它们为什么会不改方向、不断加速地一路北上,究竟要干什么?

提起大象这种陆地上现存的最大哺乳动物,想来没有人不熟悉。许慎《说文解字》云:"象,长鼻牙,南越大兽,三年一乳,象耳牙四足之形。"许慎是东汉人,他那个时候大象已是热带地方的物产了。再早则不然,如罗振玉所云:"象为南越大兽,此后世事。古代则黄河南北亦有之。'为'字从手牵象,则象为寻常服御之物。今殷墟遗物有镂象牙礼器,又有象齿,甚多。卜用之骨有绝大者,殆亦象骨。又卜辞卜田猎有'获象'之语,知古者中原有象,至殷世尚盛也。"在文献方面,《吕氏春秋》载:"成王立,殷民反,王命周公践伐之。商人服象,为虐于东夷。周公遂以师逐之,至于江南。乃为《三象》,以嘉其德。"《三象》,周公所作乐名。自黄帝以来,功成作乐是一项传统。王国维就此段文字认为:"此殷代有象之确证矣。"徐中舒先生更根据"豫"字的构成,得出"豫当以产象得名"以及"殷代河南实为产象之区"的结论。

诸如此类，许慎当时若知，想必会得意地再书上一笔。许慎是汝南召陵(今河南漯河)人嘛。《韩非子·解老篇》云："人希见生象也，而得死象之骨，按其图以想其生也，故诸人之所以意想者皆谓之象也。"韩非是新郑(今河南郑州)人，这段话或可表明战国末期河南已经看不到大象了。

大象虽然体型巨大，但是性情非常温和，从前的人用之于作战，生生把大象给教坏了。前面"商人服象，为虐于东夷"云云，一般解释便是这层意思：商朝人驯服了大象，以暴虐东夷，周公则率部将它们驱赶到了江南。还有不少记载更直截了当。《旧唐书·南蛮传》载，真腊国"有战象五千头，尤好者饲以饭肉。与邻国战，则象队在前，于背上以木作楼，上有四人，皆持弓箭"。《元史·兀良合台传》载，兀良合台征交阯，"遣使招降"未果而大举进攻，那边不怕，"隔江列象骑、步卒甚盛"。《明史·张辅传》载，永乐四年(1406)张辅征安南，"贼驱象迎战。辅以画狮蒙马冲之，翼以神机火器。象皆反走，贼大溃"。十一年(1413)冬再征，"贼驱象前行。辅戒士卒，一矢落象奴，二矢射象鼻。象奔还，自蹂其众"。《李任传》载，宣德元年(1426)李任从征交阯，守昌江，这回明军没有打赢，对方"大集兵象飞车冲梯，薄城环攻"，李任死守九个月，终于，"贼驱象大至，不能支，皆自刭死"。《广阳杂记》云，吴三桂的队伍里也有象军，共"四十五只，曾一用之"。神乎其神的是，"象各有一奴守之，与奴最有情。奴死，人为之制棺讫，象必来亲殓，以鼻卷奴尸置棺中而盖之"。

在我们的传统文化中，象以谐音祥、相之故，一直扮演着寓意吉祥如意的角色，所谓"太平有象"。明清时，皇宫中例于三伏日为畜养之象洗浴，不啻盛大节日。《帝京景物略》说的是明朝："三伏日洗象，锦衣卫官以旗鼓迎象出顺承门，浴响闸。象次第入于

象　115

河也,则苍山之颓也,额耳昂回,鼻舒纠吸嘘出水面,矫矫有蛟龙之势。象奴挽索据脊,时时出没其鬐。观者两岸各万众。"《帝京岁时纪胜》说的是清朝:"三伏日,仪官具履服,设仪仗鼓吹,导象出宣武门西闸水滨浴之。城下结彩棚,设仪官公廨监浴,都人于两岸观望,环聚如堵。"清朝画家丁观鹏《乾隆皇帝洗象图》现藏北京故宫博物院,图中一头大象温顺地站立在树荫之下,玉女、金童、天王、僧侣等一干人等正在为大象洗浴,乾隆皇帝则扮作普贤菩萨模样,端坐凝视。洗象,也正是佛经典故。

　　象在从前也叫大客或钝公子,想一想非常形象。大客的说法见于《异苑》,云:"始兴郡阳山县(今广东阳山)有人行田,忽遇一象,以鼻卷之。遥入深山,见一象脚有巨刺,此人牵挽得出,病者即起,相与蹋陆,状若欢喜。"前象便把人送回来了,因为有功,那人便提了个要求:"我田稼在此,恒为大客所犯。若念我者,勿复见侵。"但见大象"蹋躅如有驯解,于是一家业田绝无其患"。这该是村民的美好期冀了。云南此次出现的野象群正是这样,它们对农作物造成的巨大破坏,主要还不是因为吃了多少,而是踩踏。钝公子的说法见于《清异录》:"天成、长兴中,以牛者耕之本,杀禁甚严,有盗屠私贩,不敢显其名,婉称曰格饵,亦犹李甘家号甘子为金轮藏、杨虞卿家号鱼为水花羊、陆象仙家号象为钝公子、李栖筠家号犀为独笋牛、石虎时号虎为黄猛、朱全忠时号钟为大圣铜,俱以避讳故也。"必须看到,"亦犹"后面才是避讳,前面是旨在障眼的违法行为,完全是两回事。

　　对此次云南野象群谜一样的北行,中国野生动物保护协会教授级高级工程师严旬在连线央视记者提问时,倾向于认为是象的首领迷路,行进到一定时候会向南,会调转方向。但愿如此。

象牙

5 月 29 日(2015)上午,国家林业局和海关总署在北京市野生动物救助中心联合举行了"中国执法查没象牙销毁活动"。在专业粉碎机的强力作用下,662 公斤象牙及象牙制品被销毁成粉末。这是双方的第二次成功合作,上一次是去年 1 月,在广东东莞销毁了 6.1 吨。此种举措,彰显的是中国政府打击象牙等野生动植物非法贸易的坚定立场和坚决态度。

象牙,很早之前就是一种非常昂贵的原材料。《诗·鲁颂·泮水》有"憬彼淮夷,来献其琛,元龟象齿,大赂南金",意思是说,想明白了的淮夷,前来奉上他们的宝贝,大龟和象牙等。《后汉书·西南夷传》载,安帝永初元年(107),"徼外僬侥种夷陆类等三千余口举种内附,献象牙、水牛、封牛"。大象身上的好东西其实还有象黄。《养吉斋丛录》云,乾隆时"象房喂养贡象多至三十余只,因谕令暂行停贡"。彼时,凡是有大象死了,太医院官都要验视一下有没有象黄。象黄就是象结石,大象体内的一种物质,可以用来制作念珠。《徐霞客游记》云,象黄"生象肚上,大如白果,最大者如桃,缀肚四旁,取得之,乘其软以水浸之,制为数珠,色黄白如舍利,坚刚亦如之,举物莫能碎之矣。出自小西天即今印度,彼处亦甚重之,惟以制佛珠,不他用也"。不过,象黄的珍贵程度终究不及象牙。

今人以象牙制作工艺品，如广州牙雕，以镂雕牙球、花舫、微刻书画为代表，还是第一批国家级非物质文化遗产。古人用象牙来干什么呢？那可太多了。如做席子，即象筵，后来用于形容豪华筵席。如装饰睡床，《战国策·齐策》曰："孟尝君出行国，至楚，献象床。"如制笔，以象牙为笔管，后来成为笔的美称。如做手板，即所谓象笏，朝见君主时品位较高的官员才有资格手执。《北史·李穆传》载，"其一门执象笏者百余人"，津津乐道。

以前的大象显见也多。宋人《墨客挥犀》云："漳州漳浦县，地连潮阳，素多象。"今天的潮阳休说大象，像其他地方一样，谈论大型动物都是奢侈的。有趣的是该书还告诉我们，成群的大象不可怕，"惟独象遇之"，要倍加小心，"盖独象乃众象中最犷悍者，不为群象所容，故遇之则蹂而害人"。前文说到《广阳杂记》中吴三桂有象军，"长沙人多曾见之"。还说象军中的大象神得跟人差不多，有一象奴"私与一妇戏，偕入草屋中"，大象看见发怒了，"以鼻扃其门。奴恐，逾垣而出，象以鼻掷奴掷之，颠扑而下，复以牙触奴糜烂而死"。大象杀死了主人，"乃从来未有之事，官司拘象而问之"，大象忽然奔逸而去，不一会儿，"卷一妇人来，置之官前，而自跪其官，以鼻触妇人使言。妇人战悸失音，久之始吐其实"。刘献廷说，这头大象可以当法官当律师了，"世人目乱男女之伦者曰禽兽，象独非兽耶？胡可以之而訾人也？"

大象因牙而招祸，也有悠久历史。《左传·襄公二十四年》之子产予范宣子书，其中便提到"象有齿以焚其身，贿也"，杨伯峻先生注曰："以象牙值钱。"这是说，大象因为有了珍贵的牙而遭到捕杀。"象齿焚身"这个成语，就此成为财宝招祸的比喻。

《宋史·李昌龄传》载，李昌龄是太平兴国三年（978）进士，京城开金明池，因"献诗百韵，太宗嘉之"而飞黄腾达。到广州当知府，"广有海舶之饶"，他没抵住诱惑，给调了回来。路过许州，他父亲李运在此当官时置下了产业，昌龄便将"包苴辎重悉留贮焉"，都放在这儿存下，到京城后两手空空，"但药物药器而已"。这一招很奏效，太宗还以为人家说他贪官是诬陷呢，便"召赐金紫，擢礼部郎中，逾月，为枢密直学士"。昌龄如何洗白，不去理他，关键是他那个上言："广州市舶，每岁商舶至，官尽增价买之，良苦相杂，少利……雷、化、新、白、惠、恩等州山林有群象，民能取其牙，官禁不得卖。自今宜令送官，以半价偿之，有敢隐匿及私市与人者，论如法。"雷、化、惠州，俱在今日广东，地名依然沿用。新、恩州，即今粤之新兴、恩平；白州，桂之博白。这些地方曾有群象，民以象牙"走私"，今日听来如天方夜谭。宋人笔记《萍洲可谈》讲到广州市舶司时也说，船来了，"帅漕与市舶监官莅阅其货"而征收实物税，叫做"抽解"，而"象牙重及三十斤并乳香，抽外尽官市"，也就是由官府进行专卖；因"官市价微"，于是"商人有象牙稍大者，必截为三斤以下"。这里所反映的，也是民间如何来钻官方的空子。

销毁执法查没象牙是国际上如今通用的做法，目的是防止执法查没象牙再次进入贸易环节。为了保护大象免遭杀害，1973年有21个国家的全权代表受命在华盛顿签署了《濒危野生动植物种国际贸易公约》，该公约严格限制象牙贸易。我国于1981年加入了该公约，则销毁等严厉打击手段便成题中应有之义。

驴

不久前（2006）于上海《文汇报》上读到一篇文章，说光未然（张光年）作词、冼星海作曲的《黄河大合唱》，开篇那句"风在吼，马在叫"，原本是"风在吼，驴在叫"。当年，贺敬之在看了张光年写的初稿之后，认为"驴的形象稍逊雅观"而建议改的。为什么会那样写呢？作者分析是"现实主义笔法"，陕北的马都上前线了，"只有驴在山道上奔波"。

看到这则趣味颇浓的"考证"，当时我便很有疑心。果然，未几在《文汇报》上又读到了《何来"驴在叫"？》的反驳文章。作者从曾经采访张光年本人，以及《黄河大合唱》诞生的始末出发，详细论证了"驴在叫"说的荒谬。我的疑心则是自古中来。"马嘶如笑，驴鸣似哭"，即使古人不说，我们也知道驴叫是很难听的声音。虽然"驴鸣一声"借指伤悼故友，但"驴鸣犬吠"却是指文章低劣。

与马相比，驴的地位向来"低贱"，后者的词语构成大抵可归为贬义。驴唇不对马嘴、驴打滚、驴性子、驴年马月等。拙文《出警入跸》列举过一系列驴之低贱事例：因为骑驴，皇帝可以扮成庶民，微服私访且可"纵目四顾"；同样是因为骑驴，未露真容的高官就要遭遇"开路者"的呵斥。驴的地位不高，国外恐怕也不例外。堂吉诃德觅到侍从桑丘，但桑丘提出要带上自己心爱的毛驴，这让堂吉诃德颇为犯难。首先他"搜索满腹书史，寻思有没有哪位游侠骑士带着个骑驴的侍从"；记不起有任何先例，勉强"让桑丘带着他的驴子"，不过，"等有机会再为他换上比较体面的坐骑"（据杨绛译文）。在堂吉诃德看来，自己骑的尽管是驽马，也终究是马，比桑丘的毛驴体面得多。

《邵氏闻见录》云，章惇曾对邵伯温说，自己到成都府路上任转运使时，"妻子乘驴，某自控，儿女尚幼，共以一驴驮之"，一头驴就把家眷问题都解决了；但看看现在这些刚当上官的，浩浩荡荡，"非车马仆从数十不能行，可叹也"。邵伯温记录此事，在于告诫后来者前辈如何勤俭。由此我们也知道，宋朝官员上任除了携带仆从之外，骑驴还是骑马，也是检验奢侈与否的一个标尺。《曲洧旧闻》云，苏东坡自黄州（今湖北黄冈）徙汝州（今河南汝州），路过金陵（今南京），王安石"野服乘驴谒于舟次"。东坡不冠而迎揖曰："轼今日敢以野服见大丞相。"安石笑曰："礼为我辈设哉！"其时两人的政见依然不可调和，但并不妨碍相谈的投契以及共游蒋山（今南京钟山）之乐。安石对人感慨："不知更几百年，方有如此人物。"安石退下来了，"野服见大丞相"纯为戏语，不过显然，苏东坡"野服"见丞相与丞相"野服乘驴"，都是藐视当时礼法的。陈康祺《郎潜记闻三笔》云，有天下大雪，清朝刑部尚书戴敦元"著雨罩，手抱文书，步至街衢，呼驴车乘之"。赶车的也不知道他是谁，等到了衙门，"隶役呵殿而入，公下车，去雨罩，帽露珊瑚顶"，才知道拉的是个大人物，吓得"将弃车而逃"，戴敦元硬把他拽住，让他收了车钱才走。戴敦元因之被戏称为"驴车尚书"。在陈康祺眼里，戴敦元也是"俭德不可及"的典范。《清史稿》载，戴敦元去世时，"笥无余衣，困无余粮，庀其赀不及百金，廉洁盖性成"，那么，他打"驴的"上班，与身份严重不符，却也不是一时作秀，而是很自然的举动。

不知从什么时候起,说人是驴就等于是在骂人,至少在武则天时已然。《大唐新语》云,武则天刚革了李唐的命,"恐人心未附,乃令人自举"。于是乎,武周编制外的官员有"车载斗量"之谓,因人设岗,并不规定员额,有多少算多少,"里行"为其一。一天,有个御史台的令史(低级事务员)骑驴上班,"值里行数人聚立门内",他很有气,下了驴,"驱(驴)入其间"。诸里行大怒,要揍令史,令史说:"今日过实在驴,乞数之,然后受罚。"说罢乃指驴开骂:"汝技艺可知,精神极钝,何物驴畜,敢于御史里行!"这些史料,即使张光年先生当初作词时没有看到,以千百年来国人对驴的"口碑",想来也不至于浮浅到把它融之于豪情万丈的《黄河大合唱》的歌词中。

"驴在叫"的空穴来风,始于中国作家协会原党组书记唐达成的"依稀记得",这就让人联想到现今推崇的"口述史"的可靠性问题,尽管是亲历亲闻。比如,对晚年乔冠华,章含之回忆的夫君与张颖(外交部原副部长章文晋夫人)笔下的部长,基本上就是两个面目。真相究竟如何,须待《何来"驴在叫"?》那样的有心人了。

狐狸

英国《每日电讯报》2月25日（2011）报道，欧洲在建的最高大厦——"碎片大厦"里发现了一只狐狸。"碎片大厦"位于伦敦，有72层，高约310米，狐狸就是在顶楼被发现的，工作人员还给它起了"罗密欧"的外号。他们推断，狐狸应该是通过楼梯进来的，以工人留下的食物垃圾为食。

狐狸属食肉目犬科，原本分为狐和狸，后来合指为狐。狐狸在前人的世界观里形象颇为负面，与之相关联的成语，如狐兔之悲、狐假虎威、狐假鸱张等，比喻的都不是什么好的事情或做法。而如狐死首丘之类比较正面的，要在语词的海洋中用放大镜去寻找才行。

狐狸本身，更常用来借喻奸佞狡猾的坏人。《后汉书·张纲传》载，顺帝汉安元年（142），"选遣八使徇行风俗"，八人中的七人"皆耆儒知名，多历显位"，只有张纲"年少，官次最微"。然而，也就是个不知名的小人物，才真正忧国忧民。"余人受命之部，而纲独埋其车轮于洛阳都亭"，并且道出一句千古名言："豺狼当路，安问狐狸！"在张纲眼里，把持朝政的大将军梁冀等人明明都是"豺狼"，放任不理，拿底下那些"狐狸"开什么刀呢？他"谨条其无君之心十五事，斯皆臣子所切齿者也"，致"京师震竦"的同时，也践行了自己先前的诺言："秽恶满朝，不能奋身出命埽国家之难，虽生吾不愿也。"

狐狸尾巴，则用来借喻坏人的本来面目。《洛阳伽蓝记》"法云寺"条云："孙岩娶妻三年，（妻）不脱衣而卧。岩私怪之，伺其睡，阴解其衣，有尾长三尺似狐尾。"发现老婆原来是狐狸变的，"岩惧而出之"。这当然是个传说了，传说中狐能成仙，变成人形来迷惑人，但尾巴却始终改变不了。不过，即便在传说中，这一点也不独狐狸。孙悟空大战二郎神，几番变化之后变成一座土地庙，"大张着口，似个庙门；牙齿变作门扇，舌头变作菩萨，眼睛变作窗棂"，一切都很完美，"只有尾巴不好收拾，竖在后面，变做一根旗竿"，结果弄巧成拙。二郎神一见就笑了："我也曾见庙宇，更不曾见一个旗竿竖在后面的。"据说，刚拍竣的张纪中版《西游记》，悟空干脆没有尾巴，但不知如何演绎这则妙趣横生的故事。

狐狸的声名，或许到蒲松龄才有了根本性的改变。在他的笔下，狐狸尽皆良善之辈，把"狐狸精"这个恶名颠覆成为女性聪明、智慧的化身，展示着人性尤其是女性的真善美。如《聊斋志异·红玉》之红玉，被棒打鸳鸯却能成爱人之美，爱人落难能抚养其孤，终于共同生活后，虽"袅娜如随风欲飘去，而操作过农家妇"。此外，在《封三娘》《娇娜》《辛十四娘》《秦生》《武孝廉》《阿绣》《小翠》《小梅》等篇中，也都有狐狸精变幻善良女子助人的故事。但在与"如意郎君"卿卿我我之际，尾巴问题被蒲先生有意无意地忽略了，使我们在欣赏其借神仙世界讽喻现实生活的同时，于好奇之心方面留下了一丝缺憾。

狐狸非常聪明，在古人眼里它的行为可以和人以假乱真。《太平广记》卷四四七云，张简"曾为乡学讲《文选》，有野狐假简形，讲一纸书而去"。钱锺书先生就此议论道："古来以狐为兽中黠而淫之尤,传虚成实,已如铁案。然兽之好讲学而爱读书者,似亦推狐,小说中屡道不一道。"同样在《太平广记》里,便有《李参军》(遇老人读《汉书》,狐也)、《崔昌》("本好读书"的小儿"常问文义",亦狐也)、《孙甑生》(入一窟,见狐数十枚读书,有一老狐当中坐,迭以传授)等。但钱先生奇怪的是,《全梁文》中庾元威《论书》,自负"书十牒屏风,作百体",有"鬼书""胡书""天竺书""鼠书""牛书""马书""羊书""虎书""兔书""鸡书""犬书""豕书",却偏偏没有"狐书"。钱先生认为,"百体书"虽然大家没看过,"而顾名思义,殊嫌拉杂凑数,不论乖类",也就是"图案与美术字"罢了。然为何摒狐书于百体之外,确实值得探究。当然,别种意义上的狐书是有的。《太平御览》引伏滔《北征记》云:"皇天坞北,古时陶穴。晋时有人逐狐入穴,行十里许,得书两千余卷。"逐狐得书,后因以喻那些古奥稀罕书籍。陆游诗曰:"不读狐书真僻学,未登鬼箓且闲游。"僻学,就是说未能博学,见闻寡陋。

狐狸再狡猾也斗不过好猎手,这是我们从前在影视中常常能够听到的一句话,用之于坏人与好人之间的较量。回到其原初意义上,也的确如此。在"碎片大厦"那里,病虫害防治人员在笼子里装只鸡,就把"罗密欧"给诱捕到了。他们把它带到动物收养站,后来在伦敦桥附近放生。大都市中能够跑出野生狐狸,表明人家城市的生态与我们的大不同吧。

河豚

河豚是鱼的一种，据说肉味十分鲜美。

苏东坡就非常喜欢吃，河豚还入了他的诗："竹外桃花三两枝，春江水暖鸭先知。蒌蒿满地芦芽短，正是河豚欲上时。"钱锺书先生说，末句是东坡"即景生情的联想"，因为宋代烹饪以蒌蒿、芦芽与河豚同煮，所以"苏轼看见蒌蒿、芦芽就想到了河豚"，江上的鸭是实景，河豚则在东坡意中。《邵氏闻见后录》云，有一次东坡和朋友们聚会，"盛赞河豚之美"，没吃过的人问他究竟怎么个美味法，才高八斗的东坡想了半天也形容不出来，干脆直截了当地来了句"直那一死"。在《南村辍耕录》中，这件逸事被陶宗仪收了进来："据其味，真是消得一死。"

把吃河豚和死关联到一起，是因为谁都知道河豚有毒。河豚的肝脏、生殖腺及血液含有剧毒，处理不好就会出人命。梅尧臣诗云："炮煎苟失所，入喉为镆铘。"又云："皆言美无度，谁谓死如麻。"讲的就是吃河豚可能和已经造成的后果。梅尧臣在当时也很有影响力，有人甚至发现，"西南夷"（今云贵川一带当时少数民族的总称）装弓箭的布袋子上面都绣着梅诗。陶宗仪也说，河豚"常怒气满腹，形殊弗雅，然味极佳，煮治不精，则能杀人"。但东坡认为如果尝过河豚的滋味，死了都值，可见河豚对他的诱惑。

龚炜《巢林笔谈》记述了自己的一次经历。有天去会朋友，人家问他想不想来点儿河豚尝尝。龚炜心里打怵，但是嘴上模棱两可："怀疑而食，味必失真；失真之味入疑腹，易牙不见功矣。"易牙是春秋时齐桓公的宠臣，长于调味。龚炜要说什么，意会可也。酒喝到一半，上来一道菜，"味甚鲜"，令龚炜"不觉大嚼"。看到朋友们"相视而嬉"，龚炜明白准是河豚。他的反应极快："东坡值得一死，我终不敢轻生。"顺利地给自己找了个台阶。

但梅尧臣的"死如麻"也绝不是危言耸听。李诩《戒庵老人漫笔》云，他家乡那里历来"惯食"河豚，他自己也特别喜欢，直到有天进城，"闻一人家哭声甚哀"，一打听，知道那家因为吃河豚一下子死了四口，他才再也不敢吃了。不仅如此，他还经常劝别人也不要吃，他说得很有道理："世间多美味，省此一物不为少。"因为吃而冒那么大风险何必呢？接着他把矛头又指向东坡，劝告人们"勿为苏家口语所误，悔之无及"。李诩觉得，东坡为了嘴上一时之快，讲什么"消得一死"的话实在不负责任。

讲到中毒，《铁围山丛谈》有则趣事。宋徽宗崇宁年间，有名士路过姑苏（今江苏苏州），那里一个州将早就向他许过诺，来这里一定请你吃河豚。州将把河豚当作款待朋友的最高规格，但名士却恐惧得很，赴宴前戚戚地对家人说，怎么办呢？"今州将鼎贵"，又是一片真心，看得起咱，不吃肯定是不行的。这样吧，听说一旦河豚中毒，"独有人屎可救解"，你们记住我的话，必要的时候就用这招。谁知到了那里，主人万分歉意地说，到处去找河豚，"反不得"，让大家失望，真是罪过，没办法，今天就多喝点儿来尽兴吧。于是，"坐客于是咸为之竟醉"。名士回到家，人事不醒，吐个不停。家人慌了手脚，认为这一定是中毒了，"环之争号"，同时又急忙"取人秽，亟投以水，绞取而灌之"，吐一次就灌一次；等到天亮了，酒醒了，大家转悲为喜也才真相大白。可怜名士白白被灌了那么多令人作呕的东西。

《清稗类钞》中还有则趣事。五个朋友在徐兆潢家喝酒，"徐精饮馔，烹河豚尤佳，因置酒，请食河豚"。那四个一边贪其味美，一边心里犯嘀咕。忽然其中一个姓张的，"倒地，口吐白沫，嗫不能声"，大家都觉得他中河豚毒了，"乃速购粪清灌之，张犹未醒"。这四个都怕了，"各饮粪清一杯"，防患于未然。老张醒后告诉他们："仆向有羊角疯之疾，不时举发，非中河豚毒也。"好家伙，"五人深悔无故而尝粪，且呕，狂笑不止"。

"消得一死"与"勿为苏家口语所误"，这两种截然相左的观点使那些琢磨到底吃还是不吃的人会更加犹疑不定。宋人陈傅良坚持不要吃，却有另外一个视角。其《戒河豚赋》透过河豚的"以甘杀人"，提出了"干戈伏于不意"的论点，认为"物之害人兮，不在乎真可畏也。凡蓄美以诱人兮，盖中人之所利也"。末尾更联系到了王莽篡汉等历史现象。这样看来，吃不吃河豚，倒有点儿像应该怎么当官治国。这篇东西很值得一读。

　　"十一"长假期间(2015),青岛因为"一只虾"令全国瞩目,可惜不是好事。10月5日四川肖姓游客爆料,说在青岛"家常菜"吃饭时遭遇"天价虾",点菜时间清楚是38元一份,结账时却变成了38元一只。于是,40只"蒜蓉大虾"被索要1520元。同店里的另一位南京朱姓游客,遭到了同样境遇。游客报警后,辖区派出所民警先是认为属于价格纠纷,该找物价局,物价局旋将皮球踢回。民警便有了最终"协调"结果:先把钱付给人家。此事恰如导火索,青岛在这个长假中的种种不堪都被摆上了台面。人们心目中美丽的海滨城市,就这样被"一只虾"坏了声名。

　　虾是十足目中腹部发达能游泳生活种类的通称。典籍中看到,虾是有些特别品种的,比如有的个头相当之大。唐段公路《北户录》有"红虾杯"条,云"红虾出潮州、潘州、南邑县,大者长二尺,土人多理为杯"。宋窦革《酒谱·饮器》亦云:"《南史》有虾头杯,盖海中巨虾,其头甲为杯也。"能用虾头的甲壳制成杯子,那得多大的家伙? 此外,段著还对若干作品进行了爬梳,"大虾长一尺,须可为簪",甚至有人用虾须制成"须杖"。再往前溯,裴松之注《三国志》引王隐《交广记》曰:"吴后复置广州,以南阳滕修为刺史。或语修虾须长一丈,修不信,其人后故至东海,取虾须长四丈四尺,封以示修,修乃服之。"滕修虾须,因成识见不广之典。与谢灵运并称"颜谢"的南朝文学家颜延之,文章中即有"徒以魏文大布,见刊异世;滕修虾须,取愧当时。故于度外之事,怯以意裁耳"。

这些材料中涉及到的虾,都属于巨虾,个头相当之大。这样的虾莫说 38 元一只,便是 380 元、3800 元也是可能的。但从网友发布的照片看,青岛的"天价虾"只是寻常餐桌上的那种,实在没什么特别,那么无需权威部门的所谓定论,归为当下商家普遍存在的价格欺诈是没有疑问的。

材料中的巨虾大抵都有神话传说的成分在内,即便不是,注入了人文的这些则显见是。陶穀《清异录》云,某天"二三友来访,买得虾蟹具馔",闲聊之中,"语及唐士人逆风至长须国娶虾女事"。有个叫谢秉冲的说:"虾女岂不好?白角衫裹个水晶人。"令满筵无不开怀大笑。长须国使,出自段成式《酉阳杂俎》,说武则天时,"有士人随新罗使,风吹至一处",那地方"人皆长须,语与唐言通,号长须国。人物茂盛,栋宇衣冠,稍异中国。地曰扶桑洲",士人在那里被招为驸马。既然人人都有须,公主也不会例外。因此,士人虽"威势烜赫,富有珠玉,然每归见其妻则不悦"。后来在国王的宴会上,"士人见姬嫔悉有须",就作诗一首:"花无蕊不妍,女无须亦丑。丈人试遣总无,未必不如总有。"国王见了哈哈大笑:"驸马竟未能忘情于小女颐颔间乎?"实际上士人对太太的长须始终不能释怀。由段著中我们还知道,长须国的国民都是虾精,王是虾王,公主是虾女。《西游记》里的虾兵、蟹将可能就是受此种故事启发。广东一带方言称渔家女孩为虾女,黄谷柳小说《虾球传》中,自小生长在香港贫民区的主人公名字叫虾球,未知是否此种文化残存了。

长须国的故事虽然荒诞,但也未必凭空而来。《新唐书·东夷传》载,高宗永徽初,新罗"使者与虾蟆人偕朝。虾蟆亦居海岛中,其使者须长四尺许,珥箭于首,令人戴瓠立数十步,射无不中"。又载咸亨元年(670),"遣使贺平高丽。后稍习夏音,恶倭名,更号日本。使者自言,国近日所出,以为名"。就是说,长须的虾蟆人即日本人。今天的研究者一般认为,北海道的阿依努人正是虾蟆人的后裔。以愚意度之,神话中的"长须国"与现实中的"虾蟆人",应该存在一定的逻辑关联,前者正脱胎于后者也说不定。

仿生的原理吧,鞠躬行礼在从前每被称为"虾腰"。陈其元《庸闲斋笔记》"中西礼俗之异点"条云,孙家谷游历各国回来,说还是外国人的仪文简略,"见国王只须磬折致敬,无所谓拜跪也"。布国——未知所指——"以新战胜故,于礼节大为增加",也只是"见皇帝须三虾腰"而已。孙家谷的话,流露出对清朝繁文缛节的微词。陈著"用兵以气为主"条云,前数年,他曾"以编修从军,每亲出击贼",军中呼之为"武翰林",他说自己乃"文虾"耳。这是因为清朝称侍卫为"虾",新武进士入侍卫学习的,叫"拉虾"。《广阳杂记》亦云,王辅臣骁勇善战,"八王子以辅臣为虾";后辅臣没为仆,顺治皇帝找到他,"立授御前侍卫一等虾"。侍卫曰"虾",殊难理解。

成语有"虾荒蟹乱",指虾蟹成灾,将稻谷荡尽,以此作为兵乱的征兆。为什么呢?宋朝傅肱解释说:"盖取其被坚执锐,岁或暴至,则乡人用以为兵证也。"青岛这"一只虾"既是积弊的爆发,同时也未尝不可视为一种征兆,预示着如果青岛方面若不能知耻而后勇,一定会输掉自己的城市形象。

蟹

　　"时值香橙螃蟹月，景当新酒菊花天。"明朝徐元的诗，当下正是这个时令。上点儿档次的宴请，一道大闸蟹必不可少；寻常的菜场、超市，也到处都在卖蟹，其中以阳澄湖大闸蟹声名最著、价码最高。然如同贵州正在注册"国酒"商标的茅台酒，东西如何实在真假难分，尽管在防伪技术上动足了脑筋，却依然是"道高一尺，魔高一丈"。

　　《本草纲目》这样描述蟹："横行甲虫也。外刚内柔，于卦象《离》。骨眼蜩腹，哐脑鲎足，二螯八跪，利钳尖爪，壳肥而坚，有十二星点。"寥寥四十来个字，活灵活现。蟹，实际上是个"单名"，清翟灏《通俗编》云："《周礼·梓人》疏：蟹谓之螃蟹，以其侧行者也。按：语义当正作旁，今字从虫，疑是后人率加。《埤雅》云：蟹旁行，故里语谓之旁蟹，可证。"其实宋人傅肱《蟹谱》早就说了："以其横行，则曰螃蟹；认其行声，则曰郭索；以其外骨，则曰介士；以其内空，则曰无肠。"所以，蟹有横行介士、无肠公子等别称。至于这些别称美恶、褒贬与否，要具体问题具体分析。1976 年打倒"四人帮"那阵，北京流行吃蟹，大家都指定要"三公一母"，正因"横行"之蟹与"霸道"组合在一起，构成依仗权势为非作歹之意，那么"横行介士"在这里便贬义无疑。宋孔平仲《常父寄半夏》

诗,"小女作蟹行,乳媪代与攘;分头各咀嚼,方爱有所忘"云云,描写的是年幼的子女争吃的场面,完全是欢乐情景。

鲁迅先生《今春的两种感想》中有名句云:"第一次吃螃蟹的人是很可佩服的,不是勇士谁敢去吃它呢?"改革开放后,"吃螃蟹"更与"第一""勇于"等同义,吃螃蟹也从单纯的生物行为上升至社会学范畴。《荀子·劝学》论道:"蚓无爪牙之利,筋骨之强,上食埃土,下饮黄泉,用心一也。蟹六(实八)跪而二螯,非蛇鳝之穴无可寄托者,用心躁也。"鲁迅先生还有名篇《论雷峰塔的倒掉》,说他们小时候吃蟹,"煮到通红之后,无论取那一只,揭开背壳来,里面就有黄,有膏;倘是雌的,就有石榴子一般鲜红的子。先将这些吃完,即一定露出一个圆锥形的薄膜,再用小刀小心沿着锥底切下,取出,翻转,使里面向外,只要不破,便变成一个罗汉模样的东西,有头脸,有身子,是坐着的,我们那里的小孩子都称他'蟹和尚',就是躲在里面避难的法海"。诸如此类,也是社会学意味。

生物行为的吃螃蟹,历史非常悠久。《酉阳杂俎》云:"平原郡贡糖蟹,采于河间界。每年生贡,斫冰火照,悬老犬肉,蟹觉老犬肉即浮,因取之,一枚值百金。以毡密束于驿马,驰至于京。"唐之平原郡在今天山东德州一带。杨贵妃喜欢吃荔枝,"颠坑仆谷相枕藉,知是荔枝龙眼来"的惨烈之账算到了她的头上,此番的蟹是谁吃的呢?冤无头、债无主的话,历史对杨贵妃就失之于刻薄了。再看《蟹谱》:"(五代)钱氏间置鱼户、蟹户,专掌捕鱼蟹,若今台之药户、畦户,睦之漆户比也。"专业户的出现,足证官方对蟹的需求数量非常庞大。宋朝这一点倒是很明确:皇帝吃。邵博《邵氏闻见后录》云:"仁宗皇帝内宴,十门分各进馔。有新蟹一品,二十八枚。帝曰:'吾尚未尝,枚直(值)几钱?'左右对:'直一千。'帝不悦曰:'数戒汝辈无侈靡,一下箸为钱二十八千,吾不忍也。'置不食。"邵博还说,李处度藏有仁宗飞白"四民安乐"四字,旁题"化成殿醉书,赐贵妃"。他感叹仁宗"虽酒酣、嫔御在列,尚不忘四民,故自圣帝明王以来,独以仁谥之也"。而最早吃蟹具体可以追溯到什么时候,须待方家考证了。

蟹在今天,尤其物流业发达之后,是个全方位的存在,从前不是这样。沈括《梦溪笔谈》说,关中没有螃蟹。宋神宗元丰年间他在陕西时,"闻秦州人家收得一干蟹,土人怖其形状,以为怪物",于是"每人家有病虐者,则借去挂门户上,往往遂差",效果很不好。为什么呢?因为"不但人不识,鬼亦不识也",鬼不认得那是什么,不害怕,所以挂也白挂。《清稗类钞》云:"贵州物产有竹荪、雄黄之类,蔬菜价值亦廉。居民嗜酸辣,亦喜饮酒,唯水产物则极不易得,鱼虾之属,非上筵不得见。光绪某岁,有百川通银号某,宴客于集秀楼,酒半,出蟹一箧,则谓一蟹值银一两有奇,座客皆骇,此足以见水产物之难得而可贵也。"这样看,至少陕西在宋朝、贵州在清朝,蟹还是比较稀奇之物。

《蟹谱》还说:"蟹至秋冬之交,即自江顺流而归诸海,苏之人择其江浦峻流处,编箔以障之,若犬牙焉。致水不疾归,而岁常苦其患者,有由然也。虽州符遣卒俾令弃毁,而吏民万端终不可禁。"前两天(2012)有部叫做《鸟之殇,千年鸟道上的大屠杀》的纪录片在网上引起关注,拍的是湖南很多地方杀戮南来过冬的候鸟,仅在10月3日那天打下来的就足有一吨之多。从前的"苏之人"捕蟹,性质庶几近之,只是前人尚未认识到鸟是人类的朋友,所以造成的危害不过是"水不疾归",今人带来的则是生态灾难。

蟹（续）

浙江桐乡市公证处主任沈吉龙吃蟹的旧账被网友翻了出来（2012）。一份《桐乡市公证处的领导，你用公款去吃了、拿了、玩了，就请提供明细账单》的网帖声称，2010 年桐乡公证处用于食品、礼品、餐费、考察费等消费接近 100 万元，但公证处编制人员仅 3 人，且支出并无明细账单。其中，2010 年公证处等相关人员曾以考察的名义去阳澄湖吃螃蟹，报账十几万元。

贪腐的人多了去了，手段并无二致，数额不同而已，但还是总能发现"特性"的一面，比方此番是吃蟹。

如今论起蟹，正以阳澄湖大闸蟹最为知名。这个品牌是从什么时候开始的，也要待方家考证。宋祝穆《方舆胜览》记述阳澄湖所在的平江府"土产"，只提到了三种：彩笺、太湖石和莼鲈。虽然像他叙州郡沿革一样对土产的描写也过于简略，但毕竟涉及了吃，注引苏子美《论风俗》"莼鲈稻蟹，可以适口"，可知彼时蟹也是一种美味，只是比不上"白如玉"的鲈鱼。明朝袁宏道当过吴县知县，其间写下了许多著名的游记，偏偏有《阴澄湖》而没有《阳澄湖》，"潼子门下船，北去一里，为阴澄湖"云云。万历二十四年（1596 年），他"与顾靖甫放舟湖心，披襟解带，凉风飒然而至，西望山色，出城头如髻，不知身之为吏也"。可惜，正高兴呢，"邮者报台使者至，客主仓皇，未能成礼而别"，立刻又打回了"身之为吏"的本相。当代样板戏《沙家浜》里，郭建光有段唱词："朝霞映在阳澄湖上，芦花放稻谷香岸柳成行。"说明他们18个伤病员养伤的地方，正处在大闸蟹盛产的核心区，然他们"一日三餐有鱼虾"，却并未道及此物，此中固有合辙押韵的考虑，但倘若阳澄湖大闸蟹彼时为名品，没有不以其他方式表现的道理吧，道之，军民鱼水情可以更深一层。

桐乡市公证处连同合同工在内总共只有15名员工，即便倾巢出动，吃掉十几万元的大闸蟹还是能够让人惊讶得张大嘴巴，一顿吃的，还是几天吃的？太喜欢吃了，还是怎样？可惜语焉不详。清朝戏剧家李渔对蟹的偏爱，那是到了痴的地步，其自道"家人笑予以蟹为命"，拙文已多有涉及，此处聊作补充。李渔把相关事项干脆一概以"蟹"名之：蟹上市的九月、十月叫做"蟹秋"；担心过了季节没得吃，"命家人涤瓮酿酒，以备糟之醉之之用"，于是糟名"蟹糟"、酒名"蟹酿"、瓮名"蟹瓮"；家里专门管蟹的丫鬟叫做"蟹奴"。到了这个程度，他还觉得自己做得不够，感叹："蟹乎！蟹乎！汝于吾之一生，殆相终始者乎！"遗憾"所不能为汝生色者，未尝于有螃蟹无监州处作郡，出俸钱以供大嚼，仅以悭囊易汝。即使日购百筐，除供客外，与五十口家人分食，然则入予腹者有几何哉？蟹乎！蟹乎！吾终有愧于汝矣"。他的感叹和遗憾，落脚于"悭囊易汝"而非公款大嚼，这是名之曰痴而桐乡公证处一类名之曰腐败的本质分野所在。

在具体吃法上，李渔也有自己的心得："凡食蟹者，只合全其故体，蒸而熟之，贮以冰盘，列之几上，听客自取自食。剖一筐，食一筐，断一螯，食一螯，则气与味纤毫不漏。出于蟹之躯壳者，即入于人之口腹，饮食之三昧，再有深入于此者哉？"他认为，吃别的东西他人可以帮手，自己尽享其成，"独蟹与瓜子、菱角三种，必须自任其劳。旋剥旋食则有味，人剥而我食之，不特味同嚼蜡"。他把这比作"好香必须自焚，好茶必须自斟"。那么，《清稗类钞》上介绍的一种类似鱼生吃法的"蟹生"，具体而言"以生蟹剁碎，将麻油先熬熟摊冷，并草果、茴香、砂仁、花椒末、水、姜、胡椒为末，再加葱、盐、醋与之拌匀"，这要是被李渔遇到，会认为是草菅蟹命吧。

对蟹没有什么"感情"，单纯只是要借题发挥的，显然抱另一种态度。如宋人之"水清讵免双螯黑，汤老难逃一背红"，又如北京当年那"三公一母"，都是借蟹来喻坏人没有好下场。不错，前人亦有"蟹厄"之说。元高德基《平江记事》云："吴下蟹厄如蝗，平田皆满，稻谷皆荡尽。"因而吴谚有"虾荒蟹乱"之说。然蟹厄造成的灾害在于数量如蝗，何以"三公一母"便能翻云覆雨？不管怎么说，蟹来借喻坏人，正如杭州西湖边跪着的"白铁"，无辜受过。

10月22日，桐乡有关部门作出回应称：桐乡市公证处存在工资发放违规及其他违反财经纪律的问题，公证处主任沈吉龙及市司法局副局长朱莉萍已被停职检查。不难发现，近年越来越的腐败线索总是依靠业余的网友来发现，南京周久耕因为抽了太高档的烟、陕西杨达才因为戴了太高档的手表、广州番禺蔡彬因为名下的22套房产等，事后想来，这些线索都谈不上隐秘。我一向认为，民间不该成为反腐败的主力军，现在却正有成为主力军的趋势，长此以往，专门的监察机构汗颜事小，沦为"执行部门"、演变为体制机制的不堪事大。

蚝

4月24日（2017），丹麦驻华大使馆官方微博发布了一条消息:《生蚝长满海岸,丹麦人却一点也高兴不起来》。说一种叫作太平洋生蚝的物种入侵了丹麦,对海岸生态环境造成了极大破坏,科学家和渔民都束手无策。消息动员大家去海岸边采集之,带回家煎炒烹炸,但该国并没有多少人响应。

消息既出,引起咱们百姓的兴奋与躁动。有网友提出了最直接也最有趣的建议:把签证放宽,开辟个吃生蚝的通道,十年内无限次往返,估计五年差不多就消灭它们了。以国人对蚝的消费规模和速度衡之,此建议倒未必是妄言。北京智研咨询发布的《2017－2022年中国牡蛎行业分析及市场深度调查报告》显示,2015年我国蚝的消费量约457.43万吨,同比2014年的435.24万吨增长了5.1%。

诉诸典籍,蚝之食用历史相当悠久。唐刘恂《岭表录异》云:"蚝,即牡蛎也。其初生海岛边,如拳石,四面渐长,有高一二丈者,巉岩如山。每一房内,蚝肉一片,随其所生,前后大小不等。每潮来,诸蚝皆开房,伺虫蚁入即合之。"又云:"卢循昔据广州,既败,余党奔入海岛野居,惟食蚝蛎,垒壳为墙壁。"卢循,晋安帝时与大舅哥孙恩一道起兵造反,"恩亡,余众推循为主"。在当时晋帅、后来南朝宋开国皇帝刘裕的追击下,卢循"泛海到番禺,寇广州,逐刺史吴隐之,自摄州事,号平南将军"。这样来看,食蚝的历史至少不是可以上溯至东晋?

蚝乃一种美味,岭南当下的食谱里正是这样。广东人吃蚝,生熟不拘,吃生蚝在高档自助餐里不可或缺。不仅如此,用蚝熬制而成的蚝油是广东传统的鲜味调料,将蚝晒干而成的蚝豉可备一年四季食用,"发菜蚝豉"更成为粤人过年时的餐桌必备,"发财好事"嘛。屈大均《广东新语》云:"凿之(蚝),一房一肉,肉之大小随其房,色白而含绿粉,生食曰蚝白,腌之曰蛎黄,味皆美。"天然的蚝生长在海边,附着在礁石上,就像屈氏说的,"香山(今广东中山)无蚝田,其人率于海旁石岩之上打蚝,蚝生壁上,高至三四丈,水干则见"。《酉阳杂俎》亦云:"介虫中唯牡蛎是咸水结成也。"介虫,即有甲壳的贝类和水族。《广东新语》中,蚝便属于"介语"条目,"咸水所结,其生附石"云云。不过,食蚝之于蚝,颇有些惨烈。在刘恂的记录里,"往往以斧揳取壳,烧以烈火,蚝即启房,挑取其肉,贮以小竹筐,赴墟市以易酒。蚝肉大者腌为炙,小者炒食"。在屈大均笔下,也是"以草焚烧之,蚝见火爆开,因夹取其肉以食,味极鲜美"。

如果说唐朝时吃的蚝还是野生,那么,传为(因不见于《宛陵先生集》)梅尧臣所做的《食蚝》诗,表明北宋年间广东沿海先民已经掌握了今天仍在应用的"插竹养蚝"技术。梅诗云:"亦复有细民,并海施竹牢;掇石种期间,冲激恣风涛。"又因起首"薄宦游海乡,雅闻归靖蚝"句,可知描写的正是岭南。归靖蚝,一种观点认为即指产于归德(今深圳宝安沙井)、靖康(今东莞长安霄边)一带的蚝。前几年,宝安还开设了沙井蚝博物馆。如果那确是梅诗的话,我国人工养蚝的历史便可以溯至北宋。屈大均说,"东莞、新安有蚝田，与龙穴洲相近……其地妇女皆能打蚝"，大抵就是收获人工所养之蚝了。当其时也，"打蚝之具，以木制成如上字，上挂一筐，妇女以一足踏横木，一足踏泥，手扶直木，稍推即动，行沙坦上，其势轻疾。既至蚝田，取蚝凿开，得肉置筐中，潮长乃返"。他还收集了两首《打蚝歌》，其一云："一岁蚝田两种蚝，蚝田片片在波涛。蚝生每每因阳火，相叠成山十丈高。"其二云："冬月真珠蚝更多，渔姑争唱打蚝歌。纷纷龙穴洲边去，半湿云鬟在白波。"蚝田景观，以及姑娘们收获的喜悦，毕现无疑。

《岭表录异》所说的"垒壳为墙壁"，则是岭南建筑中比较独特而别致的一种工艺：以生蚝壳拌上黄泥、红糖、蒸熟的糯米，一层层堆砌起来。这种墙不仅具有隔音效果，而且冬暖夏凉，坚固耐用。屈大均云："广州诸大县，其村落多筑高楼以居。凡富者必作高楼，或于水中央为之……墙以砖或牡蛎壳，其崇五六丈。"他家乡番禺茭塘村，"居人墙屋率以蚝壳为之，一望皓然"。在今天珠三角乡村中还可以见到各种"蚝宅"，蚝壳墙七棱八角，凹凸不平而排列有序，极具线条感和雕塑感。许是渐渐稀少了的缘故吧，残存的每成当地颇具视觉震撼的特色景观。

当年对蚝，没来过岭南的梅尧臣"宿昔思一饱"；来过并吃过的苏东坡给儿子苏过写信，戏曰"无令中朝士大夫知，恐争谋南徙，以分此味"。5月2日，对中国开始正式访问的丹麦首相拉尔斯·勒克·拉斯穆森表示，非常欢迎中国游客到丹麦品尝生蚝。同时他也看到了向中国出口生蚝的潜力和商机，访问期间和中方探讨的58个领域的合作，就包括食品。苟如是，那里的自然环境消了灾，这里的人们满足了口福，真算是不折不扣的双赢，"蚝豉发菜"了。

龟

近日(2021),苏州朱女士报警称,她养了二十年的宠物龟不见了。民警找到嫌疑人何某时,乌龟已被他红烧吃掉。何某交代,路过朱女士家,对门口的水桶动了贪念,回去后发现桶里还有只龟,就杀了解馋。

从前,很久以前的人也杀龟,那是为了占卜,灼龟甲以卜吉凶。《左传·昭公五年》载:"冬十月,楚子以诸侯及东夷伐吴……吴人败诸鹊岸。"开打之前,楚方进行占卜,"龟兆告吉,曰'克可知也'"。《史记·龟策列传》载:"闻古五帝、三王发动举事,必先决蓍龟。"现实中,"王者发军行将,必钻龟庙堂之上,以决吉凶"。不过,预测战事只是龟卜的功能之一。《周礼·春官》载:"以邦事作龟之八命,一曰征,二曰象,三曰与,四曰谋,五曰果,六曰至,七曰雨,八曰瘳。"战事之外,举凡灾变、予人物、谋议、事成、到达、下雨、疾病与否,都可借此问询。届时,"凡卜事,眡高,扬火以作龟,致其墨",就要杀龟了。《龟策列传》另载:"庐江郡常岁时生龟长尺二寸者二十枚输太卜官,太卜官因以吉日剔取其腹下甲。"龟生长得很慢,"千岁乃满尺二寸"。尺二寸者,天子占卜用龟,其余则"诸侯一尺,大夫八寸,士六寸"。

龟在传统文化中曾经具有相当之高的地位。前人以之为四灵之一,甚至传说千岁之龟能作人言。南朝宋刘敬叔《异苑》云:"吴孙权时,永康县有人入山,遇一大龟,即束之以归。"不料,龟说话了:"游不量时,为君所得。"觉得自己不太好彩,但它并不在乎,以为"虽然,尽南山之樵不能溃我",烧多少柴火都没用,煮不死。果然,"既至建业,权命煮之,焚柴万车,语犹如故"。殷墟出土了相当数量的甲骨文,其中的"甲"就是龟甲。专业人士即贞人通过在甲骨背面凿坑、钻孔、烧灼,使龟正面产生裂隙,然后观察裂隙的形态、走向,对需要卜问的事情作出判断。占卜的结果,以及占卜日期、贞人名号、所求问题、验证与否都刻写在甲骨上,这就是让后世能够直接领略商代文明高度的甲骨文。

到了唐朝,龟卜仍然施行。《新唐书·礼乐志》载,"凡祭祀之节有六:一曰卜日"。届时,"太常卿立门东,太卜正占者立门西,卜正奠龟于席西首,灼龟之具在龟北,乃执龟立席东,北向"云云。又,皇帝娶皇后之"纳吉"环节,先是"使者之辞",曰"加诸卜筮,占曰曰从,制使某也入告";然后是"主人之辞",曰"臣某之女若如人,龟筮云吉,臣预在焉,臣某谨奉典制"云云。这个主人,该是准丈人了。《车服志》载,高宗给五品以上官员"随身鱼银袋,以防召命之诈,出内必合之。三品以上金饰袋"。武则天"改佩鱼皆为龟,其后,三品以上龟袋饰以金"。所以,身居高官的女婿,每被称为金龟婿,有实指的意味。李商隐《为有》诗云:"为有云屏无限娇,凤城寒尽怕春宵。无端嫁得金龟婿,辜负香衾事早朝。"不难看出,这是妻子在冬去春来之时,埋怨丈夫因为要赴早朝而辜负了一刻千金的春宵。"章台游冶金龟婿,归来犹带醺醺醉。花漏怯春宵,云屏无限娇。绛纱灯影背,玉枕钗声碎。不待宿醒销,马嘶催早朝。"此贺铸《菩萨蛮》词,与李诗异曲同工。

《周礼·春官》中有"龟人",不是骂人,而是职位名称,"掌六龟之属"，祭祀时奉龟供卜。龟而俗称王八成为詈词，是后来的事。《新五代史·前蜀世家》载，王建"少无赖，以屠牛、盗驴、贩私盐为事，里人谓之'贼王八'"。王建是前蜀开国皇帝，黄巢攻陷长安，唐僖宗逃亡巴蜀，王建护驾有功。后来，王建"招集亡命及溪洞夷落，有众八千，以攻阆州，执其刺史杨行迁，又攻利州，利州刺史王珙弃城走"。西川节度使陈敬瑄着急了，田令孜说好办："王八吾儿也，以一介召之，可置麾下。"此前，僖宗将王建等人的队伍并入田令孜麾下且赐号"随驾五都"时，田令孜即收王建等为养子。"王八"在这里也不是骂人，因为王建在家里排行老八。清朝学者赵翼认为，"王八"之称始于此。

龟从什么时候开始从神坛跌落成为辱人秽语？赵翼认为在元朝，因为宋朝时龟字还广泛正面使用，如"江阴葛延之访东坡于儋耳，以亲制龟冠献坡，坡答以诗；杨时号龟山；绍兴中有侍御史黄龟年；庆元中有真讲彭龟年、洪龟父；王十朋字龟龄，陆放翁筑堂曰龟堂，又以龟壳作冠，高二寸许"等。到《南村辍耕录》就不然了，金方所作诗嘲笑败家子，有"宅眷皆为撑目兔，舍人总作缩头龟"句，赵翼认为："撑目兔谓兔望月而孕，以见其不夫而妊也；缩头龟则以喻其夫也。想其时已有此谚语，而入之诗。"而龟之与王八相关联，或在于明人小说所言之"忘八"，就是"忘礼、义、廉、耻、孝、悌、忠、信八字也"。

即便是因为占卜而杀龟，《龟策列传》中也有微词。云"南方老人用龟支床足，行二十馀岁，老人死，移床，龟尚生不死"。问者曰："龟至神若此，然太卜官得生龟，何为辄杀取其甲乎?"又，"近世江上人有得名龟，畜置之，家因大富"。他家想放生，有人"教杀之勿遣，遣之破人家"。那家人听信了，结果，"杀之后，身死，家不利"。今天的何某要是知道这些，不知还敢不敢下手了。

蝗虫

有人新近(2014)发现,在广州市从化区的一处隐秘山林里有个白色塑料温棚,看上去像蔬菜基地,实际上里面养殖的是蝗虫。跟进的报道告诉我们,养殖面积达到 10000 平方米,每批货的产量在 6 吨到 8 吨之间,折算成只大约有 700 万只,一年最高可以产9 批。养蝗虫干什么?养殖户看到了食用的商机,去年年底从化美食节上,有一家档口把蝗虫作为美食销售,虽然价格不低,也引起不少关注。而从化农业局方面对此却颇为紧张,因为这些蝗虫一旦飞出来,附近的农作物将遭灭顶之灾。

蝗虫能吃,在许多地方都妇孺皆知。笔者童年生活在京郊顺义县,野外割草之余常和小朋友一起捉蝗虫来吃。吃那种个大的,找些干草就地火烧,彼时极少吃到肉,蝗虫、麻雀等起到了"拾遗补缺"的作用。但从化农业局的担心却不是没有道理,蝗虫在历史上一直被视作害虫,且属于为害甚烈的一类。蝗虫过后,用白居易的描写叫作"雨飞蚕食千里间,不见青苗空赤土"。因此,历代《会要》里面,大抵都有蝗虫专项,与水灾、旱灾、火灾等而论之。以随手翻开的《明会要》为例,"祥异"条下的"蝗",记录了从洪武六年(1373)六月起到崇祯十四年(1641)六月止,差不多 300年间全国各地发生的蝗灾。大多是平铺直叙,只有若干地方多着了笔墨：宣德五年（1430），宣宗遣官捕近畿蝗虫，同时谕户部曰："往年捕蝗之使，害民不减于蝗，宜知此弊。"因作《捕蝗诗》示群臣。弘治六年（1493），"飞蝗过京师，自东南而西北，日为掩者三日"；次年，"命捕蝗一斗，给米倍之"。寥寥这些字，足见蝗虫与捕蝗使双重之害。关于前者，《枣林杂俎》里的一则更有意思，明朝山东大蝗，"许收蝗五十石补诸生"，可以抓蝗虫来换学位。结果大家管这样上来的学子叫"蝗虫秀才"，这是讥讽与实指兼而有之了。

宣德皇帝的《捕蝗诗》，内容暂未得其详，然从官员"害民不减于蝗"来推断，当有针对"此弊"的成分。"蝗"之归属"祥异"正在于此，人们对蝗灾几乎束手无策，也就套用了"天谴"的原理，在"人"这方面多做文章。历来的这类诗作能见到不少，上乘的，基本上关联吏治。像白居易那首，诗题即开宗明义"刺长吏也"，后面的句子还有："一虫虽死百虫来，岂将人力定天灾。我闻古之良吏有善政，以政驱蝗蝗出境。又闻贞观之初道欲昌，文皇仰天吞一蝗。一人有庆兆民赖，是岁虽蝗不为害。"其中的"文皇仰天吞一蝗"，指的是唐太宗，《贞观政要》里有相关记载，说"贞观二年（628），京师旱，蝗虫大起"，甚至侵入到皇家园林了。太宗视之，捉了几只蝗虫进行诅咒："人以谷为命，而汝食之，是害于百姓。百姓有过，在予一人，尔其有灵，但当蚀我心，无害百姓。"说罢要吞掉蝗虫，左右赶忙说，不能吃啊，会吃出病来。太宗曰："所冀移灾朕躬，何疾之避？"终于还是吞掉了，"自是蝗不复成灾"。太宗此举，正是要试图"感天"。

有人研究，宋朝对飞蝗的生命周期已有较准确的认识，所以对蝗虫的防治也有很大进步。而蝗虫之害，在实指的同时，更多的还是如白居易诗、明宣宗谕，说的是"害上加害"。《点石斋画报》有"查蝗舞弊",说江宁（今江苏南京）蝗灾,地方官下乡查勘。用今天的俗话说,这些地方官总是好的,"然其间容或有不肖者存焉"。其中一个县官是这么干的,"先委廉捕及某杂佐赴乡查办",人到之后,不去捕蝗,而是马上要"地保传谕各圩速集民夫搜捕螽贼",自己则带着家丁胥吏登高四顾,看到没集民夫的,"立拘数人,赠以两部肉鼓吹"。鼓吹是古代的一种合奏乐,那是原指,"肉鼓吹"借指为公堂上屁股被打得啪啪响,被打者嚎叫不已,"人肉合奏乐"是也。这一来,"乡民无不毛发悚然"。地保弄明白了,讽示各圩董:"苟能酿洋四元为廉捕寿,再酿其数为从者寿,管教汝圩鸡犬不惊。"奉上银子,关保没事。于是大家"典衣粜谷,果得四境安静"。《点石斋画报》就此感慨:"夫委员查蝗,所以为民除害也,乃一害未除,一害复至。蝗之害,人共知之;查蝗之害,特乡民知之而大宪所不及知者也。"只怕"大宪"即便知之,装聋作哑。

面对蝗灾,还有另一种形式的装聋作哑。柴小梵《梵天庐丛录》说某年京师飞蝗蔽天,许景澄对庆亲王奕劻说,蝗灾这么厉害,"宜上言命顺天府尹及直隶督抚分勘灾状,并转饬地方官速行扑捕"。不料奕劻大怒:"何处来此不祥语! 蝗灾并未禀报,汝安知外间情状? 近来四海幸安靖,两宫稍解忧烦,奈何作此败兴之语! 况外间选事人多,岂可更以此惹之!"许景澄吓得不敢吭声了。过两天余联沅又来以蝗事入奏,奕劻同样态度:"汝观言官如此恣横,才有小事,便用为口实,我辈安有立足地耶!"今天不少官员仍然是奕劻这副德性,一切从上司出发,倒是不作"败兴之语",积累矛盾,待其激化便是。

萤火虫

　　农历七月初七,传统的七夕佳节。今年(2015)的七夕节,萤火虫受到格外关注。前两天看到一篇文章说,网络上萤火虫贩卖愈演愈烈。据江苏青环志愿者服务中心调查:淘宝网有37个商家在出售活体萤火虫,店面汇总的叫卖萤火虫数量超过千万只,去年同期才有百多万。怪了,七夕关萤火虫何事?

　　萤火虫是一种昆虫,它的腹部能发出黄绿色的光。古人早就关注到了,并借此抒发情感。《诗·豳风·东山》云:"我徂东山,慆慆不归。我来自东,零雨其蒙。果臝之实,亦施于宇。伊威在室,蟏蛸在户。町畽鹿场,熠耀宵行。不可畏也,伊可怀也。"周振甫先生这样翻译:我去东山,长久不能回来,我今从东方回来,小雨迷濛落下来。瓜蒌结的子儿,也挂在屋檐边。地虱虫在室内爬,蜘蛛结网挂在门边。野鹿在场上回旋,萤火虫儿亮光妍。这么荒凉不可怕,它是让人更怀念。其中的"熠耀宵行",指的正是萤火虫。熠耀,闪闪发光貌;宵行,即萤火虫的别称。《广东新语》对此有细致的解释:"萤之类初如蛹,腹下有火,数日能飞者,茅根所化,为萤。其长如蛆,尾有火不能飞者,竹根所化,为熠耀。萤飞而熠耀行,故曰宵行。岭内秋夕萤始飞,广则夏秋俱见。熠耀四时有之。"

"微萤不自知是晚,犹抱余光照水飞。"萤火虫因为发光,诗意的想象之外,还被古人赋予了实用功能。历史上有著名的"萤窗雪案"为勤学苦读之典。萤窗,说的是东晋车胤,"恭勤不倦,博学多通。家贫不常得油,夏月则练囊盛数十萤火以照书,以夜继日焉"。雪案,说的则是东晋孙康,也是因为穷,"常映雪读书"。不过,我们都知道那强调的是一种刻苦精神,实践起来未必行得通。1980年冬天,我在第一重型机器厂当门卫,每天工作六小时,三小时白班,三小时夜班。某个大雪覆盖的夜晚,月色亦好,忽然记起该典,遂走出岗楼,试一下正在研读的"数理化自学丛书"。大出意料的是,但见页页白纸!不要说辨不清字迹,连字的轮廓都没有。古人难道用的是"大字本"?萤窗我没试过,康熙皇帝体验了一回。《东华录》云,康熙对古籍有穷根究底的嗜好,比如对"唐明皇焚珠玉于殿前"就觉得不靠谱,"珠可焚毁,玉亦可焚毁乎?"关于囊萤,他说:"朕曾取百枚,盛以大囊照书,字画竟不能辨,此书之不可尽信者。"当代有人更实验证明,即使在满月时用囊萤补充照明,也需要近300只萤火虫才能勉强看清竹简上的字;而若要亮度相当于普通荧光灯,则需要10万只萤火虫。My God! 车胤的"盛数十萤火以照书"确实太少了点儿。实际上,白居易有五首《放言》,第一首就说"草萤有耀终非火,荷露虽团岂是珠",虽其用意在于揭示"朝真暮伪何人辨,古往今来底事无",但间接否定了萤火虫那点儿光亮的照明功能。

七夕之外,每年全国夏季各地的萤火虫展览渐成燎原之势。大抵草地上放置着若干"蚊帐",把萤火虫"困"在里面供人观赏,慷慨的还把其中一部分放生。环保组织的一项调查显示,全国今年统计到的这类展览就已经超过60次。这么多萤火虫哪来的?基本上是从大自然中捉来的。我国第一位从事萤火虫研究的博士、华中农业大学植物科技学院副教授付新华,撰写过我国大陆第一份《活体萤火虫买卖调查报告》,透露萤火虫人工繁殖的成本是每只10-20元,而野外捕捉的只要5毛钱一只,所以,"包括自称有人工繁殖基地的众多网络电商在内,野生萤火虫被以养殖名义进行贩卖"。需要看到的是,捕捉萤火虫以娱乐助兴,也有前人的基因。

《隋书·炀帝纪》载,大业十二年(616年),炀帝"于景华宫征求萤火,得数斛,夜出游山,放之,光遍岩谷"。隋朝时一斛等于十斗,一斗等于十升。虽然这里用的是量器而没有计数,然而以斗来量的"数斛",显见捕捉量相当惊人。况且,无论古今,貌似对萤火虫放生,而脱离了原来的生存环境,却可能无异于杀生。李商隐《隋宫》诗恨恨地说:"于今腐草无萤火,终古垂杨有暮鸦。"这一"无"一"有",鲜明地揭示了荒淫亡国的历史教训。清朝也有这种做法。李斗《扬州画舫录》云:"北郊多萤,土人制料丝灯,以线系之,于线孔中纳萤。其式方、圆、六角、八角及画舫、宝塔之属,谓之'火萤虫灯'。"不过,李斗又说,"近多以蜡丸爇之,每晚揭竿首鬻卖,游人买作土宜"。也就是说,扬州人后来找到了萤火虫的替代品。

专业人士认为,萤火虫的发光特性,原本是繁殖期求偶行为的一部分,如果在此期间遭到大规模捕捉,很可能影响其求偶和繁殖,给这一地区萤火虫种群带来毁灭性伤害。另外,萤火虫展览可能传播疫病、造成外来物种入侵等。所幸的是,如今越来越多的人们在质疑、在抵制这种做法。"银烛秋光冷画屏,轻罗小扇扑流萤。"还是让诗情画意回归诗情画意,而不要演变成一场"生态灾难"。

蟋蟀

11月27日（2018），网友"强烈推荐"了一项"开创性研究"，就是《自然辩证法通讯》上个月发表的中国科学院大学讲师陈天嘉的学术论文：《中国传统文化对蟋蟀身体与战斗力关系的认识》。文章提出："蟋蟀是一种负载中华文化的民族昆虫。"石破天惊。

蟋蟀我们都十分熟悉，蛐蛐嘛，促织嘛，用《中华古今注》的说法，其"秋初生，得寒则鸣噪"。蟋蟀的叫声，在乡村生活过的人，对《古诗十九首》描绘的"明月皎夜光，促织鸣东壁"诗意情形，都会有切身感触。王安石"少年不知秋，喜闻西风生。老大多感伤，畏此蟋蟀鸣"，更把蟋蟀的叫声赋予了情感色彩。古人的确很早就熟悉蟋蟀了。《诗·豳风·七月》有"七月在野，八月在宇，九月在户，十月蟋蟀入我床下"；《唐风》有一篇径直名曰《蟋蟀》，"蟋蟀在堂，岁聿其莫。今我不乐，日月其除"云云。宋人张文潜非常推崇前面那首的笔法："《诗》三百篇，虽云妇人女子、小夫贱隶所为，要之非深于文章者不能作。如'七月在野'以下皆不道破，至'十月入我床下'，方言是蟋蟀，非深于文章者能之乎？"

蟋蟀在我国的分布很广，东北、华北、长江下游、华南，所在皆有。广东的蟋蟀，屈大均《广东新语·虫语》有简略介绍："蟋蟀，于草中出者少力,于石隙竹根生者坚老善斗。然多以东莞熊公乡所产为最,其地名花溪银塘。熊公飞昔与元人大战之所也。"人物、地点这么明确,想来东莞人知道具体在今天哪个镇、哪个村。南宋东莞熊飞抗元,《宋史纪事本末·二王之立》中可窥,"东莞民熊飞为元人守潮、惠,闻赵溍至,即以兵应之","元吕师夔等将兵度梅岭。赵溍使熊飞及曾逢龙御元军于南雄,逢龙败死,飞走韶州。元军围之,守将刘自立以城降,飞率兵巷战,败,赴水死"。屈氏还说:"其(蟋蟀)产于东莞伯何公真、罗中丞亨信、彭中丞谊、陈少保策墓上者皆最。广人喜斗蟋蟀,岁于此间捕取,往往无敌。其立于蛇头上者,身红而大,尤恶。五公勇烈绝人,皆多战功,精气盖及于昆虫也。"何真等四位,在明朝不同时期都有过卓越战绩。他们墓间的蟋蟀战斗力极强,不用说,是屈大均对蟋蟀赋予的另一层情感色彩了。

屈氏所言之"斗蟋蟀",即蟋蟀相斗,是一项古老的民间博戏活动。《清稗类钞》云:"斗蟋蟀之戏,七月有之。始于唐天宝时,长安富人镂象牙为笼而蓄之,以万金之资,付之一喙。"成于五代的《开元天宝遗事》有"金笼蟋蟀"条,云"每至秋时,宫中妃妾辈皆以小金笼捉蟋蟀,闭于笼中,置之枕函畔,夜听其声。庶民之家亦皆效之"。本来嘛,尽管染上了赌博色彩,斗蟋蟀终究是娱乐活动。可惜的是,一旦因之产生了"蟋蟀宰相""蟋蟀皇帝""蟋蟀相公"等皆非美谈而极尽贬损的绰号,位高权重者置国家大事于不顾而沉迷其中,蟋蟀作为无辜者,其所承载负面形象的比重便不免加大起来。

"蟋蟀宰相"是宋朝宰相贾似道。贾似道编著了我国最早关于蟋蟀的专著《促织经》,在实践总结的基础上,系统描写了蟋蟀的种类、形态、斗法、养法,用明朝沈德符的说法,"最为纤细详核,其嗜欲情态与人无异"。倘其没有身居高位,或可如后世王世襄先生这样作为一代玩家而成美谈。问题在于,当元军大敌当前之际,他还是一如既往。《宋史·贾似道传》载:"时襄阳围已急,似道日坐葛岭,起楼阁亭榭,取宫人娼尼有美色者为妾,日淫乐其中。"乐之一项,即斗蟋蟀,"尝与群妾踞地斗蟋蟀,所狎客入,戏之曰:'此军国重事邪?'"

"蟋蟀皇帝"是明宣宗即宣德皇帝。《万历野获编·斗物》云:"闻牛斗最为奇观,然未之见。想虎斗必更奇,但无大胆人能看耳。最微为蟋蟀斗……我朝宣宗最娴此戏,曾密诏苏州知府况锺进千个,一时语云:'促织瞿瞿叫,宣德皇帝要。'此语至今犹传。"宣德皇帝"要"的程度,《聊斋志异·促织》无异于形象诠释,通过征虫—觅虫—求虫—得虫—失虫—化虫—斗虫—献虫,蒲松龄揭示了为政者之贪婪、凶残、自私,同时对百姓为生计奔波的劳苦、辛酸和艰难,寄托了深切同情。不要以为那是蒲松龄的杜撰,沈德符还说了:"苏州卫中武弁,闻尚有以捕蟋蟀比首虏功,得世职者。"因为皇帝喜欢,甚至出现了专门制作的精美蟋蟀罐容器,"其价不减(宋之)宣和盆也"。

"蟋蟀相公"是南明小朝廷的马士英。《柳南续笔》云,马士英在弘光朝,为人极像贾似道,"其声色货利无一不同,羽书仓皇,犹以斗蟋蟀为戏,一时目为'蟋蟀相公'"。

对那项"开创性研究",余尚缘悭一面,他要那样说,自然有他的论证逻辑,只不知如何看待提及蟋蟀人们似乎先要想到此间罗列的"蟋蟀××",或者《促织》。并且,按照《中国大百科全书》的说法,蟋蟀是我国的一种"重要农业害虫,它们破坏各种作物的根、茎、叶、果实和种子,对幼苗的损害特别严重"。那么,负载中华文化是否成为侈谈,所谓民族昆虫是否更要"打脸"?

蚂蚁

"蚂蚁金服"上市前夕，一则"央行、银保监会、证监会、国家外汇管理局四部委联合对蚂蚁集团实际控制人马云、董事长井贤栋、总裁胡晓明进行监管约谈"的新闻，引发了社会各界的广泛关注。四部委同时约谈一家金融机构负责人，据说前所未有。何出此举？经济界专家旋即各抒己见。于我这个非业界亦是"局外人"来说，想到的是真正的蚂蚁。

蚂蚁这种六腿小昆虫，抬头不见低头见。即便抬头，如果看的是树干之类，往往也能见到它们穿梭往来的身影。《本草纲目》云："蚁处处有之，有大、小、黑、白、黄、赤数种。穴居卵生。其居有等，有行有队。能知雨候，春出冬蛰。"蚂蚁的种类及秉性，大抵被李时珍简明道出了。国外有人断言，蚂蚁的整体重量和地球上人口的重量差不多。蚁集、蚁众、蚁聚等，正被用于数量繁多的贬义词。《朝野佥载》云："（唐高宗）乾封以前选人，每年不越数千；（武则天）垂拱以后，每岁常至五万。"人是多了，"堪入流者十分不过一二"。怎么回事呢？"选司考练，总是假手冒名，势家嘱请。手不把笔，即送东司，眼不识文，被举南馆。正员不足，权补试、摄、检校之官。贿货纵横，赃污狼藉"。因此，"选人冗冗，甚于羊群，吏部喧喧，多于蚁聚。若铨实用，百无一人"。

今天有句戏言广东人什么都吃的谚语："有翅膀的，只有飞机不吃；四条腿的，只有板凳不吃。"虽然夸张，但史上有踪迹可寻。《老学庵笔记》引《北户录》云："广人于山间掘取大蚁卵为酱，名蚁子酱。"这个蚁酱就相当另类，陆游认为此即《礼记》之所谓"蚳醢"，夏商周三代以前便"固以为食矣"。刘献廷《广阳杂记》亦云，"《礼》有醢酱、卵酱、芥酱、豆酱，用之各有所宜"，孔子讲究到"不得其酱不食"。酱的种类形形色色，汉朝甚至有鱼肠酱、芍药酱，刘献廷说："今闽中有蛎酱、鲎酱、蛤蜊酱、虾酱、鱼酱、珠螺酱，岭南有蚁酱。"就是说，到了清初，广东特色的蚁酱仍然存在。

18世纪的法国自然哲学家雷奥米尔研究指出，与其他昆虫如蟑螂相比，我们对蚂蚁没有那种厌恶感，表明它们具有人类一样的地位，生活也和人类相似。李公佐《南柯太守传》，从遐想方面"先见"了这一点。这部传奇讲的是，游侠之士淳于棼在古槐树下醉倒，梦见到了大槐安国，被招为驸马，还当上了"国之大郡"南柯的太守，此后20年间，与金枝公主生下五男二女，"荣耀显赫，一时之盛，代莫比之"。因与檀萝国交战败北，公主病死，再加上"流言怨悖"，淳于棼被国王罢退回家。梦醒乃知，这两个国原来是两个蚁穴，挖开，大槐安国，国都、南柯郡，一一对板。淳于棼"感念嗟叹"，而文末李肇的四句话，表明了李公佐的写作意图："贵极禄位，权倾国都，达人视此，蚁聚何殊！"官职确实高高在上，京城里权势无人能及，可是在通达的人看来，还不是跟蚂蚁没什么两样！

秩序井然之外，蚂蚁的勤劳也是出了名的。"懒汉，你去看看蚂蚁，观察它的作风，便可得些智识；它没有领袖，没有监督，没有君王；但在夏天却知道准备食粮，在秋收时积贮养料。"所罗门王便如此谆谆告诫懒惰的人。而说到蚂蚁，也不能不提蚁穴溃堤之类。此说大约滥觞于《韩非子》，"千丈之堤，以蝼蚁之穴溃；百尺之室，以突隙之烟焚"云云。后人更有进一步的发挥。如《阅微草堂笔记》中道士叹息赵公："苟无其隙，虽小人不能伺；苟无所好，虽小人不能投。千金之堤，溃于蚁漏，有蟱故也。公先误涉旁门，欲讲容成之术；既而耽玩艳冶，失其初心。嗜欲日深，故妖物乘之而麇集。衅因自起，于彼何尤？"

就蚂蚁中为害最烈的白蚁，《齐东野语》所载姚镕《喻白蚁文》，"害稼之蝗知卓茂，害人之鳄识昌黎"云云，显见是受韩愈的启发。文章也是先跟白蚁讲道理，"嗟尔之巧则巧矣，盛则盛矣，然卵生羽化，方孳育而未息，钻橡穴柱，不尽嚼而不已。遂使修廊为之空洞，广厦为之颓圮"。可是你不知道，盖个房子有多难啊，"余备历险阻，拙事生涯，造物者计尺寸而与之地，较锱铢而赋之财。苟作数椽，不择美材，既杉桢之无有，惟梓松之是裁，正尔辈之所慕，逐馨香而俱来，苟能饱尔之口腹，岂不岌岌乎殆哉"。进而向白蚁发出警告："今与尔画地界，自东至西十丈有奇，自南至北其数倍蓰，请迁族类以他适，毋入范围而肆窥。苟谆谆而莫听，是对马牛而诵经，其去畜类也几希。以酒酹地，尔其知之。"这篇《喻白蚁文》，未知是像韩愈般一本正经，还是在指桑骂槐。

英国夏洛特·斯莱在《蚂蚁》一书中写道，要描述蚂蚁，很难避免使用夸诞的形容词；蚂蚁迷更认定蚂蚁是拥有许多"之最"的昆虫：最聪明、最有组织、最勤劳、数量最多、繁殖力最强、最有优势。位于杭州的蚂蚁集团我曾经应邀到访过一次，时值 2016 年，知道那是一家旨在为世界带来普惠金融服务和数字生活新服务的创新型科技企业，可惜没有当场咨询一下"蚂蚁"之所得名。

鹦鹉

11月中旬(2004)在广东美术馆参观了"黄永玉八十艺展"。不懂得绘画技巧什么的不要紧,看画中文字足以令人捧腹。每幅画似乎都有文字,有的长篇大论能构成文章,有的只三言两语。殊途同归的是:幽默。文字的幽默风趣,令稍显单薄的画面提升了立意。举一例说,作品中有一只色彩斑斓的鹦鹉,很普通的造型,很普通的表情,但说明文字是:"鸟是好鸟,就是话多。"同样的题材,同样的文字,未几又看到了第二幅,可见老先生并非出于一时兴致,可能是深有感触。

鹦鹉我们都很熟悉,这种鸟舌大而软,特性是能够模仿人的说话。《侯鲭录》云:"河间王琛,有妓朝云,善歌;又有绿鹦鹉,善语。"每当朝云唱歌的时候,鹦鹉都来附和,模仿得惟妙惟肖,"声若出一",因此这只鹦鹉又号为"绿朝云"。有人翻开史书,考证出咱们是世界上最早人工饲养鹦鹉的国家,盖《礼记》中有"鹦鹉能言,不离飞鸟"的说法。很有可能吧,传说《礼记》不是由孔夫子七十二弟子及其学生们所作吗? 即便是从编纂的西汉礼学家戴圣算起,距现在也有两千多年了。

东汉祢衡即席作过一篇《鹦鹉赋》。那是黄祖的儿子黄射大会宾客,有人献来鹦鹉,黄射举着酒杯邀请祢衡:"愿先生赋之,以娱嘉宾。"祢衡乃"揽笔而作,辞采甚丽",赞美鹦鹉"飞不妄集,翔必择林。绀趾丹觜,绿衣翠衿。采采丽容,咬咬好音"云云,字面上说的是鹦鹉,实则是倾诉,像他这样的有志之士在离乱时期的委屈和苦闷。祢衡这种高超的文笔,后人称之为"鹦鹉笔"。可惜后来黄祖大会宾客时,祢衡当面骂之"死公",令黄祖下不来台,一气之下杀了他,年仅 26 岁。

《明皇杂录》云,杨贵妃也养过一只白鹦鹉,称之雪衣女。白鹦鹉聪明到不只是会学舌,明皇"令以近代词臣诗篇授之,数遍便可讽诵",而且还很会理解主人的心思。明皇在宫里玩"博戏",倘落下风,"左右呼雪衣娘,必飞入局中鼓舞,以乱其行列,或啄嫔御及诸王手,使不能争道",完全是助战的态势。有一天,雪衣女玩儿得正高兴,"忽有鹰搏之而毙",这场意外令老夫少"妾"伤心不已,专门为鹦鹉立了坟,后世又有了"鹦鹉冢"这个词语。

《玉壶清话》云,宋朝段姓巨商养的鹦鹉也不得了,"能诵《陇客》诗及李白《宫词》《心经》",有客人来了,"则呼茶,问客人安否寒暄",跟人简直没什么两样。陇客,鹦鹉的别称,以其多产于陇西而得名。宋李日方曾在园亭中畜养了五种珍禽,各以"客"来命名,除鹦鹉为"陇客",还以鹤为"仙客",孔雀为"南客",白鹭为"雪客",白鸥为"闲客"。段家鹦鹉能诵的是名曰《陇客》的诗,还是写"陇客"的诗,不很清楚,倘是后者,那就多了。唐朝诗人中,李白有"落羽辞金殿,孤鸣托绣衣。能言终见弃,还向陇山飞",抒发的是对故土的眷恋;皮日休有"陇山千万仞,鹦鹉巢其巅。穷危又极险,其山犹不全。蚩蚩陇之民,悬度如登天。空中觇其巢,堕者争纷然。百禽不得一,十人九死焉",写的是陇山百姓捕捉鹦鹉作为贡物所历经的艰险;罗隐有"莫恨雕笼翠羽残,江南地暖陇西寒。劝君不用分明语,语得分明出转难",也是借机来吐露心曲,表面上劝鹦鹉实则安慰自己。

段家的鹦鹉还有后话。有一天，老段忽然被捉进监狱，半年后才放回来，一到家，他就到鸟笼前面和鹦鹉说话："鹦哥，我自狱中半年不能出，日夕惟只忆汝，汝还安否？家人喂饮，无失时否？"不料鹦鹉答曰："汝在禁中数月不堪，不异鹦哥笼闭岁久。"抱怨的意味非常明显：你那几个月算什么呢？我在笼子里都呆半辈子了。联想到自己的遭遇，段商人大有感悟，许愿要亲自把鹦鹉送回老家，"乃特具车马携至秦陇，揭笼泣放"。这个故事为丰子恺先生看中，画在他著名的《护生画集》第六集里，取名《归山》，不过丰先生的文字出自《乐善录》。

鹦鹉是这样的聪慧，但在人的词语里，"能言鹦鹉"却绝对是贬义。明代著名理学家陈献章（白沙）云："夫学贵自得，苟自得之，则古人之言，我之言也。"通过自己的思考悟出前贤悟出的真谛，这当然不是古人眼中的"能言鹦鹉"，什么才是呢？罗大经《鹤林玉露》收了朱熹的一段语录："今时秀才，教他说廉，直是会说廉；教他说义，直是会说义。及到做来，只是不廉不义。"这种秀才就是。罗大经并借此发挥道："夫下以言语为学，上以言语为治，世道之所以日降也。"意谓"能言鹦鹉"不仅是学舌，而且为害不浅。也正是这层因素吧，前面说的《礼记》记载鹦鹉，并不是要给后人留下"之最"一类的骄傲资本，而是告诉人们怎样区别人与动物："鹦鹉能言，不离飞鸟；猩猩能言，不离禽兽。今人而无礼，虽能言，不亦禽兽之心乎！"

回到黄老先生的画作，他所调侃的不是鹦鹉能言与否，而是说得太多而聒噪。落笔之时，想他一定确有所指。不过，话多话少并不是问题，要看说的是不是废话。

鹦鹉(续)

前几天(2008)看央视马东《文化访谈录》访谈一代鬼才黄永玉老先生,又提到了那幅题有"鸟是好鸟,就是话多"的鹦鹉图。前几年在广州"黄永玉八十艺展"上看到同一内容的画有两幅,以为必有所指,黄老现在揭开了谜底,那是调侃画家、黄苗子夫人郁风。老人家笑嘻嘻地说,郁风并不知道,还拿着这幅画让人家看多有意思呢。黄老这样开玩笑,显见出他们友情亲密无间的一面。

鹦鹉会模仿人说话,是它的一项安身立命的本领。有个现象不大好理解,就是在诸多典籍中,鹦鹉都不只是单纯地模仿,而是像人一样侃侃而谈,甚至还有自己的思维。我疑心鹦鹉一度是古人的宠物,亲近程度可能更胜过以忠实著称的狗。

《玉光剑气集》云,明朝万历年间有家店铺养了只聪明的鹦鹉,另一家养了只秦吉了。秦吉了又称了歌,也会说话,以产于秦中而得名。李白有诗曰:"安得秦吉了,为人道寸心。"大家既然都会说话,就拉出来比试了一下。结果,"鹦鹉歌一诗,吉了随和,音清越不相下"。比着比着,鹦鹉不吭声了。问它,它说:"彼音劣于我,而黠胜我,我出口,便为所窃矣。"瞧,秦吉了倒成了鹦鹉学舌。后来,这只鹦鹉被臬司的儿子买了去,竟至于"悲愁不食",还自歌曰："我本山货店中鸟，不识台司衙内尊。最是伤心怀旧主，难将巧语博新恩。"鹦鹉入豪门，大抵如成公绥《鹦鹉赋》所说："育之以金笼，升之以堂殿，可谓珍之矣，然未得鸟之性也。"既能歌又能诗，这只鹦鹉跟人就没什么两样了，甚至还强过一般的人。

朱彧《萍洲可谈》云，他在广州曾购得白鹦鹉，"译者盛称其能言"。试听一下，原来这鹦鹉"能蕃语耳"——会说外国话。但朱彧觉得这种本领没什么实用意义，"可惜枉费教习，一笑而还之"。这是鹦鹉和人的另一区别所在了。比方《清稗类钞》里有个演丑角的京伶小百岁，他演《法门寺》时对扮演赵廉的生角借题发挥："做官亦识字么？吾道你只识洋文，不识国文呢。"又在《五花洞》中自唱"做官不论大小，懂得洋文就好"。时人以为"其言若有意，若无意"。应当是有意吧，今天选拔领导干部、评定职称，不是也把会外语作为一道硬杠杠吗？而会不会，往往以是否通过某种考试为凭，情景就难免有点儿像《管锥编》引《东坡续集》嘲陈季堂自诩"养生"而有病："可谓害脚法师、鹦鹉禅、五通气毬、黄门妾也。"害脚法师，售符水而不能自医；鹦鹉禅，学语而不解意；五通气毬，多孔漏气而不堪踢。三者归一，意谓犹"黄门（太监）妾"之有名无实。

《开元天宝遗事》云，长安杨崇义"家富数世，服玩之属僭于王公"，老婆刘氏也非常漂亮，"有国色"。偏偏老婆要与邻居李弇私通，一来二去，"情甚于夫"。历史及现实中的无数事实都告诉我们，这种情况下杨崇义小命难保。果然，有天杨崇义醉酒归来，"寝于室中"，刘氏和李弇联手把他干掉，"埋于枯井中"。当时，"仆妾辈并无所觉，惟有鹦鹉一只在堂前架上"。于是，在"府县官吏日夜捕贼，涉疑之人及童仆辈经拷捶者数百人，莫究其弊"之后，鹦鹉说话了："杀家主者刘氏、李弇也。"据说唐明皇对此"叹讶久之"，还把这只鹦鹉封为"绿衣使者"，交给后宫喂养。

当然，不是所有鹦鹉都能这么幸运。《铁围山丛谈》里陈端诚家有只"能自谈对"的鹦鹉，看到老仆"持米筥出"，它会叫："院子偷物出也，在筥内。"小厮们弄点儿酒喝，它那里又嚷："惠奴偷酒。"大家赶快去看个究竟，却并没发现，"反罪其妄"。鹦鹉又说："藏桌下矣。"经验同样告诉我们，这种鹦鹉也是命不长矣。果然，"奴婢大愤，后以计而杀之"。《博物志》作者张华也有这么一只鹦鹉，"每出还，辄说童仆好恶"。有天不吭声了，张华问怎么回事，鹦鹉说："被禁在瓮中，何由得知事？"也就是说，张华前脚离开，童仆们就把鹦鹉闷在罐子里。"言多必失"是人总结出来的一条教训，但从典籍记载的这些故事来看，用在鹦鹉身上也并不例外。问题的关键更在于，话多话少无甚紧要，紧要的是不要说到人的痛处；点到痛处，既不多，亦有性命之虞。

清叶梦珠《阅世编》云："士风之升降也，不知始自何人。大约一二人唱之，众从而和之。和之者众，遂成风俗，不可猝变。迨其变也，亦始于一二人而成于众和。方其始也，人犹异之，及其成也，群相习于其中，油油而不自觉矣。"这里面众多的"和之者"，无疑具备鹦鹉的习性，虽不及朱文公"能言鹦鹉"说得那么直白。只是在事关的问题上如果不讲原则，一味附和，话则多矣，鸟却未必算得上好鸟。

杜鹃

昨天(2018)到广州华南植物园去看了杜鹃花。同系小师弟邀约,他家就在植物园对面,说那里的杜鹃开了。一进大门,果然扑面而来的就是连片盛开的杜鹃。虽天气不佳,阴,间或又飘几颗雨点,杜鹃花之红还是有些耀眼。曹松的"谁家不禁火,总在此花枝",用在这里过了些,然韩偓的"一园红艳醉坡陀"就非常贴切了。

杜鹃花又名映山红,常绿或落叶灌木,春季开花。白居易非常喜欢杜鹃,"最惜杜鹃花烂漫,春分吹尽不同攀",某年花瓣已经落尽而远方的友人不能一起欣赏,他还感到非常遗憾。其《山石榴寄元九》之"闲折两枝持在手,细看不似人间有。花中此物是西施,芙蓉芍药皆嫫母",更把对杜鹃花的赞美推向极致。而"江城上佐闲无事,山下斫得厅前栽",但愿此句是乐天戏笔,否则就是自私也甚了。

前人诗句中言及杜鹃,可能指花,也可能指鸟,要具体情况具体分析。晏幾道"陌上濛濛残絮飞,杜鹃花里杜鹃啼",前花后鸟,二者皆备;王维"万壑树参天,千山响杜鹃",指的就是杜鹃鸟。杜鹃鸟,相传为西周时蜀王杜宇之魂所化。《太平寰宇记》云,杜宇"号望帝",后自以德不及鳖冷,禅位归隐,化为子鹃鸟。"故蜀人闻子鹃鸣，曰：'是我望帝也。'……或云杜宇死，子规鸣"。杜鹃鸟的叫声相当哀切，"其声哀痛口流血，所诉何事常区区"（杜甫句），杜鹃口腔上皮和舌部都为红色，鸣叫时很像是满嘴流血，因有"杜鹃啼血"之谓。而杜鹃花所以那么红，诗人们也认为与之相关。如南唐成彦雄句："杜鹃花与鸟，怨艳两何赊，疑是口中血，滴成枝上花。"又如清屈大均句："子鹃魂所变，朵朵似胭支。血点留双瓣，啼痕渍万枝。"

历来吟咏杜鹃鸟者颇多，鲍照《拟行路难》有"中有一鸟名杜鹃，云是古时蜀帝魂。其声哀苦鸣不息，羽毛憔悴似人髡"；杜甫《杜鹃行》有"君不见昔日蜀天子，化作杜鹃似老乌。寄巢生子不自啄，群鸟至今与哺雏"等。老杜仿照古《采莲曲》"鱼戏莲叶东，鱼戏莲叶西，鱼戏莲叶南，鱼戏莲叶北"句式，作出"西川有杜鹃，东川无杜鹃，涪南无杜鹃，云安有杜鹃"，被后人评价为"若以省文之法论之，似可裁减，然只如此说，亦为朴赡有古意"。岳珂《桯史》云，黄庭坚贬谪黔南，在歌罗驿（今湖北恩施）甚至梦见李白让他传播三首关于杜鹃的《竹枝词》。李白说自己贬谪夜郎，"于此闻杜鹃"，作成之后，而"世传之不子细，忆集中无有"，要黄庭坚代为勘误，即"一声望帝花片飞，万里明妃雪打围""杜鹃无血可续泪，何日金鸡赦九州""北人堕泪南人笑，青壁无梯闻杜鹃"云云。余未详检太白全集，未知收录情况如何，然岳珂已经说了，这三首"盖自谓梦中语也，音响节奏似矣，而不能掩其真，亦寓言之流欤！"

啼声哀切之故吧，在前人的"三观"中，杜鹃鸟叫声每被归为不祥之列。《酉阳杂俎》云："杜鹃，始阳相催而鸣，先鸣者吐血死。"并且活灵活现地说："尝有人山行，见一群寂然，聊学其声，即死。"在兆头上，杜鹃"初鸣，先听其声者，主离别。厕上听其声，不祥"。有什么化解的办法呢，"当为犬声应之"，学狗叫。邵伯温《邵氏闻见录》云，他父亲、北宋著名理学邵雍，"平居于人事機祥未尝辄言"，然英宗年间有一天，他"与客散步天津桥上，闻杜鹃声，惨然不乐"。客问其故，他说："洛阳旧无杜鹃，今始至，有所主。"为什么呢？他说："不三五年，上用南士为相，多引南人，专务变更，天下自此多事矣！"人家又问："闻杜鹃何以知此？"他搬出了一套逻辑推论："天下将治，地气自北而南，将乱，自南而北。今南方地气至矣，禽鸟飞类，得气之先者也。《春秋》书'六鹢退飞''鹳鸲来巢'，气使之也。自此南方草木皆可移，南方疾病瘴疟之类，北人皆苦之矣。"邵伯温对父亲的这一套理论崇拜有加，说什么"至熙宁初，其言乃验，异哉"。这里"验"的是王安石变法，安石乃江西临川人，属于他们眼中的"南人"，而籍贯河南（一说河北）的邵氏父子自然是"北人"。非安石阵营中人，极尽贬损之能事也就不足为奇吧。识者指出，熙宁变法的失败，某种程度上正因北方官员对南方官员的地域成见，反映了北宋南北经济发展水平的差异和不同文化的碰撞。

《浮生六记》作者沈复说自己"爱花成癖，喜剪盆树"，于众花之中首选兰花，"取其幽香韵致也"；次则青睐杜鹃，以为"虽无香而色可久玩，且易剪裁"。但不知为什么，花鸟大家李渔却看不上杜鹃和樱桃，认为乃"花之可有可无者"，只有"名花俱备，则二种开时，尽有快心而夺目者，欲览余芳，亦愁少暇"，陪衬一下还凑合。华南植物园的杜鹃花尽皆红色，屈大均则列举了广东当年其他地方的杜鹃，如西樵山"岩谷间，有大粉、红、黄者，千叶者，一望无际"，罗浮山"多蓝紫者、黄者"，香山、凤凰山"有五色者"。但他有个斩钉截铁的结论："而殷红为正色。"这也只是他个人的审美判断吧。

国庆（2022）期间去了趟海珠区小洲村。那是个具有岭南水乡特色的古村，名列住房城乡建设部等公布的第二批中国传统村落。当代不少画家钟情于此，甚至栖居于此，小洲村因有艺术村之称。早几年尚存若干古迹，"蚝壳屋"以及"大跃进"时修建的"小洲人民礼堂"也颇具特色。此番与友朋聚会于"鹅公村"酒家，招牌开宗明义，以吃鹅为特色的所在。

鹅这种家禽，没人会感到陌生。至少在西汉早期，其至有了斗鹅游戏。《西京杂记》云："鲁恭王好斗鸡鸭及鹅雁，养孔雀、鹍鹋，俸谷一年费二千石。"鹅雁，即鹅。鲁恭王，汉景帝之子刘馀，就是因为好治宫室而拆了孔子旧宅却意外地"于其壁中得古文经传"的那位。《世说新语》亦云，桓玄小时"与诸从兄弟各养鹅共斗"，但斗不过，"甚以为忿"，竟至于"夜往鹅栏间，取诸兄弟鹅悉杀之"。在一些人看来，后来的桓玄之乱并非偶然。

"鹅，鹅，鹅，曲项向天歌。白毛浮绿水，红掌拨清波。"千百年来，对鹅的描写首推骆宾王《咏鹅》，区区十几个字，却融视与听、动与静、声与色于一炉，鹅的形神情态活灵活现。而钟情于鹅的，要首推王羲之，鹅甚至赢得了"右军""羲爱"的别名。不过，翟灏《通俗编》云，宋人（张耒）诗有"水底右军方熟眠"句，可笑至极，

"今人书简称鹅曰'羲爱',但较愈于'右军'耳"。他觉得将鹅径呼为"右军",是对王羲之不恭吧。

王羲之之所以爱鹅,前人一般从书法用笔去联想。陈师道《后山谈丛》云:"逸少(羲之字)非好鹅,效其宛颈耳,正谓悬手转腕。"这是认为鹅之"转颈"与书法的"转腕"相通。包世臣《艺舟双楫》云:"(书法)其要在执笔,食指须高钩,大指加食指中指之间,使食指如鹅头昂曲者。中指内钩,小指贴(无)名指外距,如鹅之两掌拨水者。故右军爱鹅,玩其两掌行水之势也。"这是认为鹅掌"拨水"对书法亦颇有启迪。然而,陈寅恪先生认为,王羲之爱鹅,实际上是因为经常吃鹅。

在《天师道与滨海地域之关系》一文中,陈先生辟出一章论述"天师道与书法之关系",指出"东西晋南北朝之天师道为家世相传之宗教,其书法亦往往为家世相传之艺术,如北魏之崔、卢,东晋之王、郗,是其最著之例"。这个"王",就是王羲之家族。王羲之书法诚然了得,但"本草药物之学出于道家",所以《晋书·王羲之传》载,其"与道士许迈共修服食,采药石不远千里,遍游东中诸郡,穷诸名山,泛沧海"。孟诜《食疗本草》以鹅为"与服丹石人相宜",陈先生进而认为:"鹅之为物,有解五脏丹毒之功用。"那么,王羲之爱鹅,实则需要靠食之以解丹药之毒,并非寻常乐道的所谓雅事。

王羲之具体怎么吃鹅,不很清楚。史上鹅的吃法虽不及鸭,但也很有一些。比如"鹅公村"作为招牌的,是烧鹅。《宋书·庾悦传》载,刘毅没发达时在庾悦手下做事,但庾悦不大看得起他。某天"悦厨馔甚盛,不以及毅",刘毅却又不走,还说"身今年未得子鹅,岂能以残炙见惠"。子鹅,即幼鹅、嫩鹅;残炙,剩下的烧鹅。《南齐书·刘瓛传》载,武陵王萧晔"与僚佐饮,自割鹅炙",吃的也是烧鹅。我所居住的大塘村出产"大塘烧鹅",也是广州的烧鹅名牌。早几年去搭地铁,便路过其生产车间,透过二楼的玻璃窗能清楚地看到一排排吊在那里、刚出炉的烧鹅。现在这车间不知搬去了哪里。

《水浒传》中,武松被张都监陷害而刺配恩州,施恩来送行,除了两件绵衣,还"煮得两只熟鹅在此,请哥哥吃两块了去"。这该是炖鹅吧。武松出城"行不过五里路,把这两只熟鹅都吃尽了",这样来看,这两只应该还是子鹅。《梦粱录》介绍南宋都城临安饮食时,提到"鹅粉签、五味杏酪鹅、绣吹鹅、间笋蒸鹅、鹅排吹羊大骨"等。蒸,尚可理解,其他的如何烹制,要就教于方家了。

宋人吃得不亦乐乎,明朝则有限制,尤其对巡按御史。《枣林杂俎》云,巡按御史赴任,必须独自前往,行李不能超过80斤,再有就是"出不马,食不鹅",既不准骑马也不准吃鹅。巡按御史代天子行使监察权,"大事奏裁,小事立断",不受都察院控制。这些规定,想来是防止御史"灯下黑"吧。这也可见,彼时吃鹅是与奢侈挂钩的。《涌幢小品》云:"食品以鹅为重,故祖制:御史不许食鹅。"王世贞《觚不觚录》更以父亲的实例予以了佐证。他父亲王忬从御史职务上退休,"巡按来相访,则留饭,荤素不过十器,或少益以糖蜜果饵、海味之属,进子鹅必去其首尾,而以鸡首尾盖之,曰:'御史无食鹅,例也。'"这算是"上有政策、下有对策"的生动写照了。

广东如今还有一种卤鹅,以澄海狮头鹅为名品,尤其是吃鹅头。这种鹅,"头大颈粗……公鹅姿态雄伟,头部形似雄狮",这是去年3月28日,广东省农业农村厅开始实施的《狮头鹅》地方标准的定义。该标准规定了狮头鹅的原产地、分布和品种特征与特性,包括体型外貌特征、体重、体尺、生长性能、屠宰性能和繁殖性能,适用于狮头鹅品种鉴别、选育等。这类标准比较有趣。

鹤

9 月 28 日(2019),江西省十三届人大会常委会第十五次会议表决通过了关于确定白鹤为江西省"省鸟"的决定。理由之一,目前全球白鹤种群数量仅 4000 只左右,其中 98% 白鹤每年在江西鄱阳湖越冬 5 个月以上;理由之二,在已评选了"省鸟"的 18 个省份中,都没有白鹤的芳名。

鹤,大型迁徙性涉禽,栖息于沼泽湿地。借用李时珍《本草纲目》的描述,其"长三尺,高三尺余,喙长四寸,丹顶赤目,赤颊青脚,修颈凋尾,粗膝纤指,白羽黑翎。亦有灰色、苍色者。尝以夜半鸣,声唳云霄"。白鹤或丹顶鹤,在古代诗词或今天绘画中每为常客,《淮南子》早就说"鹤寿千岁,以极其游",长寿的象征。绘画中,鹤每站立于苍劲古松的弯曲枝干,然而现实中的鹤却从不停栖树上。品种方面,我国以丹顶鹤和黑颈鹤最为驰名,都是国家一级保护动物。此外常见的还有灰鹤、赤颈鹤、白头鹤、白枕鹤、沙丘鹤等,除了后者的外观通体羽色为灰而缀有褐需要稍加解释之外,其余的那些,羽色皆一望而知。那么武汉"黄鹤楼"之"黄鹤"是什么品种,显见有探究的必要了。

传说中,黄鹤楼的由来关联两个仙人,一个是不知什么时代的仙人子安,再一个是三国蜀之费祎。前者如《南齐书·州郡志》

载:"夏口城据黄鹄矶,世传仙人子安乘黄鹄过此上也。"后者如《太平寰宇记》载:"昔费祎登仙,每乘黄鹤于此(黄鹤)楼栖驾。"对此中的黄鹤,刘献廷《广阳杂记》便提出了怀疑:"予意黄鹤楼即黄鹄矶,后人讹鹄为鹤,而附会以费文伟(祎)事,一经崔考功题,而青莲阁笔,已成千秋铁案。"费文伟,三国蜀之费祎,祎字文伟。崔考功,崔颢。青莲,李白。崔颢此前写下了著名的"昔人已乘黄鹤去,此地空余黄鹤楼",令行经此处的李白赞叹不已,"眼前有景道不得,崔颢题诗在上头",因而对黄鹤楼就不再写什么,给崔颢说绝了嘛。在刘献廷看来,这么一来二去,"黄鹄"就成了"黄鹤",所谓"字经三写,乌焉成马"。然而不知刘献廷由此想到了什么,发了另一番感慨:"天下事已往者皆成冷风荡烟,又何是非可论。只要事理灿然,悦人耳目,吾亦任之矣,又安从起古人于九京,而问其果然果不然耶。无奈展转荒谬,词不雅驯,令人难为听耳。"应当看到,刘献廷的怀疑很有道理,当代陈铁民先生注岑参《送王大昌龄赴江宁》诗即认为:"古人常把'黄鹤'与'黄鹄'混而为一。"《汉语大词典》"黄鹤"条,先指出"黄鹤"即鹤,进而指出就是"黄鹄"。黄鹄,也是一种大鸟,《商君书·画策》云:"黄鹄之飞,一举千里,有必飞之备也。"

不管"黄鹤"是否"黄鹄"之讹误吧,鹤在前人眼中总之是一种仙鸟,仙家、道士都乘鹤云游,像子安或费祎一样当成坐骑。《碧鸡漫志》引《异人录》另云:"开元六年,上皇(唐玄宗)与申天师中秋夜同游月中,见一大宫府,榜曰'广寒清虚之府'。兵卫守门,不得入。天师引上皇跃超烟雾中,下视玉城,仙人道士乘云驾鹤往来其间,素娥十余人,舞笑于广庭大桂树下,乐音嘈杂清丽。"回来之后,玄宗"编律成音,制《霓裳羽衣》曲"。群鹤载人穿梭往来,唯有仙境才可能看到的景观。鹤上人,因之也成了仙人的代称。以"梅妻鹤子"闻名的宋朝林逋，因为终身不仕，未娶妻，与梅花、仙鹤作伴，也差不多是人间仙人了。《梦溪笔谈》云："林逋隐居杭州孤山，常畜两鹤，纵之则飞入云霄，盘旋久之复入笼中。"林逋常泛小艇游西湖诸寺，如果有客人来了，"则一童子出应门，延客坐"，然后开笼纵鹤。林逋看见，"必棹小船而归"。此时之鹤飞，与"狼烟"的报信功能近似。

《诗·小雅·鹤鸣》有云："鹤鸣于九皋，声闻于天。鱼在于渚，或潜在渊。乐彼之园，爰有树檀，其下维穀。他山之石，可以攻玉。"鹤，此处喻隐居的贤人。用郑玄的说法，"鹤在中鸣焉，而野闻其鸣声"，喻贤者虽隐居，"人咸知之"。清人秦松龄咏鹤诗有"高鸣常向月，善舞不迎人"句，深得顺治皇帝的欣赏，"以为有品"。无品之人，自然也不乏见。如《东轩笔录》云宋朝丁谓，就是个仙鹤不离口的角色，干脆被称为"鹤相"。其"为玉清昭应宫使，每遇醮祭，即奏有仙鹤盘舞于殿庑之上。及记真宗东封事，亦言宿奉高宫之夕，有仙鹤飞于宫上。及升中展事，而仙鹤迎舞前导者，塞望不知其数。又天书每降，必奏有仙鹤前导"。有一天，寇準和一帮僚属"坐山亭中，有乌鸦数十，飞鸣而过"，他嘲笑曰："使丁谓见之，当目为玄鹤矣。"

说实话，看到江西那则省鸟消息，颇为我出生并工作过的黑龙江省感到遗憾，概其省鸟选的是天鹅，不过辖区版图形似天鹅罢了，而位于我们齐齐哈尔的国家首个自然保护区扎龙，其鹤何其知名？资料上说，世界上现有鹤类15种，中国有9种，扎龙有6种；全世界丹顶鹤不足2000只，扎龙有400多只。1982年长春电影制片厂还实地拍摄了《飞来的仙鹤》，在那之后没几年，我去过两次扎龙，彼时尚未大规模开发。野生丹顶鹤就在离你几米开外的地方两两悠然踱步，野趣十足。

白鹭

双休日（2020），准备去家门口的海珠湖走走。窗口上眺望，见不到寻常能见到的人影晃动，到了跟前，果然还在闭门。为了防范新型冠状病毒，湖北颇多地方都在封城、封村，哪里都动不了，滋味真是可想而知。

没有疫情的时候，我大约每天早上都要来走一圈，几分钟就到了，算是家门口。11 年前搬到此地的时候，还没有这个湖，是一片荔枝林。十年树木，如今已郁郁葱葱。宋人虞似良诗曰："东风染尽三千顷，白鹭飞来无处停。"海珠湖恰恰相反，湖中一个小岛上，栖息着不少白鹭，肉眼望去白花花的一片，用观鸟长廊上的高倍望远镜观察，能非常清楚地见到悠闲自得的它们。李时珍《本草纲目·禽一》云："鹭，水鸟也。林栖水食，群飞成序。洁白如雪，颈细而长，脚青善翘，高尺余，解指短尾，喙长三寸。"描绘出了白鹭的习性和外观。看观鸟长廊上的介绍文字，乃知岛上还有苍鹭、夜鹭，即使白鹭也还区分出了大白鹭。文字虽语焉不详，但二者显然并非形体大小上的区别，种类上属于并列关系。

白鹭的生活环境多为山水田园。对这种非常美丽的水鸟，古人钟爱有加，许是其羽毛洁白、神态闲雅之故。《诗》中白鹭乃颂扬对象。《周颂·振鹭》之"振鹭于飞，于彼西雍"，借白鹭赞美来访的客人"亦有斯容"。《陈风·宛丘》之"无冬无夏,值其鹭羽",说的是鹭的羽毛,那是被巫师用来作起舞的道具。"两只黄鹂鸣翠柳,一行白鹭上青天。""西塞山前白鹭飞,桃花流水鳜鱼肥。"关于白鹭的海量句子中,该以杜甫的诗和张志和的词最为知名。《蕉轩随录》中有长善《野渡溪光》:"渡头秋水落,沙岸平如掌。老屋两三家,当门晒鱼网。时见白鹭飞,倒影沿溪上。"在从前,白鹭翻飞或是一种十分常见的现象。

而王维之"漠漠水田飞白鹭,阴阴夏木啭黄鹂",则被清朝学者赵翼视为剽窃。《陔馀丛考》云,"古今人往往有诗句相同者",如果"本非一人之诗,而掇拾作联,亦未为不可",如唐僧惠崇有"河分冈势断,春入烧痕青",虽"河分冈势"出自司空曙,"春入烧痕"出自刘长卿,这种也算不上剽窃;"而行墨间兴之所至,偶拉入前人诗一二句,更不足为病也"。什么才是剽窃呢?王维的句子,盖南朝梁陈间诗人阴铿有"水田飞白鹭,夏木啭黄鹂"。所以,在赵翼看来,"惟全用一联、一首略换数字,此则不免剽窃之消"。王维之外,骆宾王赋之"隐隐地中鸣鼓角,迢迢天上下将军"也是,因为庾信前有"地中鸣鼓角,天上下将军",骆宾王仅仅添了几个字而已。这种剽窃判断法,对今天被捉的剽窃狡辩者,未知是否有告诫之效。

渐渐地,白鹭更成为一种幽静恬适的文化意象,成为文人雅士自然而然或矫揉造作的生活追求。于是,与单纯描述眼前所见不同,而有借题发挥的意味。白居易《白鹭》云:"人生四十未全衰,我为愁多白发垂。何故水边双白鹭,无愁头上亦垂丝?"刘禹锡《白鹭儿》云:"白鹭儿,最高格。毛衣新成雪不敌,众禽喧呼独凝寂。孤眠芊芊草,久立潺潺石。前山正无云,飞去入遥碧。"《鹤林玉露》云:"唐子西(庚)立朝……执政者恶其自尊,一斥不复。"后来他被贬谪广东惠州,作诗云:"说与门前白鹭群,也须从此断知闻。诸公有意除钩党,甲乙推求恐到君。"《春明退朝录》云,丁谓"镇金陵,临秦淮建亭,名曰'赏心'",后来王君玉在此为官,"建白鹭亭于其西,皆栋宇轩敞,尽览江山之胜"。《浪迹续谈》云,杭州城中的潜园非常著名,"园中湖石最多,清池中立一峰,尤灵峭,郭频伽(麐)名之曰鹭君"。在海珠湖,望远镜中可以看到一些白鹭单腿站在树梢上纹丝不动,大侠一般,想来郭麐见惯这种场景而有如此命名了。

有趣的是,《魏书·官氏志》载,北魏开国皇帝拓跋珪"欲法古纯质,每于制定官号,多不依周、汉旧名",自己另来一套,"或取诸身,或取诸物,或以民事,皆拟远古云鸟之义"。于是,"诸曹走使谓之凫鸭,取飞之迅疾;以伺察者为候官,谓之白鹭,取其延颈远望。自余之官,义皆类此"。这种白鹭官,执掌侦伺刺探。《资治通鉴·齐高帝建元元年》载,孝文帝元宏诏以"候官千数,重罪受赇不列,轻罪吹毛发举,宜悉罢之",同时"更置谨直者数百人,使防逻街术,执喧斗者而已"。胡三省注:"魏太祖置候官,以伺察内外。"还别说,这种职能配上这种名称,倒真是形神兼备。

"三山半落青天外,二水中分白鹭洲。"李白《登金陵凤凰台》句。白鹭洲,江中沙洲,该跟白鹭相关吧。此白鹭洲亦为宋将曹彬最后击溃南唐抵抗大军之地。江西吉州(今吉安)还有个白鹭洲。《宋史·江万里传》载,理宗时江万里知吉州府,创办了白鹭洲书院,文天祥、邓剡等皆曾在此就读。文天祥就义后,邓剡第一个推介老同学,撰写了《文信国公墓志铭》《信国公像赞》《文丞相传》等。《郎潜纪闻二笔》云,清初著名学者施闰章在白鹭洲书院也曾讲学。这样一算,到那时候的传承也有400多年了。

话说回来,问世不过十来年的海珠湖迎来大批白鹭安居,表明广州的生态是真的好了。鸟不撒谎嘛。

猫头鹰

母校中山大学校园最近(2017)重现了猫头鹰。从微信朋友圈看,猫头鹰站在树上,或单只或一双,瞪着圆圆的眼睛。所以说重现,是因为早两年也有,"没到马岗顶看过猫头鹰",甚至被视为白在这里学习生活过的一个"例证"。不知道是不是给摄影发烧友的那些"长枪短炮"吓着了,猫头鹰消失了好一阵,此番重现,并不是"故地重游",远离马岗顶至少有一公里的距离。

猫头鹰的别号不少,鸮、鸱鸺、夜猫子等。它的脑袋、眼睛和猫很像,喙和爪则弯曲呈钩状,非常锐利,又像鹰。猫头鹰的习性是昼伏夜出,"鸮鸣犬吠霜烟昏,开囊拂巾对盘飧",孟郊的句子,说猫头鹰叫了,夜幕降临了,该吃晚饭了。猫头鹰的夜视能力不得了,视角膜上极其丰富的柱状细胞使它能够察觉到极微的光亮,科学家据此发明了夜视仪。《淮南子·主术训》云:"鸱夜撮蚤蚊,察分秋豪,昼日颠越,不能见邱山,形性诡也。"在前人眼里,猫头鹰晚上连跳蚤、虱子都看得清楚,白天却连大山也看不见,夜无所不见而昼无所见,是其诡异的一个表征。倒是庄子比较客观,其《徐无鬼》云:"鸱目有所适,鹤胫有所节。"成玄英疏曰:"鸱目昼阇而夜开,则适夜不适昼;鹤胫禀分而长,则能长不能短。"所谓"各适一时之用,不能靡所不可",跟猫头鹰的生理构造有关,无关性情诡异与否。《淮南子》的说法也表明，前人对猫头鹰是抱有偏见的。在传统文化里，猫头鹰甚至被视为"不祥之鸟"，因而又有逐魂鸟、报丧鸟之谓。

我的故乡有句俗谚："夜猫子进宅——没事不来。"潜台词是，猫头鹰到了谁家，谁家里可能遭殃。这是文化传承的一个结果。猫头鹰的叫声，很早就被视为不祥之音。《诗·鲁颂·泮水》有"翩彼飞鸮，集于泮林。食我桑黮，怀我好音"，泮林，泮水旁的树林；好音，好听的声音，此指善言。按程俊英、蒋见元先生的理解，这几句是以鸮来比拟淮夷："集于泮林"比淮夷朝鲁，以猫头鹰吃桑葚比淮夷使者受鲁的招待，以"怀我好音"比淮夷使者说投降于鲁的好话。但刘勰表示不同意《诗》中的说法，认为"且夫鸮音之丑，岂有泮林而变好"，有点儿"血统论"的味道，一棍子把猫头鹰就打死了，连"改正"的机会都不给。蒲松龄《聊斋志异·辛十四娘》描写一个冯姓小哥路遇靓女，结果追到她家栖居的禅院去了，径直表白，却被人家爸爸给扔了出来，当时的情景就是"夜色迷闷，误入涧谷，狼奔鸮叫，竖毛寒心"，弄得冯小哥"踟蹰四顾，并不知其何所"。

因为偏见，猫头鹰的声音被引申为恶人的恶习，猫头鹰也连带着被比喻成贪恶之人。岳珂《桯史》云，后金完颜亮"颇知书，好文辞"，如咏竹："孤驿潇潇竹一丛，不同凡卉媚春风。我心正与君相似，只待云梢拂碧空。"岳珂说"观其所存，寓一二于十百，其桀骜之气，已溢于辞表，它盖可知也"，然而又十分瞧不起，以为"犬猘鸮鸣，要充其性，不足乎议"，流露出十分矛盾的心态。陆容《菽园杂记》云："南京国子监，日有鸥鸮鸣于林间，祭酒周先生洪谟恶之，令监生能捕者，予假三日。一时跅弛之士多得假"，大家因此送给周洪谟一个雅号叫"鸥鸮公"，目的是"以讥之"。跅弛，放荡不循规距。就是说，周洪谟的做法便宜了那些无心向学的家伙。周洪谟，明正统十年（1445）进士及第，修过《英宗实录》《宪宗实录》。《明史》赞曰："周洪谟等以词臣历卿贰。或职事拳拳，或侃侃建白，进讲以启沃为心，守官以献替自效。于文学侍从之选，均无愧诸。"评价还是相当不错的，"鸱鸮公"云云，算是其人生的花絮吧。

《诗·豳风·鸱鸮》云："鸱鸮鸱鸮，既取我子，无毁我室。恩斯勤斯，鬻子之闵斯。"周振甫先生译为：猫头鹰啊猫头鹰，"既经抓取我的小鸟，不要再毁坏我的巢。辛勤地保护小鸟，养育它我已病倒"。猫头鹰是坏角色无疑，然末二句我觉得程、蒋译文更合逻辑：我辛辛苦苦地养育孩子，可这孩子还是遭到病困（被猫头鹰抓走）。在庄子寓言里，猫头鹰"得腐鼠"而担心路过的鹓雏抢去，发出怒声，形象也相当负面，因为人家鹓雏"非梧桐不止，非练实不食，非醴泉不饮"，哪里就看得上死老鼠而且还是腐烂了的呢？曹植《赠白马王彪诗·其三》有"鸱枭鸣衡轭，豺狼当路衢"，唐朝李善注曰："鸱枭、豺狼以喻小人也。"王士禛《分甘馀话》云："唐中宗时，群臣多应制赋诗，如崔湜、郑愔、宋之问辈，皆人头畜鸣，张柬之等五王皆死此三人之手。盖将以拥戴武三思，危唐社稷，与宗楚客厥罪维均。乃鸱枭之音，亦溷风雅。每观唐诗至此，未尝不发指也。"人头畜鸣、鸱枭之音，迭而用之，对崔某等的作为无疑愤恨到了极点。

对猫头鹰的种种恶谥是没有任何科学根据的传统观念在作祟，人的好运或者厄运岂会由鸟来决定？猫头鹰是益鸟，以捕鼠见长，今天已众所周知。了解到猫头鹰昼伏夜出的习性，还是不要去打搅它，猫头鹰那个样子大家都熟悉，为什么非要由你拍到、发朋友圈才感到满足呢？

燕子

日前（2022）看央视科教频道，正在播出《怀集燕岩》。怀集是隶属肇庆市的一个县，其燕岩有"中国最佳溶洞奇观"的美誉，无数燕子栖居于此。二十几年前我曾经到过一次，印象深刻。

燕子因为色黑，前人也称之"玄鸟"。《诗·商颂·玄鸟》有"天命玄鸟，降而生商"，王逸注《楚辞》云："玄鸟，燕也。"朱熹认为："此亦祭祀宗庙之乐，而追叙商人之所由生，以及其有天下之初也。"这种说法虽带有神话色彩，还是可作史料品读。《史记》就采纳了，《殷本纪》云："殷契，母曰简狄，为帝喾次妃。三人行浴，见玄鸟堕其卵，简狄取吞之，因孕生契。"显然，殷商将燕子视为图腾。

"燕燕于飞，差池其羽。之子于归，远送于野。瞻望弗及，泣涕如雨！燕燕于飞，颉之颃之。之子于归，远于将之。瞻望弗及，伫立以泣。燕燕于飞，下上其音。之子于归，远送于南。瞻望弗及，实劳我心。"《诗·邶风·燕燕》三章，清朝学者王士禛称赞"宜为万古送别诗之祖"。其《分甘馀话》云："《燕燕》之诗……合本事观之，家国兴亡之感，伤逝怀旧之情，尽在阿堵中。《黍离》《麦秀》，未足喻其悲也。"燕于飞，亦早成送别之典。通过对燕子飞翔时毛羽、形态、声音的描绘，渲染"瞻望弗及"的情景。后世李白之"孤帆远影碧空尽，唯见长江天际流"、苏轼之"登高回首坡垅隔,惟见纱帽出复没"、韩缜之"但登极、楼高尽日,目断王孙"等,都是对这种诗意的进一步发挥。

　　燕子飞舞,倘若配上黄莺鸣叫,便构成形容春光明媚的景象。苏轼《被锦亭》有"烟红露绿晓风香,燕舞莺啼春日长",毛泽东《水调歌头》有"到处莺歌燕舞,更有潺潺流水",表达的都是这样一种美好。而诸多入诗入词的燕子,还是寄物咏怀。刘禹锡《乌衣巷》"朱雀桥边野草花,乌衣巷口夕阳斜"云云,算是非常直白的。原本六朝贵族居住的乌衣巷,那么繁华,如今朱雀桥边已然长满了野草,乌衣巷口也只有夕阳斜照在深墙上,让人不免感到日薄西山的惨淡。傅咸《燕赋序》云:"有言燕今年巢在此,明年故复来者。其将逝,剪爪识之。其后果至焉。"那么,昔日栖息在王导、谢安这些权贵厅堂檐檩上的燕子,故地重来,不知飞进的已是普通人家。此一时彼一时,引起刘禹锡的无限感慨。

　　陶渊明的表现手法便相当隐晦。其《拟古九首》之三云:"仲春遘时雨,始雷发东隅。众蛰各潜骇,草木纵横舒。翩翩新来燕,双双入我庐。先巢故尚在,相将还旧居。自从分别来,门庭日荒芜。我心固匪石,君情定何如。"叶嘉莹先生认为写实,说的是当一个时代外界环境改变时,你是变还是不变? 你对别人的变与不变取什么态度? 逯钦立先生则认为该诗纪事。仲春,二月;遘时雨,遇到及时雨。这是以二月春雷喻刘裕二月起兵讨伐篡位的桓玄。《晋书·五行志》载:"桓玄初改年为大亨,迢迢欢言曰'二月了',故义谋(刘裕举义之谋)以仲春发也。"又《桓玄传》载,安帝大亨二年(402),桓玄"讽帝以禅位告庙",经过一番"百官到姑孰劝玄借伪位,玄伪让,朝臣固请"的戏码而登基,未几"迁帝(兄弟)居寻阳","翩翩新来燕"说的就是这事。"先巢故尚在"云云,则喻安帝复辟还京。《宋书·武帝纪》载安帝诏赞刘裕:"拯朕躬于巢幕,回灵命于已崩。"陶诗以巢燕比安帝,先已道明这层意思。末两句,则借《诗·邶风·柏舟》之"我心匪石,不可转也",表明自己不会改变。通观全诗,陶渊明的乡居生活,岂止"采菊东篱下,悠然见南山"?

《怀集燕岩》少不了介绍燕窝,那是燕岩的一个特色。燕子的尾巴分叉,被人类借鉴为燕尾服,燕窝则是被拿去享用。这种珍贵食品,虽然果真是燕子的窝,但是乃部分雨燕和金丝燕的窝,以它们分泌出来的唾液再混合其他物质而成。乌衣巷的以及我们家乡燕子衔泥而成的燕窝,是吃不得的。这种燕窝筑在两条椽子之间,一尺来长,类似东北从前的干打垒。尽管时常掉下些脏东西,长辈依然要叮嘱小孩千万不能去捅,燕子肯来筑窝是个好兆头。能吃的燕窝,存在于像怀集燕岩这一类的地方。岩洞内至今挂着不少貌似无序的竹竿,是从前采摘燕窝人的遗留,凭借这些竹竿,他们在没有任何保护措施的情况下能攀爬十几米高的峭壁,想来都惊心动魄。

燕窝的吃法自然有许多,如今频现的广告,"每天一盏碗燕"之类,都是"预制"的,袁枚《随园食单》记录了自己动手的,"每碗必须二两,先用天泉滚水泡之,将银针挑去黑丝。用嫩鸡汤、好火腿汤、新蘑菇三样汤滚之"云云。放太少了,"以三钱生燕窝盖碗面"那种,他揶揄为"如白发数茎,使客一撩不见,空剩粗物满碗。真乞儿卖富,反露贫相"。他倒是瞧得起粤东的"杨明府冬瓜燕窝",以为"甚佳"。

燕和雀都是可爱的小鸟,组合在一起性质却变了。秦末陈胜的一声叹息:"嗟乎,燕雀安知鸿鹄之志哉!"成了比喻庸俗的人不能理解志向远大者的抱负。燕子和蝙蝠也是这样,组合在一起的"燕蝠争",成了没有意义的争吵。这与人们历来对燕子的喜爱似乎矛盾,不知该如何解释。

乌鸦

　　由天涯论坛网民自发投票产生、专门评比年度"最恶心艺人"的"金乌鸦"奖，已经出炉了十强入围名单。该奖产生于 2004 年，由网友自发投票评比年度奖项，如"恶后"（最让人恶心的影后）、"恶帝"（最让人恶心的影帝）。每届评选都吸引了上百万的网友投票评选，其受关注程度一度超过了金鸡、百花等正规影视评选，堪比美国评比好莱坞烂片的"金酸梅"奖。

　　这个奖，显然是把乌鸦作为"负面"形象的代表来视之。"乌鸦头上过，无灾必有祸"。乌鸦在当代确实是不吉利的象征，但在从前则不然，乌鸦和喜鹊曾经是一个战壕的战友。

　　乌鸦，嘴大而直，羽毛黑色。简言之：黑羽飞禽，"天下乌鸦一般黑"嘛。当然，"王者德至鸟兽，则白乌下"。在我们的史书中，总有许多匪夷所思之事。唐玄宗时看到了白乌鸦，张说写了《进白乌赋》，玄宗还有《答张说进白乌赋诏》；唐宪宗时又看到了，这回裴度来了篇《白乌呈瑞赋》。沈德符《万历野获编》云："弘治十七年，大名府元城县民家，乌巢中生一白雏，因收豢之。"长大了，白乌鸦献给皇帝，"时孝肃太皇太后上仙未久，咸以为上孝感所致"，名目堂皇得很，结果皇帝"不受，却还"。沈德符感慨道："使在嘉靖朝，骤贵者不知几人矣。"实际上，在之前的宣德朝已经是这个样子了,"请贺白乌,贺白兔……十年之间,贡媚无虚日"。

乌鸦和喜鹊同属鸟纲鸦科,命运在早先没什么两样。"乌鸦报喜,始有周兴"以及"赤乌呈瑞,必有大捷"之外,还可以看到许多乌鸦寓意喜事的例证。就诗句而言,杜甫有"帘户每宜通乳燕,儿童莫信打慈鸦";李渤有"忧时魂梦忆归路,觉来疑在林中眠。昨日亭前乌鹊喜,果得今朝尔来此";白居易有"南宫鸳鸯地,何忽乌来止。故人锦帐郎,闻乌笑相视。疑乌报消息,望我归乡里"。数不胜数。

从典籍来看,《旧唐书·音乐志》载:"《乌夜啼》,宋临川王义庆所作也。元嘉十七年,徙彭城王义康于豫章。义庆时为江州,至镇,相见而哭,为帝所怪,征还宅,大惧。"正在这时,"妓妾夜闻乌啼声",高兴极了,扣斋阁云:"明日应有赦。"郭茂倩《乐府诗集·琴曲歌辞》有唐张籍《乌夜啼引》,其引李勉《琴说》曰:"《乌夜啼》者,何晏之女所造也。初,晏系狱,有二乌止于舍上。女曰:'乌有喜声,父必免。'遂撰此操。"并且,张籍还留诗一首:"秦乌啼哑哑,夜啼长安吏人家。吏人得罪因在狱,倾家卖产将自赎。少妇起听夜啼乌,知是官家有赦书。下床心喜不重寐,未明上堂贺舅姑。少妇语啼乌,汝啼慎勿虚,借汝庭树作高巢,年年不令伤尔雏。"这首诗的内容相当直白:小吏获罪下狱,家人准备倾家荡产施救,夜里却听到了乌鸦叫,媳妇高兴得再也睡不着,天没亮就赶快向姑舅报喜,并且对乌鸦郑重许愿:如果你没来虚的,我家院子里的大树年年给你做窝,而且保证不伤害你的小鸟。《乌夜啼》,即乌鸦带来祥瑞的曲子,表明乌鸦报喜在当时已为大众文化所公认。

李时珍《本草纲目》云:"古有鸦经以占吉凶。"鸦经的具体内容暂不得其详,典籍中确有不少乌鸦"昭示"的记载。如《魏书·

苻坚传》，有"长安大饥，人民相食。姚苌叛于北地，与（慕容）冲连和，合攻长安。有群乌数万，鸣于长安城上，其声甚悲，占者以为不终年，有甲兵入城之象"。《旧唐书·柳仲郢传》，仲郢"自拜谏议后，每迁官，群乌大集于升平里第，庭树戟架皆满，凡五日而散。诏下，不复集，家人以为候，唯除天平，乌不集"，只有仲郢授天平军节度观察使那次例外。又如《北梦琐言》，唐京兆尹温璋有天"闻挽铃声，俾看架下，不见有人。凡三度挽撃，乃见鸦一只"。温璋觉得这乌鸦一定有冤要诉，就让人跟着，"其鸦盘旋引吏至城外树间，果有人探其雏，尚憩树下"。这个近乎神话的故事，表明乌鸦在时人心目中具有相当的灵性，是一种神鸟。

乌鸦主凶兆的说法大约在唐代以后才渐渐出现，唐代已经有了影子。段成式《酉阳杂俎》在讲到乌鸦时，先说它"鸣地上无好声"，再说"人临行，乌鸣而前引，多喜"。意味着乌鸦叫声已经具备了双重属性。洪迈《容斋续笔》说："北人以乌声为喜，鹊声为非。南人闻鹊噪则喜，闻乌声则唾而逐之，至于弦弩挟弹，击使远去。"意味着乌鸦叫声的文化内涵，已经在地域层面有了明确区分。总之，以乌鸦叫声为喜事的习俗，就这样逐渐发生变化，终于演变成"乌鸦共喜鹊同行，吉凶事全然未保"的对立格局，使乌鸦的形象完全走向负面，与喜鹊的待遇判若云泥。这个转折点很可能就发生在唐朝。

"金乌鸦奖"的评选，想来并无视当选者为不吉利的乌鸦的意味。这种完全由民间自发的网络评选颁奖，如识者所指出，是为了引起大家对名人、明星人品、艺德等各方面问题的关心和重视。因而往年的当选者、今年的候选者都不乏著名人物，他们也不必动怒，视为一种鞭策吧。

蝙蝠

8 月 28 日(2021)傍晚,四川德阳天空中突然出现大量蝙蝠,吸引了很多市民围观拍照。乡村蝙蝠是常见的,然而从视频、照片上看,如此之多也难免让人惊讶。"安得蝙蝠满天飞,一除毒素安群民",蒲松龄的诗自然另有所指。

蝙蝠这种哺乳动物,头部和躯干似鼠,却又会飞,捕食蚊、蛾等昆虫。古希腊《伊索寓言》中有《蝙蝠和黄鼠狼》故事,说有只蝙蝠先后被两个黄鼠狼抓到,第一个仇鸟,第二个仇鼠。仇鸟的要吃它,蝙蝠说自己不是鸟而是鼠;仇鼠的要吃它,蝙蝠又说自己不是鼠而是鸟。就这样,鸟、鼠两边都有相似地方的蝙蝠,随机应变,保全了性命。

在我们的文化中,对蝙蝠的"秉性"也有类似认知。冯梦龙《笑府》云,凤凰过生日,百鸟朝贺而蝙蝠不来。凤凰责之曰:"汝居吾下,何倨傲乎?"蝙蝠说自己有脚,属于兽,"贺汝何为?"麒麟过生日,蝙蝠也不来,这回理由是自己有翅膀,属于禽。凤凰与麒麟相会时提到这事,相与慨叹曰:"如今世上恶薄,偏生此等不禽不兽之徒,真乃无奈他何!"也是指桑骂槐了。

不过,我们的民间传统一向视蝙蝠为吉祥物。新石器时代的红山文化中就出土了一只玉蝙蝠。崔豹《古今注》云:"蝙蝠,一名仙鼠，一名飞鼠。五百岁则色白。脑重集则头垂，故谓之倒折，食之神仙。"葛洪《抱朴子》在年岁上给蝙蝠翻了倍："千岁蝙蝠，色如白雪，集则倒悬，脑重故也。"认为"千岁蝙蝠"和"万岁蟾蜍"一样，可作长寿药，"此二物得而阴干末服之，令人寿四万岁"，不仅长，还长得离谱。宋人倪梦龙诗曰："悬崖多蝙蝠，往往寿千年。自古人难到，如今尔得先。所餐崖上乳，不出翁中天。自有攀援者，曾看抱扑篇。"在倪梦龙看来，攀援者是中了《抱朴子》的毒了。

《明皇杂录》里还有更离谱的长寿，说的是唐朝张果，"时人传有长年秘术，耆老云为儿童时见之，自言数百岁矣。唐太宗、高宗屡征之不起"。玄宗咨询道士叶法善，张果究竟是什么人。法善曰："此混沌初分白蝙蝠精。"好家伙，盘古时代的呢。然而这种荒诞无极的说法，直到清朝也还颇有市场。

屈大均《广东新语》云："粤山多岩洞，蝙蝠宫之。以乳石精汁为养，夏间出食荔支，冬则服气。纯白者大如鸠鹊，头上有冠，或千岁之物。其大如鹑而未白，亦已百岁。"具体而言，除了前文提及的肇庆七星岩，仁化县也"有夜燕岩，蝙蝠多至数万，旦暮分三道往还，声如飘风，倏忽数十里"。又，罗定县"有催生鼠，状如兔而鼠首，以其翮飞，飞且乳，声如人呼，喜食火烟。能从高赴下，不能从下上高，其毛可治难产。一名飞生，亦即蝙蝠也"。又，从化县"鳌头岭之右，有蝙蝠石，石穴中多黄白蝙蝠，有大五六尺者"。种种叠加，表明时人对蝙蝠的认知仍然是神化的。

而如我们所见，在前人留下的园林建筑门窗、砖雕石雕、家具图案以及瓷器彩绘等载体上，都有大量蝙蝠形象，以"五福临门""五福捧寿"居多，传递着祈福求祥的信息，相应图案每由五只蝙蝠构成，围绕一个"寿"字。一方面，如前面所言人们笃信蝙蝠乃为长寿之物；另一方面，"蝠""福"同音，其倒悬的姿态可谐为"福到"。《尚书·洪范》便已提出"五福"之说:寿、富、无疾病、所好者德福之道、命以自终不横夭。于是乎,蝙蝠被前人以丰富的想象和大胆的变形移情手法重新包装,翅卷祥云,盘曲自如,风度翩翩,成了中国传统纹饰中吉祥图案的象征符号系统,以及"福"文化的标志性符号。

这方面的实例,如北京颐和园仁寿殿南北暖阁山墙上有"百福捧寿":一百只蝙蝠衬托一个大大的"寿"字。如北京恭王府里院内长廊檐上有两排出檐椽子,在上层端头小方块上彩绘佛教的"卍"字,下层则彩绘蝙蝠,从上往下,便构成"万福万福",所以恭王府又称"万福园"。又如广州陈家祠,无论石雕、砖雕、木雕还是陶塑、灰塑,都有蝙蝠构成的图案,超过100个,至于有民谚"卢沟桥的狮子数不清,陈家祠的蝙蝠数不完"。其中最大的图案位于聚贤堂瓦脊两边的山墙上,面积达4平方米的蝙蝠前面装饰着两个大铜钱,寓意"福在眼前",而最小的木雕蝙蝠仅2厘米长。除了与人物、动物、植物甚至器物巧妙结合,寄托美好寓意,蝙蝠纹还广泛应用于衣食住行的各个方面,甚至明清皇帝的龙袍用作底纹。总之,无论民间还是官方,但凡关联"福"的表达,大抵都能觅到蝙蝠的身影。

前人之所以青睐蝙蝠,清朝孟超然说得好:"以与'福'同音也。"他是不大看得起蝙蝠的,以为"虫之属最可厌莫如蝙蝠",只是因为同音,"而今之织绣图画皆用之"。与此形成鲜明对照的是,"木之属最有利莫如桑,而今人家忌栽之,以与'丧'同音也"。

余儿时生活在京郊,记得小朋友的乐趣之一,是每见自家院子里蝙蝠上下翻飞,则脱下鞋子向上扔去,看蝙蝠竞相追逐。后来知道,蝙蝠的视力其实很弱,它们靠自身发出的超声波来引导飞行,人类通过模仿蝙蝠的回声定位系统发明了雷达。这是蝙蝠对科技进步的一大贡献了。

蝉

这几天（2016），杭州临安天目、太湖源、於潜等地的山民都在忙着一件事——捉知了。捉来干什么？供给食客。"油炸知了"已经成为不少临安饭店的时令招牌菜，如今时令到了，临安的山民便充当了原料供应商。报道说，运气好的一晚上能赚上百元。不用说，动物界又有一个品种遭殃了。

知了是俗称，学名为蝉。在乡村生活过的人都知道，蝉是相当独特的一种昆虫，独特在其幼虫与成虫是截然不同的样貌，当中经历了一次"脱胎换骨"。幼虫生活在泥土里，而成虫生活在树干上；幼虫完全是爬行，而成虫有羽翼；幼虫是哑巴，而成虫嗓门大得很，"居高声自远，非是藉秋风"。这个"脱胎换骨"的过程，叫做蝉蜕。

观察蝉之蜕变，是笔者儿时的乐趣之一。傍晚时分，如果发现地面上有个小洞，就知道那是知了的幼虫从泥土里钻出来了，查看周边树干，一定会发现一身污垢的"老牛"（我们那里的叫法）趴在那里。如果有耐心，还可以看到它们破土而出的情景。幼虫爬到树干上，待到夜里蜕皮羽化，实现它的"涅槃"。我曾经不知多少次捉到老牛，放在家里的纱窗上观看蜕变全过程。临安这里抓的，也正是蜕变前的这种，因为"刚刚从土里出来，行动慢且不会飞"。蜕变之后，幼虫会留下一个极薄的透明躯壳，就是蝉蜕，这东西可以入药，李时珍说它"主疗一切风热之症"，还可以"主哑病、夜啼者，取其昼鸣而夜息也"。如果说前一个还靠谱，后一个就有点儿扯了。我在当年收集过蝉蜕，卖给合作社。入药之外，蝉蜕也用来比喻洁身高蹈，不同流合污，如《史记》中赞美屈原的品行："濯淖污泥之中，蝉蜕于浊秽，以浮游尘埃之外，不获世之滋垢，皭然泥而不滓者也。"

漫说捉爬行的幼虫轻而易举，就是捉飞蝉，人也有各种各样的办法。研究者说，咏蝉的作品以曹植为最早，也最成功。其《蝉赋》便说道："有翾翾之狡童兮，步容与于园圃……持柔竿之冉冉兮，运微粘而我缠。欲翻飞而逾滞兮，知性命之长捐。"不仅描绘了捕蝉的情形，原理揭示得也相当清楚：竹竿上面搞个有粘性的网，把知了粘下来。我们那里还有个方法：用马尾巴做成活扣，悄悄地伸到蝉趴着的上方，对准其头，向下一拉便套住。这一招，我曾经使用过无数次，屡试不爽。至于为什么用马尾巴，不清楚，估计有蝉的视觉盲区因素。唯一难办的是弄马尾巴，生产队饲养的马有不少，但马在安静吃草的时候小孩也不敢去揪，怕马疼了，来一蹄子。然彼时捉蝉，纯粹是顽皮之举，捉下来也没用，再放飞，享受的是捉的过程，不像临安这里为了满足嘴馋。

前人认为蝉"饮露而不食"，因而把它视为清高的象征，成为一种文化符号。如曹植所说："实澹泊而寡欲兮，独怡乐而长吟。声皦皦而弥厉兮，似贞士之介心……栖高枝而仰首兮，漱朝露之清流。隐柔桑之稠叶兮，快啁号以遁暑。"骆宾王被关在监狱时，"每至夕照低阴，秋蝉疏引，发声幽息"，从而引发感慨，赞美蝉"洁其身也，禀君子达人之高行；蜕其皮也，有仙都羽化之灵姿……有目斯开，不以道昏而昧其视；有翼自薄，不以俗厚而易其真。吟乔树之微风,韵姿天纵;饮高秋之坠露,清畏人知"。在小序之外,还留下了名篇《在狱咏蝉》。汉代人把蝉的形象作为侍从官的冠饰,《后汉书·舆服志》载:"侍中、中常侍加黄金珰,附蝉为文,貂尾为饰。"为什么这样呢? 就是取其"居高食洁"的意味,一如獬豸图案伴随着司法人员的官服,寄托着对为官者作为的冀望。

蝉的鸣叫声也早已成为一种文化符号。雄蝉的腹部有发声器,能连续不断发出尖厉的声音;雌蝉虽不发声,但腹部有听音器。徐陵"猿啼知谷晚,蝉咽觉山秋"一类,说的还是时令。千百年来,因人因事,不会有异的蝉声却每被人赋予不同的含义。在王籍那里,有"蝉噪林逾静,鸟鸣山更幽";皮日休、陆龟蒙联句,有"静潭蝉噪少,凉步鹤随迟";陆游有"柴门入幽梦,落日乱蝉嘈",说的都是蝉声喧聒,听着烦人。但在另一些人眼里,如顾敻,有"蝉吟人静,残日傍,小窗明";朱中楣有"风移蝉唱杳,雨滴梧声碎;方信道,离怀未饮心先醉",蝉鸣又悠曳而多情味。人之强加于"蝉",由此亦见一斑。一笑。

"日夕凉风至,闻蝉但益悲。"此乃孟浩然之悲,听到蝉鸣而悲秋,循北齐卢思道"听鸣蝉,此听悲无极"之意,感叹时光飞逝,似水流年。当下临安鸣蝉之悲则属于悲愤,悲愤自己不幸沦为一道所谓名菜的主角而惨遭杀身之祸。只是那里的人们听来仍然无动于衷,甚至根本不以为悲,而蝉亦"本以高难饱,徒劳恨费声"就是。为了所谓"口福",在大力倡导生态文明的今天仍然在盛行野蛮的做法,加上大规模地吃狗、吃禾花雀,我们不少人浑然没有意识到是在造孽,此乃民族文化之悲了。

蜜蜂

广州海珠湿地公园里新增了"莫奈花园"（2022），即8000平方米的"冰岛虞美人"。较之普通虞美人花，"冰岛虞美人"的颜色更丰富，色彩更浓烈，纯白、橘红、黄色、奶油色、橘粉色……时值最佳观赏期，吸引了大批市民。而花丛里，蜜蜂照例不会缺席，细细看去，有的花蕊中甚至有四五只在同时忙碌。

清孙枝蔚诗云："蜜蜂与蝴蝶，争向花圃出。"抬杠的话，蜂蝶也争向美女。《开元天宝遗事》云，唐朝"国色无双"的名姬楚莲香，"每出处之间，则蜂蝶相随，盖慕其香也"。蜂蝶飞去花圃干什么呢？采蜜。电影《五朵金花》有首国人耳熟能详的歌曲，"大理三月好风光，蝴蝶泉边好梳妆，蝴蝶飞来采花蜜，阿妹梳头为哪桩"云云，只是蝴蝶蜜我还从未领教过，目口所及的都是蜂蜜。

蜜蜂是蜂的一种，蜂乃膜翅类昆虫，多有毒刺。《诗·周颂·小毖》有"莫予荓蜂，自求辛螫"，朱熹注曰："蜂，小物而有毒。"再抬杠的话，《拾遗记》云"周武王东伐纣，夜济河。时云明如昼，八百之族，皆齐而歌。有大蜂状如丹鸟，飞集王舟，因以鸟画其旗。翌日而枭纣，名其船曰蜂舟"，如鸟那么大的蜂，也是见所未见。《国语·晋语九》载，"智襄子戏韩康子而侮段规"，智伯国听闻后觉得不应该这样，进谏中有云"蜹蚁蜂虿，皆能害人，况君相乎"。

《资治通鉴·周纪一》采用了这一段，胡三省注："蜂，细腰而能螫人。"乡村成长的孩童都会领略过蜂螫的滋味。以笔者而言，儿时与小伙伴特别喜欢捅马蜂窝，尤其秋天打枣时，先要把枣树上为数不少的马蜂窝捅掉，因而被螫是常事，螫到眼睛，要红肿好一阵子。

蜜蜂是蜂中相当可爱的一种，主要在于为人类提供蜂蜜，人工饲养蜜蜂前也同样可以索取。《博物志》云："诸远方山郡幽僻处出蜜蜡，人往往以桶聚蜂，每年一取。"又，"远方诸山蜜蜡处，以木为器，中开小孔，以蜜蜡涂器，内外令遍。春月蜂将生育时，捕取三两头著器中，蜂飞去，寻将伴来，经日渐益，遂持器归"，这算是人工蜂巢了。《广东新语》云："阳春多蜂蜜以为货。蜂为房于岩石林木间者，其酿白蜜脾，谓之山蜜，亦曰蜂糖。霜后割之，白如脂，味胜家蜜。家蜜取以夏冬为上，秋次之，春易发酸，冬日梅花糖，最甘香。"

《西游记》中，掌握七十二般变化本领的孙悟空，至少有三次变成蜜蜂。第十六回，师徒在观音禅院歇宿，老僧试图放火谋取唐僧的宝贝袈裟。悟空被惊动后，变成一只蜜蜂钻出房门来看，但见它"口甜尾毒，腰细身轻。穿花度柳飞如箭，粘絮寻香似落星。小小微躯能负重，器器薄翅会乘风"。第五十五回，悟空到"毒敌山琵琶洞"，变成蜜蜂从门缝钻进去，"翅薄随风软，腰轻映日纤。嘴甜曾觅蕊，尾利善降蟾"。第九十四回，玉兔精变成假公主欲与唐僧强行婚配，悟空再变作蜜蜂飞到唐僧毗卢帽上，耳语"切莫忧虑"。这一只，"翅黄口甜尾利，随风飘舞颠狂。最能摘蕊与偷香，度柳穿花摇荡。辛苦几番淘染，飞来飞去空忙。酿成浓美自何尝，只好留存名状。"蜜蜂的特性，在吴承恩笔下得到了完全呈现。

蜂有毒刺，本该最易形成词语以喻其他，然而却无，其他部位倒是不遑多让。比如蜂目，意味相貌凶悍。《世说新语》云，潘阳仲见到小时候的王敦就下了判断："君蜂目已露，但豺声未振耳。必能食人，亦当为人所食。"《梁书·武帝纪》载，萧衍对哥哥分析时局，认为齐之嗣主"在东宫本无令誉，媟近左右，蜂目忍人，一总万机，恣其所欲，岂肯虚坐主诺，委政朝臣。积相嫌贰，必大诛戮"，与其如此，不如自己干他一票。"于是潜造器械，多伐竹木，沉于檀溪，密为舟装之备"。吴处厚《青箱杂记》更认为："人之心相外见于目。"他说商臣、王敦都是蜂目，"王莽露眼赤睛，梁冀洞睛矊眄，则恶逆之相亦见于目"。不独名人，吴处厚昔日在汀州掌狱录时见到一个叫黄曾的杀母罪犯，"目睛黄小而光跌宕若蜂状，则蜂目之恶逆尤验也"。

又如蜂腰，蜂之腰中间较细，借喻居中者最差，与现在的照相C位地位最尊者截然相反。《南史·周弘直传》载："或问三周孰贤，人曰'若蜂腰矣。'"三周，弘正、弘让、弘直三兄弟。弘正善谈玄理，"年十岁，通《老子》《周易》"；弘直"方雅敦厚，气调高于次昆"；弘让呢，虽博学多通，但在侯景之乱时当了人家的中书侍郎，他还振振有词："不至，将害于人，吾畏死耳。"出任伪职，便难免时人讥了。作诗也是。南朝文坛领袖沈约提出"诗有八病"说，即作诗在声律上应当避忌的八种弊病，其三为"蜂腰"，指五言诗第二字不得与第五字同声，同声的话形同两头粗、中间细，有似蜂腰。如"闻君爱我甘，窃欲自修饰"，这里的"君""甘"都是平声，"欲""饰"又都是入声，在沈约眼里就是蜂腰了。

晏殊有"人情须耐久，花面长依旧。莫学蜜蜂儿，等闲悠飏飞"句，大抵是说人的感情不能朝三暮四，像蜜蜂那样随随便便。勤劳、自觉、敬业一类褒扬的词语，不正是蜜蜂的美德吗？晏殊为何这样说话，或可深究一下。

苍蝇

　　鲁迅先生杂文《夏三虫》开篇说道："夏天近了，将有三虫：蚤，蚊，蝇。"时令正是如此。不过在今天，讲一点儿卫生的地方，蚤已经不见了。先生的三虫序列，是根据他"最爱"的程度排列的，因为"假如有谁"要他于三者之中"非爱一个不可"，又不准交白卷，他就选跳蚤，原因在于这东西"虽然可恶，而一声不响地就是一口，何等直截爽快"，那么，"嗡嗡嗡地闹了大半天，停下来也不过舐一点浊汗"，且"无论怎么好的，美的，干净的东西，又总喜欢一律拉上一点蝇矢"的苍蝇，该是他心目中最可恶的东西了。

　　苍蝇，因携带多种病原微生物传播而危害人类。霍乱、痢疾的流行和细菌性食物中毒，都与苍蝇传播直接相关。古人便特别厌恶苍蝇，避之、驱之惟恐不及。《清稗类钞》"李铁君畏蝇"云，李铁君到了"酷畏"的地步，苍蝇"触肤，辄挥之去，不令须臾留"。夏天，他要"洁治一室，常下帘坐"。坐着没事，"人无入者，乃惝焉悦焉"，还有点儿失意，这时，自觉没有缝隙而苍蝇却钻了进来，"舐笔唊墨，乱书策，涴耳目"，李铁君不仅有事干了，而且对苍蝇"如见恶人，亟起治之"，直到"迹之无有，释之在右"，末了感叹这东西真是"黠无偶也"。检索《李铁君文钞》，发现这则故事出自其自作的《蝇说》，写作目的在于通过轰苍蝇而对人生"一旦幡然"。

《曲洧旧闻》云"东坡性不忍事",也就是不能以忍耐的态度对待各种事情。在东坡自己,则把这叫做"如食中有蝇,吐之乃已"。同年晁美叔每次见到他,他都"以此为言"。他说,在朝廷中"使某不言,谁当言者"。那么,他的"言"是直言无疑了。不过,东坡对苍蝇"吐之乃已",而吃掉的人也是有的,当然是在特定的情况下。《广阳杂记》云,武将王辅臣在马一棍(一棍,诨号也,因其常以小过将下人一棍打死)营中作客,喝完酒,要吃饭了,旁边的王总兵发现辅臣饭碗里有只死苍蝇,辅臣担心马一棍因此打杀厨子,就轻描淡写地说没什么:"我等身亲矢石人也,得食足矣,安暇择哉。倥匆之际,死蝇我亦尝食之矣。"哪知王总兵愚蠢得很,没明白辅臣的好意,反而玩起激将法:"公能食此蝇,吾与公赌,输吾坐下马。"辅臣一言既出,"遂勉强吞之"。这时,吴三桂的侄子吴应期在旁边说话了:"奈何王兄马直如是好骑耶?人与兄赌食死蝇,兄便食之;若与兄赌食粪,兄亦将食粪耶?"一家伙,引出了王辅臣激怒吴三桂的一通大骂,这是另话。单就事件本身的因果而言,王辅臣确有可贵的一面。据说他长得很像民间所画吕布的样子,本人也的确勇冠三军,清兵围大同,他经常骑马出城转转,"来则擒人以去"。在饭蝇问题上,难得这样的勇武之士粗中有细。

刘廷玑《在园杂志》记载了文人的一次雅集,"诵古诗为下酒物",而且专门吟诵历朝武将留下的诗,"或纪全篇,或采警句",以为"亦吟坛胜事也"。给他们这样一整理,倒也洋洋大观。如唐雁门郡王王智兴的《徐州使院》——江南花柳从君咏,塞北烟尘独我知;宋岳飞的《题齐山翠微亭》——经年尘土满征衣,得得寻芳上翠微,好水好山观未足,马蹄催送月明归,等等。武将们驰骋沙场,尤其在战争年代,九死一生,见惯了腥风血雨,胸中流露出的英雄气概每非他辈所能比拟,也使诗句呈现出气韵不凡的一面。其中的高手,作品不仅豪气干云,而且也极富情趣和诗味。文人们也诵到了明代定襄伯郭登《蝇》中的句子——苦不自量何种类,玉阶金殿也飞来,继而发现明代武将的诗"为最多",郭登之外,还有戚继光、俞大猷等,戚继光的"万壑千山到此宽,城边极目望长安,平居自许捐躯易,遥制从来报国难",让人读出了些许悲壮。

《明史》有郭登传,说他有相当的军事智慧,在抗击也先的侵扰中每能出奇制胜。比如,他"尝以意造'搅地龙''飞天网',凿深堑,覆以土木如平地。敌入围中,发其机,自相撞击,顷刻皆陷。又仿古制造偏箱车、四轮车,中藏火器,上建旗帜,钩环联络,布列成阵,战守皆可用"。《明史》也说到他"能诗,明世武臣无及者"。他的这首《蝇》,全诗为:"眇形才脱粪中胎,鼓翅摇头可恶哉。苦不自量何种类,玉阶金殿也飞来。"一看就明白,其用意远远超出了单讲苍蝇的范畴。就像鲁迅先生文章里说的,苍蝇"在好的,美的,干净的东西上拉了蝇矢之后,似乎还不至于欣欣然反过来嘲笑这东西的不洁:总要算还有一点道德的",肯定不是在说苍蝇本身一样。

蚊子

11月28日（2005）新华社有条消息：一个流行病学研究小组通过在美国、英国和非洲的研究发现，蚊子叮人具有很高的选择性，绝非一视同仁。这一研究已发表在英国《自然》周刊上。当然，人家研究的目的并非在此——这样的话就无聊了，而是为了疟疾控制工作，因为蚊子是传播疟疾的元凶。

蚊子乃昆虫的一种，辞书说吸血的蚊子都是雌蚊子，"雄蚊吸食花果液汁"。但对蚊子，我们时刻都得提防，因为它们嗡嗡飞过来的时候，不会知道那是雄的还是雌的，等到挨了咬，明白也晚了。即使在今天，我们仍然拿蚊子没办法，纱窗再严密，它也能找地方、找机会钻进来。熏蚊香？蚊子可能没受打击，自己倒吸了不少有毒气体。古人对蚊子就更难办了。唐玄宗很赞赏重臣裴光庭，说他"性恶恶，如扇驱蚊蚋"。扇扇子赶蚊子，结果可想而知，即便奏效，一旦不扇也还是不行。苏东坡给米芾写过一封信，说自己那几天不大舒服，"食则胀，不食则羸甚，昨夜通旦不交睫，端坐饱蚊子耳"，没办法，只能给蚊子咬。古代晚上防蚊子跟今天差不多，都是用蚊帐。还说宋朝，人们弹劾寇準太奢侈，而寇準表白自己节俭的证据之一，就是"所卧青帏二十年不易"，那么多年，家里的蚊帐都没换过，你说我奢侈？

《池北偶谈》云，施愚山守湖西，做了顶苎麻帐寄给林茂之，同时"题诗其上"。寄到之后，"一时名士多属和"，围绕施愚山的诗争相感慨，这顶苎麻帐因名"诗帐"。或以为，这顶苎麻帐是文人雅士的一件道具，并无实用功能；然见"属和"者中有一绝曰："斗帐殷勤白苎裁，使君亲自写诗来。孤山处士朝眠稳，朝日烘门懒未开。"那么，可见还是用来给林茂之防蚊子的，"朝眠稳""懒未开"嘛。施愚山是施闰章的号，他是安徽宣城人，顺治年间进士，著名诗人，这也是名士们"属和"的前提吧。施愚山在北京的故居还在，是宣武区重点文物保护单位，不知道现在会不会面临因旧城改造而被拆的危机。林茂之名古度，也是明清之际的著名诗人，其《金陵冬夜》曰："老来贫困实堪嗟，寒气偏归我一家。无被夜眠牵破絮，浑如孤鹤入芦花。"看起来，他家太穷，是需要一顶蚊帐的，至少冬天可以御寒。至于写满了诗的蚊帐，还能不能或者还舍不舍得派上用场就不大清楚了。

宋朝大文学家欧阳修说，他写过一篇《憎蝇赋》，很讨厌苍蝇，但自己"尤不堪蚊子"，因为"自远吃喝来咬人也"，声张得很。我没有看过全文，但据李敖先生今年8月在香港凤凰卫视《鲁豫有约》节目里说，鲁迅先生的《夏三虫》与之"太雷同"，后者抄袭。不过他的类比依据也仅限于《邵氏闻见后录》中的这句简略记载，可能号称博览的他也没读过原作。鲁文写道："跳蚤的来吮血，虽然可恶，而一声不响地就是一口，何等直截爽快。蚊子便不然了，一针叮进皮肤，自然还可以算得有点彻底的，但当未叮之前，要哼哼地发一篇大议论，却使人觉得讨厌。"这一段话，倘说与欧阳修的那一句话"太雷同"，牵强了吧，不就是"吃喝"与"哼哼地发一篇大议论"算有一点"共同"之处吗？好在连李敖自己接下来也觉得，说抄"好像重了一点"。

《全唐诗》载有吴融的一首《平望蚊子二十六韵》，从诗中的"江南""震泽"等字眼判断，平望可能指今天江苏吴江市的平望镇一带。别小看这个地方，其见诸历史记载始于西汉，正式建镇则在明朝洪武元年（1368），历史悠久。能把平望的蚊子写成洋洋52句诗，吴融真是感慨良多啊。"天下有蚊子，候夜嘬人肤。平望有蚊子，白昼来相屠。"哪里的蚊子不是这个品性呢？这样起兴，隐隐觉得吴融不是单纯地要说蚊子了。"利嘴入人肉，微形红且濡。振蓬亦不惧，至死贪膏腴。"果然，借物咏怀的味道出来了。"吾闻蛇能螫，避之则无虞。吾闻虿有毒，见之可疾驱。唯是此蚊子，逢人皆病诸。"至此，抨击的感觉不能不渐渐加重。"江南夏景好，水木多萧疏。此中震泽路，风月弥清虚。前后几来往，襟怀曾未舒。朝既蒙襞积，夜仍跧蓬蔯。虽然好吟啸，其奈难踟蹰。人生有不便，天意当何如。谁能假羽翼，直上言红炉？"那么，究竟是在说蚊子还是在借蚊子说什么人，见仁见智了。

平望的蚊子与"天下"的蚊子，不可能有什么不同。对蚊子或者吴融说的"蚊子"，从古到今，驱赶与躲避都是消极的行为，必欲心神安宁，惟有消灭之。

蚊子(续)

前文讲到古人对蚊子,大抵只是用蚊帐之类消极地进行防御。可能是恨之深兼且无可奈何之故,古人对蚊子还不乏以诗文形式进行的口诛笔伐。《平望蚊子二十六韵》只是其一。漫说蚊子,《杨文公谈苑》在收有朱贞白《咏刺猬》("行似针毡动,卧似栗球圆。莫欺如此大,谁敢便行拳")的同时,还另附了一首《题狗蚤》,瞧,连寄生在狗身上的跳蚤都可以入诗。当然,古人对蚊子之类不惜重墨,并非闲得无聊,而是以此来抒发心中的愤懑。从朱贞白的嘲咏皆能"曲尽其妙,人多传诵"的事实看,他对刺猬、狗蚤等的感慨也引起了时人的共鸣。

《倦游杂录》云,范仲淹监泰州西溪(今江苏东台)盐场税,那里"地多蚊蚋",乃作诗云:"饱似樱桃重,饥如柳絮轻。但知从此去,不用问前程。"蚊蚋即蚊子,因其特性是吸血,吸人或畜身上的血,因此蚊蚋的另一义项是比喻坏人。韩愈在《与鄂州柳中丞书(第二首)》中写到:"比常念淮右以糜弊困顿三州之地,蚊蚋蚁虫之聚,感凶竖煦濡饮食之惠,提童子之手,坐之堂上,奉以为帅。"这里就是把蚊蚋当坏人的意思来用的。那么,范仲淹的这一首咏蚊,虽然看上去是把蚊子醉生梦死的形象描写得淋漓尽致,但是度其语意,分明让人感到是在抨击泰州的吏治,抨击那些得捞就捞、捞了就算根本不顾后果的腐败分子。

《水东日记》里存有一篇南宋名相虞允文的《诛蚊赋》，对蚊子的嫌恶更发挥得淋漓尽致。关于虞允文，毛泽东读《宋史·虞允文传》时有个眉批："伟哉虞公，千古一人。"《诛蚊赋》据说是虞允文早年的手笔，同时他还有一篇《辨鸟赋》，以鸟乌私情，传人间至孝，文章情真意切，摧肝裂胆，可媲美李密《陈情表》。《水东日记》云，《诛蚊赋》由虞允文五世孙、元朝虞集"偶得此卷，录送上人"，今天故宫博物院所藏虞集行书《诛蚊赋》，很可能就是这个。虞集也是一位著名的文学家，其《挽文丞相》——徒把金戈挽落晖，南冠无奈北风吹。子房本为韩仇出，诸葛宁知汉祚移。云暗鼎湖龙去远，月明华表鹤归迟。不须更上新亭望，大不如前洒泪时——被认为是元诗中的佳作，诗人把自己极为深沉的民族感情、历史兴亡感都融进了严整的艺术形式之中。《南村辍耕录》作者陶宗仪说："读此诗而不泣下者几希。"

《诛蚊赋》起首便交待了作赋的动机："江水乡蚊蚋甚恶，予方穷居，日以为苦，因哀腹笥，得蚊事廿有七。"既然"古圣贤无一言之褒"，那么蚊子"是为可诛也"。然后他说，蚊子这东西真不能小看，表面上，它"利觜逾麦芒之纤，狭翅过春冰之薄"，孱弱得很，但"其赋形而至眇，其为害而甚博"。就这么个不起眼的小东西，"伺人于燕息，则东家之梦何缘而见姬旦；嬲人于尊俎，则鹿鸣之燕何由而娱嘉宾？"硬是让人睡不安宁，吃不痛快。你看它，一旦发现目标，"载引其类，载鼓其翅，但知进而忘退，不顾害而贪利"，直至达到"引利喙以竞进，共呈贪心而自腴"。虞允文更极端轻蔑地写道："可怜尔之轻而贬，不耻人之厌且辱也。"吃饱了、喝足了，自己在那里洋洋得意，浑然不觉或不睬人类的憎恶，真是可悲啊！所以虞允文主张对蚊子必要诛杀之，以"不复使无用之物，无穷之毒,存于世间"。读赋至此,谁还会以为作者单纯地在说蚊子呢?

有人说,《诛蚊赋》以蚊蚋为毒人间,暗喻当时完颜氏的金政权"逞威于河内"。很有这个可能。虞允文本人就是抗金名臣,他早年使金时,见其"运粮造舟者多",且听金主完颜亮曰"我将看花洛阳",回来后即"奏所见及亮语,申淮、海之备"。在以后的战争中,还赢得了采石大捷。毛泽东所以给虞允文那么高的评价,就在于虞允文这一仗以少胜多,创造了中国古代战争史上的一个奇迹。《诛蚊赋》虽然没提到"金"字,"但类非出于华胄,实尽衔于毒蛰,宜见憎于世俗,夫岂间于今昔"之类的句子,指向则非常明显。另外,《水东日记》在《诛蚊赋》之后记录了一些前人反响,也很能说明问题。鲁重父说:"观其《诛蚊赋》,所谓'使天下之为人臣者得以安其君,天下之为人子者得以宁其亲',则知公之志诛恶锄奸者,欲以宁君亲也。"柯九思说:"因读《诛蚊赋》,深怜爱国情。"苏大年说:"观雍公少年之作,可以豫见报国之志。"

由蚊子很容易像范仲淹那样想到贪官。首先他们都是吸血为生,蚊子吸的是生物人的血,贪官吸的是社会的血。其次他们都危害极大,蚊子传播的疾病达80多种之多,地球上再没有哪种动物比它对人体有更大的危害,而贪官对人类社会肌体的戕害,也是一时无两吧。

虱子

4月16日（2009），张爱玲遗作《小团圆》在北京举行首发式。正如媒体报道所言，在孤零零死去若干年后，张爱玲再次红破了半边天。这20年，她的作品被反复编选、出版数十种，每都被冠以"贵族""旷世""奇女子""天才"的标签，各路文学青年更是言必称张爱玲，尤其喜欢引用张的名句："人生是一袭华美的袍，上面爬满了虱子。"对这句话的解读众说纷纭，张爱玲离世越久，越会是一出"罗生门"吧。

虱子是一种寄生虫，寄生在人畜身体上，吸食血液。这东西十分讨厌，如《宋书·索虏传》若库辰树兰所云，寇扰疆场，"臂犹蚤虱疥癣，虽为小痾，令人终岁不安"。当然，不光是人不安了，《韩非子》里有"三虱争讼"，三只虱子都想吸猪身上的"肥饶之地"，想来猪亦不安。《西游记》第七十一回，孙悟空利用虱子的特性，还把它当成了武器。他先变成苍蝇钻进妖怪洞里，再变成春娇伺候妖王，接着就是"拔下毫毛一把，嚼得粉碎……变做三样恶物，乃虱子、虼蚤、臭虫，攻入妖王身内，挨着皮肤乱咬"，弄得"那妖王燥痒难禁，伸手入怀揣摸揉痒，用指头捏出几个虱子来，拿近灯前观看"。娘娘事先跟悟空通过气，知道是怎么回事，但故意说："大王，想是衬衣襬了，久不曾浆洗，故生此物耳。"妖王还很不好意思,惭愧道:"我从来不生此物,可可的今宵出丑。"娘娘倒很善解"妖"意:"大王何为出丑? 常言道:'皇帝身上也有三个御虱'哩。且脱下衣服来,等我替你捉捉。"

生虱子,生活中确是比较难堪的一件事情。王利器先生辑《历代笑话集续编》里有一则"虱子",说某人在朋友面前捉到一虱,欲存体面,故意丢掉,啐曰:"我只道是个虱子。"哪知朋友存心想要拆穿他,捡起来看了看,曰:"我只道不是个虱子。"相形之下,"我只道是个虱子"远没有阿 Q 来得率真。当然,也可以认为阿 Q 但求精神胜利而不及其余。《阿 Q 正传》云,有年春天,阿 Q"醉醺醺的在街上走,在墙根的日光下,看见王胡在那里赤着膊捉虱子,他忽然觉得身上也痒了起来",然而,"翻检了一回,不知道是因为新洗呢还是因为粗心,许多工夫,只捉到三四个。他看那王胡,却是一个又一个,两个又三个,只放在嘴里毕毕剥剥的响"。结果,"看不上眼的王胡尚且那么多,自己反倒这样少,这是怎样的大失体统的事呵! 他很想寻一两个大的,然而竟没有,好容易才捉到一个中的,恨恨的塞在厚嘴唇里,狠命一咬,劈的一声,又不及王胡的响"。阿 Q 因此由失望到不平,终于忍不住和王胡交起手来,却也因此在记忆中留下了"生平第一件的屈辱"。

把捉到的虱子扔进嘴里咬一下,是一项传统习俗。《鸡肋编》云,庄绰"尝泊舟严州城下,有茶肆妇人少艾,鲜衣靓妆,银钗簪花,其门户金漆雅洁",但是,她们"取寝衣铺几上,捕虱投口中,几不辍手,旁人笑语,不为羞。而视者亦不怪之"。《齐东野语》亦云,周密"时见山翁野媪,扪身得虱则致之口中,若将甘心焉,意甚恶之"。不过,他觉得野老嚼虱"自有典故,可发一笑"。如战国时范雎对秦昭王说过:"得宛,临流阳夏,断河内,临东阳邯郸,犹口中虱。"王莽时校尉韩威说:"以新室之威,而吞胡虏,无异口中蚤虱。"三国时曹植也说过:"得虱者,莫不劗之齿牙,为害身也。"不过,不是"嚼虱"自有典故,而是"嚼虱"催生典故吧。

人长虱子,一个原因是不讲卫生,就像《西游记》里娘娘寒碜妖王,"想是衬衣久不曾浆洗",不过,既然皇帝身上也会有三个御虱,别人就更不用说了。《墨客挥犀》云王安石有天上朝,忽然虱子从衣领中爬出来,"直缘其须"。神宗皇帝看见了,为之一笑,安石自己并不知道。退朝后,王禹玉"指以告公",安石"命从者去之"。王禹玉说别弄掉,这虱子"屡游相须,曾经御览",安石也给逗笑了。不长虱子,就需要经常清洁。庄绰说他在剑川见一间僧舍,"凡故衣皆煮于釜中,虽裈裤亦然"。用开水烫,是最常见的除虱法。可是,《邵氏闻见后录》还介绍了颇为怪异的一种。邵博说那是吕晋伯的偏方:吸北方之气喷笔端,书"钦深渊默漆"五字,置于床帐之间,就可以了事。邵博不知自己试验过没有,但言之凿凿"公资正直,非妄言者"。不过我们即便不用实验也知道,那绝对是妄言无疑。

《管锥编》引东汉马援《击寻阳山贼上书》曰:"除其竹木,臂如婴儿头多虮虱,而剃之荡荡然,虮虱无所复依。"马援是打比方,然"上大悦"的结果,却是"因出小黄门,头有虱者,皆剃之"。虱子因为吸人的血,也用来被比作作恶为害的人。虱官,就是指蠹国害民的人或事。《商君书》云:"农、商、官三者,国之常官也。"又云:"治国之举,贵令贫者富,富者贫。贫者富,国强;富者贫,三官无虱。国久强而无虱者,必王。"别的观点可以商榷,然商鞅的"官无虱"说,无疑今天也是值得注意的。

II

植 树

3月12日是我国的植树节。像其他的节日一样,这一天地不分南北,都集中搞相应的活动,植树节是集中出动植树。因为成了"规定动作"之故吧,一些地方往往要绞尽脑汁来为自己的活动赢得声势,种了多少、活了多少都在其次,首要的是得让别人知道我很重视,去种了。因此围绕植树,每年基本上都有负面新闻。今年(2015),湖南永州零陵区的此类活动又落入窠臼,在那里,动员大会主席台铺着大红地毯没人会感到奇怪,见惯了,奇怪的是通向植树地点的道路同样铺着地毯!能不千夫所指?

植树的重要性前人早就认识到了,历代历朝参差万别,在提倡植树这一点上却有着惊人相似的一致。周朝即"列树以表道,立鄙食以守路",道路两旁栽种成列的树木以为标志,沿路再设立馆舍以接待过往官员和信使。那么,《诗·小雅》中的"周道如砥,其直如矢",该是我们不难想象的诗意情景了。行道树是否就此起源,交给专家去研究,总之这种景观后来司空见惯。秦始皇统一之后,"为驰道于天下,东穷燕、齐,南极吴、楚,江湖之上,濒海之观毕至。道广五十步,三丈而树,厚筑其外,隐以金椎,树以青松"。(《汉书·贾山传》)隋炀帝开凿大运河,"两岸为大道,种榆柳,自东都至江都二千余里,树荫相交"。(杜宝《大业杂记》)又,冯贽《南部烟花记》云:"炀帝树堤,诏民间有柳一株,赏一缣。"属实的话,可窥隋朝鼓励植树之一斑。

在前人"三观"里,植树与人之生死亦关联在一起。贾思勰《齐民要术》是世界农学史上最早的专著之一,总结了世纪以前黄河中下游地区农牧业生产经验,书中专门有一章《栽树》:"先为深坑,内树讫,以水沃之,著土令如薄泥,东西南北摇之良久,然后下土坚筑,时时溉灌,常令润泽。"为什么要摇呢?"摇则泥入根间,无不活者;不摇根虚多死"。在《种榆》章则这样记载:"男女初生,各与小树二十株,比至嫁娶,悉任车毂。一树三具,一具直绢三匹,成绢一百八十匹:娉财资遣,粗得充事。"就是说,婴儿出生时,专门为之栽种 20 棵榆树;等到长大该结婚了,小树也长成了大树。榆树可以做车辐辘,一棵树能做三副,按一副值三匹绢来算,基本上聘礼就够了。可惜,对女孩那 20 棵树出于怎样未雨绸缪的考虑,书中没有交代,基本上够嫁妆了吧。《齐民要术》还有个"樊重树木"的故事:樊重想做家具,先种梓树和漆树。旁人笑他,等能做成家具的时候你都老了,用得上吗?但樊重照种不误,"积以岁月,梓漆皆得其用",而先前那些笑话他的,"咸来求假焉"。元人编纂的《农桑辑要》讲到了漆树,"春分前后移栽,候树高,六七月以刚斧斫其皮开,以竹管承之,汁滴则成漆"。古人植树,是施之自然再取之自然的一种,看《清稗类钞》对树木的介绍,大抵都有"可做器物"的字样,一如前些年动物园对动物的介绍:肉可食。

有人出生要植树,有人故去同样要植树。《左传·僖公三十二年》中有著名的"蹇叔哭师",蹇叔谏阻伐郑,秦穆公很不高兴,诅咒说:"尔何知?中寿,尔墓之木拱矣!"你要是早点儿死掉,坟墓上的树木该有两手合抱那么粗了。恶毒归恶毒,表明从前在坟地上植树是必然动作。唐朝沈佺期诗云:"北邙山上列坟茔,万古千秋对洛城。城中日夕歌钟起,山上唯闻松柏声。"北邙,坟墓的借指,沈诗从侧面道出了彼处是何等郁郁葱葱。一般来说,祖坟的树还是动不得的,在从前的宗族族规里,动了如何,都有严格的惩戒条款。曲阜的孔林,即孔子及其后裔的墓地,如今已成世界文化遗产的一部分。

《战国策·魏策》中,田需得到魏王宠幸,惠施提醒他要打点好魏王身边的人,以种树喻之:"今夫杨,横树之则生,倒树之则生,折而树之又生,然使十人树杨,一人拔之,则无生杨。"比喻是基于现实的,等于在说"毁树容易种树难",所以种下后不能拉倒,还要爱护。不要"拔之"固是一种爱护,《孟子》所说的"斧斤以时入山林,材木不可胜用也",是另一种爱护。按照《逸周书》的说法:"禹之禁,春三月,山林不登斧,以成草木之长;夏三月,川泽不入网罟,以成鱼鳖之长。"意味着在神话时代,我们的祖先就知道封山育林和休渔了。

可惜的是,有些道理今天也认识到了,承继了,有些却还没有。"植树造林,绿化祖国",是我们都耳熟能详的一句口号,但是不知从什么时候起,前半句被人改成了"植树造'零'"。有绿化专家早就算过账,如果按照每年植树节各地上报的数字相加,我们国家把城市街道、公路,甚至江河湖海面积都算上,也栽上两遍了。这就表明,一些人虽然口号喊得山响,却根本没有认识到植树究竟是为了什么,于是,本来"功在当代,利在千秋"的事情就异化成了他们表功的资本,当作向上爬的工具。零陵区"踩红地毯植树"这类"花架子",就是为"零"的前提或必然结果。

木棉

　　街上所见,木棉中性急的那些已经开花了。早些年广州城的这种情形,可借用杨万里的句子来描述:"却是南中春色别,满城都是木棉花。"黄遵宪《春夜怀萧兰谷》有"隔墙红遍千株树,何日能来看木棉",以木棉为媒介来邀请远方的客人,亦可窥此花的魅力。每逢这个时节,广州不少市民还会捡拾掉落的木棉花,倘若被坠落时的胖胖花瓣"击中",带来的只是无比快意。老广用木棉花来煲汤,据说清热祛湿;再从前还用来做枕头,甚至棉衣、棉被。可惜现在木棉树明显少了,城市道路拓宽而"殃及池鱼"是一种因素;还有种说法,木棉飘出的棉絮容易导致人体过敏,不利健康。总之,木棉树的批量消失出于人为,因而这几年不断有本土政协委员提案呼吁种植。

　　广州木棉树属于落叶乔木,还有一种木棉属于草本或灌木,元代司农司编纂的《农桑辑要》将之归在"播种"条下,其"栽木棉法"有"深耕三遍""作成畦畛"的字样。显然,两种木棉名相同而实不同。耶律楚材诗云:"西方好风土,大率无蚕桑;家家植木棉,是为垅种羊。"明朝中后期有人著书谈到"中州沃壤,半植木棉,乃棉花尽归商贩",说的都是后一种。孙机先生认为,这种木棉虽然在近代栽培棉种已被淘汰,但在考察我国植棉史时还是应当予以注意。广州的木棉,有人考证文字记载最早出自汉刘歆所撰、晋葛洪所集之《西京杂记》:"积草池中有珊瑚树,高一丈二尺,一木三柯,上有四百六十二条,是南越王赵佗所献,号为烽火树。至夜,光景常欲燃。"柯,草木的枝茎。这里的珊瑚树或烽火树,被认为就是木棉树。在前人笔下,珊瑚、烽火、木棉,的确每每关联。如清朝屈大均诗,有"南中多怪木,巨者惟木棉。柯作女珊瑚,丹葩烧天边。开时无一叶,一一烽火然";陈恭尹诗,有"巢鸟须生丹凤雏,落英拟化珊瑚树"。

赵佗的进贡应该只是想开开中原皇帝的眼界,属于落叶乔木的木棉终究只是适宜生长在热带及亚热带地区,具有鲜明的岭南特色。明朝江苏昆山人王临亨在"奉命虑囚岭南"时写了部《粤剑编》,"非目之所睹、迹之所历与身之所接者,弗纪,志实也",这一出发点使该书为研究斯时广东政治时事、社会习俗、山川物产、古今遗迹提供了许多史料。在"志物产"开篇未几,王临亨写到了木棉:"木棉花,二月中开。树高四五丈,花类山茶,而瓣尖大者如碗。其不及山茶者,着花时无叶耳。"虽然简略,但还是描绘出了木棉的特征,以开花时有叶无叶而判断及与不及是否客观,另当别论。顺便道及,王临亨有句名言:"身非不爱钱,独不爱负心钱。"

屈大均作为广东学者,对故乡的木棉自然情有独钟,其《广东新语》中多处提到木棉。说唐朝节度使卢均在广州白云山"列植木棉、刺桐诸木,花敷殷艳,十里相望如火";说南海神庙"多木棉,其种自海外来,树高数十尺,喜温恶寒,莫能过岭以北。花类玉兰,色正赤而无香,结实如酒杯。老而飘絮,著土自生,盛于荒滩闲址。集其絮可席以坐,柔而少温,若芦花然";说木棉本身,"高四五丈,花殷红,朵大于杯,花落则絮蕴焉。春暮时漫空而飞,采之,其粗者可以为褥"。以上散见于《山语》《宫语》《货语》,在专门记载植物的《木语》中,更辟出"木棉"条目,在全方位予以介绍的同时,溢美之情跃然纸上。木棉,"高十余丈,大数抱,枝柯一一对出,排空攫挐,势如龙奋";木棉,"脆不坚韧,可絮而不可织,絮以褥以蔽膝,佳于江淮芦花";木棉,"(盛发)时光气熊熊,映颜面如赭。花时无叶,叶在花落之后,叶必七,如单叶茶。未叶时,真如十丈珊瑚"。由他的记录我们知道,彼时溯珠江而至肇庆,"夹岸多是木棉,身长十余丈,直穿古榕而出,千枝万条,如珊瑚琅玕丛生。花垂至地,其落而随流者,又如水灯出没,染波欲红",且"连村接野,无处不开,诚天下之丽景也"。

　　木棉树又被称为英雄树,最早提出的当是上面那位陈恭尹,其《木绵花歌》云:"粤江二月三月天,千树万树朱华开。有如尧时十日出沧海,又似魏宫万炬环高台。覆之如铃仰如爵,赤瓣熊熊星有角。浓须大面好英雄,壮气高冠何落落!后出棠榴枉有名,同时桃杏惭轻薄。祝融炎帝司南土,此花无乃群芳主?巢鸟须生丹凤雏,落英拟化珊瑚树。岁岁年年五岭间,北人无路望朱颜。愿为飞絮衣天下,不道边风朔雪寒。"陈恭尹与屈大均、梁佩兰并称岭南三大家,又为清初广东第一隶书高手。一个重要的背景是,他们还都是明朝遗民。与梁佩兰在康熙年间终于博取功名不同,屈、陈两人以布衣终老,不事新朝,且以反清复明为己任。《木绵花歌》中的"朱"字以及木棉花耀眼夺目的"红"字,表明了他的价值取向。实际上,屈大均之"受命炎洲丽无匹,太阳烈气成嘉实。扶桑久已摧为薪,独有此花擎日出",与之异曲同工。那么,将木棉树誉为英雄树的初衷,应该是他们在借木棉而咏志吧。

榕树

12 月 12 日（2021），在广州召开的广东全省领导干部大会指出，2020 年底以来，广州市在实施"道路绿化品质提升""城市公园改造提升"等工程中，大规模迁移砍伐城市树木，严重破坏了城市自然生态环境和历史文化风貌，伤害了人民群众对城市的美好记忆和深厚感情，是典型的破坏性"建设"行为，造成了重大负面影响和不可挽回的损失，错误严重、教训深刻。

包括笔者在内的广州人都知道，他们砍的主要是榕树。

我最早知道榕树，始于小时候看舞剧《红色娘子军》。娘子军连党代表洪常青就义，是被南霸天烧死在榕树下。当时心里嘀咕：榕树是什么树？我们北方人举目所见，尽皆杨柳榆槐。20 世纪 80 年代中负笈岭南，终于见识了榕树，也是举目所见，校园里便为数不少。嵇含《南方草木状》云："榕树，南海、桂林多植之。叶如木麻，实如冬青，树干拳曲，是不可以为器也。其本棱理而深，是不可以为材也。烧之无焰，是不可以为薪也。以其不材，故能久而无伤。其荫十亩，故人以为息焉。而又枝条既繁，叶又茂细，软条如藤，垂下渐渐及地，藤梢入土，便生根节，或一大株，有根四五处，而横枝及邻树，即连理。"这几句，基本道出了榕树的外观及特性。

榕树可以大到什么程度？王士性《广志绎》云："枭司分道中一树，根下空洞处可列三棹，同僚尝醵饮其中。余参藩广右，尝过榕树门下，树附地而生，剜其根空处为城门也。"顾炎武《读史方舆纪要》云，桂林城南门宁远门即榕树门，"相传唐时筑此城，门上植榕树一株，岁久根深，跨门内外，盘错至地，分而为两，天然城门，车马往来经于其下"。

　　明叶权《游岭南记》对翻越大庾岭（即梅岭）时的"松"留下了深刻印象，连用27个"有……者"进行拟人化的描写，如"有平易疏秀，不偏不倚，清颜都貌，如美丈夫者"等。这个"松"，很可能就是"榕"。首先，《五杂组》云，闽人方言谓榕为松，且松之古字，"亦与榕通用矣"。其次，叶权交待这种松"实余所未睹者也"，因此，"客有问我岭南风物者，首为谈之"。而叶权是安徽休宁人，没理由没见过松树。今休宁县隶属黄山市，松是黄山的招牌。第三，像这些描写，如"有枝连干结，一偃一仰，交袂接臂，两相牵扯者"等，正是榕的特征。第四，宋吕定《度大庾岭》诗云："凿破鸿蒙一窍通，至今传说九龄功……鹧鸪声里端阳近，榕树青青荔子红。"明确提到岭上确实有榕。叶权写了这么多是想说，梅岭得名不确，该叫松岭。而倘松实为榕，又该叫榕岭才是了。

　　《广东新语》对榕树，同样不吝赞美之词："榕，叶甚茂盛，柯条节节如藤垂，其干及三人围抱，则枝上生根，连绵拂地，得土石之力。根又生枝，如此数四，枝干互相联属，无上下皆成连理。"大榕树看上去，"如栋柱互相撑抵，望之有若大厦，直者为门，曲者为窗牖，玲珑四达，人因目之曰榕厦"。尤为重要的是："榕，容也。常为大厦以容人，能庇风雨，又以材无所可用，为斤斧所容，故曰榕，自容亦能容乎人也。"并且因为榕树"干多中空，不坚，无所可用，故凡为社者，以之得全天年。大者至数百岁，故夫望其乡有乔木森然而直上者,皆木棉也,有大树郁然而横垂者,皆榕也"。岭南乡村的村口,从前都有一棵大榕树,相当于村里的神树。

榕树作为热带常绿大乔木,分布自然不限于两广。《五杂组》还说:"榕木惟闽、广有之,而晋安城中最多,故谓之榕城,亦曰榕海。"晋安即现在的福州。编纂于宋太宗太平兴国年间的《太平寰宇记》,是继《元和郡县志》后宋代第一部地理总志,该书在介绍福州土产时提到了"榕",注云:"其大十围,凌冬不凋,郡城中独盛,故号榕城。"而福州榕树的郁郁葱葱,程师孟有锦上添花之举。褚人获《坚瓠集》云:"宋(神宗)熙宁中,闽越地多植榕树。其木拥肿,不中绳墨。郡守程师孟命闽人多植之。"程师孟很得意自己的种榕之举,还写了首诗:"三楼相望枕城隅,临去重栽木万枝。试问国人行住处,不知还忆使君无。"

前人栽树后人乘凉,造福后人的事情当然为后人所怀念。在广东种榕的前人,屈大均就列举了几位。一个是元朝仓振,其知新州(今广东新兴),"夹道植榕,其后高芝复植松。于是行旅歌之曰:'仓榕高松,手泽重重,高松仓榕,夹道阴浓。'"一个是不知何朝的金事刘洵,"修高、仓故事,自高要南岸至新兴,令里胥分地植榕,遣官以时验勤怠,至今榕树存者大十围"。再一个是明朝吴廷举,其为岭西副使时多种榕树,至于"高州(今广东茂名)道中,榕夹路垂阴,凡百株",父老称之"吴公榕"。而屈大均又说古榕还能知祸乱、卜休咎,对这种"采善而溢其美",只有付之一笑了。

倘屈大均在世当倍感遗憾的是,原本"自容亦能容乎人"的榕树,后半句没能行得通,它没有容乎某些大权在握者。一项数据显示,广州今年八条主要道路砍迁树7182棵,其中榕树4051棵。而在大规模砍树还在进行时的时候,民间就一派反对声浪,但他们一意孤行。此番10名主要领导干部被问责,得其所哉。

大树进城

这几天（2008）断断续续看了电视剧《闯关东》，关于传武和患病的鲜儿在木排上的那一段，不知怎地想到了各地流行已久的"大树进城"。可能放木排这一种是"死进"——砍倒了运进城，而各地急功近利搞绿化的那种是"活进"——囫囵移进城吧。

古代也有大树进城，也是这两种进法，"活进"跟今天差不多，"死进"则大抵是营建宫室的需要。王士性《广志绎》羡慕"长安宫殿惟秦、汉最盛"，其中一个原因就是当时"秦、陇大木多取用不尽"，大树有的是。然而到他所处的明朝就不同了，嘉靖时午门、三殿，万历时慈宁、乾清两宫火灾之后重修，"动费四五百万金，府库不足，取之事例（按成例的付给），不足，又取之捐俸，不足，又取之开矿"。而这些钱，主要都花在大树（木）进城上了，不仅"一木之费辄至千金"，而且"川、贵山中存者亦罕"，都给前人砍得差不多了；加上"千溪万壑，出水为难"，即使宫殿"欲效秦、汉，百一未能也"。

该书卷四"江南诸省"中的另一处记载，让我们看到了大树（木）进城的艰辛。王士性说，比较起来，"木非难而采难，伐非难而出难，木值百金，采之亦费百金，值千金，采之亦费千金"。他接着说的"上下山阪，大涧深坑，根株既长，转动不易，遇坑坎处，必假他木抓搭鹰架（施工时用以撑托的临时支架），使与山平，然后可出"，可窥这种运输法不仅运木头，还可能就是运大树，活的树才会"根株既长"。无论是运木头还是运大树，都实在劳民伤财，"一木下山，常损数命，直至水滨，方了山中之事"。承办的官员也辛苦异常，"风餐露宿，日夕山中，或至一岁半年"。当然，有的也可以从中找到门路。和珅当国时，"福建布政某承办木材，得一香樟，大十余围，高矗霄汉，乃伐而献于珅"，自福建运到北京，光运费就"至银三千余两"。这么大的树被和珅雕成了一只独木舟，"长四丈余，广一丈六尺，不加髹漆，香气馥郁"。这可不是印第安人划的那种原始货色，讲究得很，"舱舷宽敞，可容百人，中有镜台、书室，红轩碧厨，上筑台榭，后植花木"。不过，和珅还没来得及享受就出事了，乾隆对这个独木舟感慨万千："是奴所享受，朕亦不得望其项背也。国之精华，尽于是矣。"吩咐把它放在后海，自己也不坐，"目为妖物"。

宋代陈师道《后山谈丛》明确记载了"晁无咎移树法"，虽然简略，但不知后世移大树者如果祭祀，是否要将晁无咎当作行业神。其法曰："大根不可断，虽旁出远引，亦当尽取，如其横出，远近掘地而埋之，切须带土，虽大木亦可活也，大木仍去其枝。"今天的做法与之如出一辙。晁无咎就是晁补之，北宋著名文学家，无咎乃字。《宋史·晁补之传》载，他"十七岁从父官杭州，稡（汇集）钱塘山川风物之丽，著《七述》以谒州通判苏轼"，本来东坡也想写这么一篇，看了晁无咎的文章后感叹地说："吾可以搁笔矣！"还赞赏他文章"博辩俊伟，绝人远甚"，评价非常之高。不过，《宋史》里并没有提及他的"移树法"，可能在他而言属于小儿科吧。

"大树进城"的历史有多悠久？要待学者们去考证了。浏览所及，至少三国时就已经开始，依据是曹阄曹元首的名篇《六代论》。李善注，六代即夏、殷、周、秦、汉、魏，其转引《魏氏春秋》的话说："是时天子幼稚，冏冀以此论感悟曹爽，爽不能纳。"就是这么一篇政论文字，结尾打比方时谈到了"大树进城"，这么说的："譬之种树，久则深固其根本，茂盛其枝叶。若造次徙于山林之中，植于宫阙之下，虽壅之以黑坟（营养充分意），暖之以春日，犹不救于枯槁，何暇繁育哉。"接下来是他的引申："夫树犹亲戚，土犹士民，建置不久，则轻下慢上，平居犹惧其离叛，危急将如之何？"从逻辑上推断，倘若当时没有"大树进城"之举，曹元首当不会产生这一联想；再从不能造次移植来推断，那时可能已经积累了一定的移树技术。

《清稗类钞》里有一则"京城多古树"，说京城"每一坊巷，必有古而且大之树，约每距离不十丈，必有一株，外人常赞赏之，以其适合都市卫生之法也。且观其种植痕迹，似经古人有心为之者"，因为不同的地方栽种了不同的树种，"皆极参差蜿蜒之致"。现在的人没有"栽"的这种耐心了，他们要急于"见绿"而不想"建绿"，哪里需要干脆就从别的地方"移"，金钱开道，管他移来的是不是人家的生态。不仅不"建绿"，而且城市要拓宽道路，还对已经长成了的大树毫不留情，伐个精光……但晁补之所说的"虽大木亦可活"，恐怕只是理论上的结论。2006 年，仅仅经过一个冬天，南京市绿博园内移植进来的1000 多棵大树就因"水土不服"纷纷死亡，死亡率高达50% 以上。在有些地方，这个数字更高达70%！那么对许多大树来说，"进城"基本上意味着灾难。

向日葵

　　油菜花过季之后,海珠湖原地又换种了向日葵。昨日(2016)漫步其间,相当一部分已经长出了"黄盘",含苞的更不计其数,想来过几天就该很可观了。读书时暑假回齐齐哈尔,火车进入东北境内后,每能看到壮观的"黄海",那就是大面积种植的向日葵快到了收获时节。彼时东北的食用油主要就是葵花油,大家也爱嗑瓜子,本地叫"毛克",不知究竟是哪两个字,一种说法是老毛子(俄国人)喜欢嗑。

　　向日葵,一年生草本油料作物,最突出特点是一旦开花,圆盘"向日",对着太阳。辞书上说,向日葵起源于北美洲,1510年引入欧洲作观赏植物,1716年英国A.布尼安首次从种子中成功提取油脂,19世纪中叶作为油料作物开始大面积栽培。进入我国就更晚一些。有学者考证,向日葵在中国种植最早见于明朝王象晋的《群芳谱》:"丈菊一名西番菊,一名迎阳花。茎长丈余,干坚粗如竹。叶类麻。多直生,虽有傍枝,只生一花,大如盘盂,单瓣色黄。心皆作窠如蜂房状,至秋渐紫黑而坚。取其子种之,甚易生。"该书成于1621年,表明向日葵至少在17世纪初已经进入中国。

　　古籍中有许多"葵",尽管每每关联"日"或"向日",且道出了

"性向日"的鲜明特性，却并不是向日葵。

《淮南子·说林训》云："圣人之于道，犹葵之与日，虽不能与终始哉，其乡之诚也。"乡，即仰。圣人对宇宙万物本源的追求，就好像葵与太阳的关系，虽然不能与太阳共始终，但仰慕太阳的心是真诚的。《三国志·魏书·陈思王植传》载，曹植向皇帝哥哥曹丕恳求自己可以"存问亲戚"时有一番表白："若葵藿之倾叶，太阳虽不为之回光，然终向之者，诚也。窃自比于葵藿，若降天地之施，垂三光之明者，实在陛下。"葵藿，亦葵，是前人比喻下对上赤心趋向的常用语。但曹植此语点破了问题的实质，即"葵藿之倾叶"始终向着太阳，而不是说葵上面的那个"黄盘"。

葵的叶子在古代是一种蔬菜，《说文解字》就是这么释"葵"的，"菜也"。《左传·成公十七年》载："仲尼曰：'鲍庄子之知不如葵，葵犹能卫其足。'"杨伯峻先生注释："葵非向日葵，向日葵传入中国甚晚也。"且举《诗·豳风·七月》"亨葵及菽"，以及《周礼》《仪礼》均有"葵菹"（用葵叶所制酸菜）为例，证明这些"葵"即蔬菜，而向日葵的叶子是不能吃的。葵叶作为蔬菜，"不待其老便掐，而不伤其根，欲其再长嫩叶，故古诗云'采葵不伤根，伤根葵不生'，'不伤根'始合'卫其足'之意"。那么《左传》的这句话，孔子等于说鲍庄子亦即鲍牵真没什么用，连"犹能卫其足"的葵都不如。

在前人留下的诗句中，直接将"葵"与"太阳"关联的就更多了。杜甫《自京赴奉先县咏怀五百字》，有"生逢尧舜君，不忍便永诀。当今廊庙具，构厦岂云缺。葵藿倾太阳，物性固莫夺"。梅尧臣《葵花》，有"此心生不背朝阳，肯信众草能翳之。真似节旄思属国，向来零落谁能持"。苏轼《乞常州居住表》，有"愿回日月之照，一明葵藿之心"。司马光《客中初夏》更直截了当："四月清和雨乍晴,南山当户转分明。更无柳絮因风起,惟有葵花向日倾。"时王安石变法,司马光退居洛阳,其将"柳絮"和"葵花"设定为对立面,显然用前者来借指随风转舵的"墙头草",而以后者来借指始终如一的人,实则是在暗喻对变法的态度。王安石也非常鄙视"柳絮",他说过这么一句话:"自议新法,始终言可行者,曾布也;言不可行者,司马光也;余则前叛后附,或出或入。"此外,南宋刘克庄《葵》,有"生长古墙阴,园荒草木深。可曾沾雨露,不改向阳心"。明朝永乐时的蒋忠《墨葵》,有"密叶护繁英,花开夏已深;莫言颜色异,还是向阳心"。诸如此类,不胜枚举。

到了1688年,清朝康熙年间陈淏子纂辑《花镜》,首次使用"向日葵"这个名称:"向日葵一名西番葵,高一二丈。叶大于蜀葵,尖狭多刻缺。六月开花,每干顶上只一花,黄瓣大心。其形如盘,随太阳回转:如日东升则花朝东,日中天则花直朝上,日西沉则花朝西。结子最繁,状如蓖麻子而扁。"但陈氏又认为,向日葵"只堪备员,无大意味,但取其随日之异耳"。说明向日葵此时也还只是观赏之用。有意思的是,差不多同时期的文震亨说,葵花"一曰向日,别名西番莲"。而余少时生活在京郊顺义县南庄头村,那里叫向日葵正是西番莲! 唯彼时不知是哪三个字而已。

葵花子如今据说已为零食界之霸,吃法有好多种,最常见的是炒熟或者煮熟晾干。但在南庄头,我们还有另外一种吃法:径直拿着"黄盘",一边抠一边吃。此时的葵花子还疲软得很,严格来说也没什么吃头,但却是当年农村的常见情形,想来如今已成人类学概念中的"文化残存"了吧。

瓜子

1 月 11 日(2023),"傻子瓜子"创始人年广久因病去世,享年84 岁。

年广久以炒瓜子、卖瓜子起家,有"中国第一商贩"之称。卖瓜子时,"别人买一袋后,总会问这够秤吗,我就抓起一大把递到他手上"。因为这个举动,许多人说他是傻子,他索性以之自称。《邓小平文选》第三卷如此注释"傻子瓜子":"指安徽省芜湖市的一家个体户,他雇工经营,制作和销售瓜子,称为'傻子瓜子',得以致富。"年广久堪称中国经济体制改革的一位标志性人物。

如今说瓜子,人们马上想到零食,典籍中的瓜子则需甄别。《南史·孝义传上》载,韩灵敏"早孤,与兄灵珍并有孝性。母寻又亡,家贫无以营凶,兄弟共种瓜,朝采瓜子,暮生已复,遂办葬事"。《齐民要术·种瓜》"收瓜子法"云:"凡种瓜法,先以水净淘瓜子,盐和之"。这些"瓜子",指的就是瓜的种子。《太平寰宇记》载,幽州"土产"有"绵,绢,人参,瓜子,贡范阳绫,琉璃",这瓜子亦未知是否与食用相关。

从前的文学作品中,瓜子是常客。《红楼梦》第八回,下雪天,宝玉在薛姨妈家吃鹅掌鸭信要就一盅酒,吩咐不用暖,"我只爱吃冷的"。宝钗说:"酒性最热,若热吃下去,发散的就快,若冷吃下去,便凝结在内,以五脏去暖他,岂不受害?"宝玉"便放下冷酒,命人暖来方饮"。一旁的黛玉"磕着瓜子儿,只抿着嘴笑"。《老残游记》第二回,老残慕名到戏园子听白妞、黑妞姐妹说书,"满园子里的人,谈心的谈心,说笑的说笑。卖瓜子、落花生、山里红、核桃仁的,高声喊叫着卖"。《二十年目睹之怪现状》第三回,吴继之给"我"讲野鸡道台的故事,涉及了好多行业切口,其中有个"装干湿",就是"化一块洋钱去(找妓女)坐坐,妓家拿出一碟子水果,一碟子瓜子来敬客"。

黛玉、戏园子、窑子里嗑的瓜子是什么籽,都没有明说,如今零食中的主要是葵花籽、南瓜籽。报道说,年广久当年名片上印有蓝天白云的辽阔背景和若干朵金黄的向日葵,可见"傻子瓜子"以葵花籽为主。前文《向日葵》说了,向日葵在中国的种植最早记载见于明朝王象晋《群芳谱》,该书成于 1621 年即明熹宗天启元年,意谓在此之前的瓜子,不会是葵花籽。黛玉他们身处清朝,嗑葵花籽是可能的。吴其濬《植物名实图考》"丈菊"云:"此花向阳,俗间遂通呼向日葵,其子可炒食,微香,多食头晕。滇、黔与南瓜子、西瓜子同售于市。"吴其濬乃嘉庆状元,表明其时已有炒葵花籽,只是"多食头晕"不知从何讲起。

炒葵花籽越吃越香,有些地方将嗑瓜子称为"鬼扯手",一旦吃上就停不下来。我在东北生活的时候也是这样,因为嗑量极大,一般人家买瓜子都动用面口袋,像一袋粮食扛回来。20 世纪 80 年代中负笈广州,发现当地人嗑的是红瓜子,觉得既难嗑也不香。开始以为是西瓜籽,后来才知道是西瓜的近亲——打瓜的籽。嗑这种,是因粤人甚怕热气,而这东西不上火;所以染成红色,又因粤人凡事讲究好意头。某年寒假我负责看门,住在系里,刚好头天晚会剩下了大量红瓜子,闲得无聊,又不想浪费,终于嗑出了门道:一击而中,空壳不散,呈鸭嘴状。

取其形状相似之故吧,瓜子溢出食用范畴后,也有多种表达。如瓜子脸,即微长而窄,上部略圆、下部略尖的面庞,这是生活中很多人向往的一种脸型。《老残游记》中的王小玉便是,"瓜子脸儿,白净面皮,相貌不过中人以上之姿,只觉得秀而不媚,清而不寒"。又如瓜子金,既是一种植物,也是一种砂金。作为植物,《植物名实图考》有详细介绍,"长根短茎,数茎为丛,叶如瓜子而长"云云。作为砂金,《癸辛杂识》云:"广西诸洞产生金,洞丁皆能淘取。其碎粒如蚯蚓泥大者,如甜瓜子,故世名瓜子金。"其中,以"金色深紫"的为"金之绝品"。因为银之"绝品则色青",所以"金紫银青"也是"达官显贵"的代名词。

瓜子金在现实生活中曾经普遍使用。《宋史·赵普传》载,开宝六年(973),太祖光临赵普家,"时钱王俶遣使致书于普,及海物十瓶,置于庑下。会车驾至,仓卒不及屏"。太祖问瓶里是什么东西,"普以实对"。太祖曰:"海物必佳。"即命启之。不料,里面不是海产,"皆瓜子金也"。赵普吓坏了,赶快谢罪:"臣未发书,实不知。"太祖只有感叹的份儿:"受之无妨,彼谓国家事皆由汝书生尔!"别的不说,钱俶的障眼法今日不是也似曾相识吗?

当年,在街头卖瓜子的个体商贩,何以引起中央高级领导的关注?无他,改革开放初期,年广久突破性的一举一动,有"个体经济发展晴雨表"的意味。年广久雇佣了工人,是不是"剥削"曾引起很大争论。《邓小平文选》收录小平同志在1984年的一次讲话中指出:"那个能影响到我们的大局吗?如果你一动,群众就说政策变了,人心就不安了。你解决了一个'傻子瓜子',会牵动人心不安,没有益处。"为年广久撑腰,体现的是改革开放的意志不会动摇。

竹子

7 月 14 日(2016)，中国科学院向社会公布了经过近三年研究而遴选出的 88 项中国古代重大科技发明创造，细分为三类：科学发现与创造、技术发明、工程成就。遴选的依据是，"某项发明的原创性，要有可靠的考古或文献证据，能证明它是迄今所知世界上最早的，或者属于最早之一且独具特色"。这项成果对于提振民族自信心大有裨益。

在 43 项"技术发明"中，"竹子栽培"位列其一，年代是 3000 多年前，就是说商周时候就种竹子了。汉字的"竹"即象形字，与竹叶的形状庶几近之；英文的"竹(bamboo)"则是形声字，来源于竹茎燃烧时发出的爆裂声响。这跟我们的爆竹得名相近。在火药尚未发明的年代，前人驱逐瘟神时用火烧竹子，使之爆裂发声，后世的"爆竹"便由此得名。竹子是一种多年生的禾本科木质常绿植物，一般为木本，近年也发现了少数草本和近草本的种类，其与中华民族文化的发展有着相当密切的关联。从这点来看，"竹子栽培"起源于我们这里，何其幸也。反过来看，也正是因为起源于我们这里，才与我们的文化水乳交融吧，尤其是作为文化载体。

《诗·卫风·淇奥》每章均以"绿竹"起兴，"瞻彼淇奥，绿竹猗猗"云云，借绿竹的挺拔、青翠、浓密来赞颂君子的高风亮节，开创了以竹喻人的先河。淇，淇水；奥，弯曲处；猗猗，长而美。《诗》所收集的是西周初年至春秋中叶（前11世纪至前6世纪）的作品，那么结合中科院的成果等于是说，竹子栽培技术诞生未几，已被民间娴熟地运用于比拟了。竹子清姿瘦节，挺拔高傲，又虚心自持，刚直不阿，亦每为文人雅士所寄托、所追求、所自况。魏晋南北朝那帮名士如"竹林七贤"，就常常聚集于山阳（今河南修武）竹林之下肆意酣畅。《世说新语·任诞》云，王子猷尝暂寄人空宅住，便令种竹。或问："暂住何烦尔？"子猷啸咏良久，直指竹曰："何可一日无此君！"《宋书·袁粲传》载，袁粲为丹阳尹，"虽位任隆重，不以事务经怀"，但是喜欢竹子，"郡南一家颇有竹石，粲率尔步往，亦不通主人，直造竹所，啸咏自得"。

唐宋一些文人延续了这一传统。比如王维在书斋周围栽满绿竹，取名"竹里馆"，且有诗云："独坐幽篁里，弹琴复长啸。深林人不知，明月来相照。"篁者，竹也。白居易家，"五亩之宅，十亩之园，有水一池，有竹千竿"。苏舜钦则"构亭北原碕，号沧浪焉。前竹后水，水之阳又竹，无穷极。澄川翠幹，光影会合于轩户之间，尤与风月为相宜"。到东坡，定了条标准："宁可食无肉，不可居无竹。无肉令人瘦，无竹令人俗。人瘦尚可肥，士俗不可医。"鉴别一个人雅还是俗，就看他喜不喜欢竹子。到郑板桥，干脆是"无竹不入居"。诗书画三绝的他，一生画竹，题画时也每每言竹，如"余家有茅屋二间，南面种竹。夏日新篁初放，绿荫照人。置一小榻其中，甚凉适也"。又如，"茅屋一间，新篁数竿，雪白窗纸，微浸绿色。此时独坐其中，一盏雨前茶，一方端砚石，一张宣州纸，几笔折枝花。朋友来至，风声竹响，愈喧愈静；家僮扫地，侍女焚香，往来竹阴中，清光映于画上，绝可怜爱。何必十二金钗，梨园百辈，须置身于清风静响中也"。

而"竹子栽培"在文化领域产生的最重要贡献,我以为还不是满足文人自身追求,而是成为古代文献的重要载体。简牍帛书,乃纸张发明和广泛应用前的书写材料,其中的简主要就是竹简。研究先秦史不可或缺《竹书纪年》,这部战国时的魏国史书原本没有书名,后世以其所记史事属于编年体而称之《纪年》,又以原书载体为竹简而称之《竹书》。那是西晋盗墓者发现的,后世的考古发掘又有睡虎地秦简、居延汉简、银雀山汉简、尹湾汉简等无比重要的发现,为历史研究提供了宝贵的第一手资料。

　　从竹子到竹简,要完成几道工序。首先是选材,绝大部分是选取竹节间距较大的中间部分,30厘米左右长度正好。其次是析治,剖成片状,加工成条形,再刮,把书写的一面打磨光滑。第三要杀青。按西汉刘向的说法,"新竹有汁,善折蠹,凡作简者皆于火上炙干之"。因为烤的时候竹上有水分渗出,像人流汗,又称汗青。文天祥之"留取丹心照汗青"为什么等同青史留名,就非常容易理解了。第四要编联。就是把用许多枚竹简写好的内容"装订"成册,因此要在简上钻孔。顶上钻一个孔的,叫一道编;等分钻两个孔的,叫两道编。最多的有五道编,越多自然越结实。绳子则主要是麻绳。《史记·孔子世家》载,孔子晚年喜欢读《周易》,至于"韦编三绝"。传统认为"韦编"是编简的熟牛皮绳子,孔子多次翻断,表明读书勤奋,但商承祚先生不认同此说,当然,也有人不认同商老此说。

　　"衙斋卧听萧萧竹,疑是民间疾苦声。些小吾曹州县吏,一枝一叶总关情。"当年,郑板桥在修身养性之余,没忘民间疾苦,这就把文人雅士单纯的自我陶醉提升了一个境界。前人发明"竹子栽培"在满足实用的同时,也算是得其所哉。

桂花

昨天（2016）到广州农讲所去看《进击的巨人——从19世纪法国漫画看雨果》展览。一进院子，先闻到了桂花香味。细一看，果然种了不少，有的已经成树，有的还形同荆条。张九龄《感遇》诗云："兰叶春葳蕤，桂华秋皎洁。欣欣此生意，自尔为佳节。"桂花即秋季开花，花簇生于叶腋，黄色或黄白色，非常芳香。前几天在杭州，遗憾的是没能像白居易那样"山寺月中寻桂子，郡亭枕上看潮头"，时令刚刚与桂子飘香擦肩而过，至于钱塘大潮就错过得更远。要满足此一嗅一睹，只能寄望"何日更重游"了。

桂花是中国传统十大名花之一，集绿化、美化、香化于一体，属于观赏与实用兼备的优良园林树种。"何须浅碧轻红色，自是花中第一流。"李清照对桂花给予了极高评价。范成大《桂海虞衡志》云："桂，南方奇木，上药也。桂林以桂名，地实不产，而出于宾、宜州。"这话现在要给桂林人看到恐怕会非常生气，因为他们认为本地得名正源于桂花成林。桂林我只到过一次，那是2012年4月，并非桂花袭人时节，因而没有相应的感性认识，但听领略过的人说，桂花成林确实不虚。苟如此，恐怕不能排除后来"补种"的结果。就像肇庆鼎湖山，前些年才在山上建了个宝鼎园。今天认为，《桂海虞衡志》考察了以桂林为中心的广右地区动植物,堪称该地区的博物志,具有很高的历史价值与科学价值。那么,这句"地实不产"便断非妄言。当然是书也不免妄言的成分,比如:"凡木叶心,皆一纵理,独桂有两纹,形如圭,制字者意或出此。叶味辛甘,与皮无别,而加芳美。人喜咀嚼之。"那个桂心"形如圭"的说法就属此类。陆游祖父陆佃也说过:"桂犹圭也。宣导百药,为之先聘通使,如执圭之使也。"钱超尘先生在《中医古籍训诂研究》中指出,这是穿凿附会的训诂,因为"桂与圭除了声音相同,桂以圭为声符以外,没有任何词义方面的联系"。

　　《杨文公谈苑》在说到徐锴"博物多识"时举了一例。南唐李后主尝召徐锴于清暑阁,"阁前地悉布砖,经雨,草生缝中",后主觉得拿那些草没办法,徐锴就说《吕氏春秋》有"桂枝之下无杂木"的记载,因为"桂枝味辛螫"。于是后主令"取桂屑数斗,匀布缝中",果然"经宿草尽死"。但沈括不同意"辛螫"说,辛螫指毒虫刺螫人或比喻荼毒、虐害。在沈括看来,"桂之杀草木自是其性,不为辛螫也"。他又举了《雷公炮炙论》中的"以桂为丁以钉木中,其木即死",认为"一丁至微,未必能螫大木,自其性相制耳"。不论桂"性"如何,古人是高看它一眼的。《太平广记》有"服桂"条,云"赵他子,服桂二十一年,毛生。日行五百里,力举千斤"。《本草纲目》讲到"菌桂",亦引《本经》云其主治"百病,养精神,和颜色,为诸药先聘通使。久服轻身不老,面生光华,媚好常如童子"。并且,月宫里仅有的植物是桂树。《酉阳杂俎》云:"异书言月桂高五百丈,下有一人常斫之,树创随合。"这个"人"当然是神,我们知道是吴刚(也叫吴质)。李时珍认为"吴刚伐桂之说,起于隋唐小说",说的大约就是《酉阳杂俎》了。在他看来,虽然各种关于月桂的传说汇集在一起,好像"月中真若有树矣",实际上"月乃阴魄,其中婆娑者,山河之影尔"。以后世对月球的科学认知来看,李时珍的这一识见是相当超前的。

"闻讯吴刚何所有,吴刚捧出桂花酒。"吴刚之所以伐桂,据说是受到一种惩罚,"学仙有过",酿酒的手艺则未知因何。李时珍说桂花具有"生津辟臭化痰,治风虫牙痛"以及"润发,及作面脂"功能,此外,也的确可以酿酒。去今十几年前,记得广州喝"桂花陈酒"风行一时。当然了,与吴刚的那种肯定有质的区别。桂花又称木犀,杨万里"梦骑白凤上青空,径度银河入月宫。身在广寒香世界,觉来帘外木樨风",给"犀"又加了"木",那么北京的"木樨地"从字面上看可能曾经盛产桂花了。可惜检索其得名,却是明代那里种植过大面积的苜蓿,为皇帝的御马提供饲料,是"苜蓿地",叫成"木樨地",或如"屎壳郎胡同"改名"时刻亮胡同"一样,上得了台面吧。虽然"苜蓿"弄得诗意顿减,但生活本身原本就不是为了迎合诗意。

桂,在人文内涵上也无比丰富,"蟾宫折桂"便是一例。《晋书·郤诜传》载,郤诜迁雍州刺史,武帝送他,问他"自以为如何?"郤诜一点儿不谦虚:"臣举贤良封策,为天下第一,犹桂林之一枝,昆山之片玉。"言外之意自己相当出众。这么自大的人,侍中马上奏免其官,武帝制止了:"吾与之戏耳,不足怪也。"就是从这里开始,"折桂"在后来表示科举及第。《红楼梦》第九回,"彼时黛玉在窗下对镜理妆,听宝玉说上学去,因笑道:'好,这一去,可是要蟾宫折桂了,我不能送你了。'"千百年来,桂花备受国人青睐,正因为自然与人文的双重因素吧。

牡丹

中国花卉协会昨天通报国花调查情况称,他们组织的征求社会对推荐牡丹为我国国花意见的投票活动,截至 7 月 24 日(2019)24 时总共收到 362264 票,其中同意牡丹为国花的占 79.71%。这次投票"只是收集民情民意",牡丹能否成为国花,还要上报国务院相关部门,并提请全国人大审议。

"唯有牡丹真国色,花开时节动京城。"倘若在唐朝搞这种投票活动,刘禹锡一定会投牡丹一票。宋朝钱惟演也会这样,他说过:"人谓牡丹花王,今姚黄真可为王,而魏花乃后也。"姚黄,即千叶黄花,以"出于民姚氏家"而得名。魏花,即千叶肉红花,以"出于魏相家"而得名,魏相乃宋朝宰相魏仁溥,该花是一个砍柴人"于寿安山中见之,斫以卖魏氏"的。不过,丘濬《牡丹荣辱志》虽以姚黄为王,却以魏红为妃,给降了一格。他还把其他品种列入九嫔、世妇、御妻,又分了花君子、花小人等,如前者有"温风、细雨、清露、暖日",甚至"朱门、名倡",利于其生长、提升其品位吧。十分有趣。

前人青睐牡丹,留下的相关文字比比皆是。而牡丹赢得"国色天香"的美名,端赖与刘禹锡同时期的李正封,其进士及第比刘稍晚。《摭异记》云:"(唐文宗)太和中,内殿赏花,上问程修己曰:'今京邑传唱牡丹诗,谁称首?'对曰:中书舍人李正封诗云:'国色朝酣酒,天香夜染衣。'上叹赏移时。"陶敏等《刘禹锡全集编年校注》认为,刘之"国色"一语,正出自李。欧阳修则有著名的《洛阳牡丹记》,认为"牡丹初不载文字,唯以药载《本草》,然于花中不为高第。大抵丹、延已西及褒斜道中尤多,与荆棘无异,土人皆取以为薪",当柴火烧,而"自唐则天以后,洛阳牡丹始盛"。他记下了"所经见而今人多称"的24种牡丹品名,姚黄、魏花之外,鹤翎红、多叶紫、玉板白、九蕊真珠什么的。但是他有一次去见钱惟演,"见一小屏立坐后,细书字满其上"。钱惟演告诉他:"欲作《花品》,此是牡丹名,凡九十余种。"

为什么从武则天以后洛阳牡丹大盛?欧阳修没说,对时人而言可能不成其为问题。高承《事物纪原》收录的传说可资参考:"武后诏游后苑,百花俱开,牡丹独迟,遂贬于洛阳,故洛阳牡丹冠天下。"清朝小说《镜花缘》将之演绎得更活灵活现,云武则天某日一边赏雪,一边"同上官婉儿赌酒吟诗",开始是婉儿写出一首诗,武则天便喝一杯酒,"后来从两首诗一杯酒,慢慢加到十首诗一杯酒"。饶是如此,"婉儿诗兴还未一分,武后酒已十分",还是喝醉了,于是醉笔写道懿旨:"明朝游上苑,火速报春知:花须连夜发,莫待晓风催!"到第二天,上林苑果然"满园青翠萦目,红紫迎人",一派"初春光景",但是细细看去,"只见众花惟牡丹尚未开放",武则天生气了。她本来非常喜欢牡丹,也尤加爱护,"冬日则围布幔以避严霜,夏日则遮凉篷以避烈日。三十余年,习以为常"。牡丹现在的态度,对她来说"负恩昧良,莫此为甚",乃下令"即将各处牡丹,连根掘起,多架柴炭,立时烧毁"。尽管如此,武则天还是"心中究竟不快",但"姑念素列药品,尚属有用之材,著贬去洛阳"。

是传说造就了洛阳牡丹,还是洛阳牡丹催生或附会了传说?后者的成分自然居多。然洛阳牡丹之盛,实为不争的事实。欧阳修说:"春时城中无贵贱,皆插花,虽负担者亦然。花开时,士庶竞为游遨,往往于古寺废宅有池台处为市,并张幄帟,笙歌之声相闻。"周师厚《洛阳花木记》云,神宗元丰四年(1081)他在洛阳为官,"吏事之暇,因得从容游赏。居岁余矣,甲第名园百未游其十数,奇花异卉十未睹其四五"。张邦基《墨庄漫录》云:"西京牡丹闻于天下,花盛时,太守作万花会,宴集之所,以花为屏帐,至于梁、栋、柱、拱,悉以竹筒贮水簪花钉挂,举目皆花也。"不过,张邦基又说:"洛阳牡丹之品见于花谱,然未若陈州之盛且多也。园户植花如种黍粟,动以顷计。"徽宗政和年间,"园户牛氏家忽开一枝,色如鹅雏而淡,其面一尺三四寸,高尺许,柔葩重叠,约千百叶。其本姚黄也,而于葩英之端,有金粉一晕缕之;其心紫蕊,亦金粉缕之"。对这个新品种,牛乃以"缕金黄"名之,然后"以籧篨作棚屋围幛,复张青帟护之",不能白看,"人输千钱乃得入观",因之"十日间其家数百千",张邦基说自己"亦获见之",买没买票就不知道了。魏仁溥也借机敛财过,魏花刚问世时,"人有欲阅者,人税十数钱,乃得登舟渡池至花所,魏氏日收十数缗"。

　　在此番评选国花之前,以牡丹闻名的河南洛阳和山东菏泽,已然为争"地位"而打得不可开交,洛阳号称"中国牡丹花都",菏泽号称"中国牡丹之都"嘛。这样的话,除了上面的陈州(今河南周口),四川天彭(今彭州)其实也可以来分一杯羹。陆游《天彭牡丹谱》云:"牡丹在中州,洛阳为第一;在蜀,天彭为第一。"如今,争夺牡丹这块品牌如同各地争夺名人故里一样,瞄准的是 GDP,与早些年的"文化搭台,经济唱戏"并无二致。

狗尾草

在众多野草中,我最喜欢的是狗尾草。前些年(2012)自家出版第四册时评集时,大脑里不断晃动它的影子,因此要求封面设计绘上狗尾草的图案。

我比较喜欢狗尾草肥嘟嘟的样子,有风的时候摇摇摆摆,颇有些怡然自得;更喜欢它那种坚毅的品格。狗尾草应该举国随处可见,生命力极其旺盛,适应各种气候、土壤。在黑龙江富拉尔基生活的那几年,每到严冬时节,星期天,我都喜欢踏过冰冻的嫩江江面到东岸去,那里是一片旷野,没有人烟,唯有大片大片枯黄的狗尾草,寒风中仍然屹立不倒。

然而,狗尾草有个恶谥:莠。成语"良莠不齐"中的"莠",就是它了。不知从什么时候起,莠便被视为恶草,《诗》之《齐风·甫田》与《小雅·大田》,都这么说它。《甫田》前两章云:"无田甫田,维莠骄骄。无思远人,劳心忉忉。 无田甫田,维莠桀桀。无思远人,劳心怛怛。"按朱熹的说法:"比也。言无田(不要耕种)甫田(大块的田地)也,田甫田而力不给,则草盛矣;思远人而人不至,则心劳矣。"这两章采用重叠形式,表达的意思完全相同:因为丈夫去了远方,家中没有劳力,本该长着绿油油庄稼的大田,如今全长着野草。《大田》说完了选种子、修农具、事耦耕,把作物种上等若干事项之后，接着就说："既方既皁，既坚既好，不稂不莠。"意谓谷子抽穗了，结实、坚硬了，没有空壳和有害的草类，表达了即将丰收的喜悦。再按朱熹的说法："稂，童粱；莠，似苗。皆害苗之草也。"稂，一说为狼尾草。

莠以及稂，在此中便完全是负面形象。不稂不莠，更引申比喻为人不成才，没出息。《红楼梦》第八十四回，贾母和贾政商量宝玉的婚事。贾母的条件是"也别论远近亲戚，什么穷啊富的，只要深知那姑娘的脾性儿好，模样儿周正的就好"，但贾政没看得起自己儿子："第一要他自己学好才好；不然，不稂不莠的，反耽误了人家女孩儿，岂不可惜"。《儒林外史》第二回，金有余规劝"苦读了几十年的书，秀才也不曾做得一个"的周进："老舅，莫怪我说你。这读书求功名的事，料想也是难了。人生世上，难得的是这碗现成饭，只管'稂不稂莠不莠'的到几时？"《啸亭杂录》"理藩院"条对"凡诸侯有袭封者"有个规定，就是"先许以辨其嫡庶，考其德行，然后授以印绶。其弱小者，择族人之忠正者护其印，既冠而后纳之"；并且，要每三年修一次谱牒，"勿许冒贱为贵，以良为莠"。这是为了保证"袭封者"当时的身份没那么低贱。

由莠的"恶""害"含义，又引申出将之比喻为坏人、恶人。《左传·襄公三十年》载，公孙挥与裨灶"晨会事焉，过伯有氏，其门上生莠"。挥曰："其莠犹在乎？"杜预注："以莠喻伯有，伯有侈，知其不能久存。"这里的侈，不仅是浪费或夸大，还有邪行的意思。伯有嗜酒如命在历史上相当有名，动辄喝个通宵，"朝至，未已"，大家都上朝了，等他了，他还在喝呢。朝者问："公焉在？"家臣回："吾公在壑谷。"壑谷，指的是他为喝酒而专门建造的房子。草草处理些政事，伯有又"归而饮酒"。作为郑国的重臣之一，伯有的此类行为能不被公孙挥们嗤之以鼻吗？到后来，莠的命运也是这样，如《榆巢杂识》之"庆远莠民蓝耀青以天地会结众敛钱"。在纪晓岚的笔下，"狐界"概莫能外，《阅微草堂笔记》说得有鼻子有眼。刘师退慕名请教狐仙："闻君豁达不自讳，故请祛所惑。"狐笑曰："狐名狐，正如人名人耳。呼狐为狐，正如呼人为人耳。何讳之有？至我辈之中，好丑不一，亦如人类之内，良莠不齐。人不讳人之恶，狐何必讳狐之恶乎？"这又是在指桑骂槐了。

莠言呢，即秽言。《诗·小雅·正月》之"好言自口，莠言自口"，意谓好话坏话都是从人的嘴里说出来的。毛传："莠，丑也。"孔颖达疏："丑恶之言。"顾炎武《日知录》有"莠言自口"条："莠言，秽言也。若郑享赵孟，而伯有赋《鹑奔》之诗是也。臧孙纥见卫侯于郲，退而告其人曰：'卫侯其不得入矣，其言粪土也。亡而不变，何以复国？'"顾氏认为："以粪土喻其言，犹《诗》之莠言也。"《鄘风·鹑奔》只寥寥几句："鹑之奔奔，鹊之彊彊。人之无良，我以为兄。　鹊之彊彊，鹑之奔奔。人之无良，我以为君。"一种观点认为这是刺宣姜与公子顽之淫乱事，则莠言实淫乱之时所言，非指伯有之诗，虽伯有其人不堪。

《本草纲目》对狗尾草另眼相待，言"其茎治目痛，故方士称为光明草、阿罗汉草"，算是增添了不少正能量。细思之，狗尾草所以赢得恶谥，在于长得太像谷子，有鱼目混珠之嫌。在夺肥争水方面，狗尾草也确实有导致作物减产的一面。然而，就"外貌"而言，狗尾草并无可以挑剔之处，毕竟它生来如此，并不是非要刻意模仿什么作物，是人的鉴别出了问题，或者是沦为了人来进行借题发挥的牺牲品。冤哉枉也。

沙田

　　昨天（2019）到东涌镇走了一趟，访友。头一回来这个地方。这个镇从前隶属广州番禺县、市或区，2012 年划给了南沙区。沿途屡见"软基路段"的提醒标志，或在高速公路之上，或出高速公路之后。所谓"软基路段"，就是路段的地下淤泥层较厚且分布不均，地质沉降可能会造成路面沉陷开裂。忽然悟到，之所以如此，在于这一带正是珠江三角洲地区沙田的核心地带。

　　沙田，水边或水洲淤泥积成之田，并非含沙质较多的沙地。对沙田的形成，清朝兵部尚书甘汝来说得很形象："广东海滨微露滩形，民间谓之'水坦'。渐生青草，谓之'草坦'。徐成耕壤，谓之'沙坦'。"他是针对新形成的沙田归属而上疏的，因为当"坦初见"时，百姓就会前去占有，所以他建议："当先令立标定四至，毋于围筑后争控。民有田十顷以上，毋许围筑，以杜豪占，即贫民围筑，限五顷。"沙田主要靠自然形成，但也可以通过修建人工堤围来加速形成，这要经历鱼游、橹迫、鹤立、草埗和围田几个演变阶段，江河泥沙淤积当然是先决条件。

　　江南地区的沙田开发，较珠江三角洲要早许多。徐光启《农政全书》云："沙田，南方江淮间沙淤之田野。"《宋史·食货志》留下了一些关于沙田的材料。如高宗绍兴二十七年（1157），赵子潇奉诏措置镇江府沙田，"欲轻立租课，令见佃者就耕；如势家占吝，追日前所收租利"。次年正月，鉴于"言者谓江、淮间沙田、芦场为人冒占，岁失官课至多"，又诏户部员外郎莫濛同浙西、江东、淮南漕臣赵子潚、邓根、孙芨，"视诸路沙田、芦场"。又如孝宗乾道元年（1165），臣僚言："浙西、淮东、江东路沙田芦场，顷亩浩瀚，宜立租税，补助军食。"则诏令梁俊彦与张津等措置。珠三角的沙田开发，大抵自宋之后，"中州人士避地入广者众"，对土地需求的增加。如《（中山）小榄麦氏族谱》云："自宋南渡后，我麦姓五必公均南迁广州，而必达祖遂至黄阁，甫抵其境，见西沙高崎，石门迥开，溪深悬泻，土沃泉甘，谓此诚避地。遂相比隙，筑室而居。"且"捐钱十万，立石基以防水患"。石基，堤围用石修建，别于泥土堆叠。

明朝以来，因为沙坦的迅速浮露，珠三角沙田进入了发展期。王双怀《明代华南农业地理研究》指出，明代前期华南垦田最多的省份是广东，达23.7万顷；广东垦田最多的是广州府，7.6万顷；广州府垦田最多的是南海县，2.7万顷。而广东垦田最少的韶州府翁源县，只有88顷。直观上便可以感受到，这些新垦之田主要是沙田的开发，亦即与江争田、与河争田、与海争田。今天南沙、番禺一带的沙湾（镇）、石基（镇）、万顷沙（镇）以及大量的"××围"等地名的诞生，无疑都是沙田形成的历史踪迹。

屈大均《广东新语》"沙田"条，记载了清朝广东的相关情况："广州边海诸县，皆有沙田，顺德、新会、香山尤多。"不过，清初"迁海令"的实施，给广东沿海地区带来的破坏极其严重。顺治十八年（1661），为防止内地人民对郑成功抗清军的支持和联系，强令江南、浙江、福建、广东沿海居民分别内迁三十里到五十里，并尽烧沿海民居和船只，不准片板入海。到康熙二年（1681），"迁海令"始完全撤销。按屈大均的说法，迁海之后，广东"沙田半荒，主者贱其值以与佃人。佃人耕至三年,田熟矣,又复荒之,而别佃他田以耕。盖以田荒至三年,其草大长。佃人刈草以售,每一日之功,可充十日之食……而田荒之至三年又复肥沃。故佃人每耕之三年,必荒之三年,不肯为田主长耕,如数纳谷,此有沙田者之苦也。"乾隆五十年(1785),广东巡抚孙士毅上《请开垦沿海沙坦疏》,云"粤东地方,每岁所产米谷不敷民食,全赖粤西谷船为接济,向来濒海居民,见有涨出沙地,名曰沙坦,开垦成田,栽种禾稻,实为天地自然之美利,海民借以资生者甚众……粤东沿海州县,田少人稠,产谷不敷民食,请允许沿海无碍水道的沙坦给民承垦升科",这种向海洋索要土地以获取粮食的做法,得到了乾隆皇帝的认可。

珠三角的沙田,不仅为该地区增加耕地面积、解决吃饭问题发挥了重要作用,而且在沙田的经营管理中,也创新了农业模式。那些不宜耕作的洼地,人们乃将之挖成池塘以养鱼,同时将基面扩大,种植经济作物,从而诞生了著名的果基鱼塘、桑基鱼塘、蔗基鱼塘。光绪年间《高明县志》云:"桑叶饲蚕,蚕屎饲鱼,两利俱全,十倍禾稼。"这种"基养塘,塘养基"的模式,在我高考时的地理书中,被视为动植物资源循环利用的人工生态范例。此外,谭棣华先生指出,明清以来广东成为全国宗法势力特别强大牢固的地区之一,亦与沙田经济的发展密不可分。盖清代珠三角沙田大部分为宗族占有,各个强宗大族竞相争夺而来的沙田,直接构成了封建宗法制度的物质基础,并成为宗法势力急剧膨胀的重要标志。

遥想南宋绍兴十二年(1142),割南海、番禺、新会、东莞四县土地置香山县,县治石歧,而彼时"香山为邑,海中一岛耳",尚未与大陆连成一片。比对一下当年香山县所对应的今天中山市,沧海桑田,用之于此真是恰如其分。

甘蔗

街上见到，甘蔗已经上市了。在我居住的大塘村一带，满载甘蔗的小货车，但得空隙就安营扎寨。倘若买了之后便开嚼，摊主马上给你掐头去尾、去皮斩节；而倘若临近过年，广州人往往买一根完整的拿回家，寓意生活"有头有尾"，从年头甜到年尾。

甘蔗，辞书上说是多年生草本植物，茎似竹，实心，多汁而甜，为制糖原料，亦可生食。生食，就是刚说的这种了。《楚辞·招魂》中有"腼鳖炮羔，有柘浆些"，识者指出，两汉之前"柘"指的就是甘蔗，柘浆即甘蔗汁。这或可说明，在战国末期的楚国，甘蔗汁已成一种饮料，而楚地或可栽种甘蔗。司马相如《子虚赋》讲到，云梦大泽（今湖北境内）东有"诸柘巴苴"，似可相互印证。《楚辞》里的甘蔗汁，是作为祭祀用的祭礼，《汉书·礼乐志》所载"百末旨酒布兰生，泰尊柘浆析朝酲"，甘蔗汁的功能则为解酒了。颜师古注引应劭曰："柘浆，取甘柘汁以为饮也。酲，病酒也。析，解也。言柘浆可以解朝酲也。"

甘蔗产于热带和亚热带。汉杨孚《异物志》云："甘蔗，远近皆有。交趾所产特醇好，本末无薄厚，其味至均。围数寸，长丈余，颇似竹。"交趾，秦始皇征服南越时纳入中原版图，隶属象郡。北魏贾思勰《齐民要术》载："雩都（今江西于都）县土壤肥沃，偏宜甘蔗,味及采色,余县所无,一节数寸长。郡以献御。"明宋应星《天工开物》载:"凡甘蔗有二种,产繁闽、广间,他方合并得其什一而已。"诸如此类,都表明了甘蔗的热带、亚热带属性。《三辅黄图》云"汉武帝元鼎六年,破南越起扶荔宫,以植所得奇草异木",对其中的"甘蕉十二本",何清谷先生"疑为甘蔗与香蕉之合",因为二者"俱生长于南越"。不过,甘蕉更可能是香蕉的一种。晋嵇含《南方草木状》云:"甘蕉,望之如树,株大者一围余,叶长一丈或七八尺,广尺余二尺许,花大如酒杯,形色如芙蓉。"这一描述,与甘蔗比较的话判若两物。

生食的甘蔗,像《异物志》说的,"斩而食之,既甘;迮取汁如饴饧,名之曰糖。益复珍也"。清朝广东人屈大均说:"蔗之珍者曰雪蔗,大径二寸,长丈,质甚脆,必持以木,否则摧折⋯⋯其节疏而多汁,味特醇好,食之润泽人,不可多得。"此种口福,宋朝的京城百姓已可享受,《东京梦华录》"饮食果子"条,就罗列了龙眼、荔枝和甘蔗。彼时物流想来即便不畅,也断不会有"颠坑仆谷相枕藉,知是荔枝龙眼来"的惨烈。无须前人说明我们也知道,甘蔗"首甜而坚实难食,尾淡不可食",不过西晋那个大画家顾恺之偏偏逆反。《晋书》载,顾恺之每次吃甘蔗都是从尾巴吃起,人家觉得奇怪,他说这是"渐入佳境",从而催生了一种"蔗境"心得。

甘蔗的最主要用途还是作为制糖原料。再用屈大均《广东新语》对家乡竹蔗的描述:"连冈接阜,一望丛若芦苇,然皮坚节促不可食,惟以榨糖。糖上利甚薄,粤人开糖房者多以致富,盖番禺、东莞、增城糖居十之四,阳春糖居十之六,而蔗田几与禾田等矣。"并且他认为:"增城白蔗尤美,冬至而榨,榨至清明而毕。"怎么榨呢?"以荔支木为两辘,辘辘相比若磨然,长大各三四尺,辘中余一空隙,投蔗其中,驾以三牛之牯,辘旋转则蔗汁洋溢。辘在盘上,汁流槽中,然后煮炼成饴。"如果还不明白,可以看看《天工开物》中的插图如何图解这一原理。

广东的蔗糖产量一度在全国举足轻重。清叶梦珠《阅世编》云:"康熙十五年(1676)丙辰春二月,广东兵叛(即总兵官苗之秀等叛清事),江西吉安道梗,糖价骤贵。"没办法,叶的家乡上海,至于"有人携得蔗种,归植成林,依法轧浆,煎成白糖,甚获其利",只是品质不佳,叶氏认为"乃地气使然"。不过,虽"其后平藩归正,广糖大至,然种蔗煎于此地,价犹贱于贩卖,故至今种者不辍"。对中国生产蔗糖的历史,《天工开物》说"唐大历间,西僧邹和尚游蜀中遂宁始传其法",未知确否。季羡林先生有一部著名的《糖史》,想来会有相关的答案吧,可惜还不曾拜读。

开玩笑来说,生食、造糖之外,甘蔗还有一种功能。《南史》载,齐高帝萧道成的儿子萧铿"弥善射",善到什么程度呢,他总嫌练习用的箭靶子太大,"终日射侯,何难之有?"于是,他"取甘蔗插地,百步射之,十发十中"。这一本领要是给后世的"卖油翁"看见,未知是否"但微颔之"而已。因为卖油翁认为善射的陈尧咨,跟他把"孔方兄"放在葫芦口,然后往葫芦里倒油,油"自钱孔入,而钱不湿"一样,属于"但手熟尔"的事情。

方濬师《蕉轩续录》附有朱彝尊的十二首《读书》诗,其一谈到作诗,以为"诗篇虽小技,其源本经史。必也万卷储,始足供驱使",尤其要注意"良由陈言众,蹈袭乃深耻"。而当下的情形呢,"譬诸芳蔗(蔗之一种)甘,舍浆啖渣滓"。按照方濬师的理解,前人诗风的有益成分固然要师承,但如果邯郸学步,就跟吃甘蔗时不自己吸收汁液而专嚼人家嚼过的渣滓没什么两样了。

水稻

5月22日(2021),中国工程院院士、"共和国勋章"获得者袁隆平在湖南长沙逝世,享年91岁。袁隆平先生生前致力于杂交水稻技术的研究、应用与推广,创建了超级杂交稻技术体系,为全球粮食安全作出了杰出贡献。

水稻我们都不陌生,一年生草本植物,籽实碾制去壳后即大米。杂交水稻是指选用两个在遗传上有一定差异、同时优良性状又能互补的水稻品种进行杂交,形成新型高产水稻品种。去年11月2日,袁隆平领衔的杂交水稻双季测产在湖南衡阳进行,达到了亩产1530.76公斤。与杂交水稻相对应的是常规水稻。常规水稻在我国的历史相当悠久,属于新石器时期的浙江余姚河姆渡遗址中就发现了其遗存,遗址距今已有5000—7000年。

稻、黍、稷、麦、菽,水稻在从前属五谷之一,是相当重要的粮食作物,文献上也很早就出现了。以《诗》为例。《豳风·七月》描写农民一年四季的劳动过程和生产情况,"八月剥枣,十月获稻。为此春酒,以介眉寿"云云。剥,扑的假借字,剥枣犹言打枣。在北方生活过的人都知道,枣子是用竹竿之类从树上打下来的。我们小时候是扔笤帚疙瘩,打到哪算哪,但求能吃到。获稻,就是收割水稻了。枣和稻,都是酿酒的原料。冬天酿酒,春天始成,故称春酒。酒能活血，所以诗人认为有助于长寿。又，《唐风·鸨羽》反抗无休止的徭役制度，"王事靡盬，不能艺稻粱。父母何尝？悠悠苍天！曷其有常"云云。王事，指征役。盬，止息。这是说老是服役连回家耕种稻谷高粱的工夫都没有，可怜的父母吃什么啊。又，《小雅·白华》是一首贵族弃妇诗，"滮池北流，浸彼稻田。啸歌伤怀，念彼硕人"云云。弃妇以池水之泽浸润稻田使之生殖，来喻负心之人滮池之不如也。无论何事，前人都能以稻来言说，可见与他们的生活息息相关。《周礼》中更有种官职径叫"稻人"，职能是"掌稼下地"。孙诒让云："以水泽之地种谷也。谓之稼者，有似嫁女相生。"

　　贾思勰《齐民要术》是我国现存最早的一部完整的农书，系统地总结了6世纪以前黄河中下游地区劳动人民农牧业生产经验、食品的加工与贮藏、野生植物的利用以及治荒方法。关于水稻种植是这么说的，"先放水，十日后，曳陆轴十遍（原注：遍数越多越好）。地既熟，净淘种子（原注：浮起的不除掉，秋天就长成稗子）"。种子要浸六天，种下三天之内，要"令人驱鸟"。秧苗长到七八寸高，要薅草，"决去水，曝根令坚"，让太阳把稻根晒硬。识者指出，这是排水烤田的最早记载，亦即土壤经过烤晒使土温增高，加强养分的分解，促使根系下扎和萌发新根，从而控制茎叶的生长和无效分蘖的发生。然后，"量时水旱而溉之。将熟，又去水"，霜降时收割。明朝邝璠《便民图纂》之"农务之图"更加形象，从浸种开始，耕田、插秧，到收割、春碓，每一环节一幅绘图，一首竹枝词，细致全面且简明描述了水稻从栽培到成为大米的全过程。识者又指出，书中提到的"冬春"法，以避免稻谷在储藏中发芽所引起的亏折，尤其值得关注。

　　《广东新语》"谷"条，讲的是广东水稻的品种、特性、成熟时间等。许是番禺人之故吧，屈大均对"广州之稻"所述尤详。"每十月获终，即起土犁晒，根萎霜凝，则田可以不粪。立春后十日浸种，至小暑前五日尽熟。五月中即有新米，谓之吊犁早，稍迟者曰百日早、曰夏至白。此谷既升，又复插莳"云云。连晚稻产量少于早稻三分之一，然"芒长粒大，炊之多饭，胜早稻。早稻子粒小，炊之少饭不耐饱"等，也都记上一笔。"吹田了"条则介绍了东莞的一则民俗："麻涌诸乡，以七月十四日为田了节，儿童争吹芦管以庆，谓之吹田了，以是时早稻始获也。"这个有趣的民俗不知今日还见存与否，东莞包括麻涌在内的乡镇工业化早已先行一步，即便还有水田，想也寥寥，皮之不存焉。而"芦管吹田了，中含祝岁辞；初秋几望日，早稼始收时"，又该何其有趣？

"稻花香里说丰年，听取蛙声一片。"水稻离不开水。《唐语林》云，代宗广德二年（764）三月，"敕工部侍郎李栖筠、京兆少尹崔沔拆公主水碾硙十所，通白渠支渠，溉公私田，岁收稻二百万斛，京城赖之"。碾硙，是利用水力启动的石磨。从自家来看，无疑是一大经济来源；但从公共角度看，碾硙因为把水截流而"妨民溉田"。以前的官员明知其害，但是拿公主没有办法，李、崔"二人不避强御，故用之"，也果然没有辜负期望。钱泳《履园丛话》说的是他家乡江苏无锡的情况，"大江南各府州县皆种稻，而田有高低，大约低田患水，高田患旱。吾乡高田多，低田少，每遇旱年，枝河干涸，则苗立槁"。这个时候，保长就要组织大家"将水车数十百具，移至大河有水处，车进枝河，以灌苗田，谓之踏塘车"。

唐懿宗时，韦宙出任岭南节度使。临行前，皇帝"以番禺珠翠之地，垂贪泉之戒"。韦宙从容应答，自家"江陵庄积谷尚有七千堆，固无所贪"。他因为"善治生"，家里"积稻如坻"。到任之后，韦宙也果然践行了诺言。止贪，该是水稻的别一功能了。

沉香

　　12 月 18 日,2014 中国国际沉香文化艺术博览会将在东莞市寮步镇举行。这是第五届香博会了。本届四天会期,以"汇世界沉香 绽香市芬芳"为主题,重点展示沉香制品和工艺品、品香制香工具、香的衍生品等,同时还要举办沉香文化高峰论坛、全国香艺师评选大赛等活动。近几年,在藏家们的追捧下,沉香重新走出深闺,呈现出成为中国香文化重要载体的新姿态。那么,这种大型沉香博览会可以说是应运而生。

　　辞书上说,沉香,香木名,产于亚热带,木质坚硬而重,黄色,有香味。沉香有"植物中的钻石"之誉,显见是后来的产物,但在很早之前即为香中奢侈品是无疑的。宋朝蔡絛在《铁围山丛谈》中说:"吾久处夷(指海南)中,厌闻沉水香,况迩者贵游取之,多海南真水沉,一星直一万,居贫贱,安得之?"据当代扬之水女史考证,中土文献提到沉香,以东汉杨孚《交州异物志》为最早:"蜜香,欲取先断其根,经年,外皮烂,中心及节坚黑者,置水中则沉,是谓沉香。"杨孚,广州人,其故乡就在中山大学校园旁边——海珠区下渡村。广州人将珠江以南称为"河南",正可溯源杨孚。蔡絛的沉香形成说没这么简洁,他给归了四类:其一,熟结,"自然其间凝实者也";二,脱落,"因木朽而解者也";三,生结,"人以刀斧伤之,而后膏脉聚焉";四,蛊漏,"虫啮而后膏脉亦聚焉"。四类之中,"自然、脱落为上;生结、蛊漏为下"。杨孚说的,只是其中的"生结"。

沉香在南北朝时已经入药。《南史·夷貊传》讲到林邑国特产,"出瑇瑁、贝齿、古贝、沉木香……沉木香者,土人斫断,积以岁年,朽烂而心节独在,置水中则沉,故名曰沉香"。延续的仍是杨孚说。范晔撰《和香方序》也讲到沉香,"麝本多忌,过分必害;沈实易和,盈斤无伤"云云。不过,编撰《宋书》的沈约指出,范晔这是在借题发挥,"此序所言,悉以比类朝士"。像"麝本多忌"这句,指的是庾炳之;"沈实易和"这句,则"以自比也",夸自己呢。这样的话,意思就很明了了:像庾炳之那样的,越少越好;而像我这样的,多多益善。范晔的自我感觉总是非常良好。

唐朝对沉香的重视,于《旧唐书·韦坚传》中可窥一斑。玄宗天宝元年(742)三月,韦坚为陕郡太守、水陆转运使。一上任,便大兴水利,最后"于长安东九里长乐坡下、浐水之上架苑墙,东面有望春楼,楼下穿广运潭以通舟楫"。为了什么呢?运送各地的贡品。届时,韦坚集结了两三百只"小斛底船"——颇类当代我们一度非常熟悉的节庆巡游,阵势很大,"若广陵郡船,即于栿背上堆积广陵所出锦、镜、铜器、海味……南海郡船,即玳瑁、真珠、象牙、沉香",至于"连檣弥亘数里"。驾船的人统一着装,"大笠子、宽袖衫、芒屦"。船摇进来时,"于第一船作号头唱之。和者妇人一百人,皆鲜服靓妆,齐声接影,鼓笛胡部以应之"。西京人眼界大开,"观者山积,人人骇视"。拙作前有《特产之害》,说的还不是这种铺张的害,而是以为有特产的地方无异伴生灾难。这在沉香并不例外。《续资治通鉴长编》卷三一〇载,神宗元丰三年(1080)琼管体量安抚朱初平等奏:"每年省司下出香四州军买香,而四州军在海外,官吏并不据时估实直,沉香每两只支钱一百三十文。既不可买,即以等料配香户,下至僧道、乐人、画匠之类,无不及者。官中催买既急,香价遂致踊贵……以故民多破产。海南大患,无甚于此。"可不又添了新证?

吴隐之来广州做官,酌饮贪泉以示志向不会为客观条件所左右的故事众所周知,而隐之也曾投沉香于水。《晋书》载"其妻刘氏赍沈香一斤",隐之发现后马上给扔了。寇準端州卸任时江中掷砚,或许正受隐之的启发。顾祖禹《读史方舆纪要》介绍广州府沉香浦,又专门谈到了此事,"相传吴隐之任还,妻刘氏独赍沈香,隐之见而投于浦,故名",且云"旧有亭,今废"。不过,那亭子想来不会像后人纪念寇準修的"掷砚亭"那样,一语双关地命名"沉香亭",概此乃唐时宫中亭名,已有专指。李白的三首《清平调词》,其一就是:"名花倾国两相欢,长得君王带笑看。解释春风无限恨,沉香亭北倚栏杆。"无论叫什么吧,贪泉迄今仍在,亭又何妨复之?二者的性质相当,具有同样的警示意义。

东莞寮步镇赍举办国家级的沉香博览会,并非全无缘由。东莞有特产曰莞香,又名土沉香,罗香林先生说,香港之得名亦因此香。早在明清时期,莞香贸易便繁荣兴盛,寮步借此获得了"香市"的美名,跻身广东四大名市之一。11月11日国务院公布的"第四批国家级非物质文化遗产代表性项目名录"中,"寮步香市"榜上有名。如今他们举办香博会,旨在以之为抓手,打造"香市文化"、建设"中国香都"。在既有历史文化积淀的基础上,研究和发掘古代香市文化的内涵和独特魅力,自然要比争夺名人故里,或者弄些不着四六的"文化"项目要高明得多。

琥珀

8 月 20 日（2017），随广东新闻媒体交流团抵达立陶宛首都维尔纽斯。

立陶宛所处的波罗的海沿岸是世界琥珀主产地，这里的琥珀品质上乘，被称为"波罗的海黄金"。波罗的海地区琥珀产量且占到全世界总产量的 80%。徜徉于维尔纽斯的商铺、流动小摊之中，便不难印证这一点。老街上还有个琥珀博物馆，地下层为貌似原址发掘保护的所在。语言不通，导游又不懂，无从探知真相。有家店铺用大玻璃柜陈列各种名贵琥珀作为"镇店之宝"，柜子一角贴着的"相机打叉"图案，表明不准拍照，旁边还站着一条虎视眈眈的彪形大汉。

今天对琥珀的认识已经相当清楚：一种有机似矿物，由史前植物的树脂状沉淀物经地质作用埋藏、石化而成，主要产于白垩纪或第三纪的沙砾岩或煤层的沉积物中。我们的前人对此只能说有一定认知，"岁久松肪成琥珀，夜深丹气出芙蓉"（元贡师泰句）嘛，但想当然的成分居多。张华《博物志》有"松柏脂入地千年化为茯苓，茯苓化琥珀"，段成式《酉阳杂俎》有"枫脂入地为琥珀"，屈大均《广东新语》说得更多也更玄乎："琥珀者，龙阳而虎阴，龙为魂而虎为魄。盖得松液之阴精，因己土而结者也。"此外，还有什么"夏月时太阳气盛,松以金水之精,受大火之蒸炙,于是通体融液,肤理有疏,皆渗泄而遗漏。而是时火在天上,地下之气寒而敛。以地下寒敛之气,而受松热液之精,二者相抱,遂凝而为琥珀",完全基于他的"三观"臆断。而李时珍早就指出:"松脂千年作茯苓,茯苓千年作琥珀,大抵皆神异之说,未可深凭。"他认为"松脂则为树之津液精华也,在土不腐,流脂日久变为琥珀"。

琥珀很早便归入奢侈品之列。《西京杂记》"(赵)飞燕昭仪赠遗之侈"条,列举的一个物品就是"琥珀枕"。琥珀枕未必是琥珀制成,但该具有相应的质地、色彩、外观或手感。南朝齐东昏侯萧宝卷那个"步步生莲花"的潘妃,不仅居室"涂壁皆以麝香,锦幔珠帘,穷极绮丽",而且服饰亦极尽奢华,"库物不周,贵市人间金宝,价皆数倍,琥珀钏一只直百七十万"。这个琥珀钏应该不虚了。《朝野佥载》云洛州昭成佛寺有安乐公主造梭百宝香炉,"高三尺,开四门,绛桥勾栏,花草、飞禽、走兽,诸天妓乐,麒麟、鸾凤、白鹤、飞仙,丝来线去,鬼出神入,隐起钑镂,窈窕便娟。珍珠、玛瑙、琉璃、琥珀、玻璃、珊瑚、砗磲、琬琰,一切宝贝,用钱三万",至于"府库之物,尽于是矣"。王士禛《分甘馀话》亦云,康熙年间他奉使广州,"见六榕寺一立佛像,皆以珠玉、珊瑚、玛瑙、琥珀、蜜蜡"装饰,视之为"奇技淫巧"。不难看到,奢侈品中均有"琥珀"的踪影。

《池北偶谈》云,明朝王延喆"性豪侈",有人卖的琥珀中有个蜘蛛,"形状如生,索直百金"。延喆问那蜘蛛是活的吗,要是活的,我"即偿百金,否则一钱不直"。那人说是活的,"手碎之,果有生蛛自内跃出",只是"行几上数巡,见风化为水"。延喆也毫不含糊,"乃立以百金偿之"。这故事当然有荒诞不经的成分,蜘蛛被树脂包裹而固定,断无生理,栩栩如生而已。含有昆虫的琥珀属于虫珀,我先前一直以为唯此才是琥珀。虫珀是树脂慢慢流淌或滴落过程中吞没猝不及防的昆虫而形成,打个可能不确切的比方,与维苏威火山突然吞没庞贝城有一比吧。

许是颜色相近之缘故,琥珀在前人文字中也指美酒。李白诗曰:"兰陵美酒郁金香,玉碗盛来琥珀光。但使主人能醉客,不知何处是他乡。"陆游《老学庵笔记》云:"唐人喜赤酒、甜酒、灰酒,皆不可解。李长吉云:'琉璃钟,琥珀浓,小槽酒滴真珠红。'"白居易诗曰:"荔枝新熟鸡冠色,烧酒初开琥珀香。"《能改斋漫录》有一首曲:"醉醒醒醉,凭君会取些滋味。浓斟琥珀香浮蚁。一入愁肠,便有阳春意。须将幕席为天地,歌前起舞花前睡。从他兀兀陶陶里,犹胜惺惺,惹得闲憔悴。"这些句子中的琥珀均为酒的代名词,至少具有色彩、价值的暗示。同样的道理吧,琥珀也可以指糖饧。《齐民要术》有制作"琥珀饧法",云"小饼如碁石,内外明彻,色如琥珀。用大麦糵末一斗,杀米一石"。这是说用大麦芽熬成的饧,颜色褐黄就像琥珀。而岁旦嚼琥珀饧,是从前许多地方的民俗,旨在"以验齿之坚脱"。然昭梿《啸亭杂录》将乾隆高寿归功于这种"色如琥珀"的酒,真贻笑后人。他说:"张照献松苓酒方。于山中觅古松,伐其本根,将酒瓮开坛埋其下,使松之精液吸入酒中,逾年后掘之,其色如琥珀,名曰松苓酒。上偶饮之,故寿跻九句。"

在亚洲,琥珀的盛产地要推缅甸。不过,明朝王士性《广志绎》就说过:"琥珀、宝石旧出猛广井中,今宝井为缅所得,滇人采取为难,而入滇者必欲得之,大为永昌之累。"他听到有两个巡视官员甚至"取琥珀为茶盏,动辄数十,永民疲于应命",以为"可恨也"。余曾作文以为"某地拥有某种特产,已然分不清是上天的眷顾,还是贻害",再添例证。

温泉

昨天（2016）到广州市从化区走了一趟。没有落籍广东时就知道这个地方，因为"从化温泉"。

温泉，辞书上说是水温超过 20℃，或者水温超过当地年平均气温的泉。温泉的形成，被认为是降水或地表水渗入地下深处，吸收四周岩石的热量后又上升流出地表。从地理分布来看，我国温泉主要集中在滇藏南区和东南沿海的福建、广东和台湾省。屈大均《广东新语》之"水语"，罗列了家乡各地的温泉，电白的、乳源的、龙门的、清远的，"盖岭南十郡，无地不有温泉"，其中，"从化有温泉，在县东山麓"。

温泉从前叫"汤""泉""汤池"或"汤井"。据龚胜生先生研究，泡温泉从秦汉时期开始就已成为一种时尚，人群涵盖了从帝王皇室到平民百姓。但从前的人泡温泉，如陈寅恪先生所言："其旨在治疗疾病，除寒祛风。非若今世习俗，以为消夏逭暑之用者也。"当然了，屈大均还有另外一说，"温泉者，火之水也，禀纯阳之烈气，为养生者所取资，故古之丹客，率来岭峤，借此正阳津液，以变其纯阴金骨。以水中之火补其阳，以火中之水还其阴，温泉之为功也，盖莫大焉"。在他看来，那是信奉道教的人修身养性的去处。

温泉的疗疾功能，寅恪先生在《元白诗笺证稿》里论及白居易《长恨歌》时讲得清清楚楚。在古往今来的中国温泉中，最有名、也最有文化内涵的，可能就是陕西的"骊山汤"，秦皇汉武都泡过。东汉张衡有一篇《温泉赋》，"阳春之月，百草萋萋。余在远行，顾望有怀。遂适骊山，观温泉"云云。《长恨歌》中，"春寒赐浴华清池，温泉水滑洗凝脂。侍儿扶起娇无力，始是新承恩泽时"，说的也是骊山温泉。寅恪先生引《唐六典》之"骊山西有温汤，汉魏以来相传能荡邪蠲疫"，又从北周惠远为《温室经》作疏，以及同时期的庾信、王褒为温汤作碑文诸事，得出"固可窥知其时温汤疗疾之风气"的结论，并且认为温泉疗疾，"本盛行于北朝贵族间。唐世温泉宫之建置，不过承袭北朝习俗之一而已"。

温泉可以疗疾，当事人唐玄宗自己也是这么看的，从《全唐诗》收录的其作品中，可窥端倪。《惟此温泉，是称愈疾。岂予独受其福，思与兆人共之。乘暇巡游，乃言其志》，这个啰里啰唆的诗题，把温泉"愈疾"的意思表达得明白无误，至于有没有、会不会"与兆人共之"则不必去较真，《唐六典》就说了："凡王公以下至于庶人，汤泉馆室有差，别其贵贱而禁其逾越。"界限划得相当清楚，没有"共之"的可能。玄宗的另一首《幸凤泉汤》，也有"阴谷含神爨，汤泉养圣功。益龄仙井合，愈疾醴源通"。还有一首《温汤对雪》成了抒怀："未见温泉冰，宁知火井灭。表瑞良在兹，庶几可怡悦。"因为疗得滋润，天下治理已经让他心满意足了。

在"温汤为疗疾之用之主旨既明"之后，有个新的问题接踵而至，就是"玄宗之临幸华清，必在冬季或春初寒冷之时节"。寅恪先生"详检两唐书玄宗纪"，也发现玄宗的确"无一次于夏日炎暑时幸骊山，而其驻跸温泉，常在冬季春初"。会不会是史书失记了呢？不会，"夫君举必书，唐代史实，武宗以前大抵完具。若玄宗果有夏季临幸骊山之事,断不致漏而不书"。这样一来,白乐天的"临别殷勤重寄词,词中有誓两心知。七月七日长生殿,夜半无人私语时",寅恪先生认为纯粹是想当然,如果说决无"天宝七载七月七日玄宗与杨妃在华清宫之理"还只是时间上的问题,他又从空间上进行了考证。骊山这个长生殿是斋殿,"有事于朝元阁,即御长生殿以沐浴也",《旧唐书》《唐会要》《唐诗纪事》对此都相当明确,那么,"李三郎与杨玉环乃于祀神沐浴之斋宫,夜半曲叙儿女私情。揆之事理,岂不可笑"。白居易的名篇在史实上为什么出此偏差?寅恪先生认为是"因唐代寝殿习称长生殿",然而"独华清宫之长生殿为祀神之斋宫",是个例外,"乐天未入翰林,犹不谙国家典故,习于世俗,未及详察,遂致失言"。

玄宗去泡温泉,委实奢侈。唐朝成书的《明皇杂录》云,其幸华清宫,"新广汤池,制作宏丽"。到什么程度呢?"安禄山于范阳以白玉石为鱼龙凫雁,仍为石梁及石莲花以献,雕镂巧妙,殆非人功"。玄宗很高兴,"命陈于汤中,又以石梁横亘汤上,而莲花才出于水际"。只是有一次,玄宗"至其所,解衣将入,而鱼龙凫雁皆若奋鳞举翼,状欲飞动",吓得够呛,才"遽命撤去"。不仅如此,"又尝于宫中置长汤屋数十间,环回甃以文石,为银镂漆船及白香木船置于其中,至于楫櫓,皆饰以珠玉"。前几年余有华清池一游,见到已经考古发掘出不少当年的泉眼,复原了若干汤屋,想见典籍记载的不虚了。

"至今汤殿水,呜咽县前流。"唐人温庭筠过华清宫时如此感旧。"当日温泉浴太真,岂知绣袜解尘生。更于洗滑凝脂处,尚忆胡儿在锦绷。"宋人易士达的见解。类似的诗句汗牛充栋,总的感觉是后人言及于此,颇有归咎意味。这不奇怪,"红颜祸水"论今天也没有退出历史舞台,遑论彼时了。

雷神

　　为了抗击新冠肺炎疫情,武汉(2020)以中国速度建起了两座方舱医院:雷神山和火神山。这两个地名有些趣味。武汉是否原本就有这两个地名? 是的话,得名顺理成章。在前人的"三观"中,雷神和火神都是一种存在。雷神,神话中的司雷之神,亦称雷公、雷师。火神,司火之神。拙作前有《雷公》,此番顺势再说上一回。

　　电闪雷鸣,是夏天常见的天气现象。对于为何打雷,今天有科学的解释:云层中正负极相碰,在发出闪电的同时,闪道中因高温使水滴气化、空气体积迅速膨胀而发出强烈爆炸声。前人解释自然现象,则一概用阴阳理论。如《淮南子·天文训》云:"天之偏气,怒者为风;地之含气,和者为雨。阴阳相薄,感而为雷,激而为霆,乱而为雾。"并且,像道家的任何祖师一样,雷神亦被拟人化。《山海经·海内东经》云:"雷泽中有雷神,龙身而人头,鼓其腹(则雷)。"袁珂先生认为,雷泽即太湖。而按《广东新语·神语》的说法,雷神在广东雷州,有名有姓,叫做陈文玉。云雷州雷神庙供奉一枚鸟卵和陈鉷,陈鉷乃雷神之父。当地民间传说,"陈鉷无子,其业捕猎",某次"得一巨卵径尺,携以归,雷雨暴作,卵开,乃一男子,其手有文,左曰雷,右曰州,有神人尝入室中乳哺,乡人以为雷种也，神之"。这个男子就是陈文玉，后来还当了雷州刺史，"既没，神化大显，民因祀以为雷神"。人而成神，想是陈文玉在雷州留下种种惠政，令后人念念不忘之故吧。

雷神信仰属于自然崇拜的一种，雷神庙因之成为普遍存在。1938年2月在山东牟平雷神庙暴发过一场激烈战斗，打响了胶东抗战第一枪。科举废除后，如同各地孔庙演变成学宫一样，雷神庙亦庶几近之，牟平那个就是：民国二年（1912）即辟为小学校址，新中国成立后依然，直到20世纪80年代成为文保单位。又《蕉轩随录》云，清朝同治年间王凯泰官广东布政使，"倡设孝廉书院，择地于粤秀山麓之应元宫。宫祀雷神，岁久倾圮，爰移雷神于后山颠，而讲堂成焉"。今天看去，未知紧邻的广州市第二中学是否当年应元宫的地盘，应元宫本身已经恢复道观本色。

饶为神，前人认为雷也还是可以被驱使。孙悟空就不用说了，《西游记》第四十五回在车迟国与道士斗法，命令雷公、电母阵前倒戈，听他"将棍子为号"。雷公一开始没明白，大惊道："爷爷呀！我们怎吃得这棍子？"悟空说："不是打你们，但看我这棍子往上一指，就要刮风。"但见那风婆婆、巽二郎没口的答应道："就放风。""棍子第二指，就要布云。"那推云童子、布雾郎君道："就布云，就布云。""棍子第三指，就要雷鸣电灼。"那雷公、电母道："奉承，奉承。"除此之外，各朝也都有役使雷神的传说。

《夷坚丙志》云："建昌王文卿既以道术著名，其徒郑道士得其五雷法，往来筠、抚诸州，为人请雨治祟，召呼雷霆，若响若答。"宋高宗时郑道士来临川，"数客往谒，欲求见所谓雷神者"，推却不得，"乃如常时诵咒书符，仗剑叱咤。良久，阴风肃然，烟雾亏蔽，一神人峨冠持斧立于前"，自言"弟子雷神也，蒙法师招唤，愿闻其指"。郑道士说这几位想见见你，"故遣相召，无它事也"。结果雷神生气了："弟子每奉命,必奉上天乃敢至,迨事毕而归,又具以白。今乃以资戏玩,将何辞反命于天？此斧不容虚行,法师宜当之。"说罢一斧子砍下来,"坐者皆失声惊仆,移时方苏,郑已死矣"。戏弄雷神,要赔上卿卿性命,郑道士悔之已晚,但有告诫后人的意味。

《七修类稿》云,宋理宗时的莫月鼎也有这种本领。时浙东大旱,"马廷鸾方守绍兴,迎致之,月鼎瞑目按剑,呼雷神役之,俄而震霆一声,大雨倾注"。元世祖时"遣御史中丞崔彧求异人于江南",又找到了他。请来,"帝诏近侍持果肴饷之",时天气晴朗,世祖问能不能来点儿雷声？月鼎"即取胡桃掷地,雷应声而发,雷撼殿庭,帝为之改容"。

《阅微草堂笔记》云:"俗传张真人厮役皆鬼神。尝与客对谈,司茶者雷神也。客不敬,归而震霆随之,几不免。"纪晓岚说那是齐东野语,当不得真,他有亲身经历。一天他和张真人同陪祀,"将入而遗其朝珠,向余借",晓岚说:"雷部鬼律令行最疾,何不遣取?"真人一笑。晓岚是用道家著名的咒语"急急如律令"来说事,概《土风录》云:"律令,雷部神名,善走,用之欲其速。"这里是开玩笑,然晓岚另云,他在福州为官,"老仆魏成夜夜为祟扰",有天晚上喝多了,骂道:"吾主素与天师善,明日寄一札往,雷部立至矣。"作祟的狐鬼"应声而寂"。晓岚说它们也知道这些,也怕给雷劈了。

按《三教源流搜神大全》的说法,道教中的田华毕元帅也是雷神,能够"驾雷车,拥电旌",想雨就雨,想晴就晴。"流及汉末,妖魔纵横,奸淫百出",玉帝便封他为元帅,"辅玄天上帝诛瘟役魅,上管天地潦涸,下纠群魅出没,中击不仁不义等辈"。诛瘟,有雷神山方舱医院的功能寓意了。

暴雨

郑州市"7·20"（2021）特大暴雨灾害所造成的重大人员伤亡和财产损失，震惊了国人。截至 8 月 2 日 12 时的数据，遇难 292 人，失踪 47 人。国务院已决定成立调查组，依法依规、实事求是、科学严谨、全面客观地对灾害应对过程进行调查评估，总结灾害应对经验教训，对存在失职渎职的行为依法依规予以问责追责。

暴雨，大而急的雨。我国气象部门一般把 1 小时内降雨量在 16 毫米以上、12 小时内降雨量在 30 毫米以上、24 小时内降雨量在 50 毫米以上的雨，定义为暴雨。郑州市 7 月 20 日 16—17 时，一个小时降雨量竟然达到了 201.9 毫米！《道德经》曰："飘风不终朝，骤雨不终日。"意思是说，狂风刮不了一早晨，暴雨下不了一整天。但见之于郑州不然，自 7 月 18 日 18 时至 21 日 0 时，郑州出现持续强降水天气过程。当然了，老子说那些话不仅是前人的气象经验之谈，而且是借此起兴，要论施政话题。

面对暴雨这种灾害性天气，人类至今也还无能为力，更不要说从前了。对暴雨的记载，史不绝书，随便翻翻都可以看到。如《唐会要》载，太宗贞观十一年（637）七月，也是河南遭到大雨，淹的是洛阳，"谷水溢，入洛阳宫，深四尺，坏左掖门，毁宫寺一十九所，漂六百余家"。又，高宗总章二年（669）七月，"冀州大雨，坏居人屋宇,凡一万四千二百九十家,害田四千四百九十六顷"。又,咸亨四年(673)七月二十七日,"婺州暴雨,山川泛溢,溺死者五千人"。《五代会要》载,后周太祖广顺二年(952)七月,"暴风雨,京师水深二尺,坏墙屋不可胜计。诸州皆奏大雨,所在河渠泛溢害稼"。《清史稿》载,顺治二年(1645)秋,"即墨暴雨连绵,水与城齐,民舍倾颓无算"。又,康熙四十五年(1706)六月,"东莞暴雨,平地水深五六尺,民居多圮"……

前人记录暴雨及其造成的灾害还有一个目的:警示,警示人世反省自己的作为。《春秋》载:"隐公九年(前714)三月,癸酉,大雨,震电。"《公羊传》解释了:"何以书?记异也。何以异?不时也。"为什么《春秋》里要写上这件事?记录这种奇异的现象。下大雨有什么奇异之处呢?因为不合时令。周历三月乃夏历正月,前人认为不应当有大雨、雷电。刘尚慈先生指出,《春秋》及本传非常重视对异常现象的记录,认为上天所降之"异"是警戒人世之兆,甚至认为"异大乎灾"。纵览典籍,不独《春秋》如此,记录暴雨的文献也俯拾皆是。在前人"三观"中,一切变幻莫测的自然现象,最后都归结为天意,直到清朝依然如此。

《史记·封禅书》载,秦始皇封禅泰山,"中阪(即半山坡)遇暴风雨,休于大树下"。齐鲁那些儒生听说后,"则讥之"。讥什么呢?始皇上山前,曾经"征从齐鲁之儒生博士七十人,至乎泰山下"。儒生们对封禅的具体操作提出了一些建议,"古者封禅为蒲车(谓用蒲草裹住车轮),恶伤山之土石草木"云云。不过,"始皇闻此议各乖异,难施用,由此绌儒生",不让他们跟着了。所以儒生们认为他之遇暴雨,是遭到了报应。《后汉书·方术传下》载,公沙穆迁弘农令,"县界有螟虫食稼,百姓惶惧"。公沙穆乃设坛谢曰:"百姓有过,罪穆之由,请以身祷。"于是老天下了一场暴雨,

"既霁而螟虫自销"。不用说,这种暴雨催生出的是正面典型。

唐朝贞观年间那次暴雨后,岑文本有个上疏,惟愿太宗在"明选举,慎刑罚,进贤才,退不肖,闻过即改,从谏如流"等方面,继续"行之不怠",苟如是,"虽桑谷龙蛇,犹当转祸为福,变咎为祥。况水雨之患,阴阳常理,岂可谓之天谴而系圣心哉!"话说得相当委婉,魏徵就毫不客气了,直指太宗"贞观之始,闻善若惊,暨五六年间,犹悦以从谏。自时厥后,渐恶直言,虽或勉强时有所容,非复曩时之豁如也"。仗义执言的人不愿意吭声,阿谀钻营的就蠢蠢欲动了,"郁于大道,妨治损德,其在兹乎?而欲无水之灾,不可得也"。太宗果然有反省,诏曰"暴雨为灾,大水泛滥,静思厥咎,朕甚惧焉。文武百寮,各上封事,极言朕过,无有所讳。诸司供进,悉令减省,凡所作役,量事停废,遭水之处,赐帛有差",并"废明德宫及飞山宫之玄圃院,分给河南、洛阳遭水户"。

《明会要》载,万历三年(1575)五月,淮阳大水。皇帝生气了,认为是地方官员不作为的恶果:"近来淮阳地方,无岁不奏报灾伤,无岁不蠲免振济。若地方官平时著实经理民事,加意撙节,多方设备,即有灾荒,岂至束手无措?今为官者本无实心爱民,一遇水旱,即委责于上;事过依旧,因循不理。岂朝廷任官养民之意?吏部查两府有司,有贪酷虐民及衰老无为者,黜之。"诏书所言,果真为实情也说不定。

郑州气象局微博发布说,该市此番特大暴雨"超千年一遇"。媒体报道更有"五千年一遇"之说。然而未几,中央气象台首席预报员陈涛指出,在目前我们没有得到可靠的、长时效的、有效的降雨记录之前,很难去谈所谓"千年一遇"这个问题。究竟是客观描述还是夸大其词,国务院调查组也会给出明确答案吧。

虹

双休日（2020）这两天的清晨，都连续看到彩虹。有趣的是，昨天看到的是左半边，今天看到的是右半边。发到朋友圈后引起友朋调侃，或曰"忽左忽右"，或曰"贵村彩虹轮流上班"。但未几看到，也有人拍到了全圆的彩虹，甚至还有人拍到了双彩虹，但见碧空如洗，不知是哪里。余所居住之大塘村，天上有不少阴云。

虹，大气中的一种光学现象，往往发生在雨后。天空中的小水珠经日光照射发生折射和反射作用而形成的圆弧形彩带，呈现出红、橙、黄、绿、蓝、靛、紫七种颜色，给雨后的天空增添了一抹亮色。半虹，前人也常见到。屈大均《广东新语》云："雷之州，每见天边有晕若半虹，长数十丈，初圜而黑，渐乃广阔如破帆。其名风篷，亦曰飓母。"当地人都知道，出现半虹，是台风（时称飓风）要来的先兆。屈大均作过九首《雷阳曲》，其一曰："天脚遥遥起半虹，涛声倏吼锦囊东。天教铁飓吹郎转，愿得朝朝见破篷。"破篷，半虹；铁飓，特大台风。诗意非常清楚：女子希望看到半虹，好让台风把出海的情郎吹转回来，两人厮守在一起。屈大均又说："广州四时虹见，半虹则以将飓而后见。"对非海边地带，半虹是台风的果而不是兆。

双彩虹，在前人眼里意谓雌雄一起出现。《诗》疏引文曰："虹双出,色鲜盛者为雄,雄曰虹;闇者为雌,雌曰霓。"顾炎武认可这种见解,以为谚之所谓"东虹晴,西虹雨",正属于"虹霓杂乱之交,无论雨晴,而皆非天地之正气"。非双出时,前人认为虹也有雌雄之分。《搜神后记》云,陈济作州吏,老婆秦氏独自在家,于是"常有一丈夫,长丈余,仪容端正,著绛碧袍,采色炫耀,来从之"。几年后,秦氏还怀了孕,这个就是雄虹了,风雨瞑晦之时,"邻人见虹下其庭,化为丈夫"。不过纪晓岚说,其"能狎昵妇女者,当是别一妖气,其形似虹。或别一妖物,化形为虹耳"。至于三国魏明帝所欲逼幸之虹,显见该是雌虹。《稽神异苑》引文云:"首阳山有晚虹,下饮溪水,化为女子。明帝召入宫。"女子自称仙女,"暂降人间",明帝还是要硬来,结果人家"忽有声如雷,复化为虹而去"。比较起来,前人更乐于将彩虹比作美人,每名之虹女。

"真龙岂许寻常见,故作云间饮涧虹。"(宋李质句)前人不能科学解释虹的形成,认为是它在吸水,沈括说亲眼见过。其《梦溪笔谈》云:"世传虹能入溪涧饮水,信然。(神宗)熙宁中,予使契丹,至其极北黑水境永安山下卓帐,是时新雨霁,见虹下帐前涧中。予与同职扣涧观之,虹两头皆垂涧中。"屈大均也说,台风要来的前几天,"炎云郁结,雷声殷殷,有虹欲断欲连,下饮海水,海翻声吼怒,浪浪沸腾,矶石搏触"。而综合起来看,除了吸海水、河水,虹对其他似乎也来者不拒。《五杂组》里,虹就吸了别的东西。如"上官桀时,虹下宫中饮井,井为竭";如"韦皋在蜀宴将佐,有虹垂首于筵,吸其饮食";如"晋陵薛愿虹饮其釜",薛愿干脆让它喝个够,虹还"吐金以报";如"刘义庆在广陵,方食粥,虹饮其粥";如"张子良在润州,虹饮其瓮浆"。虽然史书此类记载颇多,谢肇淛仍然表示不信:"夫虹乃阴阳之气,倏忽生灭,虽有形而无质,乃能饮食,亦可怪矣。"而"昔秦符生谓:'太白入井,自为渴尔。'以此观之,其言亦未足深笑也"。

在雨后彩虹之外,前人将日月周围的晕也称之为虹,因此典籍中颇多"黑虹""白虹"。如《阅世编》,黑虹要么"贯日"或者"贯月",要么"见于昏之中天"。白虹也是,"贯""见"之外,还"亘天,自西及东,云不能掩"。白虹贯日,谓白色晕圈遮蔽了太阳。本来这是像彩虹一样的另一种大气光学现象,但前人因为理解不了,认定是人间的不平凡行动所致。

《史记·鲁仲连邹阳列传》载,邹阳狱中上书曰:"荆轲慕燕丹之义,白虹贯日,太子畏之。"应劭这么解释:"燕太子丹质于秦,始皇遇之无礼,丹亡去,故厚养荆轲,令西刺秦王。精诚感天,白虹为之贯日也。"如淳也说:"白虹,兵象。日为君。"司马贞引《烈士传》另有见解:"荆轲发后,太子自相气,见虹贯日不彻,曰:'吾事不成矣。'后闻轲死,事不立,曰'吾知其然也。'"虽然见解不同,但都认为事关荆轲刺秦王,只是成与不成的区别。又,《战国策·魏策四》云:"聂政之刺韩傀也,白虹贯日。"又,《春明退朝录》云:"予家有范鲁公《杂录》,记世宗亲征忠正,驻跸城下,尝中夜有白虹自泚水起,亘数丈,下贯城中,数刻方没,自是吴人闭壁逾年,殍殣者甚众……又曰,江南李璟发兵攻建州王延政,有白虹贯城,未几城陷。"又,《渑水燕谈录》云,宋仁宗皇祐二年(1050),陈珙知邕州,"冬至日,珙旦坐厅事,僚吏方集,有白虹贯庭,自天属地",第二年,"侬智高陷二广"。无论哪种解释,在天人感应这一点上殊途同归。

"断虹霁雨,净秋空,山染修眉新绿。"(黄庭坚句)"天际彩虹千丈,阑干外、泻寒玉。"(华岳句)对雨后彩虹,普通人都要驻足凝视一回,遑论凡事都能引起奇思妙想的诗人了。

夜观天象

元旦(2021)期间在中山大学珠海校区参观了"天琴计划激光测距台站"。由中山大学校长、中国科学院罗俊院士提出的"天琴计划",旨在通过引力波探测进行天文学、宇宙学及基础物理前沿研究。为此,2035 年前后,在约 10 万公里高的地球轨道上,将部署完毕三颗全同卫星,构成边长约为 17 万公里的等边三角形编队。"天琴一号"卫星已于 2019 年 12 月 20 日发射升空。测距台站位于凤凰山顶,口径 1.2 米的反射式望远镜最为耀眼,借助之,已成功测出国内最准的地月距离,精度达到国际先进水平。

天文望远镜都是在夜间工作的,而夜观天象——用肉眼直接仰望星空,在我们早有悠久的历史。不要说后来的太史令、司天监、钦天监等专门的机构和人员,顾炎武《日知录》云:"三代以上,人人皆知天文。'七月流火',农夫之辞也。'三星在天',妇人之语也。'月离于毕',戍卒之作也。'龙尾伏晨',儿童之谣也。后世文人学士,有问之而茫然不知者矣。"的确如此,诸如荧惑守心、入紫微、犯华盖等,典籍中也常能见到。

古人为什么要夜观天象? 农业生产要求有准确的农事季节是一个重要方面,与此同时,如《史记·天官书》所云"天则有列宿,地则有州城",他们把天上的星宿和地上的州域捆绑在一起,认为天象变化预示着人间祸福、人事吉凶。《汉书·天文志》说得更明白："凡天文在图籍昭昭可知者，经星常宿中外官凡百一十八名，积数七百八十三星，皆有州国官宫物类之象……政失于此，则变见于彼，犹景之象形，乡之应声。是以明君睹之而寤，饬身正事，思其咎谢，则祸除而福至，自然之符也。"

这方面的材料极多。如《左传·文公十四年》载："秋七月，有星孛入于北斗。"孛，即彗星。杨伯峻先生认为："孛虽慧，而（《春秋》之）《经》《传》皆用作动词……则此孛字之意，犹言彗星光芒蓬蓬孛孛而过，作为彗星出现之术语矣。"鲁文公十四年，即公元前 613 年。《左传》这一笔，成为世界上对哈雷彗星的最早记录。这或是夜观天象的古人对科学的最大贡献了。

彗星见，前人每视为咎征。所以《左传·昭公二十六年》载，齐国看见彗星，"齐侯使禳之"，欲禳祭以消灾。晏子说没用，自欺欺人罢了，"天之有彗也，以除秽也"。君王没有污秽的德行，禳祭什么？如果德行污秽，禳祭又能减轻什么？"君无违德，方国将至，何患于彗？"君王没有那些违德的事，四方国家都会来到，怕有彗星不成？

《晏子春秋》至少提供了两则佐证，均见于《重而异者》。一曰景公即齐侯置酒于泰山之上，哭了，晏子问怎么回事，他说"彗星出，其所向之国君当之"，国家要有灾祸，因此伤心。晏子说，君王的行为邪僻，对国家便没有德义，"穿陂池则欲其深以广也，为台榭则欲其高且大也"，征赋税像抢劫一样，对百姓像对仇敌一样，彗星出来有什么奇怪的？二曰景公瞢见彗星，第二天告诉晏子，说"欲召占瞢者使占之"。晏子这回更不客气，说这是"君居处无节，衣服无度，不听正谏，兴事无已，赋敛无厌"，百姓不堪重负而民怨沸腾啊。《左传》那里，还能"公说（悦），乃止"，此番恐怕脸上挂不住了。

后世也是这样，如明朝。《明会要》载，嘉靖十一年（1532）八月彗星现，南京御史冯恩上疏，以"张孚敬为根本之慧，汪鋐为心腹之慧，方献夫为门庭之慧"，提出"三慧不除，庶政终不可理"。结果嘉靖皇帝得疏大怒，"逮下狱，论死"。万历二十一年（1593）七月彗星现，王锡爵密奏："古帝王禳慧之法，或更张新政，或更用新人，一切以除秽布新为义。若慧入紫薇垣，王者之宫，则咎在君身。"怎么办呢？"方今禳慧之第一义，无过早行册立之状"。借机谏言早点儿解决立储这一"国本"问题。

在小说家眼里，夜观天象的功能更加伟力无边。《三国演义》中俯拾皆是。第七回，蒯良谓刘表曰："某夜观天象，见一将星欲坠。以分野度之，当应在孙坚。"未几孙坚果然误入埋伏，死于乱石、乱箭之下。诸葛亮玩儿得就更娴熟。刘备三顾茅庐时他是这么分析形势的："亮夜观天象，刘表不久人世；刘璋非立业之主，久后必归将军。"赤壁之战后，他又在荆州夜观天文，笑曰："周瑜死矣。"刘备问接下来怎么办，他说："代瑜领兵者，必鲁肃也。亮观天象，将星聚于东方。亮当以吊丧为由。往江东走一遭，就寻贤士佐助主公。"关羽走麦城，他也是这么看出来的，"见将星落于荆楚之地，已知云长必然被祸"。刘备死后，受"先帝托孤"的他一定要出师伐魏，"恢复中原"，谯周反对，以其人之道还治其人之身："臣夜观天象，北方旺气正盛，星曜倍明，未可图也。"并且他责问诸葛亮："丞相深明天文，何故强为？"诸葛亮另找说辞："天道变易不常，岂可拘执？"

古人对天象之观，方式方法与今天早不可同日而语，二者的功能也判若云泥。齐景公当年说了："吾闻之，人行善者天赏之，行不善者天殃之。"借夜观天象来说话，某种程度上看未尝不是臣下进谏的一个智慧，遇到嘉靖皇帝那种混不吝的要另当别论。从这个角度来看，其积极意义不言而喻。

日全食

7月22日（2009）将有日全食。中科院紫金山天文台预报说，这是从1814年至2309年差不多整整500年间，太阳在中国境内全食持续时间最长的一次。国务院办公厅日前下发通知，要求妥善做好应对的工作。应对什么呢？"由于日全食期间能见度下降、气温降低、湿度上升，会对交通运输、生产作业、通信安全、社会治安等带来一定影响，也可能在部分人群中产生迷信猜测和心理恐慌"。

日食是太阳被月球或其黑影遮掩时产生的天象，全部遮住了，就是日全食。国办既然发了通知，推测起来可能一些人仍然存在"迷信猜测和心理恐慌"。古代则肯定如此。那是他们不知道日全食发生的原理，视之为一种超自然现象，灾难即将降临的先兆。因而在前人编纂的历代《会要》里，"历数""天文灾变"都是不可或缺的内容，这里面便包括日食。司马迁说的最有代表性：五家（黄帝、尧、舜等）、三代（夏、商、周）"分中国为十有二州，仰则观象于天，俯则法类于地。天则有日月，地则有阴阳。天有五星，地有五行。天则有列宿，地则有州域"。天上和地下，完全是一一对应的，所以，要"日变修德，月变省刑，星变结和"。也正是因此，我们可以在典籍中看到日食发生后的帝王行为。

《史记·孝文本纪》载,汉文帝二年(前178)日有食之,文帝检讨自己:"人主不德,布政不均,则天示之菑以戒不治……朕下不能理育群生,上以累三光之明,其不德大矣。"很有些痛心疾首。他还要求:"令至,其悉思朕之过失,及知见思之所不及,匄以启告朕。及举贤良方正能直言极谏者,以匡朕之不逮。因各敕以职任,务省繇费以便民。"不仅嘴上罪己,还要见之于行动。《明会要》记载了明朝历代皇帝在任时发生日食的次数、年份,比如永乐年间有8次,其中一次正赶在元旦(正月初一),大学士杨士奇说:"日食,天变之大者。前代元旦日食,多不受贺。"洪武和万历年间最多,各有16次。万历三年(1575)第一次时,"帝感日食之变,于宫中制牙牌,手书十二条于其上,所至悬座右,以自警"。许是因太多而习惯了,万历三十八年(1610)那次,礼部侍郎翁正春虽然痛陈时事,却是"疏入,不省"。翁正春都说了些什么呢?"自万历二十年后,财货日敛聚,人才日剥落。闉阇(即皇宫的正门)徒号,天听愈杳。天下不见阳和舒育之气,如在穷阴冱寒(谓不得见日,极为寒冷)之中。是以上天谴告如此。然日之食与更,止在一时;而皇上之寝与行,止在一念。诚翻然转移,立见改辙;日中之治,可保无疆矣。"或许,日食之类对帝王而言,始而真心畏之,后来即便罪己,也变成了走个过场。

日食发生的"后果",也不完全关乎皇帝。陶宗仪《南村辍耕录》云,元至正辛丑(1361)四月初一,"日未没三四竿许,忽然无光,渐渐作蕉叶样。天且昏黑如夜,星斗粲然。饭顷,方复旧,天再明,星斗亦隐,又少时乃没"。这就是日食了,而且很可能是日全食。陶宗仪引王隐《晋书》(非房玄龄等撰)曰:"日无光,臣有阴谋。"又引京房《易传》曰:"臣专刑,兹谓分威,蒙微而日不明。"矛头指向的就是大臣。揣测起来,要么是王隐、京房落笔时心有所指,要么是陶宗仪在借题发挥。

《隋唐嘉话》谈到李淳风"校新历成,奏太阳合日蚀(食)当既,于占不吉"时,唐太宗很不高兴,威胁道:"日或不蚀,卿将何以自处?"李淳风说:"有如不蚀,则臣请死之。"到那天,太宗"候日于庭",专门等着看。他还嘲讽地说:"吾放汝与妻子别。"李淳风说别急,没到时候罢了,结果"如言而蚀,不差毫发"。李淳风是个神神道道的人物,存世的"预测"奇书《推背图》就出自他和另一位术士大师袁天罡。有一回他告诉太宗:"北斗七星官化为人,明日至西市饮酒。"太宗使人候之,果然看到"有僧奇人共饮二石";请他们来一趟,七人笑曰:"此必李淳风小儿言我也。"描述得若有其事。然预测日食,在古人眼里却也不是什么难事,西周时人们就已发现日食都是在朔日(初一)发生,战国时更确定了一套预测日食的公式。

据说古希腊哲学家泰勒斯曾经预测出一次日全食,为了制止小亚细亚地区已历时5年的部族战争,他编造了善意的谎言:上帝对这场战争极为恼怒,将发出警告。结果当太阳果真被月球遮去时,交战双方极度恐慌,立即休战并重归于好。其实,西汉刘向、东汉王充都说过"日蚀者,月往蔽之""日食者,月掩之也"之类的话,当人们理解了日食的成因之后,这种肉眼所能观察到的天文现象被赋予任何的政治意义,就变得没有意义了。

火星·荧惑

　　5月15日(2021)7时18分,随着"天问一号"探测器成功着陆于火星乌托邦平原南部预选着陆区,标志着我国星际探测征程又迈出了重要一步。"天问一号"于去年7月23日发射升空,任务目标是通过一次发射,实现火星环绕、着陆和巡视探测。

　　我们的前人很早就认识火星,叫它荧惑,以其隐现不定、令人迷惑之故。当然,不独认识火星。前文说了,顾炎武举《诗》为例,认为"三代以上,人人皆知天文",举凡农夫、妇人、戍卒、儿童各个阶层,对天象皆能出口成章。而到他那个时代,"文人学士,有问之而茫然不知者矣"。顾炎武的时代到现在又有四百年了,"茫然不知"天文者,有增无减。

　　前人认为火星主灾祸,是"罚星"。《鬼谷子》云:"四方上下,左右前后,荧惑之处安在。"陶弘景注曰:"荧惑,天之法星,所居灾眚吉凶尤著。故曰虽有明天子,必察荧惑之所在,故亦须知之。"《史记·天官书》载:"礼失,罚出荧惑,荧惑失行是也。出则有兵,入则兵散。以其舍命国。荧惑为勃乱,残贼、疾、丧、饥、兵。"张守节引《天官占》是这么解释的:"荧惑为执法之星,其行无常,以其舍命国:为残贼,为疾,为丧,为饥,为兵……执法官也。"火星运行到哪里了,你得时刻关注,必须当成一回事,因为火星运行导致的不同天象组合，预示着不同的灾难，"荧惑守参，多火灾"；又，"荧惑守井，百川皆满"；又，"荧惑守亢，裴回不去，法有近臣谋乱，发于左右"等。

典籍中这方面的记载比比皆是。《汉书·天文志》载，汉宣帝地节元年（前69）正月戊午乙夜，"月食荧惑，荧惑在角、亢"，即月亮遮蔽了火星，火星运行到角宿、亢宿，占星家指出："忧在宫中，非贼而盗也。有内乱，谗臣在旁。"又，《后汉书·襄楷传》载，桓帝时宦官专朝，政刑暴滥，襄楷上书曰："荧惑今当出而潜，必有阴谋。皆由狱多冤结，忠臣被戮。"必须看到，古人的天文知识虽然丰富，但对于某些异乎寻常的天象却不能作出科学解释，乃于崇敬天帝的基础上，把天象变化与地上所配州国的吉凶祸福联系起来。因此，古人所以要观天象、所以要建立星宿的分野，主要目的正是希望能预占人事，事先谋求应变之道以趋吉避凶。

观测日月及金木水火土五星的运行，前人以恒星为背景，久而久之，选择了黄道赤道附近的二十八个星宿作为"坐标"，前面提到的参、井、亢、角，皆在其列。荧惑之"守"在某宿，是说火星运行到某宿。最令统治者感到恐怖的，是荧惑守心，就是火星居于心宿。心宿，在二十八宿中属于东方苍龙七宿：角亢氐房心尾箕。"七月流火"的"火"，指的就是心宿。前人还将二十八宿拟人化，各自取了名字，心宿叫心月狐。在《封神演义》中，心月狐是苏元，截教弟子，阵亡于万仙阵中。在《镜花缘》里，心月狐受命下凡，化身女皇武则天"投胎为唐家天子"，一度夺取了李氏江山。

荧惑守心，逆臣起。这没什么，关键是可以直接影响天子命运和统治。《史记·秦始皇本纪》载，始皇"三十六年，荧惑守心"，然后"有坠星下东郡，至地为石"，百姓在这块陨石上刻了"始皇帝死而地分"几个字。始皇知道了，"遣御史逐问"，追查是什么人干的,查无结果,则"尽取石旁居人诛之,因燔销其石"。但是次年,秦始皇果然死了。《汉书·天文志》载,"(汉)十二年春,荧惑守心。四月,宫车晏驾",这回死的是汉高祖刘邦。

《汉书·天文志》另载,成帝绥和二年(前7)春,也是荧惑守心,虽"三月丙戌,宫车晏驾",但此前,"二月乙丑,丞相翟方进欲塞灾异,自杀"。这又是怎么回事呢?成帝是想找个替身。《史记·宋微子世家》载,宋景公三十七年(前480)荧惑守心,他很害怕。子韦说"可移于相",让丞相替国君承担凶兆,景公说"相,吾之股肱",不能这么干。子韦又说"可移于民""可移于岁",景公都没有同意。子韦曰:"天高听卑。君有君人之言三,荧惑宜有动。"火星果然被景公感动了,没来搞事。成帝大约记起前典,决意"移于相"。《汉书·翟方进传》载,拿翟方进开刀的主意是其部下李寻出的,虽然翟方进待他不薄。另有"善为星"的贲丽推波助澜,说"大臣宜当之"。成帝乃下定决心,指责翟方进当了十年宰相,"灾害并臻,民被饥饿,加以疾疫溺死,关门牡开,失国守备,盗贼党辈。吏民残贼,殴杀良民,断狱岁岁多前"云云。他要翟方进"君其自思,强食慎职",翟方进明白了,即日回家自杀,成帝把接下来的表面文章做足,"亲临吊者数至,礼赐异于它相故事"。不过,现代有人推算发现,绥和二年春并未发生荧惑守心!那么,这该是有人利用虚构的天象来达到相应的政治目的了。即便真实的宋景公事件也表明,荧惑守心与晏驾之间根本没有必然联系。

如今探测火星,有人类期待与火星生物会面的一面,也有渴望开发出新的生存空间的一面,昔日的识见已完全不可同日而语。

木星·太岁

　　中秋次日,9 月 11 日(2022)晚,上演了"木星伴月"的天象。就是说,木星这颗太阳系中最大的行星,与月亮出现在同一经线上,是时其距离地球最近,也最明亮。

　　木星,古称岁星,太阳系九大行星之一。战国占星家认为木星轨道与黄道接近,每 12 年运行一周天也就是绕天一周,因此他们将一周天按由西向东的方向十二等分,叫做十二次,每次都取了名字,星纪、玄枵、诹訾、降娄什么的。创立十二次的主要用途,一个是用来指示一年四季太阳所在的位置,以说明节气的变换;再一个就是用以纪年。木星每年行经一个星次,在谁的范围内就是岁在某次。如运行到星纪范围,即"岁在星纪";次年运行到玄枵范围,则是"岁在玄枵"。战国迄于东汉,前人都根据天象纪年,是所谓星岁纪年法。星,即木星。

　　《国语·晋语》载,流亡的重耳奔往齐国时,"过(卫邑)五鹿,乞食于野人"。不料,那农夫给了他一个土块。"公子怒,将鞭之",舅舅狐偃却认为这是好兆头,"天赐也"。前人以为"得土,有国之祥"。而农夫奉土以服公子,"又何求焉"? 并且狐偃断言:"十有二年,必获此土。"也就是说,卫国的五鹿将会纳入晋国。狐偃让身边人记下来,今年"岁在寿星",到 12 年后岁在"鹑尾",一切就将变成现实,此"天之道也,由是始之"。这里的寿星不是长寿之神,鹑尾也不是鹌鹑尾巴,都是十二次的名字,二者首尾相接。重耳听罢,"再拜稽首,受而载之"。给狐偃这么一演绎,原本出于戏弄的坏事迅即转化为兆头不错的好事。事后证明果如狐偃所说,然此中有多少牵强附会,又有多少添油加醋,另当别论了。

星岁纪年法之"岁",乃太岁。民间俗话"太岁头上动土",比喻触犯了有权势或强有力的人。此"太岁"指的是人。如关汉卿《望江亭》第二折,权贵杨衙内登场自道:"花花太岁为第一,浪子丧门世无对。普天无处不闻名,则我是权豪势宦杨衙内。闻知有亡故了的李希颜夫人谭记儿,大有颜色,我一心要他做个小夫人。"《水浒传》中,"王婆计啜西门庆 淫妇药鸩武大郎"之后,武松出差回来,两边众邻舍"都吃一惊,大家捏两把汗,暗暗地说道:'这番萧墙祸起了! 这个太岁归来,怎肯干休? 必然弄出事来!'"结果众所周知,"供人头武二郎设祭"。"太岁"的源头,该是前人假设的岁星。

岁星的运行方向由西向东,与子丑寅卯等十二辰的方向和顺序正好相反,前人乃设想出一个假岁星即太岁,与真岁星"背道而驰"。换言之,岁星运行方向为逆时针,太岁运行方向为顺时针,如此方与十二辰的方向和顺序完全一致。十二太岁也各有名字,摄提格、单阏、执徐、大荒落什么的。如果某年"岁在星纪",对应"丑";太岁则在隔壁的析木,对应"寅",太岁纪年便为"太岁在寅",这时的太岁名叫摄提格。次年,"岁在玄枵"了,对应"子";太岁则到了大火,对应卯,太岁纪年就叫"太岁在卯",名曰单阏。西汉时借鉴了干支纪日,前人又取了阏逢、旃蒙、柔兆、强圉等十个名称,叫做岁阳,与十二太岁年名相配,组合成为 60 个年名。其中,阏逢摄提格为第一年、旃蒙单阏为第二年,以此类推。

《左传·襄公二十八年》载："春，无冰。"当有而没有，大夫梓慎说话了，宋国、郑国要闹灾荒啊！依据是"岁在星纪，而淫于玄枵，以有时菑，阴不堪阳。蛇乘龙，龙，宋、郑之星也。宋、郑必饥。玄枵，虚中也。枵，耗名也。土虚而民耗，不饥何为？"别的且不说它，梓慎已然发现，木星该在星纪，却在玄枵（淫者，过也），表明公转周期并非整整12年，差了一些，星岁纪年法并不能反映逐年的实际天象。所以自东汉顺帝以后，六十甲子纪年正式登场。

不知为什么，宋朝编纂的《资治通鉴》仍然采用岁阳纪年法。随机翻一页，比如卷十六《汉纪八》，下注"起强圉大渊献，尽上章困敦，凡十四年"，听起来已然近似行业切口，对照命名才晓其义：强圉对丁，大渊献对亥；上章对庚，困敦对子。那么，司马光实际上在说，本卷叙述时间从丁亥年（前154）起到庚子年（前141）共十四年。本来挺简单的话，为什么不好好说？

前人认为，东方朔即木星下凡。《太平广记》云，东方朔生前曾对人说："天下人无能知朔，知朔者唯太王公耳。"他死后，汉武帝知道了这句话，把太王公找来："尔知东方朔乎？""不知。""公何所能？""颇善星历。"那你看看天上的星宿都在不在，太王公说："诸星俱在，独不见岁星十八年，今复见耳。"武帝感慨了："东方朔生在朕旁十八年，而不知是岁星哉！"乃"惨然不乐"。李白诗曰："岁星入汉年，方朔见明主。"杨亿诗曰："茂异纷纶集汉庭，求贤诏在竹书青。共趋金马门前路，谁识东方是岁星。"显见都是借题发挥。把木星嫁接到东方朔头上，敢是前人"五星"观中的"东方岁星"，嵌了"东方"二字之故？

"木星伴月"并不罕见，寻常人等也看不出个所以然，而各路媒体无不大肆渲染天文现象本身。倘若借此科普一下木星，强似一惊一乍吧。

陨石

1月10日（2022）出版的今年第1期《南方人物周刊》有一篇《猎陨江湖：天外陨石的名利场》，使我们知道国内居然有一个参与人数众多的寻找陨石的群体，围绕这种天外来客，还形成了掺杂名利的江湖。真是开了眼界。

陨石乃坠落于地面的陨星残体，有纯铁质的、纯石质的和铁质石质混合的。《左传·僖公十六年》载："十六年春，陨石于宋五，陨星也。"五块陨石掉在了宋国，鲁僖公十六年即公元前644年。识者指出，这是世界上关于陨石的最早记载。此前，鲁庄公七年即公元前687年，"星陨如雨，与雨偕也"。张守节就《史记·天官书》"星坠至地，则石"正义：这就是《春秋》所说的"星陨如雨"，斯时"吴郡西乡见有落星石，其石天下多有"。可惜庄公七年没有挑明这个名词，否则陨石记载又可以提前几十年。

《汉书》中有颇多"陨石"字样。如《郊祀志》载，汉武帝"复修封于泰山。东游东莱，临大海。是岁，雍县无云如雷者三，或如虹气苍黄，若飞鸟集械阳宫南，声闻四百里。陨石二，黑如黳，有司有以为美祥，以荐宗庙"。遗憾的是，"方士之候神入海求蓬莱者终无验"。不难看到，汉武帝"尤敬鬼神之祀"，周边人等视陨石为祥瑞，讨他高兴罢了，他时未必然。如《天文志》载，成帝元延元年

（前12）四月某时，"天暐晏，殷殷如雷声，有流星头大如缶"云云，令时人记起"《春秋》星陨如雨，为王者失势，诸侯起伯之异也"。后来的班固审视历史恍然大悟："王氏之兴萌于成帝时，是以有星陨之变，后莽遂篡国。"又，《五行志》载，秦始皇三十六年（前211），"石陨于东郡"，有人在陨石上刻了"始皇死而地分"几个字。同样是"马后炮"们认为："阴类也，阴持高节，臣将危君，赵高、李斯之象也。始皇不畏戒自省，反夷灭其旁民，而燔烧其石。"于是，"是岁始皇死，后三年而秦灭"。

蒲松龄聊斋故事中有一则《化男》，云苏州木渎镇"有民女夜坐庭中，忽星陨中颅，仆地而死。其父母老而无子，止此女，哀呼急救"。一会儿民女又醒来了，笑曰："我今为男子矣！"验之果然。被陨石砸中脑袋，断无生还且变性的道理，蒲松龄这个故事想说明什么呢？识者指出，该民女很可能是双性人，借助陨石的神秘莫测导演这出戏码，使尴尬的事实顺理成章。有些道理。

在野史笔记中，有不少捡到陨石的。李绰《尚书故实》云，李师诲"曾于衲僧处得落星石一片"。人家告诉他："于蜀路早行，见星坠于前，遂围数尺掘之，得片石如断磬。其一端有雕刻狻猊之首，亦如磬，有孔，穿绦处尚光滑。"接下来的一句不知是无知还是幽默感十足："岂天上乐器毁而坠欤？"杜光庭《录异记》云，洪州昭仙观前掉下一块陨石，"五色烟雾，经月而散"。始而"石长七八尺，围三尺余，清碧如玉"，然而随着时间的推移，慢慢变小，一周七日尚"长三尺"，又过几天，"石长尺余，今只及七八寸，留在观内"。据说"杜撰"一词即源自杜光庭，这段话更要姑妄听之了。《邵氏闻见后录》云，唐太庙长安乾明寺"庭中有星陨石，状如伏牛，有手迹四，足迹二，如印泥然"，传说是"武氏革命"那天掉下来的。又，"兴平一道观中，有星陨石，如半柱满，其上皆系痕，岂果系于空中邪？"这一块是西晋时掉下来的。

《清史稿》的陨石记载，不像前面的史书归入《天文志》《五行志》，而是径直归入《灾异志》。关联广东的，如"康熙二十年（1681）正月二十日，海丰有星陨化为石，其形三角，重九斤。二十四年（1685）正月初六，饶平星陨黄冈五丈港，声闻数十里，化为石，其大如斗，其色外青内白"等。《荀子·天论》已指出："星坠、木鸣，国人皆恐。"然荀子通过假设的问答明确并不足忧。"是何也？""无何也，是天地之变，阴阳之化，物之罕至者也。怪之可也，畏之非也。夫日月之有蚀，风雨之不时，怪星之党见，是无世而不常有之。"如果"上明而政平，则是虽并世起，无伤也"，但是如果"上暗而政险，则是虽无一至者，无益也"。

事实上，对僖公十六年"陨石于宋五"那次，董仲舒、刘向释为"象宋襄公欲行伯道将自败之戒"，说什么"石阴类，五阳数，自上而陨，此阴而阳行，欲高反下也"，而"襄公不寤，明年齐桓死，伐齐丧，执滕子，围曹，为盂之会，与楚争盟，卒为所执。后得反国，不悔过自责，复会诸侯伐郑，与楚战于泓，军败身伤，为诸侯笑"，貌似很合逻辑，却全不如叔兴的见解。针对宋襄公对陨石的疑问："是何祥也？吉凶焉在？"时聘于宋的周内史叔兴，当面应付了一句"今兹鲁多大丧，明年齐有乱，君将得诸侯而不终"，退出来讲了真话："君失问。是阴阳之事，非吉凶所生也。吉凶由人。"

围绕陨石，前人尽情展示了自己的"三观"。但能够成为后人财路的一种，怕是他们万万不曾料及的。

流星雨

8月13日(2021)凌晨,本年度最大的流星雨——英仙座流星雨迎来了极大值。中国科学院紫金山天文台消息称,这次流星雨活跃期将持续至8月24日。流星乃飞掠过天空的发光星体,发光是因为它们进入大气层与大气摩擦而燃烧所致。流星雨,即地球在运行中和流星群相遇时,短时间内出现许多流星的现象。

每年7月20日至8月20日前后,英仙座流星雨都会按时出现,8月13日达到高潮。除此之外,其他星座也有流星雨。如每年4月14日至4月30日,是天琴座流星雨的活跃期,今年的,在4月22日曾迎来极大值。世界上关于天琴座流星雨的最早记录,出自我们的《春秋》:鲁庄公七年"夏四月辛卯,夜,恒星不见。夜中,星陨如雨"。庄公七年,即公元前687年;四月辛卯,即3月16日。有学者统计,我国古代关于流星雨的记载约180次,其中天琴座流星雨约9次,英仙座流星雨约12次。关于后者,最早见于《后汉书·天文志》,光武帝建武十二年(36),"六月戊戌晨,小流星百枚以上,四面行"。

按清朝学者赵翼的说法,《春秋》中"星陨如雨"这四个字出自孔子之手。《春秋》是鲁国史官修成的史书,记述从隐公到哀公共12代君主、计244年的历史。孔子录而藏之,且修而改之。赵翼说:"孔子修《春秋》,鲁史旧文不可见,故无从参校圣人笔削之处。"但参照《汲冢纪年》中若干史实可知,孔子没有多大改动,只是"特酌易数字以寓褒贬耳"。比如"鲁庄公七年,星陨如雨,《公羊传》谓原本乃雨星不及地尺而复,孔子修《春秋》改曰'星陨如雨',是亦可见圣人改削之迹"。《左传》认为"星陨如雨"意谓"与雨偕也",星陨的同时在下雨;《穀梁传》和《公羊传》均不认同。《穀梁传》认为"其陨也如雨",《公羊传》认为"如雨者,非雨也",不是真的在下。即按少数服从多数原则,《左传》作为《春秋》三传之一,在此也该认输吧。星陨如雨,就是流星雨。

关于流星雨的记载,仅二十四史之《天文志》中,便可觅到许多。

《汉书》之,成帝"元延元年(前12)四月丁酉日餔时,天暒晏,殷殷如雷声,有流星头大如缶,长十余丈,皎然赤白色,从日下东南去。四面或大如盂,或如鸡子,耀耀如雨下,至昏止。郡国皆言星陨"。《晋书》之,"武帝泰始四年(268)七月,星陨如雨,皆西流"。又,"太康九年(288)八月壬子,星陨如雨"。《宋书》之,孝武"大明五年(461)三月,有流星数千万,或长或短,或大或小,并西行,至晓而止"。《旧唐书》之,文宗"大和元年(827)六月,丁酉夜一更至四更,流星纵横旁舞,约二十馀处,多近天汉"。《新唐书》之,僖宗"中和元年(881)八月,己丑夜,星陨如雨,或如杯碗者,交流如织,庚寅夜亦如之,至丁酉止。三年(883)十一月夜,星陨于西北,如雨"。《明史》之,"正统元年(1436)八月乙酉,昏刻至晓,大小流星百余。四年(1439)八月癸卯,大小流星数百"。又,"景泰二年(1451)六月丙申,大小流星八十余"。

星陨如雨,在古人眼里属于异常天象,像荧惑守心、五星连珠一样,预示着人间吉凶,所以孔子笔削以"记异"。汉成帝那次,

《春秋》便讲了,为"王者失势,诸侯起伯之异",所以"其后王莽遂颛国柄",进而篡国。光武帝那次,"小星者,庶民之类。流行者,移徙之象也。或西北,或东北,或四面行,皆小民流移之征。是时西北讨公孙述,北征卢芳。匈奴助芳侵边,汉遣将军马武、骑都尉刘纳、阎兴军下曲阳、临平、呼沱,以备胡。匈奴入河东,中国未安,米谷荒贵,民或流散"。晋武帝那次,占曰:"星陨为百姓叛。西流,吴人归晋之象好。"所以次年,"吴夏口督孙秀率部曲二千余人来降"。唐文宗那次,"其年十一月,李训谋杀内官,事败,中尉仇士良杀王涯、郑注、李训等十七家,朝臣多有贬逐"。《汉书》鉴于"春秋二百四十二年间,日食三十六,彗星三见,夜常星不见,夜中星陨如雨者各一",干脆来了个总体归纳:"当是时,祸乱辄应,周室微弱,上下交怨,杀君三十六,亡国五十二,诸侯奔走不得保其社稷者不可胜数。"总而言之,流星雨的出现和彗星一类差不多,出现了,就没什么好事。

今天我们都知道,流星体坠落到地面通常为陨石或陨铁或者其他金属类石头,这一点,前人也注意到了。《史记·天官书》载:"星坠至地,则石也。"《梦溪笔谈》说得更详细:宋英宗治平元年(1064),常州,"一大星,几如月……坠在宜兴县民许氏园中,远近皆见,火光赫然照天,许氏藩篱皆为所焚。是时火息,视地中有一窍如杯大,极深,下视之星在其中,荧荧然,良久渐暗,尚热不可近,又久之发其窍,深三尺余乃得一圆石,犹热,其大如拳,一头微锐,色如铁,重亦如之"。

英仙座流星雨为全年三大周期性流星雨之首,是最活跃、最常被观测到的流星雨。然对寻常人等,熬夜等着流星雨是为了对之许愿。不过,在我所阅读的典籍中,迄今还未发现前人有如此行为的记载,不知是视野未及,还是这并非我们的传统。

地震

4月20日(2013)早晨8点02分,雅安市芦山县发生了7.0级地震。这是继2008年汶川之后,四川发生的又一起强烈地震。

目前而言,地震仍然是一种不可抗拒且无法预报的自然灾害。汶川地震时有人拿东汉张衡的地动仪来痛责地震局的无能,实则地动仪也只是事后监测,通信不发达,人们借此及时了解地震发生和所在的大体位置。其工作原理道得分明:"如有地动,尊则振龙,机发吐丸,而蟾蜍衔之。振声激扬,伺者因此觉知。虽一龙发机,而七首不动,寻其方面,乃知震之所在。"今人根据《后汉书》记载,"以精铜铸成,圆径八尺,合盖隆起,形似酒尊,饰以篆文山龟鸟兽之形。中有都柱,傍行八道,施关发机。外有八龙,首衔铜丸,下有蟾蜍,张口承之"云云,复制出了地动仪,早些年我在北京中国历史博物馆看到过这个复制品。地动仪的监测功能被证明过,"尝一龙机发而地不觉动,京师学者咸怪其无征。后数日驿至,果地震陇西,于是皆服其妙"。

地震是地壳快速释放能量过程中造成振动,期间会产生地震波的一种自然现象,从前的人不这么看,将地震归结为天谴之一种。具体而言,因为人的行为会上感于天,天会根据人的行为善恶邪正下应于人,而天下应于人的方式即是用灾异来谴告人,所以，前人认为："国家将兴，必有祯祥；国家将亡，必有妖孽。见乎蓍龟，动乎四体。"《国语·周语》中，伯阳父就这样阐释幽王时"三川皆震"的："周将亡矣！夫天地之气，不失其序，若过其序，民乱之也，阳伏而不能出，阴迫而不能烝，于是有地震。"未知是否地震乃天谴说之滥觞。

《左传·昭公二十三年》记录了当年八月发生的地震，南宫极"为屋所压而死"。苌弘对刘蚠说："君其勉之！先君之力可济也。周之亡也，其三川震。今西王之大臣亦震，天弃之矣。东王必大克。"这是在说什么呢？有关春秋时期的"王子朝之乱"。东周景王遗诏传位庶长子朝，然周大夫单旗、刘蚠违诏而立其嫡长子猛，是为悼王。王子朝不干了，以南宫极为帅，起兵攻打单旗、刘蚠，悼王因之忧惧而死，同母弟弟王子匄立，是为敬王。不过南宫极他们并不理睬，而扶植了王子朝，致使周室两王并立。朝居王城，故谓西王；匄居狄泉，在王城之东，故曰东王。明白了这个背景，苌弘的话就容易理解了。他是说：地震了，机会来了，你爸爸的未竟事业可以延续了（刘父曾欲立王子猛，未及而卒）。幽王就是因为无道而"三川皆震"，使天地之气失序，川竭山崩，为犬戎所灭；现在南宫极死于地震，这是西王无道，上天显示征兆准备惩罚他了，因此西王将灭，东王将胜。凑巧的是，当年十月，东王果然入于成周，而西王奔楚。

地震天谴说一直为后人所延续。唐高宗"以晋地屡震"而谓群臣："朕政教不明，使晋地屡有震动。"高宗在藩时封晋王，他乃有此自责。侍中张行成赶快解围："天，阳也；地，阴也。君象阳，臣象阴，君宜动转，臣宜安静。今晋州地震，弥旬不休，臣恐女谒用事，大臣阴谋。"后唐明宗时太原大地震，左补阙李祥的上疏不大客气："臣虑天意恐陛下忘创业艰难之时，有功成矜满之意。伏望特委亲信，兼选勋贤，且往北京安慰，密令巡察问黎民之疾苦，严山川之祭祀，然后鉴前朝得丧之本，探历代圣哲之规，崇不讳之风，罢不急之务。"宋仁宗庆历三年（1043），沂州大地震，仁宗也是自我检讨："地道贵静，今数震摇，得非兵兴劳民之象乎？宜诏本路转运、经略司，安恤百姓，毋得辄弛边备。"元朝王恽援引了不少前人观点阐释《国语·周语》的那段话，也是揭示这个道理。如援引《灵台秘苑》云："地本于阴而生万物，其形至厚，其德至静，定而不动者也。若忽震动，是谓臣强。阳伏而不能出，阴迫而不能入，阴有余也。若外戚擅权，后妃专政，则土为变异；小人用下有谋及民扰，则地震，其分多兵饥。若动于宗庙、宫庭，或动而不已者，国有叛臣、谗佞并进，大臣数动，诛罚不以理，而上下不相亲，或政在女子，或秋行冬令，则地裂。若裂而有声，四方不宁，地忽陷，臣专政，民离散，亦为失地。"明朝成化十二年（1476）南京地震，南京科道官上言同样关联了时政："弭灾之策，乞进君子以正朝廷，择将帅以备边郡，设法制以弭盗贼。并乞饬天下镇巡官及三司郡县，省刑薄敛，拯饥缉盗，毋妄兴土木，毋因公科扰。"

　　然地震之"天谴说"直到 2008 年汶川地震时，仍为朱学勤先生所拾起，"这就是天谴吗？死难者并非作孽者。这不是天谴，为什么又要在佛诞日将大地震裂"云云，一时间成为众矢之的。朱先生后来坦言，当时他"内心非常彷徨"，因为死去的川籍同胞确非作孽者，他是"希望能够惊醒 2008 年浮躁的国人"。应当说，朱先生既不客观也不明智，更有图一时口快之嫌。此外，媒体的一路绿灯，也表明编辑等懵然不知天谴其所谓吧。

天谴

在前人眼中,天谴的表现方式不一,地震只是其中的一种。

明确天谴为"上天责罚",似出自西汉董仲舒,其《春秋繁露》云:"圣主贤君尚乐受忠臣之谏,而况受天谴也。"但这样的思想却久已有之。孔子修《春秋》,举凡日食、彗星,山崩、地震都要记录在案,就是出于天象或自然灾害与人类社会主要是政治存在某种关联的考虑。在人的力量奈何不得王权、皇权的时代,"天谴说"盛行当是一件好事,令君主或帝王毕竟有点怕的东西,臣子也可抓住这天赐良机直言时政。像战国荀况对此发出的异议,如"星坠、木鸣,国人皆恐……怪之可也,而畏之非也"云云,以后世的眼光来衡量,具有思想史上的进步意义不假,但在封建现实中倒不如突出放大天谴的效用。

最近(2013)在通读《续资治通鉴长编》,正读到宋仁、英、神宗这一部分,不妨看看他们对天谴的态度。

庆历六年(1046)二月日食,仁宗说:"日食之咎,盖天所以谴告人君,愿罪归朕躬,而无及臣庶也。凡民之疾苦,益思询究而利安之。"这是帝王们的一种普遍心态,还不能认为假惺惺。这年七月地震了,监察御史唐询看出这是"夷狄侵侮中国之象,今朝廷以西北讲和,寝弛二边之备,臣常默以为忧。愿下圣诏,申饬守边之臣,其于兵防敢有慢隳者,以军法论"。钱彦远还联系上了当时的大旱,"天其或者以为陛下备寇之术未至,牧民之吏未良,天下之民未定,故出谴告以示之"。这就是宰相贾昌朝期盼的"陛下发德音,足以应天弭变"了。

至和二年(1055),欧阳修就"累年火灾"弹劾京师大兴土木建造寺庙宫观:"自玉清昭应、洞真、上清、鸿庆、寿宁、祥源、会灵七宫,开宝、兴国两寺塔殿,并皆焚烧荡尽,足见天意厌土木之华侈……陛下与其广兴土木以事神,不若畏惧天戒而修省。其已兴作者既不可及,其未修者宜速寝停。"他要仁宗反思:"累次大火,常发于土木最盛处;凡国家极力兴修者,火必尽焚。且天厌土木而焚之,又欲兴崇土木以奉之,此所以福应未臻,而灾谴屡降也。"看,你越修,天谴越烈,还是"伏乞上思天戒,下察人言,人言虽狂而实忠,天戒甚明而不远",不要"自取青史万世之讥"啊。

仁宗没生儿子便迟迟不立储,谏言这个大问题,大臣们也只有借助天谴。嘉祐元年(1056)仁宗46岁时,吴奎就说了:"陛下在位三十五年而嗣续未之立,今之灾沴,乃天地祖宗开发圣意,不然,何以陛下无大过,朝廷无甚失,辄降如此之灾异乎?"没儿子不要紧,礼法早有规定,"大宗无嗣,则择支子之贤者"嘛。吴奎是就当时的水灾而言。随后,司马光抓住日食说话:"当今甚大而急者,在于根本未建。"范镇又联系上了彗星灭:"臣人微言轻,固不足以动圣听,然所陈者,乃天之戒。陛下纵不用臣之言,可不畏天之戒乎!彗星尚在,朝廷不知警惧,彗星既灭,则不复有所告戒。后虽欲言,亦无以为辞,此臣所以恐惧而必以死请也。"有天谴作盾牌,大家说话的胆子都豪气许多,敢于直指要害。

英宗治平二年(1065)八月下了一场大雨,"坏官司庐舍,漂杀人民畜产……死而可知者,凡千五百八十八人"。诏曰:"岂朕之不敏于德,而不明于政欤? 将天下刑狱滞冤,赋敛繁苦,民有愁叹无聊之声,以奸顺气欤? 不然,何天戒之甚著也?"然后,"啪啪啪"拍了一通胸脯,让大家关于"时政阙失及当世利害"的话尽管说。一个月后,范百禄不客气了:"陛下明诏罪己,以求直言,冀以答塞天变,今逾月矣,然未闻朝廷有所改修。"他发出一问:是大家没说,还是朝廷根本没当回事? "有司而不言,则是有司不良以负陛下,言之而朝廷弗行,则是朝廷之不畏天变也。有司负陛下则有责,朝廷不畏天变,则天之责将何以复之耶?"这样的旧账翻起来,比比皆是。对于天谴,皇帝老儿们一时间有所畏惧而已,谁指望一谴就灵,谁就失之于幼稚了。

王安石有著名的"三不足"之说,起首就是"天变不足畏"。其实,并无任何证据表明此乃安石原话。熙宁三年(1070)春,神宗与安石有一段对谈:"闻有'三不足'之说否?"安石答:"不闻。"神宗说:"陈荐言,外人云:'今朝廷以为天变不足畏,人言不足恤,祖宗之法不足守。'昨学士进试馆职策,专指此三事,此是何理? 朝廷亦何尝有此? 已令别作策问矣。"可见神宗对"三不足"之说非常生气。邓广铭先生坚定地认为,王安石虽然没跟神宗提出"三不足",但肯定说过,"他自己倘若不曾说过,司马光是撰造不出如此富有开创和革新意义的话语的"。或许如此吧,然要神宗认同"天变不足畏"似无可能。安石罢相之后,熙宁十年(1077)四月,神宗还在说:"闻诸路皆少雨,可令转运司访名山灵祠,委长吏祈祷。已雨,速具以闻。"同时要监司"察刑狱淹延,或就近巡按",仍然流露出天变可畏的意味。

在"无法"的时代真的要幸亏"有天",有法而形同虚设,再没有天谴的威慑,就是无法无天,这种情形导致的后果不难想象。耳闻目睹,我们不是早已领略得多了吗?

回南天

　　上个周日，广州终于"入冬"，阴雨连绵。1月24日（2016）早晨，从化温泉镇大岭山林场录得全市最低气温 −4.8℃，广州城区录得最低气温1.7℃。这一下，先前不断调侃"入冬失败"的老广可是笑不出来了，终于不再把入冬当作美事。虽然昨天起天气放晴，温度回升，却又开始潮湿，摆明是"回南天"来了。

　　回南天一般出现在春季，主要是冷空气走后，暖湿气流迅速反攻，致使气温回升，空气湿度加大乃至饱和，一些冰冷的物体表面便容易产生水珠。回南天的形成原理与露水大致相当，或者可以说就是"露水"结在了屋子里，这时候，家里的玻璃窗、瓷砖墙，不是都要淌水吗？没有亲眼看到、亲身体验的人，很难想象那是怎样令人不堪忍受的情形。当此之时，物品或食品也特别容易受潮，稍不注意就会发霉。浓雾也是回南天最具特色的天气现象之一，秦少游在湖南郴州作的《踏莎行》，"雾失楼台，月迷津渡。桃源望断无寻处。可堪孤馆闭春寒，杜鹃声里斜阳暮"云云，一种观点认为说的就是回南天时的大雾天气。

　　岭南早有"炎土""炎方""炎州"之谓，回南天概念的出现大约是在当代。而比"炎"更可怕的是"潮"、是"湿"，回南天的特点尤其在后者。广东番禺屈大均对家乡天气的这一点自然深有感触,其《广东新语·天语》云,南粤"平常则多南风,然南风煖,利于物而不利人……煖风所至,百腻蠕蠕,铁力木出水,地蒸液,墙壁湿润生咸,衣裳白醭,书册霉黣"。醭,是酒、酱、醋等因败坏而生的白霉,也泛指一切东西因受潮而生的霉斑。杨万里《风雨》诗有"梅天笔墨都生醭,棐几文书懒拂尘",说的是长江中下游一带梅雨天气到来时的景象。梅尧臣《梅雨》亦云:"三日雨不止,蚯蚓上我堂。湿菌生枯篱,润气醭素裳。"屈大均说的"黣",则有黑斑、污垢的意思。清朝官修《渊鉴类函》引《武昌记》云:"夏至有梅雨,沾衣皆黣。"回南天与梅雨在导致的后果上并无两样,都是衣裳发霉,书册出斑,可见二者有本质上的相似。不过开玩笑说,回南天却远远没有梅雨那么著名。不仅是原本的"霉雨"因为梅子成熟而摇身一变为"梅雨",美感顿增,而且历来诗人对梅雨的吟咏远远多过回南天,不乏朗朗上口的名句,"一川烟草,满城风絮,梅子黄时雨"(贺铸句),"梅雨霁,暑风和。高柳乱蝉多。小园台榭远池波。鱼戏动新荷"(周邦彦句)云云,何其诗情画意?

今天应对回南天,尽管有空调、抽湿机等现代装备,但终不及北风轻轻拂过,所以回南天期间不免令人心烦气躁,心绪不佳,纯粹以身体抵御自然的古人,可想而知了。而那些不免带着情绪身处岭南的官员,就更加可想而知了。从他们留下的诗文中可窥一二。

苏东坡在惠州时与钱济明书云:"某到贬所,阖门省愆之外,无一事也。瘴乡风土,不问可知,少年或可久居,老者殊畏之。惟绝嗜欲、节饮食,可以不死。此言已书之绅矣,余则信命而已。"东坡贬惠州时57岁,属于"殊畏之"之列了,除了闭门思过,没什么事可干,抱着听天由命的态度。在海南时又云:"岭南天气卑陋,地气蒸溽,而海南尤甚。秋夏之交,物无不腐坏者。人非金石,其何以能久?"不过此番他话锋一转,"然儋耳颇有老人,年百余岁者,往往而是,八九十岁者不论也。乃知寿夭无定,习而安之,则冰蚕火鼠,皆可以生"。这就等于承认卑湿水土同样可以养人,关键在于自己要身土相适,习服环境,一旦心胸开朗,无论什么地方都不会是让人惊惧不安的生死场。在惠州时他就多少想通了,"罗浮山下四时春,卢橘杨梅次第新。日啖荔枝三百颗,不辞长作岭南人",落笔时的这种心态就是达观的。

南北宋之交的吕本中有一首《岭外怀宣城旧游》:"中原未敢说归期,却忆宣城近别离。叠嶂雨来如画里,敬亭秋入胜花时。每憎卑湿尤多病,苦爱风光屡有诗。今日衰颓那可说,鬓须经瘴总成丝。"宣城,位于安徽东南部;岭外,就是岭南了。柳宗元"十年憔悴到秦京,谁料翻为岭外行",是他给好友刘禹锡在衡阳的"分路赠别"诗,斯时柳宗元刚刚结束被贬永州十年的屈辱回到长安,又给贬去柳州。《宋史·吕本中传》载:"本中与秦桧同为郎,相得甚欢。桧既相,私有引用,本中封还除目,桧勉其书行,卒不从。"但吕本中可能不是贬谪而来,其《连州阳山归路》云:"稍离烟瘴近湘潭,疾病衰颓已不堪。儿女不知来避地,强言风物胜江南。"不管是怎么来的吧,在宣城就"每憎卑湿",在岭南更不用说了,何况风物还不堪一提。

回南天气时,湿度大,雾气重,人容易感到体倦力乏甚至会身体不适,用屈大均的说法是"头面四肢,倏然瘴痒"。广东人喜欢煲汤祛湿与回南天不无关联,由此诞生的饮食之道,算是"失之东隅,收之桑榆"的一种了。

Ⅲ

到此一游

这几年国人旅游大热。

《淮南子》早就说过:"凡人之所以生者,衣与食也。今囚之冥室之中,虽养之以刍豢,衣之以绮绣,不能乐也。"为什么呢?"以目之无见,耳之无闻。"所以,"穿隙穴,见雨零,则快然而叹之,况开户发牖,从冥冥见炤炤乎!从冥冥见炤炤,犹尚肆然而喜,又况出室坐堂见日月光乎!见日月光,旷然而乐,又况登泰山,履石封,以望八荒,视天者若盖,江、河若带,又况万物在其间者乎!其为乐岂不大哉?"层层递进到最后,"登泰山"云云,讲的可不是旅游的妙处?

关于旅游,今天却有这么句顺口溜:"上车睡觉,下车尿尿,景点拍照,回家一问,啥都不知道。"这种传神的概括,揭示了满足于"到此一游"的旅游,去过那儿,照片为证,就够了,景点内涵什么的不在关心之列。素质差的,还要想方设法在景区留下"到此一游"的字迹。于慎行《谷山笔麈》云,杨巍"平生宦游所历名山,皆取一卷石以归,久之积石成小山",闲时"举酒酬石,每石一种,与酒一杯,亦自饮也"。但像这种旅游,在古人中也要归为高雅的一类。孙悟空与如来佛打赌,在如来手掌上一个筋斗翻出去,走着走着，"忽见有五根肉红柱子，撑着一股青气"，认为"此间乃尽头路了"，怕如来赖账，要"留下些记号"，乃在那中间柱子上写一行大字云："齐天大圣，到此一游。"这是经典文学作品的描写，细看不少留存至今的摩崖石刻，尽管因为年代久远等因素罩上了各级文物的外衣，实际上也就是直白的"到此一游"。因此，今天的偷偷摸摸刻画与当年堂而皇之地凿出，东西的性质委实没有什么两样。

大名鼎鼎的肇庆星湖，其历代石刻中就不乏"到此一游"的直白手笔，自唐迄清，皆历历在目，拈若干例于此。

唐朝的。李绅有"长庆四年二月，自户部侍郎贬官至此，宝历元年二月十四日将家累游"。李绅就是著名诗句"锄禾日当午，汗滴禾下土"的作者。

宋朝的。有"嘉定戊寅春二月望，郡守嘉禾徐龟年率权高要令、录参赵汝袭劝耕于星岩。后二日，汴人赵汝袭挈家来游，弟汝附，子崇烨侍。温陵谢庭玉、莆阳阮时孺偕行"。今人编纂的《肇庆星湖石刻》中作"徐龟年题名"，逻辑上应该是"赵汝袭题名"才对，疏忽不小。

包青天包拯的手书真迹极其珍罕，七星岩正有一通，文字内容多少要见笑了，道是："提点刑狱周湛，同提点刑狱钱聿、知郡事包拯同至。庆历二年三月初九日题。"以《爱莲说》闻名的周敦颐，旅游文字同样令人不敢恭维："转运判官周敦颐茂书，熙宁二年三月七日游。军事推官谭允、高要县尉曾绪同至。"

唐宋呼应的。陶定有"宋乾道己丑秋九月乙丑，陶定观李北海记"，与到此一游稍有不同，是到此一看。他看的李北海记，即唐朝李邕的《端州石室记》，是李邕"开元十五年正月廿五日"来这里的游记。所幸《端州石室记》今天仍然在世，已成七星岩"镇岩之宝"。

元朝的。"奉训大夫、肇庆路总管府达鲁花赤、古汴宋寿玉景福;昭勇大将军、肇庆路总管府尹、庐山燕宗龙叔亨,暨文武僚采来游。是日也,天高气清,人物咸悦,星岩绚彩,金谓岩瞻之佳兆也",加多了几句,字里行间便洋溢出此行的欢欣。

明朝的。有"嘉靖戊戌十二月五日,广东右布政使杨铨,按察使詹瀚、右参政龚亨、严时泰、都指挥李时同游",以及"崇祯辛未仲冬二日,总督两粤少司马大中丞王业浩,按粤侍御梁天奇同游"。不过,明朝人留下的诗作也多,著名人物像俞大猷、邓芝龙等等,多少算提升了石刻的档次。

清朝的。有张远的"康熙丙子冬日,侯官张远、蓝涟,会稽宋溪同游";有刘师陆的"道光壬寅岁夏五月,权守得代,曾游是岩。六月七日再游。遍观前贤题刻,拓取以归。洪洞刘师陆子敬记。男辂公路侍,七岁女子记珠亦随来。区远祥刻字"。

按前人"以所见知所不见"理论,肇庆星湖如此,别的地方未必"大相径庭"。传统文化嘛,一脉相承。《梦溪笔谈》里还有一则相关的趣事,"有一故相远派在姑苏,有嬉游"。他不仅到处留下"到此一游",还不忘了远房当过大官的那个亲戚,怎么写的呢?"大丞相再从侄某尝游。"再从侄,即再从兄弟之子。从兄弟,已是同祖父的堂兄弟;再从,只能沾上亲戚的边。则此种高攀,难免为人恶搞,果然"有士人李璋",在"再从侄"的旁边题曰:"混元皇帝三十七代孙李璋继至。"混元皇帝,太上老君的尊号,道教相信先秦老子是老君的化身,老子姓李名耳,李璋用"再从侄"的语意辛辣地嘲讽了胡乱攀附,以期"大树好乘凉"的庸俗心态。

当年,杨巍是对着旅游"纪念品"自斟自饮,于慎行说自己"慕其事而无石可浇,山园种菊二十余本,菊花盛开,无可共饮,独造花下,每花一种,与酒一杯,自饮一杯,凡酬二十许者,径醉矣"。看起来,老于一来酒量有限,二来喜欢猫在家里当宅男吧。开玩笑。

紫禁城

今年(2020)是紫禁城建成 600 周年,也是故宫博物院建院 95 周年。元旦那天,故宫官方微博推出了一组紫禁城同一角度的新老照片对比,令网友感慨万千。虽然历经了 10 个甲子,紫禁城建筑物与当下仍然非常契合。

紫禁城之得名,源于前人以紫微垣比喻皇帝的居处。紫微即天极星,位于中天,群星环拱,所谓"紫微正中",宫禁因称紫禁。唐戴叔伦《宫词》有"紫禁迢迢宫漏鸣,夜深无语独含情"句,说的就是这层意思。紫禁城整个布局,也是依据前人所掌握的天文星座以及《周礼·考工记》中设想的都城形制。明朝开国皇帝朱元璋在应天府(今江苏南京)称帝,本来打算在家乡临濠(今安徽凤阳)定都,大兴土木六年之后,又"诏建南京大内",以南京为首都,凤阳为陪都。封地在燕京(今北京)的燕王朱棣登基为永乐皇帝,乃有迁都之举。《明史·成祖本纪》载,永乐四年(1406)秋七月,"诏以明年五月建北京宫殿"。《明史·舆服志》另载:"(永乐)十八年(1420),建北京,凡宫殿、门阙规制,悉如南京,壮丽过之。"意谓北京城、紫禁城的主体部分这时已经告竣。紫禁城里,前后生活了明朝的 14 位皇帝和清朝的 10 位皇帝。

今天的故宫即紫禁城,基本规模虽然为永乐所奠定,但已非落成时的原貌。后来入住的皇帝根据功能需要，一直不断营建、重建、改建和扩建，建筑礼制则不乏僭越之处。因而紫禁城建筑史本身，也是一部流动的历史，其所蕴藏的文化内涵博大精深，非吾等门外汉的一篇小文所能承载，而营建过程中暴露出来的若干问题值得关注。

《明史·食货志》载："明初，工役之繁，自营建两京宗庙、宫殿、阙门、王邸，采木、陶甓，工匠造作，以万万计。所在筑城、濬陂，百役具举。"紫禁城营建之艰，从备料中可一窥端倪，尤其是到深山老林中采伐所需木料。《师逵传》载，永乐四年"分遣大臣出采木。逵往湖、湘，以十万众入山辟道路，召商贾，军役得贸易，事以办"。《古朴传》中有"采木江西"，《刘观传》中有"采木浙江"，《宋礼传》中有"取材川蜀"等。采木"最艰且难者"在哪里呢？如师逵在办理过程中，"颇严刻，民不堪"，至于"多从李法良为乱"，到了"官逼民反"的程度。时有"入山一千，出山五百"的说法，如果算比较夸张的话，则"一木下山，常损数命"恐怕就是写实了。保和殿后面如今见存的那块丹陛石，虽开采于北京房山，但也要动用数万劳工，以掘井汲水、寒冬腊月泼成冰道的办法，才能运送到宫，遥远大木的运输，工程量之巨可堪想象？

永乐十九年（1421），刚刚建好的金銮宝殿便遭遇了雷火烧毁，朱棣无奈"诏求直言"，邹缉上疏则毫不客气："陛下肇建北京，焦劳圣虑，几二十年。工大费繁，调度甚广，冗官蚕食，耗费国储。工作之夫，动以百万，终岁供役，不得躬亲田亩以事力作。犹且征求无艺，至伐桑枣以供薪，剥桑皮以为楮。"他直指"官吏横征，日甚一日。如前岁买办颜料，本非土产，动科千百。民相率敛钞，购之他所。大青一斤，价至万六千贯。及进纳，又多留难，往复展转，当须二万贯钞，而不足供一柱之用。其后既遣官采之产所，而买办犹未止。盖缘工匠多派牟利,而不顾民艰至此"。在他看来,"夫京师天下根本。人民安则京师安,京师安则国本固而天下安。自营建以来,工匠小人假托威势,驱迫移徙,号令方施,庐舍已坏。孤儿寡妇哭泣叫号,仓皇暴露,莫知所适。迁移甫定,又复驱令他徙,至有三四徙不得息者。及其既去,而所空之地,经月逾时,工犹未及"。这一切,"陛下所不知,而人民疾怨者也"。由此而滋生的贪官污吏,"遍布内外,剥削及于骨髓。朝廷每遣一人,即是其人养活之计。虐取苛求,初无限量。有司承奉,惟恐不及。间有廉强自守、不事干媚者,辄肆谗毁,动得罪谴,无以自明。是以使者所至,有司公行货赂,剥下媚上,有同交易",而"今山东、河南、山西、陕西水旱相仍,民至剥树皮掘草根以食。老幼流移,颠踣道路,卖妻鬻子以求苟活"。

见于《邹缉传》中的这些痛陈,将紫禁城营建中暴露出的包括吏治在内的弊端揭示得淋漓尽致,换来的虽是"书奏,不省",却已是很好的结果。朱棣充其量只是摆了个诏求直言的姿态,"及言者多斥时政,帝不怿,而大臣复希旨诋言者,帝于是发怒,谓言事者谤讪,下诏严禁之,犯者不赦"。并且,他也真的下手,"侍读李时勉、侍讲罗汝敬俱下狱;御史郑维桓、何忠、罗通、徐瑢,给事中柯暹俱左官交阯。惟缉与主事高公望、庶吉士杨复得无罪",这样来看,邹缉等人不是相当幸运了吗?

紫禁城是中华民族文化遗产中最优秀的代表之一,也是全人类的珍贵文化遗产。裴文中先生指出:"无论是紫禁城这一古代建筑群本身,还是紫禁城内珍藏的各种文物,都是罕见的旷世之宝。"变身为故宫博物院,紫禁城可谓凤凰涅槃。我在 20 世纪 80年代负笈岭南之时,每年暑假往返路过北京,故宫都是必去之地,以期从那些神话般的建筑群中,感受不同时代的跳动脉搏。

卢沟桥

今天(2012)是"七七事变"75周年纪念日。1937年的这一天,日本军队在今北京城郊的卢沟桥悍然向中国军队发动进攻,炮轰宛平城,挑起事端,中国守军第29军37师219团奋起还击。因而这一天,既是日本帝国主义全面侵华的开端,也是中华民族全面抗战的开始。卢沟桥,这座造型优美、独具艺术价值的石拱桥,在历代文人墨客的凭吊感怀声中,从此又赋予了中华民族奋起抵御外寇的新内涵。

卢沟桥始建于大金,"卢沟"作为河则早已闻名于桥前。南宋孝宗乾道六年(1170),范成大以资政殿大学士身份出使大金,一路上边走边记,留下了《揽辔录》这部史料价值甚高的日记。陆游阅读时,至"中原父老见使者多挥涕"处,还"感其事"作了一首绝句:"公卿有党排宗泽,帷幄无人用岳飞。遗老不应知此恨,亦逢汉节解沾衣。"余疑放翁"王师北定中原日"亦由此衍生。范成大在书中提到"过卢沟河",再"三十五里,至燕山城。逆(完颜)亮始营都于此";并写下《卢沟》诗:"草草舆梁枕水低,匆匆小驻濯涟漪。河边服匿多生口,长记辎车放雁时。"清人沈钦韩注曰:"此河,宋敏求《番记》:谓之芦菰,即桑乾河也。公呼卢沟,依此言卢沟乃芦菰之音转。"这也间接道出了"卢沟"的一种得名。还有一种如《清稗类钞》所说："沟本桑乾河故道，因其水浊而黑，故曰芦沟，又曰浑河，国朝改名曰永定河。"卢的一个意思正是"黑"。从前的樗蒲戏，倘若掷出五子皆黑就叫"卢"，这是最高的采，掷的人都希望得到，往往一边掷一边嚷嚷，因有"呼卢"之说。

别看今天卢沟河早已干涸，当年水势肯定是相当凶猛的，从卢沟桥附近有规模宏大的河神庙可以推知，其历史也早于桥之本身。《金史》载，世宗大定十九年（1179）有司言："泸沟河水势泛决啮民田，乞官为封册神号。"惹不起，供起来，哄它。然礼官一翻簿子，"祀典所不载，难之"。不过朝廷马上就变通了，"特封安平侯，建庙"。此后，"奉旨，每岁委本县长官春秋致祭，如令"。河神当然没那么好哄，明刘侗等著《帝京景物略》里，有不少卢沟河"溃岸"的记录，"溃八百二十丈""溃百丈"不等，而卢沟桥本身安然无恙，于是人们传说"桥有神焉"，以万历三十五年（1607）的那次大水传得最神。是年，"阴霖积旬，水溢发，居民奔桥上数千人，见前水头过桥且丈，数千人喧号，当无活理。未至桥，水光洞冥间，有巨神人，向水头按令下伏，从桥孔中去"。这一神话，实际上佐证了卢沟桥的固若金汤。也正是卢沟桥的"神性"，使之像全国各地许多巧夺天工的建筑一样，归为"鲁公输班神勒也"。

《金史》明确记载，卢沟桥建成于金章宗明昌三年（1192），今年正其820岁生日。世宗大定二十八年（1188），曾"诏卢沟河使旅往来之津要，令建石桥"，然"未行而世宗崩"。桥成之后，"敕命名曰'广利'"，所以卢沟桥原名广利桥。有意思的是，桥建好了，"有司谓车驾之所经行，使客商旅之要路，请官建东西廊，令人居之"。章宗曰："何必然，民间自应为耳。"颇有今天不断强调的"市场的归市场"意味，然马上有人担忧："但恐为豪右所占，况罔利之人多止东岸，若官筑则东西两岸俱称，亦便于观望也。"从"遂从之"来看，卢沟桥在当年并非孤零零地立在旷野。《帝京景物略》也说，"桥北而村，数百家，己巳岁房焚掠略尽。村头墩堡（碉堡），徇河婉婉，望去如堞"。这里的己巳岁，即崇祯二年（1629），这年冬天，清军曾兵临北京城下。作为"使旅往来之津要"，南方的学子进京赶考、外省官吏来京述职、商贾运送货物，都沿此路入京。行走其间的，还有意大利著名商人和旅行家马可·波罗。

京谚有云："卢沟桥的狮子——数不清。"盖因桥栏以造型各异的狮子来装饰，构成卢沟桥独一无二的艺术特色。《帝京景物略》说"狮母乳，顾抱负赘，态色相得，数之辄不尽"。《清稗类钞》说"石栏双锁，上镌狮像百余，姿势各异，亦前代美术之一种也"。1988 年我第一次游览卢沟桥，此后每去一次，都认真地去数狮子。凭吊之外，游桥乐趣亦在于斯。《清稗类钞》还说，卢沟桥"在昔为南北往来冲要，骚人墨客过此，必流连题咏，故燕京八景中有'卢沟晓月'，与'长亭灞桥'同为胜迹"。金赵秉文诗正可作为诠释："河分桥柱如瓜蔓，路人都门似犬牙。落日卢沟沟上柳，送人几度出京华。"汉代送客至灞桥，"折柳赠别"。两相参照，卢沟桥可不继承了传统？

大约从 1980 年起吧，每年 7 月 7 日到来时，我都要朗诵一遍林斤澜先生的短篇小说《一九三七和十三》。小说开篇就写到"卢沟桥"，正从 1937 年 7 月 7 日这一天落笔，描写江南海滨 13 岁的少年杜百鱼，对战争的残酷性尚没有丝毫认识，以为"那姿态不是一声爆炸，粉碎了和平生活，倒像是姗姗来迟的奖赏，好事多磨的节日"，因而"心花怒放"。在林先生的众多作品中，这篇也许微不足道，但却是我在当代中国短篇小说中最喜欢的一篇，喜欢其隽永的语言、细致入微的生活场景捕捉。

颐和园

3月11日（2017）游览了北京颐和园。来过好多次了，记不清具体数字。记得清的是上一次来也是采访全国"两会"间隙，那还是2003年的事，距今整整14年。14年，在人类历史长河中连弹指半挥间也算不上，但于个人则大不然，外貌、心境、学识等难免发生"变迁"。以日益浓厚的寻古癖而言，面对去甲午国殇两个甲子的日子尚未太久，至少还记忆深刻，不免睹物思情。

颐和园始建于清乾隆十五年（1750），其营建以杭州西湖为蓝本，汲取了江南园林的设计手法和意境，不仅湖山秀丽，殿阁辉煌，而且自园内向西望去，西山、玉泉山群峰亦尽收眼底，极大地拓展了视野空间，今天依然。颐和园的设计者没有定论，大抵"样式雷"家族是参与其中的。几天前在北京市规划展览馆里看到，"样式雷"始祖雷发达被列为规划北京城的先驱之一，其乃明朝万历年间生人。按照朱启钤诸先生《哲匠录》的爬梳，"样式雷"第四代传人雷家玺于乾隆五十七年（1792）"承办万寿山、玉泉山、香山园庭、热河避暑山庄及昌陵等工程"，其中的万寿山即颐和园主体景区。这个颐和园在咸丰十年（1860）被英法联军焚毁，光绪年间重建，"样式雷"第七代传人雷廷昌亦"与其役"。

颐和园背负了一项污名，那就是重建费用来自慈禧太后挪用的海军经费。《中国大百科全书》上就是这么说的，遑论野史。《清稗类钞》"孝钦后大兴土木"条云："恭王出军机，以醇王继任，于是迎合孝钦者先修三海，包金鳌、玉蝀于海中，然犹以西苑在城中，山水之趣不及郊野，乃又有重修圆明园之议。其后以圆明园荒芜岁久，水道阻塞，不如万寿山昆明湖水面广阔，施工较易，乃辍圆明园工而修万寿山，且锡名为颐和园。不三年，园成，孝钦率帝后等居之"。又"颐和园"条云："光绪乙酉（1885）冬，有诏天下今已太平，可重修清漪园以备临幸，改名颐和园。"钱从哪来呢？恭亲王奕䜣"为孝钦后言，以兴办海军名义，责疆吏年拨定款，就中挪移十之六七，园可成也"，实际上干这事的应该是醇亲王奕譞。奕譞委托李鸿章以建设北洋海军之名，在各地督抚中募集260万两巨资，本金存储，利息用于颐和园的工程和维修支出。除此之外，还挪用海防捐。那是清政府出售官衔筹集海军资金的一种方式，捐银1000两可得蓝翎、2000两可得四品以下、3000两可得三品以上官衔等等。这么一挪用，"庶于垫款有着，而要工亦无延宕之虞"。

即便在当时，反对重修颐和园的声音也有不少。何刚德《春明梦录》谈及慈禧，"其英明处，不能不令人钦服。惟平日在宫中驭下过严，且性喜游观。如重修颐和园一事，宝师谈次，亦颇有微词"。宝师，即何氏进士座师大学士宝鋆。宝鋆曾对何氏叹曰："太后当时尚想巡幸五台山，赖我们诸人劝谏而止。否则，南巡之役，未必不见于今日（即颐和园大兴土木）。"在何刚德看来，"只此数言，言外固有无限感慨也"，重修颐和园算是两害相权取其轻了。吴庆坻《蕉廊脞录》中的"湖北三御史"干脆直截了当地反对。其中，屠仁守"以光绪十四年（1888）十二月上疏，请皇太后收回成命，仍前听政，懿旨严责，交部议，革职"；吴兆泰"于十六年

（1891）九月疏请停颐和园工程,奏旨交部严议,亦革职"。巧的是,加上"请行日讲"的高燮曾,三位都是湖北人。《清史稿·林绍年传》载,"时议修颐和园,先是疆吏筹设海军经费,输存北洋,及园工兴,阴移其费以助工,号为进献",御史林绍年极陈:"生民疲敝,当以俭化天下,使督抚爱养百姓。若诛求进献,未足以言忠。请即下诏停输,还所进奉。"最后自然"得旨严饬"。林绍年是福建闽县人。前几年福州搞城建,林绍年墓地神道碑因为处于施工范围内,如何安置一时间竟成为难题。

颐和园重建经费既有"前科",甲午之败,人们便每归咎于此。李鸿章常恨恨曰:"使海军经费按年如数发给,不过十年,北洋海军船炮甲地球矣,何至大败! 此次之辱,我不任咎也。"以余之视野所及,复旦大学冯玮教授颇有些力排众议。其《甲午国殇启示录》指出,长期以来有一种观点认为中国海军之所以落后,在于建设海军的费用被挪用于为慈禧太后建颐和园,实际上并非如此,"主要原因是甲午战前十年,清朝当局国防战略的重点是东北,即防范并非主要威胁的俄国,如 1886 年后,原本不多的 1/3 的海防经费被挪至东北,未能觉察早已觊觎中国的日本。一言以蔽之,海军发展迟滞,源于中国国防战略的失误"。苟如是,让颐和园来背负甲午战败之辱,颇有些冤哉枉也。

站在理智而非情感的立场上看待我们的历史事件,尤其是烙有耻辱印记的部分,是一件很难做到的事。我们有个屡试不爽的"奸臣模式",有个自动弹出的"归咎情结"。又比如对于导致我们沦为殖民地半殖民地社会的鸦片战争,茅海建先生在《天朝的崩溃》中指出,我们反思得最少的是"中国人在这个过程中究竟犯了哪些错误"。而正视历史,才能正视现实,也才能正视未来。

长城

中国长城文化学术研讨会 10 月 29 日至 31 日（2019）在八达岭长城脚下的北京市延庆区召开，与会专家呼吁保护好长城建筑，盖"多年来，由于风雨侵蚀、游客增加、人为破坏等原因，在长为 6259.6 公里的人工墙体中，保存较好的部分占比不足 10%"。

长城是中华民族的一个标志性符号，早在战国时已开始陆续修建。何有此举？用顾炎武《日知录》的话说："至于战国，井田始废，而车变为骑，于是寇钞易而防守难，不得已而有长城之筑。"因而就功能而言，长城利用大河堤防或附近山脉，逐段构筑城墙、关塞并将其连缀起来，属于军事防御工程。从见存的遗迹看，长城大体由关隘、城墙、烽火台三部分构成。关隘是长城沿线的重要驻兵据点，城墙是联系雄关、隘口、敌台的纽带，烽火台则利用烽火、烟气以传递军情。

依据典籍，再结合顾炎武的梳理，对战国长城可窥一斑。

《管子·轻重丁》中管子与齐桓公对话，有"长城之阳，鲁也；长城之阴，齐也"。《史记·苏秦列传》载，燕王问苏代："吾闻齐有清济、浊河可以为固，长城、钜防足以为塞，诚有之乎？"张守节正义："长城西头在济州平阴县界。《竹书纪年》云：'梁惠王二十年，齐闵王筑防以为长城。'"又引《太（泰）山记》云："太山西有长城,缘河经太山,余一千里,至琅邪台入海。"说的都是齐长城。

《苏秦列传》另载,苏秦游说魏襄王,大王之地南有什么,东有什么,西呢,"有长城之界",北则"有河外、卷、衍、酸枣"。又《史记·魏世家》有"惠王十九年,筑长城,塞固阳",这里"西"边的长城,是魏长城。而"北"之"卷",裴骃《集解》引徐广曰:"荥阳卷县有长城,经阳武到密。"说的是韩长城。

《左传·僖公四年》载齐侯陈诸侯之师,与屈完乘而观之。齐侯曰:"以此众战,谁能御之!以此攻城,何城不克!"对曰:"若以德绥诸侯,谁敢不服?君若以力,楚国方城以为城,汉水以为池,虽众,无所用之!"这里说的是楚长城,也是关于长城的最早记载。《水经注》载盛弘之云:"叶东界有故城始犫县,东至溮水,达沘阳,南北数百里,号为方城,一谓之长城。"

北边国家因为防御匈奴,长城更不可或缺了。《史记·匈奴列传》载:"秦宣太后起兵,伐残义渠,于是秦有陇西、北地、上郡,筑长城以拒胡。"说的是秦长城。又"赵武灵王北破林胡、楼烦,筑长城。自代并阴山,下至高阙为塞,而置云中、雁门、代郡"。说的是赵长城。而"燕将秦开袭破东胡,东胡却千余里,燕亦筑长城,自造阳至襄平,置上谷、渔阳、右北平、辽西、辽东郡,以拒胡"。说的是燕长城。

秦始皇统一六国,将秦、赵、燕三国的北边长城连贯为一体,构成了西起临洮、东达辽东的万里长城。明朝又以秦长城为基础,修筑居庸关等处,西起嘉峪关、东达鸭绿江,全长 12700 余公里,构成今天的长城雄姿。从秦到明,历代对长城的修建、修葺从未止息。《魏书·太宗纪》载,泰常八年(423),"筑长城于长川之南,起自赤城(今河北赤城),西至五原(今内蒙古五原),延袤二千余里,备置戍卫"。《世祖纪》载,太平真君七年(446),"发司、幽、定、冀四州十万人筑畿上塞围,起上谷,西至于河,广袤皆千里"。塞围,即比长城低薄些的土墙,补长城之不足。

明朝对长城还有另一种称呼:边墙。《明史·兵志》载,宣府、大同二镇总督翁万达详尽分析了地理环境,尤其是"敌犯山西必自大同,入紫荆必自宣府",乃建言"修筑宣大边墙千余里,烽堠三百六十三所"。谢肇淛《五杂组》有戚继光"筑蓟镇边墙"的内容,云其"不僇一人,期月而功就",修建长城显见也招来了非议。谢肇淛说:"今之西北诸边若无长城,岂能一日守哉?"蓟镇正当女真之冲,而戚继光修建了边墙,"其固不可攻,虏至其下辄引去",可是,"其有功于边陲若此,而犹不免求全之毁,何怪书生据纸上之谈而轻诋嬴政也",顺便也为秦始皇鸣了不平。

长城的文化意义也早已显现。《宋书·檀道济传》载,檀道济"立功前朝,威名甚重;左右腹心,并经百战,诸子又有才气,朝廷疑畏之"。元嘉十三年(436),文帝病重之际,以其"因朕寝疾,规肆祸心"为由,将其"收付廷尉"。面对前来逮捕之人,檀道济脱帻投地曰:"乃坏汝万里之长城!"认为自己实可重倚。又李白诗序云李藏用,"勇冠三军,众无一旅。横倚天之剑,挥驻日之戈。吟啸四顾,熊罴雨集……一扫瓦解,洗清全吴,可谓万里长城"。万里长城,因喻最可依赖的人或事物。又《新唐书·秦系传》载,秦系与刘长卿善,"以诗相赠答"。权德舆曰:"长卿自以为五言长城,系用偏师攻之,虽老益壮。"刘长卿的确擅长五律。

长城反映了中国古代建筑工程技术的伟大成就。作为军事产物诞生的长城,从其诞生之时起便染上了相应的文化色彩,保护好长城遗迹,就是在保护关联长城的种种文化。

通州名迹

7月10日(2015)在《人民日报》参加一个评论方面的论坛，之后特地去了一趟通州，准确地说叫做"回"了一趟。儿时寄籍顺义县南庄头村，去通州县城的次数要比到顺义县城要多得多，因为前者距离更近。彼时由家人骑自行车带往，一旦上了运河桥，便能见到左前方耸立的一座古塔，便知道就要到了，即前人所谓"一支塔影认通州"。

小时候，关于通州都是感性认识，"运河、运河"地叫着，全然没有意识到那就是京杭大运河的一端，而"通州"得名，正取"漕运通济"之意。前些年修建的运河公园，其"帆影广场"有不少浮雕，再现了运河当年的繁华情景，但运河公园中似无史迹可寻。在我的记忆里，通州史迹只有古塔和李贽墓。

从南庄头这边去通州，走到一半，会路过今日因艺术村而大名鼎鼎的宋庄；进城后，必须经过塔下。彼时仰望之，觉高耸入云。明朝叶权看到广州越秀山上的镇海楼，大约就是这种感觉，不是他说的"广城佳致当以五层楼为最"，而是"重檐叠槛，高逼霄汉"。镇海楼今日仍在，辟为广州博物馆，实地看过的人可能会发笑：这么矮也敢用霄汉来比拟？但恐怕还不能就此断言古人夸大其词，是参照物变了，该用爱因斯坦的相对论来解释吧。彼时总要盯着塔上生长的一棵小树,惊诧于是怎么种上去的,为什么种。当然了,那一定是飞鸟衔籽的产物,但塔顶的土壤何来? 此番原拟至塔前看小树健在与否,不料塔的周边早为工地所包裹。连片"开发",工地太大,无论站在哪个边缘对塔都属于远眺。且殊为可惜的是,塔也早没有当年鹤立鸡群、一塔擎天的雄伟,而是可怜巴巴地蜷缩于不城不乡的各类建筑之中,至于不由得明知故问:是那个塔吗?

在运河公园看导游图指向,乃知那塔原来正是燃灯佛塔。何谓正是? 盖明朝《帝京景物略》"畿辅名迹"中,属于通州的有两个,其一即"燃灯佛塔"。书中云:"塔级十三,高二百八十尺,围百四尺,中空,供燃灯古佛。"燃灯佛,过去佛中之最著名者,佛经说他生时身边一切光明如灯,因此得名。论资历,深于释迦牟尼,后者前世为菩萨时,燃灯佛曾为之授记,预言他将来必能成佛。通州燃灯佛塔始建于北周宇文氏政权,"塔有碣,楷书",写着呢。此外,"塔别存石一方,唐贞观某年,尉迟敬德修。又一方,元大德某年,笃烈图述再修",连历代的修葺情况都有明确记录。"杲杲天边日,长明劫外灯。"至少在乾隆时,"古塔凌云"已成通州八景之一。资料上说,燕京大学(今北京大学)未名湖畔当年兴建博雅塔,其设计就参考了通州的燃灯佛塔。

李贽墓,恰巧又为《帝京景物略》所提到。当年,倘若我们从通州坐车进京,必经李贽墓,离公路不远。每当这时大人就会说:快看,王八驮石碑。把喜欢负重的赑屃叫成王八,民间一概如此,甚至连毛泽东也不例外。在《我的父亲毛泽东》中,李敏有一段在十三陵水库她与父亲关于"王八为什么驮石碑"的对话回忆。评法批儒的时候,因为李贽被划入法家队伍,记得家里订阅的某一期《人民画报》上有两个页码的李贽介绍,其中一帧图片就是李赟墓。

按《帝京景物略》的说法，李贽至少有两个怪癖：一个是"恶近妇人"，再一个是"鼻畏客气"。前一个估计不大靠得住，因为佐证的只是其"无子，亦不置妾"；后一个倒有可能，因为"客至，但一交手，即令远坐"。读书之外，李贽至少还有两个嗜好：扫地和洗澡。综合这些怪癖和嗜好，在我们看来李贽是个怪人，但当时有人认为他是妖人。李贽在《明史》中没有被单独立传，附属于《耿定向传》。说耿定向"尝招晋江李贽于黄安，后渐恶之，贽亦屡短定向。士大夫好禅者往往从贽游。贽小有才，机辨，定向不能胜也"。又说李贽为姚安知府，"一旦自去其发，冠服坐堂皇，上官勒令解任。居黄安，日引士人讲学，杂以妇女，专崇释氏，卑侮孔、孟。后北游通州，为给事中张问达所劾，逮死狱中"。他的老友马经纶对妖人说相当愤懑："先生妖人哉？有官弃官，有家弃家，有发弃发，其后一著书老学究，其前一廉二千石也！"李贽下葬就是马经纶一手操办的，对老友自然相当了解。不过照我看，还可以加上个"有命弃命"。李贽下狱后，"寻得其实，议发还籍"之际，他说："我年七十六，作客平生，何归为！"遂以剃发刀自刭。然李贽在20世纪70年代中期备受推崇，他的《焚书》《藏书》得到重印，不因别的，只因"卑侮孔、孟"！真实的李贽，恐怕如释真程《吊卓吾先生墓》诗云："踏破百年生死窟，倒翻千古是非窠。区区肉眼谁能识，肉眼于今世几多。"

有一个问题殊为不解：寄籍之时，通州叫做通县，但是村里人莫不呼之通州；前些年恢复旧名，且成通州区，如今村里人却又叫它通县。这是怎样的一种文化逆反心理？

潮白河

　　前几天（2017）在北京接受新媒体培训，整整一周。期间曾经想回到自幼成长的那个村子——顺义县李桥镇南庄头村去看看，终因课表排得太满而未能成行。村东的潮白河，一直是我魂牵梦绕的所在，每次来或路过北京，但有机会，都会去河边站一站。

　　潮白河由潮河与白河汇合而成，源头均在河北，汇合点在北京。面对地图的话，潮河在右，白河在左。潮河的得名，据说是因其"水性猛，亦善崩，时作响如潮"，白河则是"河两岸皆白沙，不生青草"。因为流域面积颇大，顾祖禹《读史方舆纪要》道及顺义、宝坻、平谷、怀柔、密云等县时，都要提到潮河或白河。比如在"顺义县·白河"条下说到："又南经牛栏山东麓，潮河流合焉。"一江春水向东流，由我国西高东低的地势所决定，那是广义上的说法。潮白河作为海河水系的五大河之一，大方向则是自北而南，自密云、怀柔、顺义而下，至通县、三河、天津流进海河，最后汇入渤海。流经我的第二故乡这一段，已经进入尾声了。在这里，河西是北京顺义，河东是河北三河——我的籍贯故乡。

　　有人认为，《后汉书·张堪传》中，赞美张堪的"桑无附枝，麦穗两岐。张君为政，乐不可支"，是最早的关于潮白河的歌谣，并未直接言及，但是可以推论出来。张堪为渔阳太守，"匈奴尝以万骑入渔阳,堪率数千骑奔击,大破之,郡界以静。乃于狐奴(今顺义,按顾祖禹说,顺义迄晋为狐奴县,魏始废)开稻田八千余顷,劝民耕种,以致殷富"。渔阳,即以其在渔水(白河)之北而得名。张堪开那么多稻田,灌溉是重要前提,而顺义境内只有潮白河一条河流,非其莫属。20世纪70年代中,我们村在河边就还有一大片稻田。人们赞美张堪,是因为他不仅文治武功,而且清正廉洁,"昔在蜀,其仁以惠下,威能讨奸。前公孙述破时,珍宝山积,卷握之物,足富十世,而堪去职之日,乘折辕车,布被囊而已"。

像许多悠久绵延的河流一样,潮白河也承载了历史的若干片段。《读史方舆纪要》列举若干:其一,东汉建武二年(57),"遣将邓隆讨彭宠于渔阳,隆军潞水南,为宠所败"。其二,北周宣帝宣政时(578),"幽州人卢昌期起兵据范阳,高宝宁时据和龙,引兵声援,至潞水,昌期已为周军所平,乃还"。其三,唐朝武则天万岁通天二年(697),"契丹孙万荣作乱,寇掠河北诸州,既而败走潞水东,为其下所杀"。其四,北宋徽宗宣和六年(1124),"金斡离不自平州破檀、蓟,至三河,郭药师迎战于白河,败还,遂以燕山一路降金"。其五,明朝嘉靖二十九年(1550),"虏自古北口阑入近境,都御史王忬驰至通州,收艚舟舣潞河西,勿使为寇用。俺答屯河东二十里孤山、泇口诸处,阻水不得渡是也"。其中的潞水、潞河,皆潮白河古称。我父亲当年所读中学,就叫潞河中学。

潮白河还见证了乾隆五十八年(1793),英使马戛尔尼到访中国的片段。马氏来访是一件具有历史意义的大事,英国方面以为乾隆祝寿的名义,行接触之实,但因双方"三观"的巨大差别以及中西礼仪的冲突,闹得不欢而散。马氏之行先达澳门,然后沿海岸航行抵天津,从大沽到通州这一段,就是在潮白河上航行,时间是1793年8月11日至16日。佩雷菲特《停滞的帝国——两个世界的撞击》对此有详细描述,如使者们眼中的白河两岸,夜间,"无法计数的纸糊彩灯点亮了。灯笼有白的,有蓝的,也有红的。加上挂在船桅上的灯笼以及船舱窗口上的灯,倒映在河面上,真是光彩夺目"。目击者还说:"河岸上站着的每个哨兵都拿着一段空心竹子,他们有规律地用木槌敲打,表示自己并没有睡觉,并且每隔二小时敲打一次,以表示换更的时间。"(据王国卿等译本)如果不是船上被插了"英吉利贡使"的长幡,使者们一定更加心旷神怡了。这里的白河,该为交汇之后。《清稗类钞·名胜类》中的"白河风景",也应该是潮白河风景:"自通州至天津,水程三日可达,河身甚广,宽处约五十余丈,古所称白河者是也。河两岸植杨柳,蜿蜒逶迤,经数百里不绝。当三四月时,舟行其中,篷窗闲眺,千丝万缕,笼雾含烟,水天皆成碧色,间有竹篱茅舍,隐现于桃柳之间,为状至丽。"

前面说了,潮河"水性猛,亦善崩",单股如此,合流亦然。《读史方舆纪要》援引《元志》云:"卢沟河与白河合流,溃决为害。至大二年决县境皇甫村,延祐初决刘家庄,皆兴役修塞。"在我童年时,常听长辈心有余悸地将"二十八年涨大水"挂在嘴边,彼时以为是发生在 28 年前的事。后来在书上看到,1939 年 6 月,潮白河暴发了大洪水,离我们南庄头上游不远的苏庄大闸,30 孔被冲毁了 21 孔。公社制的时候,我们村是一个大队,下辖四个生产队,其中以贾姓为主的第四生产队,都是因为潮白河水毁掉家园而移居于此的。

在潮白河边,我度过了童年和少年时代。从前只看见她从北边流过来,又向南边流过去,待到弄明白了"前世"以及"经历",她的形象更加真切起来。

沙面

因为办理因公护照，周二(2017)上午去了广州沙面岛，广东省外事办公室在那里。沙面如今已成著名的旅游区，景点介绍说，岛上欧陆风情建筑形成了独特的露天建筑"博物馆"。然而，这些建筑却也关联了鸦片战争带来的屈辱史。

沙面从前是租界。所谓租界，名义上其领土属出租国，自身不具备治外法权的属性，但实际上是一种变相的殖民统治区，租界内的种种特权往往严重侵犯出租国的司法主权。从鸦片战争到八国联军入侵的 60 年间，英、法、美、德等列强在我国上海、天津、汉口、广州等 12 个城市设立了 30 个租界，沙面只是其一，为英法控制。控制的前提，因为两次鸦片战争。

在沙面成为"博物馆"之前，洋人、洋商主要集中在十三行地区。1854 年 12 月，英国公使照会两广总督叶名琛："宜限以西壕口为东界，以联兴街为西界，以河(珠江)南为南界，以十三行街为北界。凡此界内，俱属各国商人室宇房栈。"广州十三行地区因之成为继上海之后，中国第二块划界而治的外国人居留地。但 1856 年 12 月的一场大火，把这一带许多建筑化为灰烬，加上"十三行地方不敷栖止"，1857 年底英法联军占领广州之后，"英吉利夷酋巴夏礼、佛兰西夷酋马殿那"乃与广州将军穆克德讷等同至巡抚衙署面议,要求"按照和约拣择合意地基,以便商人居住"。经他们摸底,"查有城外土名西濠及沙面两处,拟即择定一处兴工建造",后"以西濠民产居多,不欲勉强",乃选择了沙面。1859 年 5 月,英法官员正式向广东巡抚毕承昭提出租借沙面;7 月,两广总督黄宗汉被迫答应。

《筹办夷务始末(咸丰朝)》载,咸丰十年(1860)二月,广东巡抚耆龄在《奏探闻英军占据粤城地方情形折》中称,经过调查,"知广东省城夷兵来去无常,现在不过一二千人。省河内添造小船数百只,每只可载数十人,时赴香港,时泊内河;并在省河扼要之沙面地方填海筑房"。填海筑房,是因为沙面这里本来只是沙洲。但填埋工程由英法责成广东当局负责,填埋费用则从中英、中法《天津条约》中规定的 600 万两"赎城费"(赔偿英国 400 万两、法国 200 万两)中扣除,由即将组建的粤海关支付。因此,当年四月耆龄又奏,"英吉利、佛兰西二国共(从海关关税)提去填筑地基银八万八千三百两,即系填筑太平门外沙面地方将来拟盖洋楼之处"。七月,耆龄《奏查明粤海关提给英法各军银两原委折》,再提用关税填筑沙面地基一事,说巴夏礼称"惟填平沙面共约须银二十六万数千元,在应补两国军需项内照数扣抵",因为"该夷自入城各拥重兵,难与力争",只好接受。耆龄还查明,这件事"倡议于前署抚臣毕承昭任内,督臣劳崇光到任未能挽回"。

英法为什么选择沙面?当不是因为西濠拆迁的难易,而是沙面的地理位置。用耆龄的话说:"沙面河道为外郡晋省必由之路,该(英)夷意在以沙面驻兵扼省城之吭,以观音山(今越秀山)驻兵附省城之背,是使我守备全无,得遂其挟制把持之计。"也就是说,英法相中沙面完全是出于战略诉求,加上越秀山上的驻兵,以期牢牢控制住广州城。地基填埋工程完工后,沙面北部又开挖了一条人工河,垒以花岗石河堤,小沙洲因而变成小岛。1861 年 9 月,英法官员分别与两广总督劳崇光签订《沙面租借协定》,每亩地租 1500 钱/年,按年于 9 月 3 日缴纳,管理使用期限为 99 年。与此同时,"中国政府则需放弃对该地之一切权利",沙面就此"失控"。随着英、法领事馆的搬入,两国各自的租界工部局(管理沙面的治安、行政事务)的设立,沙面俨然成为独立于广州城之外的一个外国城市。

沙面旁边有条马路,叫作"六二三路",刚来广州时我还见过"毋忘此日"的纪念碑。路与碑,关联的是沙面另一段不光彩的历史。1925 年 6 月 23 日,广州声援上海"五卅"的游行队伍,在路经沙面对面时遭到了英法军队的枪击,酿成了震惊中外的"沙基惨案"。直到 1946 年 10 月,广州国民政府颁布"收回沙面租界为本市辖区",并设立特别区、警察局,沙面才从英、法手中正式回归中国。

正因为沙面承载了那样一段历史,在早几年立于此地的首批 14 座雕塑中,片面突出了中西文化的对比和融合一面,如洋小姐向中国女子学粤曲、华商捧着算盘与洋人洽谈生意、洋人夫妻注视中国老太太做女红等。我在当时如鲠在喉,撰文《沙面城雕的"品种"欠缺》,指出今天我们利用当年的历史遗存,不能只是单纯地颂扬其建筑的精美与华丽,不知道其所由来,更不能不记得那曾经是自己的屈辱所在,毕竟当时的同胞为我们承受过巨大的灾难。在全国不少地方都是这样,列强的租界亦即沦为殖民者"势力范围"的地方,当年的建筑遗存都变得吃香起来,成了招徕游客的卖点。我们诚然没必要一味地纠缠于历史之中不能自拔,但也不能有意无意地忽略或淡忘历史。

赤岗塔

前两天（2022），得同系高两级师姐的襄助，终于登上广州赤岗塔，一偿夙愿。

1985年负笈岭南，广州建筑物给我留下第一印象的，就是赤岗塔。彼时火车站有迎新大巴，直接把新生载到位于新港西路的中山大学校园，路途中便见到田野中耸立的赤岗塔。没多久，便按捺不住好奇，踩着稻田田埂，深一脚浅一脚地来到塔下。这座楼阁式青砖塔为平面八角形，数一数有九级，后来知道塔内分17层，首层直径达12.5米，塔梯为穿心壁绕平座式。当时很想登上去，"下窥指高鸟，俯听闻惊风"，像岑参他们那样抒一抒怀，不料一二层间的塔梯已经断掉，且底层塔室早被附近耕作的农民视为现成的厕所，"地雷"密布，下不去脚。

工作以后，上下班都路过赤岗塔，每次行经都不免瞄上几眼。如今塔已沦为高楼大厦中的盆景，尊严不再，但建筑本身不断得到维修，今年夏天起夜间还有射灯照亮塔身，端庄依然。两个月前，省政府公布了《第十批广东省文物保护单位》，赤岗塔名列其中，为之祝福。只是不知从何时起，塔的四周已被围起，颇似"养在深闺"。此番登临乃知，即便两个人同时上去也有拥挤之感，还真是不宜开放。远观看风采，近瞧窥细节。塔之基角，各有一个西方人模样的托塔力士石像。400 年过去,虽然风化比较严重,但还是能看出人物造型的神韵,甚至流露出顽皮一面:两个用单手擎塔的,一个手扶大腿,一个背后叉腰,满不在乎;另几个用双手的,有的面目平静,有的貌似在使吃奶力气,有的被压弯身躯,有的歪头向上好像不解"点解咁重"。塔身嵌着一块民国年间"番禺县政府示"刻石:古塔砖石严禁盗取如敢故违拘究不贷。这该是担心赤岗塔遭遇和杭州雷峰塔一样的命运了。

塔的兴建一般与佛教相关。《洛阳伽蓝记》中,寺与塔每形影不离。著名的永宁寺就不用说了,"中有九层浮图一所,架木为之,举高九十丈。有刹复高十丈,合去地一千尺。去京师百里,已遥见之"。此外有长秋寺,"中有三层浮图一所,金盘灵刹,曜诸城内";瑶光寺,"有五层浮图一所,去地五十丈";景明寺,"(孝明帝)正光年中,(胡)太后始造七层浮图一所,去地百仞"。如此等等。即是在广州,城中六榕寺也有花塔。《广东新语》云:"梁(武帝)大同间刺史萧誉所建。其形八方,凡九级,高二百七十尺,上有铜柱,柱上一金宝珠。"还提到了怀圣寺光塔,"唐时番人所建,高十六丈五尺,其形圆……每岁五月。番人望海舶至,以五鼓登顶呼号,以祈风信"。六榕塔我在读书时上去过几回,买票就行,怀圣寺却还从未踏足。

赤岗塔却是座"风水宝塔",始建于明朝万历四十七年(1619),落成于天启年间(1620—1627)。《广东新语》也提到了它:"在城东五里者曰赤冈塔。盖会城东郊之山,左臂微伏,两厓林峦,与人居相错,累累若釜钟然。"至于风水,屈大均这么说的:"形家者以为中原气力至岭南而薄,岭南地最卑下,乃山水大尽之处,其东水口空虚,灵气不属,法宜以人力补之,补之莫如塔。于是以赤冈为巽方而塔其上,舭稜峻起,凡九级,特立江干,以为人文之英锷。"花塔与光塔也有这种意味，"形家者常谓会城状如大舶，二塔其樯，'五层楼'其舵楼云"。五层楼即镇海楼。形家的这套"原理"，我是弄不大明白。但赤岗塔还具有实用功能，与较其先期问世、同样濒临珠江的琶洲塔、莲花塔一样，对于从南海进入珠江的中外商船起着导航作用，三塔也因有"省会华表""三支桅杆"之称。

美国亨特《旧中国杂记》记述自己 19 世纪 20 年代初起在中国二十余年的生活经历，涉及广州的细节说到了赤岗塔等三塔："外国人溯江而上前往广州，过了虎门以后，往往会被沿途看到的几个高耸的宝塔所吸引……离广州最近的一座被外国人称为磨碟砂涌塔（即赤岗塔），得名自流过它所在的小丘下的一条珠江支流。另一座是黄埔塔（即琶洲塔），还有一座塔在二道滩旁的山丘上（即莲花塔）。在城墙内的'五层楼'上，尽管相隔 30 英里的距离，都能清楚地看到这个塔。"那几个托塔石像，正可作为中外贸易、文化交流的见证。不过，溯江而前往广州的话，亨特所说的顺序却正好相反。莲花塔该是船只进入珠江口最先看到的标志性建筑，琶洲塔次之，最后才是赤岗塔。

莲花塔、琶洲塔、赤岗塔今日仍然屹立，成为海上丝绸之路的重要史迹，实乃广州之幸。登顶赤岗塔，"小蛮腰"近在咫尺，附近的一条路就叫双塔路。有次我徒步上班，从新港中路拐进新市头路，走到尽头，二塔赫然在目。当即摄影一帧，戏言宋人见了，说不定会揶揄为"龟鹤宰相"。盖《鸡肋编》云："（徽宗）建中靖国初，韩忠彦、曾布同为宰相，曾短瘦而韩伟岸，每并立廷下，时谓'龟鹤宰相'。"赤岗塔 50 余米，而"小蛮腰"600 米，二塔同框，不是有些形象吗？差不多 40 年过去，终于登塔而上，虽然因为恐高而每登一层便不免多一分胆战心惊，但还是心满意足。

虎门

上周日（2017）到东莞虎门镇走了一趟，参观"海战博物馆"。

虎门，在中国近代史上赫赫有名。它雄踞珠江口，是守护珠江贸易通道、捍卫广东省城的重要门户。虎门发生的事情众多：中英虎门大战，关天培、陈连陞父子壮烈殉国；中英《虎门条约》，清政府被"追加"了《南京条约》丧权辱国的条款等。最为世人耳熟能详的事件，当然是林则徐的"虎门销烟"。

时任湖广总督林则徐，是以钦差大臣身份来广东查禁鸦片的。在他日记里，自北京动身那天——道光十八年十一月二十三日（1839年1月6日）——起，就简略记载了每天的行程。出发时，"午刻开用钦差大臣关防，焚香九拜，发传牌，遂起程。由正阳门出彰仪门"，规格颇高。十九年正月二十五日（1839年3月10日），抵达广州天字码头。二月二十日"酌定收缴趸船烟土章程"，二十七日"赴虎门验收夷船鸦片"，此后，每日收缴烟土多少箱、多少包的字样不断出现在日记中。对收缴上来的两百多万斤鸦片，瞿巍《另一只眼看鸦片战争》云，林则徐本想运往北京交给皇上处置，虽然有人算过运费要花20万两银子，但林则徐坚持要这样做，是道光帝下令就地销毁。

在销烟开始之前，林则徐搞了个仪式，"早晨祭告海神，以日内消化鸦片，放出大洋，令水族先期暂徙，以避其毒也"。道光十九年四月二十日（1839 年 6 月 3 日），正式拉开销烟的大幕，"未刻消化烟土，至晚共化一百七十箱"。此后，每天销了多少也都写上几笔，如二十三日，"至烟池监视消化，至晡时计二百三十箱"；二十四日，"化烟土一千四百余袋"。五月初七，还记下有个美国人先前"见有告示，奉旨销毁烟土，俾夷人共见共闻，伊等请来看视，当即传谕允准"。于是那天上午，美国人带着家眷，"同驾小船，由师船带至虎门，在池上看视化烟，并至厂前，以夷礼摘帽见，令员弁传谕训戒，犒赏食物而去"。通行说法是，销烟至 6 月 25 日结束，历时 23 天，实则不然。或者说，狭义的"虎门销烟"才结束于那个时间点吧。《林则徐日记》七月初五（8 月 3 日）又记："晴。早晨出赴（广州）靖海门外东炮台前，同制军、抚军、司、道等煮化烟土。新砌一池，可受二百石，四隅嵌以铁锅，燃薪于外。是日所化皆潮郡解省之烟土，约二万余斤。"

　　"虎门销烟"无疑是近代史上影响甚巨的一大壮举。作为珠江口的门户，虎门在鸦片战争中举世瞩目，还在于它的军事地位。方濬师《蕉轩杂录》云："番船初到时，先于虎门口外寄碇……其在虎门以外寄泊中路各洋者，皆未入口之船。"事实上，嘉庆年间虎门便已开始大规模修建海防炮台。1834 年 9 月英舰首次闯过虎门后，道光帝极为愤慨，朱批："看来各炮台俱系虚设，两只夷船不能击退，可笑，可恨。武备废弛，一至如是，无怪外夷轻视也。"随后，关天培在虎门建立了三重门户的防御体系。"海战博物馆"有一幅《虎门十台全图》，沙角、威远、大虎等十炮台的方位一览无余，将江面封锁得严严实实。然而，如果敌舰不是急急忙忙地闯过虎门，而是先来进攻炮台，则三重门户却只是三重互不关联的据点。战争中，英舰正是直接进攻炮台。博物馆"虎门之战"墙上的数字,令人不忍直视:清军兵力10000人,火炮450门;英军2000人,战舰10艘,火炮394门。然而,清军500人阵亡,大批受伤,1300人被俘;英军仅5人受伤。

去今二十几年前,茅海建先生《天朝的崩溃》横空出世,更新了我们对鸦片战争的诸多认知。该书旨在探讨在那场屈辱的战争中,从国家对外方略到地方大臣政治上、军事上的作为,错在哪里。比如对英军的认识,像林则徐这位"开眼看世界的第一人",也认为至多不过是"和约夷埠一二兵船……未奉国主调遣,擅自粤洋游奕,虚张声势"。两江总督裕谦认为:"英夷不过奸商,其所纠合,不过贩烟之匪类。"闽浙总督颜伯焘更狂妄自大:"一炮即可以灭贼,何须再装药也。"虎门"海战博物馆"所展示的,则是我们落后在哪里。全馆陈列主要采用对比法,如军事上对比双方战舰、火炮、枪械、炮弹制造原理、工艺技术、实战性能乃至部队操练方式。具体到火炮,举凡材质、铸造工艺、火药配比、射程、射速、射击精度、机动性,种种差异究竟表现在哪里,都有非常详细的研究,细致程度令人啧啧称奇。这样一来,他们"船坚炮利"的那个"炮利"就非常具体形象。鸦片战争中的虎门之战,何尝不是佐证中英包括战略战术在内的军事实力差距的典型案例!

如识者所指出,即使没有鸦片,或者中国人像其他国家那样并不喜欢鸦片,中英之间依旧还会有战争。更有学者认为,如果当时有一宗能代替鸦片的有效商品,例如蔗糖浆或者大米,这种冲突就可能要称为蔗糖战争或大米战争,唯一不同处是时间早晚而已。鸦片战争令我们悟出了"落后就要挨打"的道理,但是我们更要弄明白,自己在哪些方面落后,落后的程度如何。弄清这些并迎头赶上,历史的悲剧才不会重演。

崖门

到过新会很多次，却还从没到过崖门——宋朝灭亡的最后所在。前些天(2013)又来，终于一偿夙愿。距离 1278 年，亦即南宋大臣陆秀夫携 8 岁小皇帝赵昺投海的那一年，整整 735 年过去了，站在看似新修的崖山祠上眺望当年的所在，波光粼粼，风平浪静。或许，当初也正是这种景观，只是因为一个王朝在这里进行了殊死的最后一战，才有波涛汹涌的人文意象吧。

严格地说，宋朝在恭帝赵㬎时应该算是灭亡了。德祐二年 (1276)二月，那个 6 岁小皇帝"遣监察御史杨应奎上传国玺降"。降表先将亡国的责任推给了宰相贾似道，再"奉太皇太后命，削去帝号，以两浙、福建、江东西、湖南、二广、两淮、四川见存州郡，悉上圣朝，为宗社生灵祈哀请命"，且五月"朝于上都"。这跟他的祖宗徽钦二帝当年"北狩"，性质可是迥然不同，此番自家拱手相奉残存的江山。陈宜中等同月立了 7 岁的赵昰，虽然两年就死了，"其臣号之曰端宗"，实际上已有自娱自乐的性质。至于陆秀夫等又立了 6 岁的赵昺，连个追谥也没混上，更不是严格意义的王朝了。昺之立，《宋季三朝政要》还有一段生动描述：昰既崩，大家要散伙，独陆秀夫以为不可。他说："诸君散去可也，度宗一子尚在，将焉寘此？古人有一成一旅兴者，今百官有司，军士亦且万余人，若天道未绝赵祀,此岂不可为国耶?"于是,小家伙懵懵懂懂地"即位于枢前"。这一切发生在硇州。硇州是今天的什么地方? 见解不一,罗香林先生等认为是香港的大屿山,而饶宗颐先生等则认为在吴川县南海中。这要归结为前人说话过于笼统了。

从各种记载中可以看出,退至崖门之后,宋朝残存势力摆出了最后一战的架势。此地东有崖山,西有汤瓶山,"崖山在海中,两山相对,势颇宽广。中有一港,其口如门,可以藏舟",宋末三杰之一的张世杰(另为陆秀夫、文天祥)认为凭此天险可与元军抗衡。可叹的是,在生死存亡的关头,在崖门这个弹丸之地,也要摆一下皇帝的谱,要"入山伐木,造军屋千间,起行宫三十间",而斯时"官民兵除逃窜死亡外,犹计二十万,多于船上住坐"。那么,"以舟师碇海中,棋结巨舰千余艘,中舻外舳,贯以大索,四周起楼棚如城堞,居昺其中",显见是后来的事,被元军从陆地赶入了海中也说不定。

元军主帅张弘范曾经想到过招降。《宋季三朝政要》云,文天祥被俘后,曾被张弘范带至崖山,令之"以书招(张)世杰"。文天祥凛然回答:"我不能救父母,乃教人背父母,得乎? 有死而已,不能从也。"他那首脍炙人口的《过零丁洋》即诞生于此际。需要说明的是,元刊诗句为"人生自古谁无死,留取声名照汗青",并不是"丹心",当然这丝毫不影响该诗舍生取义的凛然风骨。招降不成,张弘范、李恒乃以大军攻之,"舰坚不动。又以舟载茅,沃以膏脂,乘风纵火焚之。舰皆涂泥,缚长木以拒火舟,火不能爇"。这是《宋史》中的说法,《宋季三朝政要》中还有另外的细节:"大元军绝其薪水道,崖山人食干饮咸者十余日,皆疲乏不能战。大元军乘潮而进,两军大战半日,南军大败。"于是,亡国史上最惨烈的一幕发生了。

陆秀夫"知无可奈何,乃取舟中物悉沉之,仗剑驱妻子赴水",妻始而不愿,"挽舟不可",陆秀夫说:"尔去,怕我不来?"然后登御舟告诉小皇帝:"国事至此,陛下当为国死。太皇后辱已甚,陛下不可以再辱。"言罢"抱宋卫王俱投水中"。此中云"抱",而《宋史》云"负",虽然是两种不同的投海姿态,然这种细节上的出入同样无关紧要。毕沅《续资治通鉴》云:"军卒求物尸间,遇一尸,小而皙,衣黄衣,负诏书之宝,卒取宝以献。"小皇帝果真溺死是无疑的。接着,"内瀚刘鼎孙、侍郎茅湘、吏部赵樵等溺者数万",而用《宋史》给出的数字,"后宫及诸臣多从死者,七日,浮尸出于海十余万人"。再接着,在混战中本已逃脱的杨太后、张世杰亦相继投海……

"汉、唐之亡,皆自亡也。宋亡,则举黄帝、尧、舜以来道法相传之天下而亡之也。"明朝学者王夫之此语,用那句通俗的话来表达就是"崖山之后,再无中国"了。因而宋之亡,在汉人史学家看来迥异于此前的朝代更迭。"骂名留得张弘范,义士争传陆秀夫。"(董必武《游厓山》)两军对垒,何以骂之?盖传崖门海战之后,其勒石曰"张弘范灭宋于此",明朝有人在句首添一"宋"字,示其恬不知耻。不要说张弘范并非宋人而乃大金遗民,即便是汉人,简单的"忠奸"归咎对记取历史教训亦无足取。《宋史》说:"宋之亡征,已非一日。"王夫之阐释得更详尽:"向令宋当削平僭伪之日,宿重兵于河北,择人以任之,君释其猜嫌,众宽其指摘,临三关以扼契丹;即不能席卷燕、云,而契丹已亡,女直不能内蹂。亦何至弃中州为完颜归死之穴,而召蒙古以临淮、泗哉?"

当然,王夫之的"其得天下也不正,而厚疑攘臂之仍",姑妄听之可也。

七星岩

上周日(2011)与一干友人游览了肇庆七星岩。肇庆倒是常来,但上一次游览七星岩,还在20世纪90年代初,屈指一算,二十来年了。

广西桂林也有七星岩,那是个岩洞的名字。宋张孝祥有《游千山观》诗:"朝游七星岩,莫上千山观,东西两奇绝,势略岭海半。"千山观就在今天桂林西山公园的千山上。肇庆的七星岩则是实指,指七座像是小山的石灰岩岩峰。明王临亨《粤剑编》云:"七星岩,在端城东北六七里,大小七峰,石骨矗立,参差如斗,故名。"这是说七峰的排列如北斗七星。用叶剑英元帅的通俗说法,七星岩景区叫作"借得西湖水一圜,更移阳朔七堆山"。肇庆七星岩的名气显然较桂林的更大,且正式登上过"国家名片"——邮票,20世纪80年代初发行的普21《祖国风光》中,80分那枚就标明是"广东七星岩"。所以说"正式登上",在于今天流行的所谓"个性化邮票",只是邮票的"附票",与靠齿孔连接的"主票"分开,画片而已。

游览七星岩,饱览其自然风光之外,魅力还在于它凝聚的人文内涵,那就是目不暇接的摩崖石刻。七星岩摩崖石刻在2001年成为全国重点文物保护单位,据说这是南中国保存得最多最集中的摩崖石刻群,惜乎没有"开发",亦即除了专业人士,如何让普通游客也能够"认识"并熟识。屈大均《广东新语》谈到了七星岩摩崖石刻:"七星岩岁久石长,磨厓篆刻皆浅,多所漫灭。李北海书'景福'二大字在岩口,微有画痕,其深不能指许矣。"李邕的"景福"二字我没看见实物,只是随后看到了照片,无署名及年月,半淹在水中,水中还漂着一艘小舢板;倒是具名"李北海记"的那篇写于"开元十五年正月廿五日"的《端州石室记》,文字大多还在,还建了专门的碑亭保护,却不知屈大均为何没有提及。"篆刻皆浅,多所漫灭",可以想见当时的"野生"状态,现在则已全部描红,醒目得很。

　　七星岩摩崖石刻中也有屈大均的手笔,他说过:"自醉石而上,有一罅,两崖相夹,容一二人,上有一石圆而小,半当唇齿之间,旧名含珠迳。予以其状若华山千尺(山 + 爽),因刻云'小千尺(山 + 爽)'。"这几个字今天仍在,旁边另有一刻,也与他有关,云"康熙癸亥仲冬十有九日",陈恭尹等七人在七星岩分韵赋诗,第二天,屈大均等三人赶来"属和",然后韩作栋拿出他重修的《石室志》"请共商订"。因为"嘉会难常,盛事不朽",所以"题名石壁"。韩作栋在明人基础上重修的《石室志》,后来改名《七星岩志》,共十六卷,而纪晓岚等编纂的《四库全书总目提要》对此评价不高,云其"有关考核者,寥寥无多",言外之意就是个资料汇编。且举例云,书载宋哲宗元符元年(1098)苏东坡举家来游七星岩,而彼时"苏轼正在儋州,安得有挈家至七星岩之事!盖据曹学佺《名胜志》所载,而不知为传讹之文也。"想来顺治时"分巡肇高廉罗道、按察司金事"的韩作栋,也就是能弄到笔钱,然后拉几个半吊子文人把钱花出去而已。

　　前面所说的开发,决非今天几与"破坏"同义的那种开发,而是如何让这些摩崖石刻——至少其中一些——能够引起游客的兴趣。当然，包括古代的那些石刻在内，也并非尽皆精品，不乏"到此一游"，书法也马马虎虎。比如认定为包拯真迹的，不过是"提点刑狱周湛，同提点刑狱钱聿，知郡事包拯同至。庆历二年三月初九日题"；抗倭名将陈璘的也是，"万历己丑仲夏念三日，南京太仆少卿、东莞尹瑾，同提督、南直隶狼山副总兵、东安陈璘游此"，直白得没有余地。但是人物身份透露的历史信息，使之仍有弥足珍贵的一面。因而，或以涉及人物、或以涉及内容、或以书法本身，七星岩摩崖石刻总有"亮点"可以开掘。比方，"李绅，长庆四年二月，自户部侍郎贬官至此。宝历元年二月十四日将家累游"，李绅未必为人熟知，但他的"锄禾日当午，汗滴禾下土；谁知盘中餐，粒粒皆辛苦"，其谁不知？再比方，道光时杨霈的"道光甲辰，水痕至此。郡守杨霈书以志痛"，记载了1844年肇庆大水冲决堤围，达历史最高纪录。这一水痕标志，无疑可成为西江水文历史资料。而与戚继光齐名的俞大猷，所留下的"天不生奇石，谁擎万古天"，何等豪气干云！此外，陈恭尹的隶书题记、耆英的草书佛经等，都有自己的鲜明特色。这一切，不应该躺在研究出来的书本中，而应该化雅为俗，对游客普及，让游客传播。

"五岳归来不看山，料应未上七星岩。劝君放眼寻将去，更有蓬莱在世间。"光绪年间陈建侯的题诗，把七星岩之美提升到了一个新境界。最后想说，单纯以为题名石壁，即可"与此山并存"，其实未必。后刻叠压在前刻之上的，细心些就能看到，而那些以官阶谋得一席之地却纯属凑热闹的玩意，即便还大模大样地悬在那里，因为毫无美感兼且毫无价值可言，也徒令后人戳戳点点。

端砚

七星岩之外,肇庆的名产是端砚。端砚与歙砚、洮砚、红丝砚一道,并称为中国四大名砚。砚乃文房四宝之一,从前文人书房必备之物。肇庆的砚以"端"命名,源自肇庆古称端州,隋置;端州之得名,又来自境内的端溪。北宋时,14岁的赵佶被封为端王,以端州为封地。《水浒传》描写高俅发迹,就是端王的那脚球没踢到,而"高俅使个鸳鸯拐,踢还端王",赢得了赏识。赵佶后来登基(徽宗),"端"字便犯了讳,乃御笔改名为"肇庆府"。

《竹叶亭杂记》云,道光皇帝继位,"内府循例备御用砚四十方,砚皆镌'道光御用'四字"。道光觉得自己用不了那么多,"闲置足惜,因命分赐诸臣",但不知他用的砚是什么品牌。《渑水燕谈录》云,南唐李后主用的是"龙尾石砚",与其所用的"澄心堂纸、李廷珪墨"并为"天下之冠"。南唐亡国,龙尾石砚差点儿跟着遭殃。宋仁宗时,钱仙芝知歙州,访得出砚之所,"乃大溪也",说明龙尾石砚属于歙砚;再经过仙芝的努力,"石乃复出,遂与端溪(砚)并行"。《清稗类钞》云,钱冬士"尝用一大端砚,甚佳,忽被窃",齐玉溪便把自己珍藏的龙尾大砚送给他,但冬士未接受,且赋诗还之。他不是没瞧得起歙砚,"东坡昔求龙尾砚,易以铜剑诗更迭。今我不求砚自来,坡仙有灵当妒嫉",道得分明,而是"君能不吝我不贪,堪为千秋添故实。从此延平双剑合,不数相如还赵璧"。

什么样的端砚比较好呢?前人说紫色的最好,然除了黑色的我还没见过其他。《游宦纪闻》云南宋孝宗皇帝有此一说:"端璞出下岩,色紫如猪肝。密理坚致,泼水发墨,呵之即泽。研试则如磨玉而无声,此上品也。"《春渚纪闻》云黄莘所藏端砚也是"深紫色",且"古斗样,每贮水磨濡,久之则香气袭人,如龙脑者"。黄莘与其父"皆有能书名,故文房所蓄多臻美妙"。另云他人收藏的李商隐遗砚,盖上还有东坡小楷书铭,同样是"无眼正紫色"。这几条信息,似可证前人所言之不虚。《清稗类钞》云,文天祥还遗有一方"绿端蝉腹砚,底圆而凸,象蝉腹"。沈石友收藏的李商隐像砚,也是"石为端绿",该砚"像面微侧,幅巾半身,袍背镜花作红色",则绿色也可归为珍品一类。

爱砚的人多,有砚癖的也多。清朝诗人黄任自号十砚先生,"淡无欲,作官不恋五斗粟",官不爱当,就是喜欢砚。乾隆进士还有个叫朱笠亭的,"聚数砚,日夕摩挲之"。但这些"砚粉",都不如"学无师、居无刹、食无钵"的石僧更迷砚,迷到近乎神话。道光时,石僧"往来天津城市间,不乞化,怀一砚,终日玩摩",至于"饥则舐砚而饱,倦则枕砚而眠"。石僧还很有情趣,"春嬉于郊,遇花娇柳媚处,盘桓久之,或临流弄水,自涤其砚,砚出五色纹。风清月白时,走入败寺中,置砚于地,以败絮濡墨,就墙壁淋漓大书,潦草旁斜,殆不可省识,且书且吟,狂发叫舞"。这是古今罕见的真正"砚痴"了。

端砚因为有名,也就不知有幸还是不幸地加入了贡品之列。《宋史·太宗本纪》载:"淳化二年(991)夏四月庚午,罢端州贡砚。"恐怕只是一时,《包拯传》另载:"拯知端州,端土产砚,前守缘贡率取数十倍以遗权贵。拯命制者才足贡数。岁满，不持一砚归。"吴振棫《养吉斋丛录》云："元丰（神宗年号）时王存等撰《九域志》，仍载入《土贡》。《宋史》亦载治平（英宗年号）中贡砚事，殆甫罢而复征也。"这里的贡，未必是只供帝王，更多的怕是要贡权贵。明朝贡端砚，"官民苦之"，彼时要"设守坑官一员，有私取者以盗窃论"。吴振棫说，到他们那时候（清朝），"惟每岁端午，督、抚以砚九方随葵扇、葛布进之"，这些砚台"购自民间，制为官式，县官、石户，均无科累"，未知是否美化的成分太浓。

对非"砚粉"而言，玩味砚铭不失为一件乐趣。岳飞收藏过一方端砚，砚并无款，谢枋得比对砚背镌刻的"持坚守白，不磷不缁"八字，与自己家藏的岳飞墨迹相若，断定是其遗物。他自己添镌："岳忠武端州石砚，向为君直同年所藏，咸淳九年十二月十有三日，寄赠天祥。"且铭之曰："砚虽非铁磨难穿，心虽非石如其坚，守之弗失道自全。"这个天祥，从年代以及人物关系上来推断该是文天祥。"持坚守白，不磷不缁"，化自《论语》，原文是："不曰坚乎？磨而不磷；不曰白乎？涅而不缁。"意谓不是说很坚硬吗？怎么磨，也不会变薄；不是说很纯白吗？就是放进污水里，也不会染黑。毫无疑问，该砚的前后两砚铭，展示了志士仁人的气节与操守。

《游宦纪闻》云张无垢赠樊茂实一方端砚，赞美端砚"不同凡石追时好，要与日月争光辉"。如何争呢？就是希望"文章有余地"的樊茂实，能够借此使"经史妙处其发挥"，在"飞流溅沫满天下"的时代，"要使咳唾皆珠玑"。当然，我们都知道，再是名砚，也只是载体的一种，文字"珠玑"与否，终究取决于人的学识与修养。

鼎湖山

上周日(2013)游览了肇庆鼎湖山,记不清来过几次了,这个"北回归线上的绿宝石"实在美不胜收。此番对位于半山腰的"宝鼎园"忽然产生了一点想法。以前是没有这个园的,如今园里添了九龙宝鼎,重达16吨,号称世界之最。资料上说,鼎是2002年在南昌铸成的,安放于此,结束了鼎湖山长期以来"有湖无鼎"的历史。当地认为,黄帝曾在此铸鼎,所以叫鼎湖山。

然而,在大量的史志记载当中,"鼎湖山"却均作"顶湖山"。《方舆胜览》言及肇庆府"形胜",简单的几个字:"北望顶湖,南瞻铜鼓,州当西江口。"在"顶湖"下面,转引《图经》注曰"万仞峙其后",高耸得很。铜鼓亦山名,"四峰列其前。白羊冈居其左,腐柯山居其右"。按《读史方舆纪要》的描述,铜鼓山在"府南二十里,山有赤石如鼓,扣之有声,因名"。是书中,"鼎湖山"也是"顶湖山",位于"府东北四十里,山高千余仞,周数百里,为一方巨镇,盘郁森耸,攀援莫上。山顶有湖,四时不竭"。《广东新语》也是,"顶湖者,端州镇山,去郡四十里。从羚羊峡望之,紫翠滴沥,若在帆际。舍舟后,沥水从大蕉园取道入,有白云寺,当山之正麓"。屈大均认为,"广中之山,其顶多有积水,而是山为湫(水潭)为潭者八九",所以肇庆这座才叫顶湖山。

鼎湖山之 ding，当然可以有不同写法。比方浙江的一座山，祝穆笔下是"腐柯"，顾祖禹笔下是"烂柯"，屈大均那里又是"斧柯"，然无论这第一个字眼怎么变化，其中的内涵都是相同的，意谓"王质观棋处"。那是很有名的一个传说：王质到山上砍柴时看人家下棋，一局未终，斧柄已经烂掉。不知不觉间那么多年过去了，下棋的自然非神仙莫属。屈大均说："斧柯山海内有四。"似乎表明在不大注重经济效益的时代，文化资源同样存在着争抢问题。"鼎"与"顶"，有没有可能也像"腐""斧""烂"那样实则相通呢？不大可能。因为倘此鼎湖与关联黄帝的那个鼎湖有关，则至少迄宋至清，主流观点没有不沿袭此说的道理，像"×柯山"一样，你有你的版本，我有我的版本。

黄帝铸鼎，用钱穆先生的说法是汉代方士为谋取眼前富贵而编来骗汉武帝的。传说的具体情节，见于《史记》之《孝武本纪》及《封禅书》，两处文字几乎一模一样。"黄帝采首山铜，铸鼎于荆山下"，鼎既成，龙把黄帝给接走了，"故后世因名其（升天之）处曰鼎湖"。首山、荆山在哪里？西晋晋灼引《地理志》曰："首山属河东蒲阪，荆山在冯翊怀德县。"也就是一个在山西，一个在陕西。《三辅黄图》说汉武帝在黄帝仙去之处建鼎湖宫，此宫"在湖城县界"，即今天的河南灵宝；此条注引又一说是在陕西蓝田。无论在哪里，都与肇庆相去甚远，可以说边都搭不上。那么，"顶湖"又何以成为"鼎湖"？我疑心与南明的永历皇帝有关。盖"鼎湖"一词，还可借指帝王，活着的或者崩了的。

北周末代皇帝宇文衍在诏书中讲到他父亲死了，"万国深鼎湖之痛，四海穷遏密之悲"。孔尚任《桃花扇·设朝》中，南明弘光皇帝在南京登基，嘴上谦让并叨咕"暂以藩王监国，仍称崇祯十七年"之际有段唱词，中有"兵燹难消，松楸多恙，鼎湖弓箭无人葬；

吾怎忍垂旒正冕,受贺当阳",再次表达自己很不好意思。其中"鼎湖"那句,说的是崇祯皇帝煤山自缢之后,没有人去安葬他。一般认为明朝覆亡于 1644 年,实则不止,还有个史称南明的残喘期。崇祯死后,众多的宗室藩王你监国他登基,很热闹,其中桂王朱由榔正在肇庆登基,年号永历。这个政权前后共 14 年,在南明几个政权中存在时间最长,对清朝的抗争最激烈,影响也最大。永历皇帝最后在云南被缢杀,钱海岳先生所撰《南明史》对此有一段生动描述:清朝诏书至,"甲士数十人请宣旨",帝曰:"朕言为旨,尚有何旨?"大家答:"今上旨耳。"今上,大清康熙皇帝。永历听罢,乃"入谒太后,握皇后手,微示别状,无一语"。然后甲士们"拥之入行宫太庙旁,进帛",帝又曰:"朕尚有言。"甲士报之以嘲笑:"此更何言?"崇祯临死,是不知对谁而言,所以写了几个字;永历临死,想说却已经不让他说了,"上遂崩"。柳亚子先生有一首《四月二十五日,前明永历皇帝殉国纪念节也,前十数日有滇中之捷,感而赋此》诗,中有"赤县重开新日月,鼎湖遗恨旧风雷"句,即用"鼎湖"指代永历。所谓"滇中之捷",指的是 1908 年 4 月孙中山在西南边境筹划的旨在反清的河口起义。

鼎湖,因而也可能与抗清有关。既然在《广东新语》成书的清初,"鼎湖"尚为"顶湖",那么,或是后来的人们对之赋予的象征意义,以"鼎湖"先喻永历再指代大明江山也说不定。至于顶湖之本名,可能确实只是山"顶"有"湖"且不少,足成特色。苟如此,则追求鼎湖山有湖有鼎,也许是会错了意。这是我游览之余的一点儿猜想。

西樵山

上个双休日（2014）再次游览了南海西樵山。第一次，还是1987年上"考古学通论"课的时候，来这里实习。老师说，西樵山是新石器时代"石器制造场"，以双肩石器最为知名，史学界称之为"西樵山文化"。四五千年过去了，沧海桑田。记得当初涉足时，"制造场"是个偏僻所在，人迹罕至，漫步其中，仍可随处捡到石器半成品。此番未故地重游，但最大收获是知西樵山还有众多人文景观，书院文化就曾经辉煌一时。

《广东新语》中有"西樵三书院"：一个是方献夫主持的石泉书院，一个是湛若水主持的大科书院，再一个是霍韬主持的四峰书院，"三书院鼎而立，三公讲学其中者历十年。世宗御极，相与应召而起"。嘉靖皇帝登基，他们都离开书斋去朝廷当官了，"方为内阁辅臣，霍为太子少保礼部尚书，入弼东宫，湛为南京兵部尚书，参赞机务"。在嘉靖年间著名的"争大礼"中，湛若水属于反对派，方献夫和霍韬则属于赞成派，也就是引经据典支持嘉靖给亲生父亲兴献王加尊号、追封为皇帝，二人因此遭到了舆论的不少诟病，"廷臣遂目献夫为奸邪，至不与往还"，霍韬虽"超拜礼部尚书，掌詹事府事"，也因此而"得罪诸臣"。但因为走出西樵山之际，三人"同时尊显，世之所难"的缘故吧，当地人便大作此山的灵性文章,绘声绘色地说:"昔年兹山,岚雾溟濛覆其半,昏旦莫辨。近三十年,明净秀露,无复岚雾掩焉。"

方献夫、湛若水、霍韬都是广东人,湛来自增城,方、霍是坐地户。《明史》上三人皆有传,云方献夫,"读书西樵山中者十年";云湛若水,"筑西樵讲舍,士子来学者,先令习礼,然后听讲";云霍韬,"举正德九年会试第一。谒归成婚,读书西樵山,经史淹洽"。黄宗羲《明儒学案》认为:"岭海之士,学于文成(王阳明)者,自方西樵(献夫)始。"《广东新语》"甘露"条,云方献夫"讲学西樵,甘露连降三日",友人乃赋诗曰:"同德之磋,如气之和。同心之涵,如露之甘。"但西樵山之赢得"理学名山"的称号,却主要得益于湛若水。明初,理学以程朱学说为主流,中叶以后则以阳明学为主流,其间转变的分水岭,是以陈献章为代表的江门学派兴起,而湛若水是陈氏门人中最突出的一位,陈亦视湛为自己学术的传承人。但湛若水修正和发展了老师的学说,形成了另一个被称为湛学的学派,所以《明儒学案》在"江门学案"之外另辟"甘泉学案",《广东新语》紧随"白沙之学"另辟"甘泉之学"。

综湛若水之一生,为官日久,所到之处皆主讲习,书院自然不只一地,在他的家乡就还有明诚书院。况且,湛若水一贯尊师重道,"生平所至,必建书院以祀献章";屈大均说"甘泉书院遍天下"。如果说明诚书院是发祥地,那么大科书院可谓甘泉学派在岭南的重要讲学地及思想传播地。黄宗羲明确指出,湛若水"卜西樵为讲舍,士子来学者,先令习礼,然后听讲,兴起者甚众"。屈大均也说:"甘泉先生尝开礼舍僧寺,来学者,令习礼三日而后听讲。讲必端坐观心,不遽与言,使深思以求自得。"这里主要说的还是教学方法。在学术地位上,湛若水与王阳明齐名比肩,用黄宗羲的概括:"王、湛两家,各立宗旨,湛氏门人,虽不及王氏之盛,然当时学于湛者,或卒业于王,学于王者,或卒业于湛,亦犹朱、陆之门下,递相出入也。其后源远流长,王氏之外,名湛氏学者,至今不绝。"不仅两人的弟子你中有我、我中有你,甚至两人的学术也是这样,东林书院的顾宪成评价:"阳明之知,即甘泉之物。甘泉之格物,即阳明之致知。"王阳明也毫不讳言湛若水对自己的影响:"某幼不问学,陷溺于邪僻者二十年……晚得友于甘泉湛子,而后吾之志益坚,毅然若不可遏,则予之资于甘泉多矣。"

按照屈大均的描写,西樵山的自然风光以"碧玉之瀑为最奇",他曾经冒雨"从飞玉台至泉顶观之",因而对友人"壁立一片雪,风含白云端"的句子极其欣赏,"书于石上,以与山中人共赏"。余等此行曾过一瀑布,就在康有为少年时代读书的"三湖书院"(匾额为林则徐手书)附近,因为是枯水期,涓涓细流亦未得见,而同行友人的介绍,以及旁边"银河倒泻""泻月"一类的摩崖石刻,足以表明无论现在还是古代,这里在丰水期都该是瀑布,说不定和屈大均说的正是同一个地方。

今天重游,昔日"西樵三书院"中的石泉、大科,均已已矣,可窥一斑的倒是"四峰书院"。在"四方竹园"景区,那片断壁残垣正是当年的遗迹。遗迹背后的山坡上,还有列入佛山市文保单位的霍韬夫人区氏墓。可惜那遗迹现今并无任何文保级别,倘其果真属于明代的话,则入选全国重点文物保护单位也未尝不可。西樵山近几年在逐步开发、恢复,致力于打造岭南文化高地,各处景点统一制作的铭牌展示着他们的统一口号:文翰樵山·最岭南。从西樵山传统文化内涵来看,当得起这一称号;接下来如何,就看弘扬和光大得如何了。

罗浮山

9月4日至6日（2016），第三届中医科学大会在惠州市博罗县罗浮山脚下召开。报道说，这是中国中医药界乃至世界中医学界的顶级学术会议。选择在罗浮山，因为这里是古代医药学家葛洪炼丹著书的地方吧，道教在这里有"第七洞天"。葛洪《肘后备急方》更直接启迪了当代医药学家的灵感，最大成果是屠呦呦先生发明青蒿素提取法并因之获得诺贝尔生理学或医学奖。

罗浮山作为"岭南第一山"，又是道教名山，典籍中肯定不会缺席。《后汉书·郡国志》在讲到"南海郡"时已有"博罗"条，注曰："有罗浮山，自会稽浮往博山，故置博罗县。"《方舆胜览》引《罗浮山记》亦云："罗浮者，盖二山总名，在增城、博罗二县之境。"这里首先让人感慨的是，两千年来"博罗"作为县名的"纯正"，三国两晋南北朝，再加上隋唐宋元明清，真是流水的朝代铁打的县名。在改地名、变级别已呈"大势所趋"的背景下，殊为不易。"增城"本来也好好的，前几年才由"县"成"市"，又由"市"成"区"。那么，今后保护"博罗县"名，某种意义上也是在保护传统文化了。

《郡国志》该注过于简略，其所要表达的意思，顾祖禹《读史方舆纪要》引《岭南志》说得更明白："罗山之脉，来自大庾；浮山，乃蓬莱之一岛,来自海中,与罗山合,故曰罗浮。"就像我故乡的潮白河是由潮河与白河交汇而成一样,罗浮山是罗山和浮山"撞"在一起形成的,罗山是本地的,浮山是外来的,自己"浮"了过来。这只能归为神话传说。地质学家早有结论:罗浮山形成于八千万年以前,因地壳发生断层,花岗岩体受挤压而隆起。以神话来附会自然,使"身世"极不寻常,无疑旨在提升"自然"的身价。这一点,不独罗浮山为然。正是因此,人文方面除葛洪之外,黄大仙、鲍姑、吕洞宾、何仙姑、铁拐李等神仙都曾在罗浮山留过仙迹,几乎顺理成章。

顾祖禹还说,罗浮山"峰峦四百三十有二,岭十五,洞壑七十有二,溪涧瀑布之属九百八十有九。盖宇内之名山,东粤之重镇也"。在他眼里,"其瑰奇灵异,游历所不能遍",美不胜收。然而,在他稍前的王临亨却对罗浮山不大欣赏,其《粤剑编》云:"其山半是宿莽,半是灌木,峰峦颇不甚秀,不知何以名满天下。"他当然知道罗浮的文化内涵,"是山固群真之玄官,而仙令之丹府也"嘛。但他更推崇南海西樵山,"人言西樵山远过罗浮,余以未及一游为恨"。不过,"桂林山水甲天下,南粤名山数二樵",罗浮山即东樵山。开玩笑说,倘对东樵山失望,对西樵山也就不要寄望了。

但在王临亨笔下,罗浮山也颇有可称道之处。宋朝有两个罗浮道士做过惠民的好事,就被他记录了。一个叫邓守安,"于惠州东门外合江渡口作浮桥,以铁锁石矴,连四十舟为之,随水涨落,榜曰东新桥"。还有一个叫邓道立,"以广城水俱咸苦,欲以万竿竹为筒,络绎相接,于二十里外蒲涧山引水入城,以供民汲"。为此,其"于循州置良田,令岁课租五七千,买竹万竿作枨下广州,以备抽换"。此外,罗浮山还有"竹叶符",说是"昔刘真人修炼此山,尝用殷中军咄咄书作符,以祛邪祟。至今竹叶上皆自然生篆文若符然。人采以镇宅,可除百妖"。有"丹灶丸",葛洪"炼丹时,火盛,丹压灶中。今人取其土为丸,可以已疾"。

最值得玩味的,还是王临亨那篇《游罗浮山记》。王临亨来广东,是以朝廷大员的身份到惠阳虑囚,亦即向囚犯讯察决狱的情况,用颜师古的话说:"省录之,知其情状有冤滞与不也。"复查一下有没有冤假错案。工作结束之后,他专门来到罗浮山,"挟一偏提(酒壶),持四日粮(干粮)以游,戒县令毋烦厨传也",不仅有言在先,而且有行动在先,纯属私人游历。但地方上的人不这么看,所以甫一出城,他就发现"担供帐而往者踵相属矣"。这且不算,"田畯释耜而来迎余者动数十百夫矣,荷锄而为余除道者且先余矣",田里的活儿扔下了,光是来抬轿子、修整道路的就有好几十人。王临亨在"念有司意良至"的同时,坦言"亦以此自媿"。不过,这还只是开头。王临亨"入肃稚川祠访丹灶所在"之后,住下了,好家伙,"时方子夜,仆夫驿骚声彻卧内,质明命驾,则有百余人,各司事以待,至有执虎子以相从者"。虎子者,便器也。由此不难推断,地方官员对中央大员的"周到"安排到了什么程度。"周到"的背后,自然是"惶恐"在起作用。所以,尽管王临亨"下令减之",但是,"时县簿为余督夫役,乡民奉簿令若神明,余遣之不去也"。这是"县官不如现管"的最好诠释,这种情形不要说彼时,今天我们会否似曾相识?

"罗浮山下四时春,卢橘杨梅次第新。日啖荔枝三百颗,不辞长作岭南人。"苏东坡留下的名句脍炙人口。我到罗浮山去过几次,都是去开会,开完就近瞄上两眼,因而除了"冲虚古观"外似乎没有别的印象。假以时日,还是要深入一些,至少不为顾、王两人的感受所左右。

青蒿

在这个国庆(2015)假期里,没有什么新闻比得上我国科学家屠呦呦获得诺贝尔奖更能激动人心的了。10月5日北京时间17时30分,瑞典卡罗琳医学院在斯德哥尔摩宣布,将2015年诺贝尔生理学或医学奖授予中国女药学家屠呦呦以及另外两名科学家威廉·坎贝尔和大村智。从那一刻起,屠呦呦便再次走上了前台。所以说再次,是因为早在2011年,当美国拉斯克奖——生物医学领域仅次于诺贝尔奖的一项大奖——授予屠呦呦,以表彰她发现了青蒿素这种治疗疟疾药物之时,屠呦呦便掀起了一个关注热潮。青蒿素,这个专业领域里的专业名词,也就此走入公众的视野。

屠呦呦说:"青蒿素是传统中医药送给世界人民的礼物。"信然。在传统的中医典籍中,"青蒿"与"疟疾"如影随形。葛洪《肘后备急方》记载了他收集到的许多偏方,里面就有"治疟病方",其中说道:"青蒿一握,以水二升渍,绞取汁,尽服之。"《本草纲目》有"青蒿"条,在"主治"的十种病症中也有"疟疾寒热"与"温疟(只热不冷,痰多)",治前者"用青蒿一把,加水二升,捣汁服"——大抵照抄葛洪,治后者"用青蒿二两,在童便不(疑'不'为衍字)浸过,焙干,加铅丹半两,研为末,每服二钱,白开水调下"。屠呦呦在接受采访时不讳言受了葛洪的启发而重新思考提取方法。当然,传统的东西未免泥沙俱下,比如《肘后备急方》中这个治疟疾的方子,"取蜘蛛一枚,着饭中合丸吞之",会觉得胡扯不是？但我们不能因此否定中医的贡献。当青蒿素举世瞩目之后,有一种声音似乎要急于撇清其与中医药的关系:青蒿中不含青蒿素,青蒿素提取于黄花蒿;中医是汤剂,青蒿素在温度高于60度时完全分解,不可能对疟疾有任何治疗作用。在这里,我赞同廖新波先生(广东省卫生和计划生育委员会原副主任)的观点:如果说由于是在黄花蒿中提取到有效成分青蒿素,所以就不承认它是源于青蒿和缘于青蒿在中医药史上有贡献的话,岂不是逐末舍本吗？

青蒿,菊科二年生草本植物,茎、叶可入药,嫩者可食。有趣的是,屠呦呦先生的名字,似乎先天地与其研究关联在了一起。呦呦,来自《诗·小雅·鹿鸣》,"呦呦鹿鸣,食野之苹……食野之蒿……食野之芩"云云。蒿,朱熹释曰"菣也,即青蒿也"。按周振甫先生的译注:"呦呦"是鹿鸣的声音,所谓"见食相呼";"苹""芩"也皆为蒿草类的植物。因此,这三句起兴之语表达的是同一意思:鹿在呦呦地叫,吃野地里的蒿草。曹操《短歌行》对此全盘借用:"青青子衿,悠悠我心。但为君故,沉吟至今。呦呦鹿鸣,食野之苹。我有嘉宾,鼓瑟吹笙。"连引《诗》中的两组成句,抒发了其所颁发的《求贤令》这一政治文件中所无法抒发的情感。

青蒿的食用,相当于佐料。苏东坡在诗作里屡屡提及,"烂蒸香荠白鱼肥,碎点青蒿凉饼滑"(《春菜》),"渐觉东风料峭寒,青蒿黄韭试春盘"(《送范德孺》)等。宋应星《天工开物》"造红花饼法"条云:"带露摘红花,捣熟,以水淘,布袋绞去黄汁。又捣,以酸粟或米泔清。又淘,又绞袋去汁,以青蒿覆一宿,捏成薄饼,阴干收贮。"其"神曲"条云："造者专用白面,每百斤入青蒿自然汁,马蓼、苍耳自然汁相和作饼,麻叶或楮叶包罨如造酱黄法。待生黄衣,即晒收之。"神曲,一种发酵而成的曲剂,专作医药用途,主治"饮食停滞,胸痞腹胀,呕吐泻痢"等。所以称神曲,为了与酒曲相区别。韩愈的一首《醉留东野》,更把青蒿上升到了一种文化意象:"东野不得官,白首夸龙钟。韩子稍奸黠,自惭青蒿倚长松。"郁郁不得志的孟郊,因为韩愈的推崇而诗名大振,韩愈的另一名篇《送孟东野序》,还代之提出了"不平则鸣"的核心观点。在《醉留东野》中韩愈自比"青蒿",以孟郊为"长松",是一种自谦,只是落笔之际不会想到,"青蒿"在后世比"长松"不知要"高大"几许。

　　屠呦呦回忆,当年选定青蒿作为研制抗疟特效药之前,她尝试了200多种中草药材,提取方式加起来380多种。青蒿被圈定后,选择最佳的部位又有数不清的试验,终于在实验室观察到青蒿素对鼠疟、猴疟原虫的抑制率达到100%。一项特殊历史时期带有政治性质的任务,就这样转化成了全人类对抗疾病的灵丹妙药。据世界卫生组织前几年的统计,疟疾当前仍然是人类的最大杀手之一。以青蒿素为基础的复方药物,如今已是世界疟疾治疗的首选药物,"在全球特别是发展中国家挽救了数百万人的生命"(拉斯克奖评语)。作为青蒿素研发成果的代表性人物,屠呦呦获得国际科学界的赞誉,既是中国科学家得到的认可,也是中医药对人类健康事业作出巨大贡献的具体体现。

杭州西湖

10月7日（2011），国庆长假最后一天，游览了杭州西湖。上一次来，还是1992年5月，感觉没过多久，却差不多20年过去了，记忆中以为清晰的方位，如孤山等，已经全都对不上号。早晨坐船至湖心岛、三潭印月岛，其间数度遥望保俶塔，始终朦胧，空气质量大不如前之故吧。从"柳浪闻莺"登岸，开始徒步，攀雷峰塔，再至"花港观鱼"，已然日落南屏山。疲则疲矣，然与一干学界友人海阔天空，获益匪浅。

在三潭印月岛上的一座建筑里，有西湖的历史陈列，始知今日著名的西湖十景，在南宋《方舆胜览》中便有道及。回来检索祝穆的这部著作，果然找到："西湖在州西，周回三十里。其涧出诸涧泉，山川秀发。四时画舫遨游，歌鼓之声不绝，好事者偿命十题，有曰：平湖秋月、苏堤春晓、断桥残雪、雷峰落照、南屏晚钟、曲院风荷、花港观鱼、柳浪闻莺、三潭印月、两峰插云。"只个别字眼与今日不同，如"落照"与"夕照"、"两峰"与"双峰"等。此后，分别又有元代评的钱塘十景、清代评的西湖十八景以及1985年评的新西湖十景、2007第九届中国杭州西湖博览会评的西湖十景等，但最脍炙人口且深入人心并肯定继续流传下去的，应该还是老十景。前几年各地在评选完自己的市花、市树、市鸟之后，又纷纷评选新八景或新十景，与前人留下的相比，莫不相形见绌。命名上已逊一筹，山就"松涛""叠翠"，水就"夜韵""烟雨"，桥就"卧波""长虹"，颠来倒去地组合，极其乏味。鲁迅先生说过："我们中国的许多人，大抵患有一种'十景病'，至少是'八景病'。"评选其实不是问题，但倘若结果全都似曾相识，低水平的重复，就具病征了。南宋的西湖十景命名，不是成为展现东方审美理想的文化景观了吗？

西湖有著名的白堤、苏堤，一个纪念白居易，一个纪念苏东坡。白居易如何经营西湖，余所见不多，东坡的则比比皆是。他自己有《杭州乞度牒开西湖状》，来龙去脉讲得很详细：白居易为杭州刺史时，西湖尚可"溉田千余顷"；吴越钱家王朝时，"置撩湖兵士千人，日夜开浚"；但到本朝，"稍废不治，水涸草生，渐成葑田"。葑田，按《辞海》的解释，就是在沼泽中用木桩作架、四周及底部以泥土和水生植物实而成的漂浮在水面的农田。则彼时西湖的模样，基本上是个自然湖泊。东坡通判杭州，"父老皆言十年以来，水浅葑合，如云翳空，倏忽便满，更二十年，无西湖矣"。而在东坡看来，"使杭州无西湖，如人而去眉目，岂复为人乎？"比喻之外，他再进言"西湖之不可废者五"，五条理由分别谈西湖荒废将对皇上、对百姓、对城市发展、对交通运输、对国家经济造成的危害。《宋史·苏轼传》亦载，东坡到杭，很是兴修了一番水利。于西湖，"取葑田积湖中，南北径三十里为长堤，以通行者。吴人种菱，春辄芟除，不遗寸草，且募人种菱湖中，葑不复生，收其利以备修湖"。与此同时，"取救荒余钱万缗粮万石，及请得百僧度牒以募役者。堤成，植芙蓉杨柳其上，望之如画图。杭人名为苏公堤"。

南宋范成大《吴郡志》载有一则众所周知的民谣：天上天堂，

地下苏杭。杭州之成为"天堂",该与西湖密切相关,此说不知起自何时,然而,至少在吴越时期,杭州还称不上。《十国春秋》讲到天宝(钱镠年号而非唐玄宗之)三年(910),"广杭州城,大修台馆,筑子城",有人夜里在城门上贴了民谣:"没了期,没了期,修城财(才)了又开池。"此之开池,当是开浚西湖吧。文莹《湘山野录》云:"吴越旧式,民间尽算丁壮钱以增赋舆。贫匮之家,父母不能保守,或弃于襁褓,或卖为僮妾,至有提携寄于释老者。"陈师道《后山丛谈》亦云:"吴越钱氏,人成丁,岁赋钱三百六十,谓之身钱。民有至老死而不冠者。"又讲到:"钱塘江边土恶,不能堤,钱氏以薪为之,水至辄溃,随补其处,日取于民,家出束薪,民以为苦。"到张夏为转运使,"取石西山以为岸,募捍江军以供其役,于是州无水患,而民无横赋"。吴越的横征暴敛,可谓无所不用其极。钱镠还给那民谣改动了后半句:"没了期,没了期,春衣财罢又冬衣。"意思是说,你们不只是没完没了地干活,我不是也没完没了地给你们发衣服吗?据说,士卒见了,"嗟怨者遽息"。自欺欺人吧。

陆游《家世旧闻》讲了一件家事。东坡在杭州时,陆游的六叔祖陆傅"为(浙西)转运司属官",但与东坡颇不合。一次在朝上公开对哲宗说,"轼知杭州,茸公廨及筑堤西湖,工役甚大,臣谓其费财动众,以营不急,劝止";哪知东坡发怒了,"语郡官曰:'比举一二事,与诸监司议,皆以为然,而小勾辄呶呶不已!''小勾'盖指臣也。然是时岁凶民饥,得食其力以免于死、徒者颇众"。小勾,意不得其详,但肯定不是好听的话。这似可见,东坡筑苏堤,也不纯粹只有津津乐道。

胡雪岩旧居

应当地友人推荐,10 月 30 日(2016)中午离开杭州前,一大早抓紧时间去了位于元宝街的胡雪岩旧居。比较意外的是,大门不是对着大街,而在一条窄窄的巷子里,相当局促。大街或是后世的产物吧。沿着窄巷走进去,先见"全国重点文物保护单位"的水泥铭牌,旁边便是算不上高大的磨砖大门。进去之后才会发现,别有天地。

胡雪岩是个很知名的人物,前几年电视剧《红顶商人胡雪岩》轰动一时,更有推波助澜的作用。他的名字实际上是胡光墉,雪岩乃字。称字而不称名,在从前有表示尊敬的意味。举国皆言胡雪岩,是否同样包含传统礼仪的这条准则在内,不得而知。总之,讲起胡光墉,可能相当多的人不知其谁。胡雪岩有"活财神"之称,"偶一出游,车马塞途,仆从云拥,观者啧啧叹羡,谓为神仙中人"。富到什么程度,看看给他真抬轿子的人的生活,便可窥一斑,这是醉醒生《庄谐选录》中说的:"胡之舆夫,相随既久,亦拥巨资。舆夫有家,兼畜婢仆",夜里下班回家,则金呼曰:"老爷回来了,快些烧汤洗脚。"胡雪岩最标志性的符号,正如电视剧剧名:红顶商人。如果用李慈铭的话说,胡雪岩"以小贩贱竖,官至江西候补道,衔至布政使,阶至头品顶戴,服至黄马褂,累赏御书"。因为头品顶戴是红色的，"红顶商人"始而实指，后来才被衍伸开来，当下的"红顶"该相当于罩在商人头上的政治光环了。

胡雪岩的住宅同样出名。资料上介绍，其杭州旧居始建于清同治十一年（1872），光绪元年（1875）竣工，"无论是从建筑还是到室内家具的陈设，用料之考究，堪称清末中国巨商第一豪宅"。前人笔记或日记，不少涉及胡氏旧居的。刘体智《异辞录》云，胡于"上海、杭州各营大宅，其杭宅尤为富丽，皆规禁籞，仿西法，屡毁屡造"。沙沤《一叶轩漫笔》云，胡"起第宅于杭州，文石为墙，滇铜为砌，室中杂宝诡异至不可状，侍妾近百人，极园林歌舞之盛"。李慈铭《越缦堂日记》云，胡"营大宅于杭州城中，连亘数坊，皆规禁籞参西法而为之，屡毁屡造"。籞者，古代帝王禁苑也。《汉书·宣帝纪》宣帝诏曰："池籞未御幸者，假与贫民。"颜师古引他注曰："折竹以绳绵连禁御，使人不得往来，律名为籞。"那意思是做上记号，或像今天警察勘查现场时用胶带围出的禁区吧。所以，胡雪岩的房子从前还不是想看就能看的。

如果说这些对胡氏旧居的文字还只是一笔带过，民国许国英《记胡雪岩故宅》则是专门的游记。他也是游西湖时得到友人的郑重推荐："杭城有一特殊建筑物，今将拆毁，后此更无机缘，可再睹庐山面目。盍一往观？"这个特殊建筑物，"即五十年前，大富翁胡雪岩之第宅是也！在元宝街。其构造宏丽，雕镂致巧，甲于近代"，因为雪岩败后，"囊以家落，没入宫中，辗转未获售主。今为某银行所有，将取其材，移建他所，已支解十（分）之三。苟不速过，则交臂失眼福，宁非可惜？"许国英，江苏武进人，他的一件比较出名的举动，是上接《纲鉴易知录》写了部《清鉴易知录》，沿用纲鉴体裁叙述有清一代将近 300 年的历史。这本书有相当价值，一度被列为教科书使用。但他把"吕四娘刺雍正"的逸闻当作信史,受到了近代清史研究奠基者孟森先生的当面批评:"吕四娘之说,余亲见吾乡许国英伪造,当时责其紊乱史实,为失记载之道德,许唯唯。"然而"吕四娘刺雍正"的故事传播之广,"为浅薄好事者所乐述",怕是为许氏所始料不及,因此孟森先生对后来著书者有此告诫:"以好奇之故而不顾常识,愿谈历史者自重,勿蹈此陋习。"

《记胡雪岩故宅》属于实地踏勘,不至于也没必要信马由缰。那么,许国英在胡雪岩旧居看到了什么呢?破败景象中折射出的奢华。如"木皆樟楠磨漆,榱题楹桷,皆雕刻花草人物极工细;铁马屈戌,丁鸟金铺等,皆精铜镂花,厚几逾指。惟年久泽黯,无以发其光华。门间沤钉兽环,大半摘去而留遗迹"。导引的人告诉他,"此为军人攫去易资耳!"又如"庭下竹头木屑,纵横碍足。十余匠,斤削锯斧,大斫而小,长截而短。拾视其木,率红楠、紫檀、樟梓美材,或嗅之有香"。干活的工人们说,"彼中将以铺地也"……先来看过的许国英友人说,"华人无保存古物特性。若在欧西,必不令市侩轻毁,相与愤慨",由此亦见我们对文物建筑的漠视并非只是市场经济时代的产物。

胡雪岩"偶一出游"之时,有个看热闹的说话了,不是"大丈夫当如是"或"彼可取而代也"一类,而是从他的字中卜了一卦:"雪岩字义近冰山,恐勿能久耳。"不管是什么原因吧,旧居之败当然源于雪岩之败,现在看到的这个,是本世纪初"按原样、原结构、原营造工艺、原使用材料、修旧如旧的要求来恢复建设的",总计耗资 6 亿元。游人能进入,正应了许氏友人的设想:"若开放古迹为公园,则饱眼福者,岂独吾辈?"那位友人但知姓汪,很有先见之明。

钱王

10 月 28 日(2016)中午到杭州,马上就迫不及待地去了西湖。明朝张岱有"日日看西湖,一生看不厌"句,何况我还只是第三次。远远见到保俶塔的消瘦身姿,便有些心潮荡漾。在"柳浪闻莺"发现"钱王祠",虽然来过两次西湖,但这个还是头次看到。介绍文字说,此为杭州市政府恢复历史文化景观的一项工程,2002 年 2 月动工重建,2003 年国庆前夕竣工落成。那么,1992 年 5 月首游西湖时没见,还不算走眼。

钱王,指吴越国第一代国王钱镠,就是衣锦还乡之时仿照汉高祖刘邦高歌一曲,用"普通话"大家不明所以,"高揭吴喉"则父老"叫笑振席"的那位。吴越国,是唐宋间五代十国的一国,国王似乎应该叫钱帝才对,但官修正史中视他们为地方割据势力,没有给予应有的地位。不仅《宋史》中把他们统统列入世家,连清朝编纂的《十国春秋》也是这样,俨然十国只是诸侯国。而以吴越而言,改府署为朝廷,设丞相、侍郎等百官,且"浙中刘氏避镠讳,改为金氏",还不是十足的帝国吗? 所以严格地说,虽然"自镠至俶世有吴越之地仅百年",在史书中还是应该辟为"本纪"的。

"自镠至俶",一个是打江山的钱镠,一个是丢江山的钱俶;一个是爷,一个是孙。《十国春秋》不讳言钱镠的历史,说他"及壮,无赖,不事家人生产,以贩盐为盗",后来率兵到处平乱,才奠定了立国的资本。钱镠也颇有治绩,刘墉在钱王祠题有一联,"启匣尚存归国诏,解弢时拂射潮弓",说的就是他如何"筑捍海石塘"以保护杭州。当其时也,"塘外植滉柱(护堤木桩)十余行,以折水势。先是江涛汹涌,板筑不时就,王于叠雪楼架强弩五百以射潮,既而涛头趋西陵,潮为顿敛,遂定其基"。强弩射潮,可能是事实,但不可能奏效,然此中显示出的是与自然抗争的豪迈气概。

"湖上两浮屠:保俶如美人,雷峰如老衲。"明末闻启祥说的,是西湖岸边东西呼应的两座塔:保俶塔和雷峰塔。位于宝石山上的保俶塔,按张岱《西湖梦寻》的说法,保的就是钱俶,他本名钱弘俶,因为犯了赵匡胤父亲赵弘殷的讳,"弘"字被去掉了。《宋史·世家三·吴越钱氏》即以钱俶为开篇。"宋太平兴国元年,吴越王俶闻唐亡而惧,乃与妻孙氏、子惟濬、孙承祐入朝,恐其被留,许造塔以保之。称名,尊天子也"。这里的"唐"为南唐,十国中李煜的那国。宋太祖开宝七年(974)"讨江南",以钱俶为前锋。李煜给钱俶写了封信:"今日无我,明日岂有君? 一旦明天子易地酬勋,王亦大梁一布衣耳。"大梁,北宋都城开封。李煜讲的是唇亡齿寒的道理,但"俶不答,以书来上",不仅没理睬,还向宋太祖进行了举报。宋太祖名言"卧榻之侧,岂容他人安睡耶",就是去收拾李煜时说的,针对"江南亦何罪,但天下一家"。南唐灭了,钱俶虽然没有沦为"大梁一布衣",但日子过得诚惶诚恐。那次晋京,"赐礼贤宅以居,赏赉甚厚。留两月遣还,赐一黄袱,封识甚固,戒曰:"途中宜密观。"钱俶悄悄一看,"皆群臣乞留俶章疏也",更害怕了,"既归,造塔以报佛恩"。余于保俶塔,均远观而未到近前,不知如今看到的是何时产物。据张岱统计,保俶塔仅在明朝就历经了数毁数建:"元至正末毁,僧慧炬重建。明成化间又毁,正德九年僧文镛再建。嘉靖元年又毁,二十二年僧永固再建。隆庆三年大风折其顶,塔亦渐圮,万历二十二年重修"。

生活中的钱俶始终诚惶诚恐,要三番五次上表,表忠心,检讨自己,要把封号和地盘悉数交出去。在朝里时,"俶小心谨恪,每晨趋行阙,人未有至者,必先至,假寐以待旦"。太宗知道后对他说:"卿已中年,宜避风冷,自今入谒不须太早也。"回到自己的地盘,"每视事,徙坐东偏",还告诫手下:"西北者,神京在焉,天威不违颜咫尺,俶敢宁居乎!"他的家人也无时不战战兢兢。有一次,"黄门赵海被酒造其第求见",酒酣耳热之际拿出几丸药对钱俶说:"此颇疗目疾,愿王即饵之。"钱俶马上就吃了。赵海一走,"家人皆惶骇不测"。那回没有出事,但钱俶是在与朝廷派来给他过生日的使者"宴饮至幕"之后,"是夕暴卒"的,则其死因便不能不令人生疑,毕竟宋太宗对皇帝哥哥也还有说不清楚的"烛影斧声"呢。钱俶929年八月二十四日生,988年八月二十四日卒,生卒同一天,按古人的算法恰好60岁。有趣的是,后世日本名导演小津安二郎与之何其相似乃尔:1903年12月12日生,1963年12月12日逝,按现代人的算法也是恰好60岁。

吴越国早成历史沧海之一粟,今日来钱王祠游览,连凭吊也说不上。大抵明朝黄久文《冬日登保俶塔》句,更能代人抒发感怀:"山云自悠然,来者适为主。与子欲谈心,松风代吾语。"

普陀山

　　早晨从绍兴将要出发时（2012），天气放了晴，而按天气预报应该有雨。大巴似乎便带着欢快，直奔隶属舟山市的普陀山。普陀山，久仰大名然未曾谋面，其与山西五台山、四川峨眉山、安徽九华山并称佛教四大名山嘛。据说，唐宣宗大中年间（847—860），天竺僧人来此修行，"亲睹观世音菩萨现身说法，授以七色宝石"，遂传此地为观音显圣地。

　　《西游记》里，孙悟空常来普陀山，请观音菩萨管好自己的手下。第十七回，在黑风山屡战熊罴怪不果，悟空就跑到普陀山"兴师问罪"。今天来，光是长达50公里的舟山跨海大桥就要行驶好久，悟空那时倒是方便得很，驾起筋斗云，"须臾间，（从西域）到了南海"。那该是悟空头一回去，所以为普陀山的美景所吸引，先有一番"停云观看"，但见"汪洋海远，水势连天。祥光笼宇宙，瑞气照山川。千层雪浪吼青霄，万迭烟波滔白昼。水飞四野，浪滚周遭。水飞四野振轰雷，浪滚周遭鸣霹雳……才见观音真胜境，试看南海落伽山"。我们没有俯瞰的眼福，但因为弃车登船后风比较大，对"水飞四野，浪滚周遭"还是颇有领略。在悟空的"但见"里，还有句"观音殿瓦盖琉璃，潮音洞门铺玳瑁"，未几我们就游览了仍然见存的"潮音洞"，在"不肯去观音院"旁边，那三个字还是康熙皇帝的御书。

宋人张邦基有一部《墨庄漫录》，说他在四明（宁波旧称明州，四明乃别称）市舶局时，司户王粹昭曾带着公文前往"昌国（今定海）县宝（普）陀山观音洞祷雨"，回来后给他讲述了自己的奇遇："山有洞，其深罔测，莫得而入。洞中水声如考数百面鼓，语不相闻。其上复有洞穴，日光所射，可见数十步外，菩萨每现像于其中。"王粹昭"因密祷，愿有所睹"，果然如愿，"须臾，见栏楯数尺，皆碧玉也。有刻镂之文为毯路，如世间所造宫殿者。已而，复现纹如珊瑚者亦数尺，去人不远，极昭然也。久之，于深远处，见菩萨像"。然而可惜，菩萨虽然"白衣璎珞，了了可数"，却看不见脑袋。寺僧说，你运气不错了，"祷于洞者，所现之相有不同，有见净瓶者，有见缨络者、善财者、桥梁者，亦有无所睹者"，看过菩萨脸的，"乃作赤红色"。所以王粹昭告诉张邦基："今于山上作塑像，正作此色，乃当时所见者。"由此可知，宋时普陀山上即有观音像。今天的则在 1997 年落成，33 米高，仿金铜精密铸造，而佛面熔入黄金 6500 克，没有采纳"关公面"的说法。

顾祖禹《读史方舆纪要》在"宁波府"有"补陀洛迦山"，他写书的主要目的之一是反清复明的需要，因而具有浓厚的军事地理色彩。《墨庄漫录》就说了，普陀山"东望三韩、外国诸山，在杳冥间，海舶至此，必有所祷。寺有钟磬铜物，皆鸡林（今韩国庆州）商贾所施者，多刻彼国之年号。亦有外国人留题，颇有文采"。这段话，交待了普陀山地理位置的重要，虽然它只是舟山群岛 1390 个岛屿中的一个小岛。《方舆胜览》讲到"庆元府"（明州前身）时引《图经》云："明之为州，乃海道辐辏之地，故南接闽、广，东则倭人国，北控高丽，商舶往来，货物丰衍。东出定海有蛟门、虎蹲，天险之设，亦东南之要会也。"东出定海，正指普陀山一带。顾祖禹就更直接："往时日本、高丽、新罗诸国皆由此取道以候风信。嘉靖中倭寇据此,官军击破之。"检索《明史》,嘉靖三十三年(1554)俞大猷在普陀山与倭寇打过一仗,虽然大猷"先后杀倭四五千",但那一仗并没有打赢。

《明史·俞大猷传》载："(嘉靖)三十一年(1552),倭贼大扰浙东。诏移大猷宁、台诸郡参将。会贼破宁波昌国卫,大猷击却之⋯⋯越二年,贼据宁波普陀。大猷率将士攻之,半登,贼突出,杀武举火斌等三百人,坐戴罪办贼。"的确是俞大猷出击,但中了人家的埋伏,到其"俄败贼吴淞所",才"诏除前罪,仍赉银币",又有"贼自健跳所入掠,大猷运战破之"等。这里无意贬损俞大猷的形象,只是疑问顾氏的说法。忽然想到,普陀山在这一点与卢沟桥颇有相似之处,在卢沟桥,中华民族打响了全面抗日战争的第一枪。漫步普陀山,留下标志性"磐陀石"石刻的侯继高,亦为抗倭名将;潮音洞附近,还有一边有块不起眼的记载李文进、俞大猷功绩的"抗倭刻石"。那么,"世界上独一无二"(马可·波罗语)的卢沟桥与"海天佛国"普陀山,殊途同归之处是抗倭的人文内涵。

除了巨资修建的观音铜像,普陀山禅院众多,香客甚多。导游一路上对到哪里该如何进香,不断强调"规矩"。当年孙行者来到普陀山,与菩萨面对面说话却也毫不客气："我师父路遇你的禅院,你受了人间香火,容一个黑熊精在那里邻住,着他偷了我师父袈裟,屡次取讨不与,今特来问你要的。"但看过《西游记》的人都知道,菩萨对悟空也始终没有恶感,在虔诚地跪在菩萨面前谨小慎微的人们眼里,不知该怎么看这个问题。

天一阁

从普陀山到宁波市区,感觉上没有多远,过了舟山跨海大桥,好像不一会儿就到了,许是陶醉于大桥两侧美景之故吧。此行到宁波,专为饱览名震古今的天一阁。前些天沸沸扬扬的"中国十大历史文化名楼"打包申遗,天一阁即居其一。不过,"十大"中的多数,如黄鹤楼、滕王阁、岳阳楼、鹳雀楼等,都是近些年重建的产物,楼名才是遗产。而天一阁由里到外货真价实,那块"全国重点文物保护单位"的牌子不言自明。

天一阁建于明朝嘉靖年间,为兵部右侍郎范钦退隐后的私宅。范钦酷爱书籍,为官近30年,每到一地都广搜图书。与多数追求异书秘本的藏书家不同,范钦重视当代人的著作,其藏书以明刻本为主,因而明代的地方志、政书、实录、诗文集也特别多。这种"厚今薄古"的思想自然不为时人所注意,但随着时间的推移,尤其是除藏书之外,天一阁刻书和传抄活动也十分著名,其不可估量的文化价值便愈发凸显。这座我国现存最早的私家藏书楼,如今不啻传统文化的一个象征了。

眼前的"天一阁博物馆"是所宅院,游人接踵,似以看热闹、看稀奇的居多。范钦有《上元诸彦集天一阁即事》诗,从中不难窥见当年的另一种盛况:"阛城花月拥笙歌,仙客何当结辁过。吟倚鳌峰夸白雪,笑看星驾度银河。苑风应即舒梅柳,径雾含香散绮罗。接席呼卢堪一醉,何来心赏屡蹉跎。"诗题中的天一阁想必即泛指宅院本身,狭义的才是那座悬着"天一阁"匾额的藏书楼,因为特指的那个楼,不是什么人都能轻易能进去的。清康熙十二年(1673)学者黄宗羲登阁,史上大书特书,全在于破天荒。范家家规甚严,继承藏书的范钦长子范大冲,定了"代不分书,书不出阁"的禁约。至今天一阁里还保留着一块禁牌,明确:"子孙无故开门入阁者,罚不与祭三次;私领亲友入阁及擅开书橱者,罚不与祭一年;擅将藏书借出外房及他姓者,罚不与祭三年;因而典押事故者,除追惩外,永行摈逐,不得与祭。"祭祀先祖,是中华民族慎终追远的一项重要传统。子曰"吾不与祭,如不祭",不能祭祖,在封建时代是不可想象之事。祖先崇拜作为前人生活中的一种强烈信仰,也是宗族结合的精神支柱。"不与祭",等于在精神上被逐出了宗族,是很重的惩罚。清道光九年(1829),范家又进一步规定:"阁上门槛锁钥封条,房长每月会同子姓稽考,并察视漏水、鼠伤等情,以便即行修补;阁下每月设立巡视二人,其护程及阁下各门锁钥归值月轮流经营,如欲入内扫刷以及亲朋游览,值月者亲自开门,事毕检点关锁。倘阁下稍有疏失,损坏花木器物,罚不与食一次。"至于天一阁历史上遭到的浩劫,如乾隆时的点名征书、道光时的英军劫取、民国时的窃贼作案等,时势使然,家规徒叹。

有了黄宗羲的"始破例登之",天一阁"外姓人不得入阁"戒律就有了松动的余地。全祖望《天一阁碑目记》说:"于是昆山徐尚书健庵闻而来抄;其后登斯阁者,万征君季野;又其后,则冯处士南耕;而海宁陈詹事广陵纂《赋汇》,亦尝求之阁中。"登阁的人们都登出了成果,黄宗羲《天一阁藏书记》说:"余取其流通未广者抄为书目,凡经、史、地志、类书坊间易得者及时人之集三式之书,皆不在此列。"专挑不容易看到的,因而他这一抄,不仅"余之书目遂为好事者流传",而且成就了他编辑《明文案》《明文海》《明文授读》等著作。全祖望文中的"万征君季野"即万斯同,黄宗羲学生,清初官修《明史》的主要作者之一,再用全祖望的说法:"《明史稿》五百卷皆先生手定,虽其后不尽仍先生之旧,而要其底本,足以自为一书者也。"登天一阁观书,助了万斯同一臂之力。以范钦搜求的省、府、州、县志而言,就比《明史·艺文志》著录的还多;其明代进士登科录、会试录、乡试录、武举录等,至今保存完好的尚有 370 种,九成以上是海内孤本。天一阁比别的文保单位多一块"全国重点古籍保护单位"的牌子,足证其别样价值了。

清代鄞县秀才王定洋写了首诗:"积德与儿孙,儿孙享其福;积书与儿孙,儿孙不能读;试看当年范司马,藏书空满天一阁。"表达了对天一阁藏书秘不示人的不满。全祖望也说:"予之登是阁者,最数其架之尘封,衫袖所拂拭者多矣。"为藏而藏,今天的诸多图书馆正有这种遗风。但在当时,对这种实情也要辩证地看。倘若没有如此严格的管理,天一阁也许要像许多古代藏书楼的命运一样湮没于世,文献中只留下一个令人神往的名目。因此,还是宁波本土人余秋雨先生登临天一阁时说过的话比较精辟:"我们只向这座房子叩个头致谢吧,感谢它为我们民族断残零落的精神史,提供了一个小小的栖脚处。"

桂林山水

清明节（2012）假期本来只有一天，但被越俎代庖拼凑了3天——拽上个双休日。与两家友人相约去桂林走了一趟，此前还从未到过。范成大当年到桂林赴任，坐船去的，其《骖鸾录》云，孝宗乾道癸巳（1173）二月"二十六日，入桂林界，有大华表，跨官道，榜曰'广南西路'"。我们是"飞"过去的，即便走地下，也不会见到那样显著的标志。公路上，"欢迎来到××市"的龙门钢架常见，如今的地界只是如此告知。

"桂林山水甲天下"脍炙人口。有人考证，此语出自宋朝广南西路提点刑狱权知府事王正功，其七律中有"桂林山水甲天下，玉碧罗青意可参。士气未饶军气振，文场端似战场酣"，具体作诗时间是宁宗庆元六年（1200）。王诗的本意是寄望即将赶考的学子功成名就，并非赞美桂林山水，然而无心插柳柳成荫。范成大来任职时，此句尚未问世之故吧，接到调令并不想来，"再上疏丐外祠以老，弗获命，乃襆被行"，勉强成行。《北梦琐言》云，杨蟾"曾到岭外见阳朔、荔浦山水，谈不容口"。有次拜会侍郎王赞，"从容不觉形于言"——很有些眉飞色舞——曰："侍郎曾见阳朔荔浦山水乎？"王赞说："某未曾打人唇绽齿落，安得而见？"《稽神录》也说到了这件事，解释说"此言岭外之地，非贬不去"，意谓王赞在骨子里并没有看得起岭南。这该是当时的普遍看法。

范成大一家"甫入桂林界",莫不"举头惊诧",概因"平野豁开,两傍各数里,石峰森峭,罗列左右,如排衙引而南",令全家"皆动心骇目,相与指示夸叹",加上"夹道高枫古柳,道涂大逵,如安肃故疆及燕山外城,都会所有,自不凡也",始对桂林山水颇有相见恨晚之意。到"三月十日,入城,交府事"之后,范成大仍然感慨有加,"郡治前后,万峰环列,与天无际",于是又记起"桂林自唐以来,山川以奇秀称,韩文公虽不到,然在潮乃熟闻之"。说"记起",在于呼应了他后面说的"士大夫落南者少,往往不知,而闻者亦不能信",自己大概正属于"不能信"的一类。后来,范成大更以韩愈咏桂林之"远胜登仙去,飞鸾不暇骖"语意,来命名此行日记为《骖鸾录》。

范成大还为后世留下了具有高度历史价值和科学价值的《桂海虞衡志》,用点校者孔凡礼先生的话说,在这部笔记中,范成大考察了以桂林为中心的广右地区的植物(花、果、草、木)、动物(禽、兽、虫、鱼)、矿产(金、石)、土产(香、酒)、工技(军器、乐器、其他工艺品)、岩洞(地貌、地质构造)、风俗、气候、文字等,构成广右地区的博物志。在"志岩洞"时,范成大开笔就写道:"予尝评桂山之奇,宜为天下第一。"未几又说:"桂之千峰,皆旁无延缘,悉自平地崛然特立,玉笋瑶簪,森列无际,其怪且多如此,诚当为天下第一。"则王正功之"桂林山水甲天下"尚属借喻,真正认为如此且明确表达出来的,要首推范成大了。而范成大之"天下第一"说,显与文人墨客因为识见偏狭而动辄慷慨奉送"第一"的那些不同,他的足迹用同朝诗人张镃的话说,"东南西北曾遍历,焉哉乎也敢轻论"。再用孝宗皇帝的褒奖:"卿南至桂广,北使幽燕,西入巴蜀,东薄鄞海,可谓贤劳,宜其多疾。"则范氏"甲天下"论,是比较的结果。《桂海虞衡志》之成书，亦足见其对斯地的热爱。

《徐霞客游记》中有"游漓江日记"，记载了徐霞客眼中的桂林山水："隔江石峰排列而起，横障南天，上分危岫，几埒巫山，下突轰崖，数逾匡老。于是扼江而东之，江流啮其北麓，怒涛翻壁，层岚倒影，赤壁、彩矶，失其壮丽矣。"就凭这句话，巫山、庐山、赤壁、采石矶等各具特色的自然名胜，尽皆掀翻。尤其是月夜泛舟，令其动容，"江为山所托，佹东佹南，盘峡透崖"；到九马画山，"月犹未起，而山色空蒙，若隐若现"；到兴平，"群峰至是东开一隙，数家缀江左，真山水中窟色也。月亦从东隙中出"。徐霞客为桂林山水倾倒，至有"余志在蜀之峨眉、粤之桂林以及太华恒岳诸山"的结论，只是遗憾"桂林之千峰未曾置足焉"。但他努力过，瞄准了一座，"欲一登高峰之顶"，终因"穿然无片隙，非复手足之力所及"，且"上既无隙，下多灌莽，雨湿枝缪，益难着足"而作罢。

桂林山水以其"石峰霍珮，争奇炫诡，靡不出人意表"，再用范成大的话说："少陵谓之宜人，乐天谓之无瘴，退之至以湘南江山胜于骖鸾仙去，则宦游之适，宁有逾于此者乎！"清朝阮元任两广总督时，干脆更有"愿令阳朔"之语。桂林山水在那个时代就如此为士大夫神往，但不知彼时彼地百姓生存状况如何，钱锺书先生认为范成大很早就有"忧稼穑""怜老农"一类作品，晚年的"四时田园杂兴"，更"算得中国古代田园诗的集大成"。惜乎暂未读到他在桂林时的此类作品，有的话，会读到吧。

灵渠

　　桂林之行在兴安县逗留了两天，因为著名的灵渠的诱惑。灵渠是秦代著名的古代水利工程，也是世界上最古老的运河之一，它沟通了湘江与漓江，等于沟通了长江水系与珠江水系。曾经的灵渠，见证过岭南纳入中原版图的壮烈一幕；现实中的，早已静谧安详。

　　关于灵渠的构成，诸如铧嘴、南北渠、大小天平、陡门等，虽已从各种读物上略知一二，终不及实地一目了然，此古人"读万卷书，行万里路"之真谛所在。灵渠谁凿而何以凿，也都早已是常识问题。范成大《骖鸾录》说他到广西赴任过灵川县，"秦史禄所凿灵渠在焉，县以此名"。胡三省注《资治通鉴》转引范氏《桂海虞衡志》，又交待了灵渠的来龙去脉："湘水源于云泉之阳海山，在此下漓江，牂牁下流，本南下广西兴安，水行其间，地势最高，二水远不相谋。禄始作此渠，派湘之流而注之漓，使北水南合，北舟逾岭。"在工作原理方面，"于湘流砂碛中垒石作铧嘴，锐其前，逆分湘流为两，激之，六十里行渠中，以入漓江，与俱南。渠绕兴安界，深不数尺，广丈余。六十里间，置斗门三十六，土人但谓之斗。舟入一斗，则复闸之，俟水积渐进，故能循崖而上，建瓴而下，千斛之舟，亦可往来"。范成大因而感叹："治水巧妙，无如灵渠者。"这里的斗（陡）门即船闸，今斗门旁有"世界最早"一类的标志。《桂海虞衡志》有存世本，何以要由胡注来转引？无他，今天所见的是节略本，上面这一段就没有。用孔凡礼先生的话说，这部广右地区的博物志，今本只有一万四千字，而"以彼（其他文献）较此，本书足本当为十万字或略多"。

后人言及灵渠，不乏借题发挥。《史记·平津侯主父列传》严安上书曰，"及至秦王，蚕食天下，并吞战国，称号曰皇帝，主海内之政，坏诸侯之城，销其兵"，大家以为和平终于降临了，不料"欲肆威海外，乃使蒙恬将兵以北攻胡……又使尉屠睢将楼船之士南攻百越，使监禄凿渠运粮"。他是想说，秦如果不是穷兵黩武，而是"缓其刑罚，薄赋敛，省徭役，贵仁义，贱权利，上笃厚，下智巧，变风易俗，化于海内"，何止二世，"世世必安矣"。《淮南子·人间训》干脆直指秦之出兵南越，在于贪小利，受人家"犀角、象齿、翡翠、珠玑"的诱惑，才派尉屠睢"发卒五十万为五军：一军塞镡城之岭，一军守九嶷之塞，一军处番禺之都，一军守南野之界，一军结余干之水，三年不解甲驰弩，使监禄无以转饷，又以卒凿渠而通粮道，以与越人战"。这样一来，给秦失天下找到了另一种原因——"祸在备胡而利越"，不是我们今天赋予的一统的宏大意义，而是惦记着人家的那点好东西，所以秦是"鸟鹊之智也"。

灵渠这一人造奇观，在它并非旅游景点之时，想来也有着无限的魅力。明代大旅行家徐霞客就到过灵渠，其《粤西游日记》记载得极为详细："溯湘江而西……入兴安界，古松时断时续……至兴安万里桥。桥下水绕北城西去，两岸甃石，中流平而不广，即灵渠也。"过桥入北门，但见"城墙环堵，县治寂若空门，市蔬市米，唯万里桥边数家……饭后，由桥北溯灵渠北岸东行，已折而稍北渡大溪，则湘水之本流也。上流已堰不通舟。既渡，又东（有）小溪，疏流若带,舟道从之。盖堰湘分水,既西注为漓,又东浚湘支以通舟楫,稍下复与江身合矣……抵兴安南门。出城,西三里,抵三里桥。桥跨灵渠,渠至此细流成涓,石底嶙峋。时巨舫鳞次,以箔阻水,俟水稍厚,则去箔放舟焉"。徐霞客把南北渠游了个遍,其中的"县治寂若空门,市蔬市米,唯万里桥边数家",道出了彼时灵渠所在尚有比较荒凉的一面。今非昔比。

《明会要》辑录:"洪武四年(1371),修复广西兴安县马援故所筑灵渠三十六陡水,可溉田万顷。"这里说马援而非史禄,并非笔误。对开凿和完善灵渠有功的人物,元代以前就存在的"四贤祠",即祭奠四位:秦史禄、汉马援、唐李渤与鱼孟威。入清以来,重修记录更屡现,如康熙时的两广总督石琳、广西巡抚陈元龙等,都曾捐俸维修,且有碑为证。有意思的是,灵渠那里还有一通"劣政碑",刻有"浮加赋税,冒功累民,兴安知事吕德慎纪念碑"字样。吕德慎民初在此为官,据说因乱开税种,榨取民财,为陆荣廷革职查办,并立此碑。唐朝亦曾有"记恶碑",可惜此品种如今未能得到传承。

"浮湘孤月下灵渠,牢落残魂伴索居。庚子日斜闻野鸟,端阳沙溆见江鱼。天高未敢重相问,年少何劳更上书? 此去樊城望京国,定从王粲赋归欤。"明代邝露《浮湘礼三闾墓田寻贾生故宅》,却在灵渠抒发感慨。"庚子日斜",出贾谊《鹏鸟赋》;端阳,喻屈原。凭吊二人同时又联想到"建安七子"之一王粲的《登楼赋》,倾吐自己渴望施展抱负、建功立业的心情,想来邝露神往的是当年千军万马"浮"过灵渠时的壮观情景,期冀再现得以重振大明江山。南明永历时,邝露与诸将守广州,正死于清军破城。

今天的灵渠处处欢声笑语,尽管"转型期"恶性事件迭出,但恐怕也无人在此如邝露般浮想联翩,干些煞风景的事了。

都江堰

去成都(2012)，日程上的都江堰之行最令我所期盼，因为4月份去了广西灵渠。从战国的秦到帝国的秦，总共有三大水利工程，灵渠之外，即郑国渠、都江堰。不睹则已，区区四个月之内，"三大"而幸睹其二，岂不快哉？

同样是水利工程，如果说这三个"性质"有什么不同的话，在于前两个出于军事需求，而都江堰纯为民用。关于郑国渠，《史记·河渠书》这样说的："韩闻秦之好兴事，欲罢之，无令东伐，乃使水工郑国间说秦，令凿泾水自中山西邸瓠口为渠，并北山东注洛三百余里，欲以溉田。"韩国出于自身安全的考虑鼓动秦国修渠，旨在消耗秦的人力和财力。许是靡费的确过大的缘故，这一用意在半途被秦给识破了，"欲杀郑国"，郑国则这样辩解，开始确实是那个目的，"然渠成亦秦之利也"。秦人也觉得是这个道理，"卒使就渠"。果然，"渠就，用注填阏之水，溉泽卤之地四万余顷，收皆亩一钟。于是关中为沃野，无凶年，秦以富强，卒并诸侯"，坏事变成了好事。这条动机与结果全然背道而驰的渠，也因此有了纪念意义，"命曰郑国渠"。灵渠呢，其所以要沟通长江与珠江两大水系，出发点是为了对岭南用兵。

都江堰的背后则没有干戈相向的动机。"都江堰水沃西川，人到开时涌岸边。喜看枒槎频撤处，欢声雷动说耕田。"这首《灌阳竹枝词》，生动再现了当地百姓"清明放水"时的欢乐情景。《风俗通》云"秦昭王使李冰为蜀守"，李冰就在那里谋划开凿都江堰。再引《河渠书》所载："蜀守冰凿离碓，辟沫水之害，穿二江成都之中。此渠皆可行舟，有余则用溉浸，百姓飨其利。至于所过，往往引其水益用溉田畴之渠，以万亿计，然莫足数也。"都江堰的惠民效应，如《华阳国志》所云："于是蜀沃野千里，号为'陆海'。旱则引水浸润，雨则杜塞水门。故记曰，水旱从人，不知饥馑，时无荒年，天下谓之'天府'也"。从今天的"秦堰楼"上俯瞰，鱼嘴、飞沙堰、宝瓶口等三大主体工程尽收眼底。鱼嘴分水、飞沙堰泄洪排沙、宝瓶口控制内江进水量，三者充分利用山势、地势和水势，有机配合，相互制约，实现了自动分流、自动排沙和自动灌溉，使人、地、水三者高度协调统一。范成大到广西赴任，路过都江堰登的是"怀古亭"，与我们一样"俯观离堆"，但人家得诗一首，"付与离堆江水去"云云，留下了历史印记。

在火药尚未发明的年代如何劈山凿渠？李冰的办法是"积薪烧之"（《水经注》），使岩石爆裂；修飞沙堰则就地取材，"破竹为笼，圆径三尺，长十丈，以石实中，垒而壅水"。（《元和郡县图志》）当然，今天说起来容易，从后人附会的种种神话色彩中，却不难领略当年定有惨烈的一面。《华阳国志》云："冰凿崖时，水神嬎怒。冰乃操刀入水中，与神斗，迄今蒙福。"落成之后，仍不安宁，"江神岁取童女二人为妇"，于是，"冰以其女与神为婚，径至神祠，劝神酒，酒杯恒澹澹"。然江神敬酒不吃，李冰乃"厉声以责之，因忽不见。良久，有两牛斗于江岸旁"，其中一牛，正是李冰的化身。《太平广记·李冰》对此描述得更活灵活现："冰乃入水戮蛟，已为牛形。江神龙跃，冰不胜。"出来再想办法，乃"选卒之勇着数百，持强弓大箭",云自己前番变成牛跟他打,他一定也会变成牛,"我以太白练自束以辨",打的时候,你们就射那个没记号的,这样终于杀掉了江神。李冰此举再次感动当地百姓,"慕其气决,凡健壮者因名'冰儿'"。都江堰景区也因有"伏龙观",范成大来时就有了,他说"相传李太守锁孽龙于离堆之下"。唐文宗大和五年(831),"洪水惊溃"而"唯西蜀无害",百姓把功劳又记到了李冰头上,这回说"冰神为龙,复与龙斗于灌口,犹以白练为志。水遂漂下"。晚清董湘琴游伏龙观,那句"问他伏龙可曾寒",锵然有声。

在都江堰之外,李冰还主持了不少水利工程,只是都江堰的光芒使其他的相对黯然。《华阳国志》就举了好几例:其一,"通笮道文井江,径临邛与蒙溪,分水白木江,会武阳天社山下合江";其二,"导洛通山,洛水或出瀑口,经什邡、郫、别江会新都、大渡";其三,"又有绵水,出紫岩山,经绵竹入洛,东流过资中,会江阳,皆溉灌稻田,膏润稼穑";其四,"又识察水脉,穿广都盐井、诸陂池,蜀于是盛有养生之饶焉"。凡此种种,"是以蜀川人称郫、繁曰'膏腴',绵、洛为'浸沃'也"。显而易见,这些都是四川之所以被称为"天府之国"的重要前提。

战国迄秦兴修水利,大抵是全方位的事。著名的西门豹"发民凿十二渠",从而"引漳水溉邺,以富魏之河内",同样赢得了百姓的爱戴,歌曰:"邺有贤令兮为史公,决漳水兮灌邺旁,终古舄卤兮生稻粱。"(《汉书》)秦境还有一条"兴成渠",在"咸阳县西十八里,自秦汉以来,疏凿为漕渠,起咸阳,抵潼关三百里,无车挽之劳"。(《长安志》)甚至秦二世胡亥修建阿房宫,也是"开渠而运南山之漆"。(《括地志》)郑国渠、灵渠和都江堰最为耀眼夺目,想来是工程设计最为精妙且对后世影响最为深远吧。

汶川

今天(2018.5.12)是汶川大地震10周年祭日。前几天到汶川实地走访了一下,当年的相关评论写了十几篇,却始终没有踏上过这片土地。此行先后去了水磨镇、映秀镇、威州镇(县城)和绵虒镇。映秀那里保留的漩口中学地震遗址,触目惊心。地震之后,汶川县由广东对口援建,具体到某个市对应某个镇,如东莞市援建映秀镇、佛山市援建水磨镇、广州市援建威州镇、珠海市援建绵虒镇等。10年过去,除了保留下来的地震遗址,大抵旧貌皆变新颜。水磨镇更已脱胎换骨,从原来的工业镇变身为旅游镇。

汶川,史书上很早就出现了这个名字。唐初李泰《括地志》有"汶川县"条,云"岷山在茂州汶川县"。又云"茂州汶川县石纽山,在县西七十三里。《华阳国志》云今夷人共营其地,方百里不敢居牧,至今犹不敢放六畜"。强调石纽山,是因为传说中的大禹被认为出生在那里。《括地志》是一部很重要的地理著作,在吸收《汉书·地理志》和顾野王《舆地志》两书编纂特点的基础上,创立了地理书的一种新体裁。其中说到的"夷人",即羌族百姓。如今离汶川县城威州镇不到10公里的萝卜寨,乃世界上最大、最古老的黄泥羌寨,震前已为著名旅游区,可惜"5·12"大地震将之摧毁,全村只有后移重建,原址辟为地震遗址保护区。断壁残垣之外,一些人家的窗帘还挂在那里,增添了一抹悲凉。

茂州这个地方,《元和郡县志》云"本冉駹国,汉武帝破南越,冉駹等皆震恐,请臣置吏,元鼎元年(前116)以冉駹为汶山郡,今州即汉蜀郡汶江县也"。而《资治通鉴》载,武帝平南越是在元鼎六年(前111)。汶川博物馆里的"建置沿革"正如此书写:汉武帝元鼎六年,置汶山郡,领五县,治绵虒县,故治即今威州姜维城台地。不过,再结合《资治通鉴》来看,"请臣置吏"未必是主动选择,而是当年"冬,发卒十万人,遣将军李息、郎中令徐自为征西羌,平之"的结果吧。又,《元和郡县志》云茂州只是"管县四",分别为汶山、汶川、通化和石泉,其中说到汶川县的沿革:"本汉绵虒县地,梁于此置汶川县,县西汶水,因以为名,仍于县置汶山郡。隋开皇三年罢郡,以县属汶州,六年又属会州。(唐高祖)武德中,改隶茂州。"还说县西北三里有座绳桥,"架大江水,篾筲四条,以葛藤纬络,布板其上,虽从风摇动,而牢固有余。夷人驱牛马去来无惧"。至于茂州的人口,玄宗开元时有"户二千五百四十",到宪宗元和时为"六百九十",不过百把年的功夫,锐减了差不多四分之三,不解何故。

《方舆胜览》介绍了茂州风俗和名胜。风俗方面有这么几点,一个是住房,"叠石"而成,"内以梯上下:货藏于上,人居其中,畜圈于下"。高十余丈者"谓之碉",还有板屋、土屋。重建后的汶川遵循了这一传统,碉楼举目可见,水磨镇的"镇门"就是一座碉楼。一个是"《诗》《书》之训阙如",百姓"好弓马,以勇悍相高"。再一个是"耕作者多,号为难理,并无两税"。至于名胜,则有大禹庙和江渎神。神话传说中,大禹即汶川人,这是另话。江渎神呢,《图经》云:"神姓姜,生于汶川。禹导江岷山,神佐之。"《山海经》亦云:"大禹生于石纽,江渎神生于汶川。"江渎相当于大禹的助手。

震后汶川在大禹身上做了不少文章，江渎神似无没多大声息，敢是此行时间过短，没有见到相关痕迹之故？然倘若的确没有，就大不该了。江渎神也是各地的一种普遍信仰，陆游有《江渎庙纳凉》诗，"天空作意怜饥客，乞与今年一夏凉"云云，说的大约是成都的江渎庙。作为"旗舰"所在，汶川这里没有缺位的道理。

《方舆胜览》没有道及的名胜，还有姜维城遗址，就在县城旁边，第六批全国重点文物保护单位。可惜此行无暇一览，成为憾事。《三国志·蜀书·姜维传》载，刘禅延熙六年（243），"汶山平康夷反，维率众讨定之"。姜维城的历史显系与此相关。《旧唐书·地理志》亦载："武德元年，白苟羌降附，乃于姜维故城置维州，领金川、定廉二县。"表明至少在唐初，姜维城已经颇具规模了。令史上汶川百姓铭记的官员，还有宋朝的赵抃。《宋史·赵抃传》载："茂州夷剽境上，惧讨乞降，乃缚奴将杀之，取血以受盟。抃使易用牲，皆欢呼听命。"对此，苏轼所作之《赵清献公（抃谥）神道碑》叙述得更为清晰，造反的是鹿明玉等，"公亟遣部将帅兵讨之，夷人惊溃乞降，愿杀婢以盟"，赵抃说"人不可用，用三牲可也"。说时迟，那时快，时"已紧婢引弓，将射心取血，闻公命，欢呼以听。事讫，不杀一人"。这样的官员，百姓没理由不念兹在兹。

一场特大地震令汶川举世瞩目。灾区是不幸的，但包括汶川在内的整个灾区，举全国之力而得到重生，实现跨越式发展，又何其有幸。在汶川，举目可见"感恩"二字。水磨镇有禅城桥、映秀镇有莞城大道、威州镇有广州亭，诸如此类，用实际行动打上了广东各援建市的深深烙印。

阆中

五一（2015）假期这三天，到四川阆中走了一遭。

久闻阆中其名，得自少时所读《三国演义》，知张飞张翼德镇守于此，并在此为部下范疆、张达杀害。那两个动手，实有被逼无奈的成分，如张达所云："比如他杀我，不如我杀他。"如今的阆中，张飞元素亦处处可见。"汉桓侯祠"在1996年列入了全国重点文物保护单位，桓侯是刘备对张飞的追谥。此祠大约类似山西解州关帝庙，虽然全国各地都有许多，但这里的是正宗。5月2日晚在南津关古镇观看阆中民俗汇演，开场亮相和最后收场的，都是手持丈八蛇矛、字正腔圆的燕人张翼德；中间皮影戏表现的也是张飞断案，有趣的是换成阆中方言听起来，同样有滋有味。

阆中之得名，按祝穆《方舆胜览》的说法，在于"阆山四合于郡"，位置居中。而按顾祖禹《读史方舆纪要》的说法，"以阆水纡曲三面而名"。今天站在城边白塔山上俯瞰，顾说一目了然，只是阆水已易名嘉陵江。无论如何得名吧，阆中自古大概就是旅游胜地，按小说家笔法叫"有诗为证"。挑几个名人来看。杜甫来过，写了60多首诗，"巴童荡桨欹侧过，水鸡衔鱼来去飞。阆中胜事可肠断，阆中城南天下稀"云云。元稹来过，"忆君（白居易）无计写君诗，写尽千行说与谁？题在阆州东寺壁，几时知是见君时"云云。李商隐来过,"嘉陵江水此东流,望喜楼中忆阆州。若到阆中还赴海,阆州应更有高楼"云云。陆游也来过,"城中飞阁连危亭,处处轩窗对锦屏。涉江亲到锦屏上,却对城郭如丹青"云云。除了元稹是怀友,其他几位描写的都是阆中的景致。

张飞元素之外,阆中本土文化也称得上灿烂辉煌。北宋哲宗时,里人已有"阆苑三学士,锦屏三状元"之语。学士即雍元直、蒲传正、鲜于端夫,状元则陈尧叟、陈尧咨、马涓。今阆中在古城东门所在位置立一"状元坊",迎面而观,右书唐代兄弟状元尹枢、尹极,左即陈尧叟、尧咨,而陈家还有一个更有名的尧佐。陈氏三兄弟在《宋史》里都有传,尧佐虽老二但为传主,尧叟、尧咨附之,如道家陈抟老祖对陈父所言:"君三子皆当将相,惟中子贵且寿。"三陈读书岩今仍为一景,司马光当年亦曾侍亲而游,题名之末书"司马光捧砚",以示敬仰。

陈氏三兄弟中最为公众熟知的,该是尧咨。欧阳修名篇《卖油翁》被收入中学课本,文中与翁对白的正是尧咨,"陈康肃公尧咨善射,当世无双,公亦以此自矜。尝射于家圃,有卖油翁释担而立,睨之,久而不去。见其发矢十中八九,但微颔之……"如此高超的射技,在卖油翁眼里"无他,但手熟尔"。你不是能"以钱为的,一发贯其中"吗?我能"以钱覆其(葫芦)口,徐以杓酌油沥之,自钱孔入,而钱不湿"。这个生动的小故事,阐释了熟能生巧的大道理。然三兄弟中,口碑最差的也是尧咨。在长安,"豪侈不循法度……用刑惨急,数有仗死者"。任宿州观察使,"城壁器械久不治,葺完之",本来是件好事,却"须索烦扰,多暴怒,列军士持大梃侍前,吏民语不中意,立至困仆"。究其原因,尧咨"于兄弟中最为少文",还是缺点儿文化吧。

尧咨两个哥哥在史传中的记录则颇为优良。尧佐尝"坐言事忏旨,降通判潮州"。到那里之后,"修孔子庙,作韩吏部祠,以风示潮人"。时潮州鳄患未除,"民张氏子与其母濯于江,鳄鱼尾而食之,母弗能救"。尧佐命人捕到鳄鱼,"作文示诸市而烹之"。潮人叹曰:"昔韩公谕鳄而听,今公戮鳄而惧,所为虽异,其能使异物丑类革化而利人一也。吾潮间三百年而得二公,幸矣!"尧佐还是水利专家,治钱塘江,创"下薪实土"法;知滑州时黄河决口,创"木龙杀水"法,所筑长堤为呼"陈公堤"。尧叟呢,为广南西路转运使,"岭南风俗,病者祷神不服药",乃以《集验方》,刻石桂州驿";又因"地气蒸暑,为植树凿井,每三二十里置亭舍,具饮器",以防人中暑。

关于"阆苑三学士"中的阆苑,是个很有意思的概念。"天上瑶池,地下阆苑",阆苑本来是传说中神仙住的地方。李商隐《九成宫》之"十二层城阆苑西,平时避暑拂虹霓",许碏《醉吟》之"阆苑花前是醉乡,踏翻王母九霞觞",《红楼梦》之"一个是阆苑仙葩,一个是美玉无瑕"等,指的显然不是阆中。李商隐说的是唐朝皇帝的避暑圣地,地方太舒服了,借指;许碏那是认为喝醉了自己跟神游仙境没什么两样;曹雪芹笔下的阆苑仙葩是林黛玉,因为其前世为上界的绛珠仙草。阆苑怎么到了阆中呢?按祝穆之说,"唐时,鲁王灵夔、滕王元婴以衔守卑陋,遂修饰宏大之,拟于宫苑内,是谓之隆苑",后来为了避明皇隆基之讳乃改曰阆苑。阆中之苑就此上位,天然熨帖,真是得来全不费功夫。

历史上的阆中有"地暖气清,地僻人富"之谓。然而去年10月国务院发布的《国家扶贫开发工作重点县名单》中,阆中竟然位列全国592个贫困县之内,煞是不可思议。概因从嘉陵江上一睹阆中之夜,其绚丽多姿,丝毫不让广州的珠江两岸。

修文·龙场

2月2日（2017）到贵州修文一游，专为再谒阳明洞。2005年慕名来过一次，彼时阳明洞尚在荒郊野岭，如今"旧貌换新颜"。快进修文县城时，先穿过一座高大的"王学圣地"牌坊。阳明洞所在已有身处闹市之感，当地还修建了面积颇大的"中国阳明文化园"，而作为2006年被国务院公布为第六批全国重点文物保护单位的阳明洞本身，倒似蜷缩一隅。旅游勃兴之后，国人喜欢"放大"景点，动辄弄个广场，完全漠视对文物环境的保护。

阳明洞，因宋明心学集大成者王守仁而得名。守仁字伯安，号阳明，谥文成，世称阳明先生。其客居修文乃贬谪而来，因为那个著名的"立皇帝"、宦官刘瑾，那一年，阳明37岁。《明史》载，武宗正德元年（1506）冬，"刘瑾逮南京给事中御史戴铣等二十余人。守仁抗章救，瑾怒，廷杖四十，谪贵州龙场驿丞"。此事在任继愈先生主编《中国哲学史》里，被视为"宦官与官僚争夺朝政的斗争"。龙场时乃"万山丛薄，苗、僚杂居"之地，如果带上情感色彩来描述，便难免说不出好话，"蛇虺魍魉，蛊毒瘴疠，与居夷人鴃舌难语，可通语者，皆中土亡命"云云。但阳明来了后则不同，他"因俗化导，夷人喜"，他们还"相率伐木为屋，以栖阳明"，这就是阳明名之的"何陋轩"，显系取自《论语》"君子居之，何陋之有"。而在此前，阳明可能真的栖居洞中，即今日所存明万历十七年（1589）贵州宣慰使安国享所题之"阳明先生遗爱处"。直到刘瑾被武宗凌迟处死，阳明才离开龙场，"量移庐陵知县"。

《读史方舆纪要·贵州二》"梯岭"条云，"龙冈，在（贵阳军民）府北五十五公里龙场驿侧。又有东洞，正德初王守仁谪居于此，改名阳明洞"，且考证了龙场驿之得名，源自著名的奢香夫人："奢香者，明初水西酋霭翠之妻也。霭翠死，香为贵州都督马烨所辱。香诉于朝。明太祖为诛烨而封香为顺德夫人。香归，开贵州西北赤水、乌撒道以通蜀乌蒙，立龙场九驿，世办马匹廪饩以报德，故驿因以名。"所谓"水西酋霭翠"，即贵州宣慰使、水西彝族默部首领陇赞霭翠，霭翠去世，奢香代替幼子世袭贵州宣慰使职。但所谓奢香为马烨所辱，我的朋友温春来教授曾发表过一篇论文《明初贵州水西君长国与中央的关系——奢香故事之考证与解读》，认为像很多言之凿凿的传说一样，一捅就破。奢香夫人去世四十多年后，马烨依然健在并继续指挥打仗，那都是英宗正统四年（1439）的事了，怎么会有太祖"诛烨而封香"呢？春来兄由此生发的感慨振聋发聩：可怕的是，人们宁愿去一代一代相信编造的传说，对历史的真相，包括我们可以轻易破解的真相也是不屑一顾！

如果修文阳明洞只是单纯的谪居之所，那么充其量只能算是"守仁旧居"，不足为奇，此地所以蜚声中外，实因阳明在这里对《大学》主旨有了全新的诠释，完成了心学的思想体系。《明史·王守仁传》载，阳明"谪龙场，穷荒无书，日绎旧闻。忽悟格物致知，当自求诸心，不当求诸事物，喟然曰：'道在是矣。'遂笃信不疑"，进而认为"阳明学"即因此而生。"忽悟"云云，在哲学史上被称为"龙场顿悟"或"龙场悟道"。在黄宗羲总结的"王学三变"

中,这是阳明思想的第三次转变。第一次,是弃"词章之学"而求"圣人之道";第二次,是疑朱子理学而转向研究佛、老;这一次,标志其心学理论的正式确立。阳明弟子钱德洪所辑《王阳明年谱》云,"时(刘)瑾憾未已,(阳明)自计得失荣辱皆能超脱,惟生死一念尚觉未化",乃为石墩自誓曰:"吾惟俟命而已!"于是,阳明"日夜端居澄默,以求静一;久之,胸中洒洒。而从者皆病,自析薪取水作糜饲之;又恐其怀抑郁,则与歌诗;又不悦,复调越曲,杂以诙笑,始能忘其为疾病夷狄患难也"。某一天,阳明"忽中夜大悟格物致知之旨,寤寐中若有人语之者,不觉呼跃而起,从者皆惊。始知圣人之道,吾性自足,向之求理于事物者误也"。悟道之余,阳明在这段时期还有著名的《象祠记》《瘗旅文》《示龙场诸生》等名篇传世。

"三载栖迟,洞古山深含至乐;一宵觉悟,文经武纬是全才。"镌刻在龙冈山顶王文成公祠(阳明所创龙冈书院故址)门柱上的这副楹联,高度概括了阳明作为思想家、军事家的辉煌一生。该联算四句的话,其中三句半关联龙场,表明龙场地位非比寻常的一面。但阳明洞里留下的不少痕迹,如"贵州省立师范学校童子军团旅行纪念,民国十九年八月十九日""一九三五年五月达中学生一百三十人至此",甚至还有"大日本帝国高山公通、金子新太郎、冈山源六、清宫宗亲,明治三十六年八月即中历光绪癸卯六月来游此洞访阳明先生明悟之迹"等,完全是"到此一游"类的涂鸦,阳明倡导的"知行合一""致良知",究不知被来访者吸收了多少。

漫步修文县城大街上,随处可见"从心开始的地方——中国修文"的宣传标语,以为对多数人来说,恐怕不明所以。当然,这较湖北利川"我靠重庆"、江西宜春"一个叫春的城市"等同类标语不知要高明几许了。

知 行 合 一

修文"中国阳明文化园"的大门牌坊上,端书"知行合一"四个大字。走进去,在阳明洞上方"王文成公祠"对面的大石头上,镌刻有蒋中正第三次游览时留下的手迹,也是"知行合一"。再用任继愈先生主编的《中国哲学史》说:"像国民党反动派所提倡的'力行哲学',就是抄袭了王守仁的哲学思想,把法西斯主义与封建主义思想结合在一起,提倡反理性主义,用来控制人民的思想。"国民党能提倡这个,应该与蒋的"三顾"相关吧。

知行合一,正是阳明文化的核心内容,与"致良知"相辅相成。从字面上看,知行合一很容易被理解为言行一致,这个概念的内涵实则相当丰富,在与门生、友人的交流之中,可见阳明的本意。如,"是非之心,人皆有之,即所谓良知也。孰无是良知乎?但不能致之耳。曷谓知至至之?知至者,知也;至之者,致知也,此知行之所以一也"。如,"知是行之始,行是知之成。若会得时,只说一个知,已自有行在。只说一个行,已自有知在"。又如,"今人学问,只因知行分作两件,故有一念发动,虽是不善,然却未曾行,便不去禁止。我今说个知行合一,正要人晓得一念发动处便即是行了,发动处有不善,就将这不善的念克倒了,须要彻根彻底,不使那一念不善潜伏在胸中。此是我立言宗旨。"黄宗羲评价:"如此说知行合一，真是丝丝见血。先生之学真切乃尔，后人何曾会得。"

所谓"一念发动处便即是行"，阳明用《大学》里的"好好色""恶恶臭"进行过具体阐释：看见美丽的事物属知，喜爱美丽的事物属行；闻到臭的气味属知，厌恶臭的气味属行。在他看来，"凡谓之行者，只是着实去做这件事，若着实做学问思辨工夫，则学问思辨亦便是行矣。学是学做这件事，问是问做这件事，思辨是思辨做这件事，则行亦便是学问思辨矣"。这就是说，知决定行，行体现知，知之时俨然即行，行乃知的补充。"知行合一"是针对朱熹"知先行后"提出，但阳明的诸多阐释难免如王夫之所认为："彼非谓知之可后也，其所谓知者非知，行者非行也。知者非知，然而犹有其知也，亦倘然若有所见也。行者非行，则确乎其非行，而以其所知为行也。以知为行，则以不行为行。"鉴于此，任继愈先生没那么客气："王守仁这里故意抹杀了知和行在性质上的区别。"

在阳明的概念里，"行"也未必就是"天桥的把式——光说不练"。弟子徐爱以孝悌为例，指出世人多知应孝应悌但不一定能孝能悌，阳明这么回答的："世间有两种人，或是不解思惟即任意去做，或是悬空思索不肯躬行。"这个"躬行"，应当即身体力行。紧接着"行之明觉精察处便是知，知之真切笃实处便是行"，他还说："若行而不能明觉精察，便是冥行，便是学而不思则罔，所以必须说个知；知而不能真切笃实，便是妄想，便是思而不学则殆，所以必须说个行。"因此，真知一定要表现为行，没有践行过的知算不得真知，"如称某人知孝，某人知弟，必是其人已曾行孝行弟，方可称他知孝知弟；不成只是晓得说些孝弟的话，便成称为知孝知弟"。冯友兰先生对此也是这样理解的："良知是知；致良知是行。吾人必致良知于行事，而后良知之知，方为完成。此阳明知行合一之说之主要意思也。"

在现实中,知行之所以不能合一,阳明认为在于"私欲隔断"。再看冯友兰先生就孝悌的阐释,"见父自然知孝",顺此知之自然发展,则必实行孝之事。其有不能行孝之事者,则必其心为私欲所蔽者也。其心为私欲所蔽,则有良知而不能致之,其良知亦即不能完成。这就是"行是知之成"。知与不知,终究要靠行与不行来验证。《玉堂丛语·廉介》云,刘大夏"为广东方伯时,广中官库有一项羡余钱,自来不上库簿,旧任者皆公然取去,以充囊箧,相袭以为固然"。羡余钱相当于今天的小金库,可以由一把手自由支配或中饱私囊。刘大夏初来乍到,"发库藏,适前任有遗下未尽将去者,库吏以故事白,云不当附库簿"。刘大夏内心大约经历了"私字一闪念",后来有大声"呼曰"嘛:"刘大夏平日读书做好人,如何遇此一事,沉吟许多时,诚有愧古人,非大丈夫也。"于是,"命吏悉附簿,作正支销,毫无所取"。所以黄宗羲对知行合一的理解值得推崇:"夫以知识为知,则轻浮而不实,故必以力行为功夫。良知感应神速,无有等待,本心之明即知,不欺本心之明即行也。"

怎么理解"知行合一",从其问世起便见仁见智。《论语》不过万把字,千百年来阐释不绝,今天也还热闹非常,甚至胡说八道的也能风光一时,赚得盆满钵满。我们社会今天方方面面存在的问题,窥其实质,都在于知与行完全变成了两张皮,道理谁都懂,讲起来滔滔不绝,然而行起来却全然不是那么回事。对落马贪官,我们掷去了"两面人"的帽子,对可能包括每个人自身在内的这种"两张皮"现象,又该如何命名呢?

黎平

8月7日（2015）到贵州黎平一游。来过贵州很多次了，却是首次踏上黔东南的土地。去年岁末，贵广高铁全线开通之后，从江成为入黔第一站。黔东南的"黎从榕"，也就是黎平、从江、榕江，就此有了"回归"本省的感觉。当地人说，以前他们采购更多是依赖广西桂林、柳州，因为从这边开车去贵阳，天不亮出发，天黑才能赶到。再加上高速公路的先期开通，黔东南由交通最不便，一跃为对外交通最方便的所在。

黎平在1985年即成贵州历史文化名城，这里的历史文化包括红色史迹。遵义会议人们耳熟能详，在此之前，还有不容忽视的黎平会议。1934年12月，红军占领黎平后旋即召开中央政治局会议，为次年1月召开的遵义会议进行了重要准备或可称为预演。主持会议的周恩来采纳毛泽东意见，在行军方向路线上做了重大调整：原定北上湘西，转向沿以遵义为中心的川黔边界行进。这一大政方针，决定了红军长征战略的重大转折。黎平会议会址在翘街中，翘街于2011年入选"中国历史文化名街"，整条街道顺坡势而建，两头高、中间低，形似翘起的扁担。走在翘街上，徽派风格夹杂本土特色的建筑样式，颇能领略文化融合的魅力。

作为地名，"黎平"的出现只有600余年。侗族至今传唱着一首略带戏谑色彩的《盘门歌》："先前楚王立五开,动了五开的官兵。先前叫作五垴寨,如今改叫黎平城。"明朝以前,黎平这一带叫五开,侗语就是坐落在五个相邻山头上的寨子,汉语即五垴寨。一个名曰"五开洞蛮夷长官司"的地方政权,千百年来统治着这里的百姓。黎平得名于明朝永乐十一年(1413),成祖在思南、思州设置了包括黎平、新化二府在内的八大府,同时也奠定了贵州建省的基础。宣德十年(1435)并新化入黎平,治所迁至五开卫城,黎平始与五开在所指上重叠。为什么叫黎平?一说当年此地有里平江环绕,取"里平"的谐音;一说取"黎民平伏"的寓意。也许是后者流露出的歧视色彩吧,时至今日,湘黔桂三省区交界传统村寨的侗家人仍然拒绝接受,照以"五开"指代"黎平"。

　　黎平历史上最值得记忆的一笔,该是它在"改土归流"中扮演的重要角色。黎平崇山峻岭间主要生活着侗、苗、瑶、水等少数民族,土司制度必然应用其中。新化并入之时,黎平"领长官司十三",上面提到的潭溪长官司是为其一,此外还有八舟长官司、曹滴洞长官司、古州长官司等。《清史稿》载:"明洪武四年(1371),以石平禾为潭溪长官司。传至石玉柱,顺治十五年(1658),归附,仍准世袭。"这就是说,潭溪土司为石姓,一脉相承的历史相当悠久。清雍正四年(1727),巡抚云南兼总督事鄂尔泰奏言:"欲安民必先制夷,欲制夷必改土归流。"改土归流并非始自鄂尔泰,他自己也说了:"前明流土之分,原因烟瘴新疆,未习风土,故因地制宜,使之乡导弹压。"但经过鄂尔泰的力推,改土归流取得了实质性的成效,黎平充当了排头兵。

　　雍正认同鄂尔泰的奏言,委派其总督云、贵、广西三省。鄂尔泰"以(张)广泗佐其事,奏改调黎平",张广泗就任黎平知府后,改土归流开始迈出步伐。综合《清史稿·鄂尔泰传》与《张广泗传》，可知其手段无非"胡萝卜加大棒"两途。雍正五年（1728），张广泗擢贵州按察使，改土归流开始在全省推进。六年，"广泗率兵赴都匀、黎平、镇远、清平诸地化导群苗，相机剿抚"，亦因此而"超授巡抚"。七年三月，"广泗率师攻贵州丹江鸡沟生苗，破其寨，种人悉降。上下九股、清水江、古州诸地以次定"。八年五月，"招黎平、都匀等寨生苗内附"。剿、抚双管齐下，成效显著，"诸土司慑军威纳土，疆理其地，置郡县，设营汛，重定三省及四川界域，而诸土司世守其地，一旦归版籍，其渠诛夷、迁徙皆无幸"。种种叠加，昭示出改土归流进程中的惨烈一面。

　　有趣的是，黎平本地侗族还有一首古歌《从前我们做大款》，此中"大款"应该与我们寻常理解的迥异，因为歌是缅怀侗族吴勉起义的。《明史·太祖本纪》载，洪武十一年（1378）六月，"五开蛮叛，杀靖州指挥过兴，以辰州指挥杨仲名为总兵官，讨之"；十八年（1385）十月，"楚王桢、信国公汤和讨平五开蛮"，两次讨的都是吴勉。头一回吴勉蛰伏起来，后一回属于东山再起，但最后吴勉父子"悉送京师"，被害。《明史·诸王传》中也讲到："铜鼓、思州诸蛮乱，命桢与信国公汤和、江夏侯周德兴帅师往讨。和等分屯诸洞，立栅与蛮人杂耕作。久之，擒其渠魁，余党悉溃。"《汤和传》则提到了汤家付出的代价，小儿子汤醴，"积功至左军都督同知，征五开，卒于军"。

　　土司遗址申遗成功之后，各地见存的土司遗迹或都将成为新的旅游景点。此行只到了肇兴侗寨，大量原始风貌依存，唯土司踪迹丝毫未见，是为很大遗憾。可能是行色匆匆之故吧。

赵州桥

春节(2014)又到了贵阳花溪。某日沿花溪河漫步,忽见前方有座前几年落成的公路桥形同赵州桥:一个大拱,四个小拱;大拱跨河,小拱两个一组,分列大拱两侧。很多人闭上眼睛,都能浮现出它的样貌吧。赵州桥的介绍及其插图,我读中学时课本就有,现在中学课本里鲁迅先生的作品撤了不少,想来这篇不会撤。由眼前此桥,忆起1998年3月实地一睹洨河之上的赵州桥风采时的情景。

赵州桥在历史上便大名鼎鼎。《西游记》第二十一回,孙悟空与黄风怪厮杀,三十几个回合后,"使一个呼身外身的手段",拔把汗毛,"变有百十个行者,都是一样打扮,各执一根铁棒,把那怪围在空中"。黄风怪见状,对悟空喷了口风,吴承恩形容这风"真个利害",用了一连串比拟:"老君难顾炼丹炉,寿星收了龙须扇。王母正去赴蟠桃,一风吹断裙腰钏。二郎迷失灌州城,哪吒难取匣中剑。天王不见手心塔,鲁班吊了金头钻。雷音宝阙倒三层,赵州石桥崩两断。"从中不难看出,老君、王母、二郎神、哪吒什么的,均为虚幻之神,惟赵州桥乃人间实有。将人间实有之物与对神界的想象相提并论,可见赵州桥在吴承恩心目中的地位之高。

赵州桥的构造巧夺天工,得此美誉也当之无愧。张鷟《朝野金载》云："赵州石桥甚工，磨砻密致如削焉。望之如初日出云，长虹饮涧。上有勾栏，皆石也，勾栏并有石狮子。"石狮子精工到了什么程度？唐高宗李治时，"高丽谍者盗二狮子去，后复募匠修之，莫能相类者"。赵州桥还被染上了神话色彩，"天后大足年，默啜破赵、定州，贼欲南过，至石桥，马跪地不进，但见一青龙卧桥上，奋迅而怒，贼乃遁去"。后来，赵州桥传说中又添了张果老的驴蹄印、赵匡胤拉车过桥的车辙印以及下跪的膝盖印等。在口头文学方面，则有"唐僧桥头问鲁班""杨贵妃桥头会鲁姜"等。明代戏曲大家汤显祖更把赵州桥作为"黄粱美梦"的发生地，写进了"临川四梦"之一的《邯郸记》。在第四出《入梦》中，店小二道白："北地秋深带早寒，白头祖籍住邯郸。开张村务黄粱饭，是客都谈处世难。小子在这赵州桥北开一个小小饭店，这店前店后田庄，半是范阳镇卢家的。他家往来歇脚，在我店中。也有远方客商，来此打火。"未几吕洞宾登场，他是"从岳阳楼上，望见一缕青气，竟接邯郸"，于是一路寻来，发现气落"赵州桥西卢生之宅"。因为他已"从人中观见卢生相貌，精奇古怪，真有半仙之分"，所以来的目的是"便待引见而度之"，度之升仙。按汤剧情节，卢生正是睡了吕洞宾给的枕头，才做了著名的黄粱美梦。

关于赵州桥的诗铭记赞甚多，最重要的当推唐中书令张嘉贞《赵州大石桥铭》，直接道出修桥者的姓名："赵郡洨河石桥，隋匠李春之迹也。"张嘉贞于武则天时官至监察御史，时距隋亡尚不足百年，说法自然要可靠得多。至于桥之本身，张嘉贞觉得"制造奇特，人不知其所以为"。奇特在哪里？张嘉贞外行看热闹："试观乎用石之妙：楞平砌柳，方版促郁，缄穹隆崇，豁然无楹，吁，可怪矣！"他是惊异于石料的边棱平直，如砧石般整齐排列，构成的主拱又大又高，却连一个柱子也没有。在梁思成先生那里则是专业视角，"罗马时代的水沟诚然也是券上加券，但那上券乃立在下券的券墩上"，而赵州桥"这种将小券伏在大券上，以减少材料、减轻荷载的空撞券法……至十九世纪中叶以后，才盛行于欧洲"。这么一算，欧洲同类桥梁的出现较之赵州桥，"竟是晚七百年，乃至千二百余年"。赵州桥之所以伟大，正在这里。

《邯郸记》中店小二的道白，表明赵州桥曾经车水马龙，前人诗句也可印证这一点。宋人有"长流不断东西水，往来驿驰南北尘"，有"坦途箭直千人过，驿使风驰万国通"；明人有"迁客重来值秋暮"，有"来往征人急于蚁"。交通要道，各色人等往来不绝。然我去凭吊之时，赵州桥已经被"供奉"起来，成了买门票的公园。桥下的洨河诚然有水，却是假水。当地人介绍说，不远处的两头都堵了起来，水是专门放进来与桥相映成趣的，死水也。即便没有水，今人倒也不必内疚，梁思成先生20世纪30年代考察时已经发现："石桥所跨的洨水，现在只剩下干涸的河床。"

当年游览赵州桥是借到河北日报社开会之便，当地安排的是去西柏坡，回来时快进石家庄了经过一条岔路，当地同事忽然指着另一条路，云此去赵州桥不远，不知大家有无兴趣。回想起来，幸而有那一次当地同事的无心插柳，否则今日亦未必能面晤赵州桥。苟如是，岂不憾哉！

三清山

　　上个双休日（2013）重游了江西三清山。前两年来过一次，印象不深。一是因为整个行程都在雨中，忽大忽小，浇灭了兴致；二是因为行走的沿途似乎无甚可看，只觉得栈道还有些特色，因而年初去平远五指（子）石景区，见山腰间正在施工的栈道，云与三清山相类，不意却正是从那里借鉴而来，连工程队都是同一帮人马。有前面这两个因素吧，此番进入眼帘的景致并非似曾相识，倒像初次见面。

　　三清山位于今天的上饶市境内，确切地说是上饶市玉山县。《方舆胜览》有"上饶郡"条，怀玉山、龙虎山等俱在其中，却没有三清山，想来宋时不大有名或尚未得今名。明朝大旅行家徐霞客的日记里提到了，见"江右游日记"：丙子年（1636）十月十七日到"玉山县北三十里外。盖自草坪北渡，即西峙此山，一名大岭，一名三清山。山之阴即为饶之德兴，东北即为徽之婺源，东即为衢之开化、常山，盖浙、直、豫章三面之水，俱于此分焉"。地理位置交待得清清楚楚。不过，东北方向的"徽之婺源"如今已成"赣之"。据说1934年蒋介石为"围剿"红军而调整行政区划，将婺源改隶江西；1947年改回；1949年5月不知为何再划给江西。据说头回改隶时婺源人不干，闹出不小的风波，至于掀起了长达十几年的"婺人返皖"运动。安徽绩溪人胡适属于运动的坚定支持者，他有句话被反复引用："徽州人岂肯把朱夫子的出生地划归江西，他们还把二程先生的祖先算是徽州人呢！"

三清山，顾名思义，道教名山。此之"名"，大抵还不是传说葛洪来此开山炼丹。葛洪去过好多地方，到哪里都砌好炉灶，烧上柴火，锻炼铁锅中的矿物质。他认为："夫五谷犹能活人，人得之则生，绝之则死，又况于上品之神药，其益人岂不万倍于五谷耶？"因此，"夫金丹之为物，烧之愈久，变化愈妙。黄金入火，百炼不消，埋之，毕天不朽。服此二物，炼人身体，故能令人不老不死"。那么，为什么炼丹非得到大山里去呢？因为"作药者若不绝迹幽僻之地，令俗闲愚人得经过闻见之，则诸神便责作药者之不遵承经戒，致令恶人有谤毁之言，则不复佑助人，而邪气得进，药不成也"。所以不但要钻进大山，还要"必入名山之中"，要"（选）无人之地，结伴不得过三人，先斋百日，沐浴五香，致加清洁，勿远污秽，又不得与俗人往来，又不令不信道者知之"。但服食仙丹之后真正起了作用的，恐怕只有大闹天宫的孙悟空。《西游记》告诉我们，大圣先期偷偷来到王母娘娘准备好的蟠桃宴，面对"玉液琼浆，香醪佳酿"馋得不行，"止不住口角流涎"，拔毫毛变几个瞌睡虫把运水道人、烧火童子打发睡了，然后"就着缸，挨着瓮，放开量，痛饮一番"。酩酊大醉后，回大圣府路上又误入太上老君的兜率宫，把人家丹灶炉旁五个葫芦中"炼就的金丹"都倒了出来，"就都吃了，如吃炒豆相似"。到了"小圣施威降大圣"，孙悟空接受惩罚，却是任凭"刀砍斧剁，雷打火烧，一毫不能伤损"。李老君解释其中的原理："我那五壶丹，有生有熟，被他都吃在肚里，运用三昧火，煅成一块，所以浑做金钢之躯，急不能伤。"这样的美事只存在于神话世界里，现实中光是唐朝皇帝死于吃丹药的就有好几个，穆宗李恒、武宗李炎、宣宗李忱，连大名鼎鼎的太宗世民也疑似。

三清山之得名，可能是因为"象形"。三清者，既是道教所指玉清、上清、太清三清境，也是这三境洞真教主元始天尊、灵宝天尊和道德天尊的合称。而三清山之玉京、玉虚、玉华三峰峻拔，仰望之正像那三位天尊端坐山巅。如今的三清山风光，自然的也远远胜过人文的。明朝夏浚来时，就已"丹灶烟消人久去"；《读史方舆纪要》云三清山，"三峰峻拔，自麓行二十五里始陟山巅"，特别说明"其岩洞多奇胜"。世易时移，如今环山数面皆有缆车索道上山，但凡有这东西的地方，便没人步行了。此番自缆车中俯瞰，阶梯仍在，却没见到一个"驴友"。而三清山"奇胜"之处，亦不在岩洞而在各种"象形"石头了。有的一目了然，如"老道拜月"中的"道士"、"神猫待鼠"中的"神猫"，须发毕现，逼真至极；有的由导游稍一点拨，会发现还真像那么回事，东方女神、万笏朝天、仙桃企鹅等，至于明朝胡靖的"孤柱擎空见少华（三清山别名）"，显见是指那根叫做"巨蟒出山"的石柱了……

2012年9月，三清山被联合国教科文组织正式列入世界地质公园名录，这也是继2008年成功申报世界自然遗产之后，三清山获得的又一个世界级品牌。人家看中的，也是三清山的"自然"成分。就我这个普通游人而言，三清山风光旖旎的一面，如今也确实较其"人文"的一面要有诱惑得多。

曲阜孔庙

2009年冬到济南开中国新闻奖作品研讨会,因为大雪而与既定的登泰山缘悭一面。所幸会议主办者"当机立断",改行曲阜。堤内损失堤外补,得无憾矣。毕竟即便天公作美,时间关系,二者亦只能居其一。

旅游车先停在一个看似新落成的车站,硕大而空旷,不仅周边而且车站大厅内,再转乘他们的电瓶车。这是当下许多旅游景点的做法,大约怕尾气污染环境。怪异的是,曲阜的电瓶车和机动车一样上路抢行,弄得人提心吊胆,而旅游车完全可以开到电瓶车下车的地方。走过一段树还没长大的小道,迎面一座弧状城池,城墙不高,先夺眼球的是城门上方镌刻的"万仞宫墙"四个红字。《枣林杂俎》有"潍县张四知相国,里门题'万仞宫墙',时人嗤之",当时读至这里还以为张四知单纯夸大,原来是东施效颦,自比孔圣人故里。

城池里围着的,首先是孔庙。孔庙全国到处都有,幸存至今的也为数不少,大抵都在后来改成了学宫。广州农民运动讲习所旧址利用的就是孔庙,泮池、棂星门等至今俱在。此外,潮州的、德庆的孔庙我都去过,德庆那个还因为这几年频繁搞高考状元礼而不断吸引眼球。但最正宗的或曰旗舰孔庙,是曲阜这个,就像关帝庙到处都有,山西运城的那个才是根本一样。孔庙历史悠久,据说孔子死后第二年,鲁哀公即将其故宅改建为庙,那该是公元前478年的事情。《容斋四笔》有一则《孔庙位次》挺有意思,讲的不是现今官场会议上按官员大小那种排位,而是谁有资格陪衬孔子。孔子弟子三千,贤人七十二,元张孟兼把他们的姓字"集为章句,以便记诵",如"德行著称,颜回子渊,冉耕伯牛,闵损子骞,及冉雍仲弓,为四科之先"等,末了还特别声明"其不铨次",排名不分先后。这么多弟子,即便都在那里看着冷肉吧,又该怎样"铨次"呢?这个时候肯定不能假客气了。洪迈谈到,"自唐以来,相传以孔门高弟颜渊至子夏为十哲,故坐祀于庙堂上",后来颜渊升格,陪同孔子享受祭祀,"则进曾子于堂,居子夏之次以补其阙"。这下新的问题又来了,"颜子之父路、曾子之父点,乃在庑下从祀之列",因为"子虽齐圣,不先父食",所以洪迈担心"子处父上,神灵有知,何以自安"。印象中,这组雕塑是见到了的,可惜彼时尚未留意洪迈的担心,不知道这个棘手问题今天是怎么解决的。

庄绰《鸡肋编》云,北宋靖康之后,金兵南下曾纵火烧毁"曲阜先圣旧宅"。庄绰觉得很可惜,用了"可叹也夫""中原之祸,自书契以来,未之有也"等悲愤字眼。那把火可能烧得很干净,因为他说,自古兵乱、盗贼虽残暴,"必赖室庐以处",他们自己也得住房子,"故须有存者";而金兵不然,"露居异俗,凡所经过,尽皆焚燹"。于是,王莽、董卓、黄巢、朱温这些先前作乱的人,"犹假崇儒,未尝敢犯",金兵却不管那么多。有趣的是,不知庄绰从哪里听来的,金兵一边烧,一边指孔子像"而诟曰":"尔是言夷狄之有君者。"倘若属实,则不难推断金兵之举并非盲目,属于后世美国所青睐的"定点清除",孔圣人那句"夷狄之有君不如诸夏之亡也"惹的祸,虽然后世对此句的诠释争讼不已,但金兵肯定是认为被冒犯了。

曲阜孔庙的不幸，并非金兵时代所独有。记得"批林批孔"时，不少农民起义都因为跟孔庙过不去，成了他们英雄史中浓墨重彩的一笔。看介绍，"万仞宫墙"之成，前提正在于明武宗时的刘六、刘七毁庙，才修筑城墙以卫护之。当然，批孔也有莫名其妙之时。1974 年 2 月 14 日，我读中学的第一天，记得很清楚，人手发了一份《批"克己复礼"》的油印稿。把林彪与孔子联系在一起，据说是都搞"复辟倒退"；而批判安东尼奥尼纪录片《中国》时，把孔子和安导演关联起来，便令安导演纳闷不已。以金兵而言，他们的行为尚可以理解，去今三十几年前，北京师范大学学生谭厚兰率领红卫兵来曲阜造反，把孔庙里的历代碑刻一概打翻在地，又是出于什么理由呢？就算康熙御题的那块"万世师表"匾额言过其实，但孔子毕竟堪称那些准教师们的祖师爷啊！

唐代宗李豫时，御史大夫李季卿出差路过曲阜，"因遍寻鲁中旧迹"，拜访了孔庙。县里专门派了一位老人当向导。每到一个地方，老人都能说出一二，"此是颜子陋巷，此是鲁灵光殿基，此是泮宫"等。李季卿开始很受了些感染，每闻之，"皆沉吟嗟赏"，还赞誉老人"真鲁人也"。走到一个池塘，出岔子了。老人说这是钓鱼池；季卿问，谁钓鱼？老人答："鲁人'灵光'，常此钓鱼。"把灵光殿的灵光当成人名了。又见一古碑，季卿问是谁的，在场"诸君并不能对"，有一尉马上走过，"至碑下，仰读其题云：'李君德政碑。'"季卿笑曰："此与'鲁人灵光'何异。"

货真价实的曲阜孔庙，哪有必要鱼目混珠？而"鲁人灵光"，却正是今天不少地方发展"文化"产业的公开秘笈。

大雁塔

　　1月8日至10日（2018），首次以国家元首身份对中国进行国事访问的法国总统马克龙，首站选择西安，一天内走访了包括大雁塔在内的四个文化积淀深厚的景点。分析人士指出，这是因为大雁塔与"丝绸之路"的密切关系，马克龙希望传递出欧洲和中国将在"一带一路"建设的框架内加强合作的信号。作为中国、哈萨克斯坦和吉尔吉斯斯坦三国联合申遗的"丝绸之路：长安－天山廊道的路网"的一处遗址，大雁塔于2014年列入《世界遗产名录》。

　　"塔势如涌出，孤高耸天宫。"岑参写的就是大雁塔。到过大雁塔的人可能以为，太夸张了，哪有那么高啊。这是针对今天的高楼大厦说话，看历史照片不难发现，塔往往都是各地鹤立鸡群的建筑物。广州六榕塔正是这样，如今非走到近前已然不知道它的存在了。还有广州"五层楼"——镇海楼也是，叶权《贤博编》说它"重檐叠槛，高逼霄汉"，站在上面"下瞰一城，万山北接，大海南开，长江如带，可谓伟观"。今天到现场看看，难免哑然失笑，而退回到明朝，必须承认叶权是写实的。

　　雁塔，即佛塔。玄奘《大唐西域记》云，有个和尚看见一群飞雁，开起玩笑："今日众僧中食不充，摩诃萨埵宜知是时。"中午饭没吃饱，大菩萨应该知道吧。谁知话音未落，"一雁退飞，当其僧前，投身自殒"。和尚讲给众僧，大家悲感之余认为，这是"如来设法，导诱随机……此雁垂诫，诚为明导，宜旌厚德，传记终古"，于是建了座塔，"以彼死雁瘗其下焉"。朱国祯《涌幢小品》沿袭前人说法，以为"唐新进士同榜，题名于塔上，有行次之列。唐、韦、杜、裴、柳之家，兄弟同登，亦有雁行之列，故名雁塔"，应该是想当然吧。

按《唐两京城坊考》说法，唐高宗永徽三年（652），玄奘主持修建了大雁塔，"初唯五层，崇一百九十尺"。大雁塔依傍慈恩寺，因而又名慈恩塔。太宗贞观二十二年（648），高宗在藩时建慈恩寺，是为了追念他的母亲，所谓"年在未识，慈颜弃背。终身之忧，贯心滋甚"，因此寺名慈恩；玄奘建慈恩塔，则是为了"以置西域经像"，那是他西行五万里从印度佛教中心那烂陀寺取回的真经，虽然路途没有《西游记》中九九八十一难那么恐怖，历尽艰辛是可以肯定的。因此，建塔不仅是为了存储那些经像，而且玄奘及弟子还在此着手进行翻译，塔东"有翻经院，即玄奘为慈恩上座所居"。

"题名登塔喜，醵宴为花忙"，郑谷句；"杏园北寺题名日，数到如今四十年"，朱庆馀句；"好是慈恩题了望，白云飞尽塔连空"，徐夤句；"名推颜柳题金塔，饮自燕秦索玉姝"，黄滔句……当年进士及第再通过关试的唐人留下的诗句，都指向了大雁塔承载的另一项重要文化活动：雁塔题名。

《唐国史补》云："（士子）既捷，列书其姓名于慈恩寺塔，谓之题名"。《唐摭言》云："自神龙之后，过关宴后，率皆期集于慈恩塔下题名。"表明这种做法从复辟后的中宗李显就开始了，705年左右。还有一种说法认为"慈恩题名，起自张莒，本于寺中闲游而题其同年人，因为故事"。张莒，肃宗大历九年（774）登进士第，前后差了70年。莫衷一是。题名之时,"同年中推一善书者纪之",如果后来有人飞黄腾达,成为将相,"则朱书之",再重新描过一回。《刘宾客嘉话录》云:"柳宗元与刘禹锡同年及第,题名于慈恩塔。谈元茂秉笔。"由此则可窥知一些趣事,那就是"时不欲名字著彰",并不想太显眼;还有种说法,以为"押缝版子上者率多不达,或即不久物故",就是名字如果给写在板子接缝的地方,官当不上去,即便当上去了也当不久。朱国祯说,明朝也有题名的做法,那是"中乡试者",较唐朝降低了不少档次,中乡试,举人而已。

不过,武宗会昌三年(843)李德裕为相,雁塔题名遭到了重创,是否戛然而止不得而知。盖其时规定,进士及第"向后不得聚集参谒,及于有司宅置宴。其曲江大会朝官及题名、局席,并望勒停",不仅如此,"向之题名,各尽削去"。有人认为,李德裕以门荫入仕,"不由科第,故设法以排之",看不惯这套做法。需要明确的是,不是进士及第就可以当官,还要经过吏部关试,取得出身文凭,即官资,才能成为吏部的选人,也才有资格参加吏部的冬集铨选而释褐。能够雁塔题名的,正是这样一些人。当然,其他人等也可以登塔。《唐国史补》记载了一件意外,"李氏子为千牛,与其侪类登慈恩寺塔",可能是像今天一些自拍的人玩儿极限吧,小李"穷危极险,跃出槛外",却"失身而坠,赖腰带挂钉,风摇久而未落"。吓得"同登者惊倒槛内,不能起",惊动一寺院僧"皆出以救。连衣为绳,久乃取之下,经宿乃苏"。

大雁塔我只去过一次,翻出当时的笔记:2010年6月15日下午到西安,坐未定,即去大雁塔。是日西安摄氏37度,塔院有浓荫,徘徊、静坐两小时离去,其间努力遥想从前。

黄鹤楼

第7届世界军人运动会10月18日（2019）在武汉拉开帷幕。这是中国第一次承办综合性国际军事赛事,也是继北京奥运会后中国举办的规模最大的国际体育盛会。军运会奖牌名为"和平友谊之星",其中融入了长城、梅花、黄鹤楼建筑形象等视觉元素。黄鹤楼,无疑是武汉的标志性建筑之一。

我第一次见到黄鹤楼,还是在1985年南下广州时的火车上。那也是第一次跨黄河、过长江。记得跨黄河是午夜,没有感觉;过长江是正午,极为兴奋,脑袋里还不由得想起了当时流行的旋律:"你从雪山走来,春潮是你的风采⋯⋯"忽然有人叫道:"黄鹤楼!"顺着那人手指仰头一看,路基旁边的山冈上果然矗立着黄鹤楼,牌匾都看得清清楚楚,颇有些出乎意料,因为我知道黄鹤楼早就被毁了。当然,像留存至今的诸多古建筑一样,历史上都是屡毁屡建。最早的黄鹤楼,按《元和郡县图志》的说法,始建于三国吴大帝孙权黄武二年（223）,"城西临大江,西南角因矶为楼,名黄鹤楼。三国时,黄祖为太守,吴遣凌统攻而擒之。祢衡遇害,亦此地也"。2007年夏,我第一次登临黄鹤楼,见到楼内陈列了几个主要朝代的黄鹤楼缩微模型,实际上,就是在同一朝代内,毁、建次数也不知凡几。

黄鹤楼之得名，前文《鹤》中已有道及，关联神仙。不过，南宋张栻对此不屑："世之喜事者妄为之说，后来者既不之察，又从而并缘增饰之。"但黄鹤楼很早就出名了不假，《方舆胜览》云："盖自南朝已著矣。"该书收录了唐朝阎伯理的一段文字："观其（黄鹤楼）耸构巍峨，高标笼嵸，上倚河汉，下临江流，重檐翼舒，四闼霞敞，坐窥井邑，俯拍云烟，亦荆、吴形胜之最也。"他还说穆宁来此为官，非常喜欢黄鹤楼，"或逶迤退公，或登车送远。游必于是，宴必于是"。

令黄鹤楼曝得大名的，非崔颢诗句莫属，"昔人已乘白云去，此地空余黄鹤楼。黄鹤一去不复返，白云千载空悠悠"。据说，李白游历到黄鹤楼，因为"崔颢题诗在上头"，只好搁笔不写，觉得话给崔颢说绝了，只写了首《凤凰台》。然计有功《唐诗纪事》云"恐不然"，认为这件逸事当不得真。明朝罗澄则给《黄鹤楼》第五六句挑了不少毛病，认为"'鹦鹉洲'乃见成语，'汉阳树'则扭捏成对耳。且'芳草萋萋'，亦属见成，而'晴川历历'则何所本？且'历历汉阳树'截以成句，而'萋萋鹦鹉洲'成何文理？古乐府云：'天上何所有，历历种白榆。'是'历历'字贯下'树'字，而'萋萋'字则连上'芳草'字矣。律本二对，今上四句皆不对矣，而五六又草率如此"。所以他很困惑："太白阁笔，而千古更无异辞，实不解也。"刘献廷《广阳杂记》认为："慎庵（澄号）此言，细入毛发，吾恐考功（崔颢）、青莲（李白）复起于九京，亦无以对吾慎庵矣。"不过，赵翼《陔馀丛考》不同意这种说法："唐人律诗第三四句有不属对者。如李太白《牛渚西江夜》、崔灏《黄鹤楼》诗之类，然第五、六则未有不对。"罗大经《鹤林玉露》也没有把该诗捧得太高，云"太白《凤凰台》、崔颢《黄鹤楼》，固已佳矣"，然而"未若近时刘改之《题京口多景楼》，尤为奇伟，真古今绝唱也"。刘诗曰："壮观东南二百州,景于多处却多愁。江流千古英雄泪,山掩诸公富贵羞。北府只今唯有酒,中原在望莫登楼。西风战舰成何事,只送年年使客舟。"刘改之,即刘过,南宋文学家,曾多次上书朝廷,"屡陈恢复大计,谓中原可一战而取"。有人研究,金庸《神雕侠侣》中的杨过,即以刘改之为原型,杨过亦字改之,取意"过则改之"。刘过与辛弃疾为莫逆之交,二人词风颇相近,每每抒发抗金抱负。罗大经评价刘诗:"盖言多景可喜,而乃多愁何也?自古南未有能并北者,是以英雄泪洒长江,抱此遗恨。然推其所由,实当国者偷取富贵,宴安江沱之所致,是可羞也。"这一番议论,超越了诗词技巧本身。

刘献廷说,他那个时候的黄鹤楼,"层层皆奉纯阳像",但是,"黄鹤仙踪,乃费文祎事,与吕洞宾全无干涉"。为什么抬出吕呢?名人效应。"盖文祎无人知之,洞宾则名喧天壤故也。人不可无名,神仙犹尚如此,又何怪今之人趋走如鹜邪!"他进而指出:"佛菩萨中之观音,神仙中之纯阳,鬼神中之关壮缪(羽),皆神圣中之最有时运者,莫知其所以然而然矣。举天下之人,下逮妇人孺子,莫不归心向往,而香火为之占尽。其故甚隐而难见,未可与不解者道也。"

像今天一样,前人也喜欢利用前人的成句恶搞,崔颢《黄鹤楼》不能幸免。《古夫于亭杂录》收了一则,云明朝京师士大夫冬日制貂为套,著冠帽上以御寒,名曰帽套。某翰林"乘马谒客,有骑而过者,掠而去之"。他把这事讲给同僚,有个爱开玩笑的就改崔诗赠之:"昔人已偷帽套去,此地空余帽套头。帽套一去不复返,此头千载空悠悠。"据说,武汉好多人不去黄鹤楼,以其为假古董。倘如此,黄鹤楼中陈列的模型,明的可以嘲笑清的,元的可以嘲笑明的,宋的又可以嘲笑元的……大可不必。

后记

我父亲生前收集了不少美术作品的印刷品,推断该是杂志的插页。苏联油画《前线来信》《黑海水兵》《战斗后的休息》等,都给儿时的我留下至深印象。古画方面最喜欢的,是北宋崔白的《双喜图》:寒风萧瑟,一只兔子为头顶的喜鹊叫声所吸引,禁不住回首向上张望,抬着右前腿,想是刚刚还在奔跑中。而喜鹊之所以叫个不停,是因为风太大,吹得老树摇晃得厉害,它俩落不住脚。

本册结集之后,封面用图首先想到这幅《双喜图》,名曰双喜,吸睛的实际上是那只兔子。情结之外,还在于今年是癸卯兔年,也是我满一甲子的本命年;玉兔,又是前人月亮神话中的核心元素之一,与长沟所流之月相呼应。而册中汇集的第一部分,又是包括兔子在内的由各种因素引发落笔的颇多动物。种种叠加,《双喜图》有浑然天成之感。

"长沟流月去无声",宋陈与义《临江仙》句。是词我在工厂当工人时就非常欣赏,那是对"坐中多是豪英"的艳羡,对"杏花疏影里,吹笛到天明"的向往,而"闲登小阁看新晴"的潇洒、"古今多少事,渔唱起三更"的喟叹,无论词人的本意如何,何尝不可作为一种旷达的生活追求?

2023 年 5 月 17 日于南方报业传媒集团